中国書法手鑑

沈鵬題

图书在版编目（CIP）数据

中国书法年鉴. 2011 / 赵长青主编. -- 长沙 : 湖南文艺出版社, 2013.6
ISBN 978-7-5404-6233-8

Ⅰ. ①中… Ⅱ. ①赵… Ⅲ. ①汉字－书法－中国－2011－年鉴②汉字－篆刻－中国－2011－年鉴 Ⅳ. ①J292-54

中国版本图书馆CIP数据核字(2013)第110926号

中国书法年鉴（2011）

ZHONGGUO SHUFA NIANJIAN (2011)

主编：赵长青　副主编：陈洪武　周用金
执行副主编：郭志鸿　汤厚松

出　　品：孙昌文
特约编审：吴川淮
特约校对：韩宇虹
特约编辑：彭西敏
编　　务：常宏德
封底篆刻：林旭平
图片处理：熊日宣
地址：北京市10053信箱51分箱　邮政编码：100053
电话：010-85986748　13261854321　13501008915

出 版 人：刘清华
责任编辑：欧阳强
整体设计：厚　松　昌　荣
湖南文艺出版社出版、发行
地址：长沙市雨花区东二环一段508号　邮编：410014
网址：www.hnwy.net
长沙健峰彩印实业有限公司印刷
湖南省新华书店经销

开本：889mm×1194mm　1/16　印张：26.25
2013年6月第1版　第1次印刷
印数：1～3500
ISBN 978-7-5404-6233-8
定价：198.00元

如有印装质量问题，请向中国出版年鉴编辑部调换：13501008915

中国书法年鉴

(2011)

主　　　编：赵长青

副 主 编：周用金　陈洪武

执行副主编：郭志鸿　汤厚松

中国书法家协会 编

湖南文艺出版社

目　录

活动剪影……17

中国书法家协会成立三十周年专题活动

纪念中国书协成立30周年座谈会新闻通报会暨《中国书坛纪事》首发式在京举行……37
赵实：在中国书协成立三十周年座谈会上的讲话……39
张海：在中国书协成立三十周年座谈会上的讲话……41
中国书法家协会历届领导名单……44
关于授予纪念中国书协成立30周年荣誉奖、贡献奖的决定……46
《中国书法》杂志（1981——2011）纪事……48
中国书法家协会成立三十周年纪事……51

工作细则

第六届中国书协专业委员会委员名单……64
第六届中国书协工作委员会委员名单……68

重要讲话

覃志刚：在沈鹏书法艺术学术研讨会上的讲话……72
沈　鹏：求其友声
——在“沈鹏书法艺术学术研讨会”上发言……74
张　海：在沈鹏书法艺术学术研讨会上的讲话……76
赵长青：在全国第十届书法篆刻展新闻发布会上的讲话……78

赵长青：在中国书协信息传媒中心竞聘上岗动员大会上的讲话......80
陈洪武：沈鹏书法艺术学术研讨会小结......82

重大展览纪实

全国首届手卷书法作品展评审揭晓
（附：优秀、入展名单）......86
第五届全军书法展
（附：获奖、入展名单）......89
全国职工书法作品展
（附：获奖、入展名单）......91
中国书协会员优秀作品展在北京举行
（附：入展名单）......93
全国第十届书法篆刻作品展览（上海展区）评审工作圆满结束
（附：优秀、优秀提名、入展名单）......97
全国第十届书法篆刻作品展览（广西展区）评审工作圆满结束
（附：优秀、优秀提名、入展名单）......100

工作大事记

中国书法家协会工作大事记......105
北京书法家协会工作大事记......132
上海市书法家协会工作大事记......135
天津市书法家协会工作大事记......137
重庆市书法家协会工作大事记......139
河北省书法家协会工作大事记......141
山西省书法家协会工作大事记......143

内蒙古自治区书法家协会工作大事记……145
辽宁省书法家协会工作大事记……147
吉林省书法家协会工作大事记……149
黑龙江省书法家协会工作大事记……150
浙江省书法家协会工作大事记……153
安徽省书法家协会工作大事记……156
福建省书法家协会工作大事记……159
江西省书法家协会工作大事记……161
山东省书法家协会工作大事记……162
河南省书法家协会工作大事记……165
湖北省书法家协会工作大事记……167
湖南省书法家协会工作大事记……170
广东省书法家协会工作大事记……172
广西壮族自治区书法家协会工作大事记……173
海南省书法家协会工作大事记……174
四川省书法家协会工作大事记……176
贵州省书法家协会工作大事记……178
云南省书法家协会工作大事记……180
西藏自治区书法家协会工作大事记……182
陕西省书法家协会工作大事记……183
甘肃省书法家协会工作大事记……184
宁夏回族自治区书法家协会工作大事记……186
青海省书法家协会工作大事记……188
新疆维吾尔自治区书法家协会工作大事记……190
中国人民解放军书法工作大事记……192
中国书法家协会中央国家机关分会工作大事记……195

新疆生产建设兵团书法家协会工作大事记……197
中国石油书法家协会工作大事记……198
中国金融书法家协会工作大事记……200
中国铁路书法家协会工作大事记……202
中国煤矿书法家协会工作大事记……203
中国篆刻艺术院工作大事记……205

书法理论

沈　鹏：书法，回归“心画”本体……208
张　海：关于坚持健康的书法批评为繁荣书法艺术鼓与呼……214
赵长青：关于书法艺术的宏观思考
——中国书协成立30周年回顾及瞻望……220
赵长青：人才是中国书法发展的第一资源
——写在《当代中青年书家年度创作档案》出版之际……226
言恭达：当代中国书法审美自觉的核心价值思考……229
陈振濂：书法展览究竟应该如何办？
——从“守望西泠”展览说起……233
周俊杰：十届国展评审七题……246
朱以撒：个人的时间与空间……250
张　韬：高等师范院校书法教育史考察……254

书协组织

中国书协、各省、市、自治区书协名录……259
各省、市、自治区书法家协会主席团成员名单……260

年度获奖作品选

全国第十届书法篆刻作品展获奖作品选登……265

第五届全军书法展获奖作品选登……279

全国首届手卷书法作品展获奖作品选登……286

年度名家新作

覃志刚……292
沈　鹏……293
张　海……294
旭　宇……295
张　飙……296
赵长青……297
何应辉……298
何奇耶徒……299
言恭达……300
张改琴……301
陈洪武……302
周用金……303
张艺群……304
高庆春……305
张　杰……306
朱守道……307
白景峰……308
韩亨林……309
杨明臣……310
李洪海……311
薛养贤……312
梁永琳……313
孟繁禧……314
吕章申……315
李纯博……316
陈中浙……317
李宴清……318
杨炳延……319
周文彰……320
宗家顺……321
李京盛……322
金运昌……323
罗　杨……324
袁守启……325
彭利铭……326
赵学敏……327
张公者……328
杨广馨……329
叶培贵……330
颜振卿……331
王志安……332
张旭光……333
骆芃芃……334
田伯平……335

黎　晶……336
刘俊京……337
周志高……338
戴小京……339
丁申阳……340
刘一闻……341
李　静……342
徐正濂……343
窦维春……344
唐云来……345
张建会……346
况瑞峰……347
刘庆渝……348
漆　钢……349
曹　建……350
褚大伟……351
郎岗峰……352
李尚才……353
范　硕……354
郭永利……355
石跃峰……356
李才旺……357
韩清波……358
毕　政……359
吴玉珩……360
马国良……361
张　戈……362
何昌贵……363
孙　璘……361
沈岩松……365
张学群……366
吴　雪……367
柯云瀚……368
陈秀卿……369
祝新穗……370
顾亚龙……371
蒯　宪……372
张仲亭……373
于钦彦……374
孟鸿声……375
宋华平……376
云　平……377
王荣生……378
谢安钧……379
铸　公……380
张桂光……381
纪光明……382
许鸿基……383
陈钦硕……384
韦克义……385
刘德宏……386
戴　跃……387
刘新德……388
包俊宜……389
朱兴贤……390
李运熙……391
雷珍民……392
史星文……393
马少青……394
翟万益……395

3月24日，全国第十届书法篆刻作品展新闻发布会在京举行

3月25日，中国书协刻字研究会2011年度工作会议在大连召开

4月2日，新玉树、新家园“4·14”玉树地震一周年美术书法摄影展在京隆重开幕

5月11日，启功先生专题片策划会在京举行

5月20日，“大众篆刻——李岚清篆刻书法艺术展”在中国美术馆隆重举行

5月26日，中国书协为参加第27届成田山全国竞书大会的日本青少年颁发“兰亭新星奖”

5月28日，全国首届手卷书法展在江苏盐城举行。图为全国政协副主席李金华，中国书协分党组书记、驻会副主席赵长青等领导出席开幕式并观看展览

6月5日，纪念中国书法家协会成立30周年座谈会在人民大会堂隆重举行

6月23日，“庆祝中国共产党成立90周年——全国百名部长将军书法展”在民族文化宫隆重开幕。图为全国人大常委会副委员长周铁农，中国文联党组副书记、副主席覃志刚，中国书协分党组书记、驻会副主席赵长青参观展览

6月28日，“庆祝中国共产党成立90周年——全国职工书法作品展”在北京劳动人民文化宫太庙大殿广场隆重举行

中国书协分党组书记、驻会副主席赵长青向中国文联党组书记赵实介绍长卷作品

7月15日，中国书协主席张海书写“没有共产党就没有新中国”

8月16日，“我爱我的祖国——李铎诗词书法展”在北京中国人民革命军事博物馆隆重举行

8月20日，“中国书法进万家军旅边疆行——走进西藏”在拉萨举行。图为书法家们与某部官兵合影留念

8月29日，全国第十届书法篆刻作品展（上海展区）评审工作在上海举行

9月9日，中国书协会员优秀作品展在中国人民革命军事博物馆隆重举行

11月3日，全国第十届书法篆刻作品展览在上海、广西开幕。图为上海展区开幕式

11月3日，全国第十届书法篆刻作品展览在上海、广西开幕。图为广西展区千人书法表演现场

11月13日，由致公党中央、江苏省政协联合主办的中国发展论坛——“书法传统与当代人文修养”高层论坛在南京隆重举行

12月14日，由中国书法家协会、澳门书法家协会联合举办的“澳门濠江兰亭中学”挂牌仪式在澳门隆重举行

12月16日，第三届中国西部书法篆刻作品展在贵州省安顺市隆重举行

12月23日，"中国书法之乡"命名授牌仪式在海南省文昌市隆重举行

12月31日，全国第十届书法篆刻作品展览在中国美术馆隆重举行

12月31日，中国文联、中国书协"送欢乐、下基层"首场慰问演出活动在位于中国大陆"东极"的"东方第一哨"举行

三十周年专题活动

纪念中国书协成立30周年座谈会新闻通报会暨《中国书坛纪事》首发式在京举行

6月3日，由中国书法家协会与恒源祥集团联合主办的纪念中国书法家协会成立三十周年座谈会新闻通报会暨《中国书坛纪事（1949－2007）》首发式在北京中国文艺家之家举行。

中国书法家协会分党组书记、驻会副主席赵长青发表讲话。他说，这次座谈会是中国书协为庆祝建党90周年，迎接中国文联第九次全国代表大会召开而实施的一项重要举措。座谈会将全面回顾中国书协成立三十年以来所取得的成就，认真总结工作经验，表彰三十年来为书法事业繁荣发展做出突出贡献的书法家和书法工作者，进一步统一思想，凝聚力量，推动书法事业走向新的辉煌。本次活动是中国书协和恒源祥集团的再次联袂合作，必将为打造中国书法艺术品牌、提升企业文化内涵，扩大双方的社会知名度，实施文化产业发展战略起到重要推动作用，也将成为中国书协与国内知名品牌合作的成功尝试。

中国书法家协会新闻发言人刘恒对纪念活动总体安排，特别是纪念中国书法家协会成立三十周年座谈会的情况进行了通报。他说，三十年来，中国书协团结和带领广大书法家及书法工作者，坚持“二为”方向和“双百”方针，认真履行职能，积极发挥作用，取得长足发展，使书法事业步入了中国书协成立以来最好的发展时期，逐步探索并形成了日益完善的工作思路和组织体系。主要是：明确了“在全局中定位，在大局下行动”的工作理念和围绕中心、服务大局、回报社会、奉献人民的总体思路；确立了展览、学术、培训“三位一体”的工作格局；完善了以履行协会职能和提高服务能力为中心的服务体系；实施了“中国书法进万家”和“中国书法环球行”两项行动计划；建立起以“当代名家系统工程”为主要内容的人才培养和推介体系；形成了以中国书协为主体，以各团体会员为骨干，以基层书法组织及广大书家、书法工作者为基础的书法组织体系。

刘恒说，纪念中国书协成立三十周年是今年书法界的一项重要活动，备受关注和瞩目。按照活动总体方案安排，纪念活动共有四项主要活动组成，此前完成了两项。一是为纪念启功先生百年诞辰，举行了启功先生专题片策划会。二是开展了中国书法进万家——走进雷锋精神发祥地抚顺活动。还有一项是中国书法家协会会员优秀作品展，拟于今年8月份在北京举行。他还重点介绍了将于6月5日在人民大会堂举行的纪念中国书协成立三十周年座谈会的总体安排。

新闻通报会由中国书法家协会分党组副书记、秘书长陈洪武主持。中国书协分党组成员、副秘书长戴志祺回答了记者提问。中国书协理事、《中国书坛纪事》执行主编、上海书法家协会主席周志高简要介绍了出版《中国书坛纪事（1949－2007）》的基本概况、总体策划和重大意义。《中国书坛纪事》是当代书坛一项浩大的史志工程，编写工作从2006年11月开始启动，历时近五年时间。中国书协投入了大量人力、物力、财力，精心组织，精心策划。先后邀请了一百多位当代书坛有代表性的专家、学者及历届中国书协领导参与撰写、编辑和审定工作。全书分为三卷，涵盖了从1949年到2007年近六十年书法事业的主要活动。综合卷收集了近六十年的书法发展的重要事件，汇编卷汇集了各团体会员及西泠印社活动纪事；当代书家卷收集了中国书协主席团、各团体会员主席团及港澳台代表性书家的简介及作品。全书共有200多万字，图版1300余幅，是一部不可多得的大型的工具书、资料书，是中国书协走过的三十年不平凡历程见证和缩影。

作为本次纪念活动的主办方之一和支持单位，恒源祥集团董事长刘瑞旗在会上谈了恒源祥集团作为企业对中国书法事业的应尽社会责任和义务。他说，中国企业的未来发展离不开中国传统文化及生态文化的滋养，作为从中得益者，企业责无旁贷地应该为社会文化艺术事业的发展做出贡献。中国书法艺术是最具中国文化特质的代表性符号，是中国的文化形象，恒源祥能有机会参与支持中国书法家协会的工作，感到十分荣幸。

新闻通报会上，赵长青和恒源祥集团董事长刘瑞旗签署中国书协与恒源祥集团结成长期战略合作伙伴关系的框架协议，开启了双方合作的新篇章。

中国书协分党组成员、副秘书长潘文海，组联部主任张陆一、办公室主任张艺群、恒源祥香山画院董事长执行院长兼美术馆馆长陈明等出席活动。新华社、人民日报、光明日报、经济日报、中国艺术报、《中国书法》杂志、中国书画报、书法导报、书法报、美术报、《书法》杂志等30余家新闻媒体的记者参加了新闻通报会。

（原载于《中国书法通讯》报2011年第6期）

在中国书协成立三十周年座谈会上的讲话

（2011年6月）

◎ 赵实　中国文联党组书记、副主席

尊敬的各位书法家，同志们、朋友们：

在全国文艺界庆祝建党90周年和迎接九次文代会召开的喜悦气氛里，纪念中国书协成立三十周年座谈会在这里隆重举行。会议将全面回顾中国书协的奋斗历程和发展成就，认真总结成功经验，进一步统一思想、凝聚力量、振奋精神，推动书法事业走向新的发展与繁荣。我代表中国文联向座谈会的举办表示由衷地祝贺，向出席会议的各位领导和书法家致以亲切的问候！

三十年来，沐浴着改革开放和现代化建设的春风，伴随着中华文化伟大复兴的步伐，中国书协从无到有，从小到大，经过了不平凡的发展历程。在中宣部和中国文联的正确领导下，全国广大书法家和书法工作者团结和谐、敬业奉献、开拓进取，使书法这门古老的传统艺术形式，在传承中走向创新，在发展中走向繁荣。今天，书法艺术已成为社会主义文艺事业不可或缺的重要组成部分，以其深厚的文化底蕴与广泛的群众基础，在社会主义精神文明建设和构建和谐社会的进程中，发挥着不可替代的重要作用。

三十年来，中国书协团结和带领广大书法家及书法工作者，坚持“二为”方向和“双百”方针，牢牢把握“高举旗帜、围绕大局、服务人民、改革创新”的总要求，认真履行联络、协调、服务的基本职能，积极发挥组织、引导、服务、维权的重要作用，围绕中心、服务大局，面向基层、服务群众，做了一系列卓有成效的工作，使书法事业步入了中国书协成立以来最好的发展时期。特别需要指出的是，经过几届领导班子和广大书法家、书法工作者的共同努力，逐步探索并形成了日益完善的工作思路和组织体系。主要是：明确了“在全局中定位，在大局下行动”的工作理念和围绕中心、服务大局、回报社会、奉献人民的总体思路；确立了展览、学术、培训“三位一体”的工作格局；完善了以履行协会职能和提高服务能力为中心的服务体系；实施了“中国书法进万家”和“中国书法环球行”两项行动计划；建立起以“当代名家系统工程”为主要内容的人才培养和推介体系；形成了以中国书协为主体，以各团体会员为骨干，以基层书法组织及广大书家、书法工作者为基础的书法组织体系。这一系列重要成果的取得，得益于党的文艺方针的正确指引，得益于改革开放以来经济社会快速发展的良好环境，得益于整个书法界和广大书法家、书法工作者的积极参与和大力支持，得益于中国书协坚强有力的组织引领。实践证明，我们的书法工作者队伍，是一支党和人民完全可以信赖的队伍，是大有希望和大有作为的队伍，是能够为实现中华文化伟大复兴作出重要贡献的队伍。借此机会，我代表中国文联，向广大的书法家和书法工作者表示衷心的感谢！向中国书协表示衷心的感谢！

同志们，朋友们：回顾过去是为了更好地开启未来。我们欣慰地看到，中国书法事业已经步入了稳定发展的新阶段，正呈现出蓬勃的生机活力与广阔的发展前景。面对党和国家对文艺事业的殷切期待、广大人民群众日益增长的文化需求，我们深切地感到书法家和书法工作者责任重大、使命光荣。党的十七届五中全会从夺取全面建设小康社会新胜利、推进中国特色社会主义伟大事业的高度，明确提出要坚持以科学发展为主题、以加快转变经济发展方式为主线的战略部署，并第一次把文化建设作为单独部分列入国民经济和社会发展总体规划，这为繁荣发展书法事业提供了前所未有的机遇，也对文学艺术工作提出了新的更高要求。

站在新的历史起点上，广大书法家和书法工作者要进一步增强政治意识、大局意识、责任意识和宗旨意识，坚定理想信念，坚定不移地紧跟党走；要坚持社会主义文化的前进方向，牢牢抓住建设社会主义核心价值体系这个根本，大力弘扬一切有利于国家富强、民族振兴、社会和谐、人民幸福的思想和精神，唱响符合时代发展方向、体现社会进步要求的主旋律，用更多健康向上的书法艺术精品引领多样性的社会思潮、文化追求和书法繁荣。要牢记人民群众的火热生活是一切文学艺术创作的源泉，坚持贴近实际、贴近生活、贴近群众，以开展中国书法进万家、创建中国书法名城和书法之乡为载体，不断打造品牌，深化形式内涵，夯实群众基础，努力扩大辐射带动作用，引导书法家创作更多无愧于历史、无愧于人民的精品力作，积极投身公共文化服务体系建设，指导和推动群众性书法活动，以书法艺术特有的形式服务大局、服务大众。要进一步解放思想、实事求是、与时俱进，着眼于当今中国发展的主题主线和人民群众对精神文化生活的新期待，通过大力实施和推进《中国书法发展纲要》、当代书坛“三名”工程和以国家文化发展战略与书法艺术为主题的中国（金陵）论坛，全方位打造书法篆刻“申遗”的新亮点，挖掘鲜明的时代主题，提炼崭新的艺术审美。要主动适应时代的新变化、新特点、新情况，及时调整创作视角，拓展创作内容，丰富表现形式，强化书法作品的吸引力、感染力、传播力和影响力。要认真贯彻党的文艺方针，充分发扬艺术民主和学术民主，弘扬主旋律，提倡多样化，尊重书法家的艺术创作和劳动成果，最大限度地激发书法家和书法工作者的创造活力，努力创作出集思想性、知识性、艺术性、观赏性于一体的书法艺术精品，为全面建设小康社会挥毫泼墨，为建设中华民族共有精神家园建功立业。

最后，衷心希望广大书法工作者牢记时代和人民赋予的神圣使命，用德艺双馨的标准严格要求自己，积极履行人类灵魂工程师的职责，以翰墨为人民而写，以心画为时代而歌，燃起精神的火炬，吹响奋进的号角，为构建繁荣和谐、创新有为的当代书坛，更加自觉、更加主动地推动社会主义文化的大发展大繁荣而努力奋斗！

（原载于《中国书法通讯》报2011年第6期）

在中国书协成立三十周年座谈会上的讲话

（2011年6月）

◎ 张海　中国书法家协会主席

各位领导、各位专家、同志们：

纪念中国书法家协会成立三十周年座谈会，今天在人民大会堂隆重举行。在此，我谨代表中国书法家协会对莅临座谈会的各位领导、专家和同志们表示热烈的欢迎和衷心的感谢！

中国书法家协会于1981年5月成立，至今已走过了30年不平凡的发展历程。中国书协是党和政府联系书法界的桥梁和纽带，是繁荣社会主义文艺、发展社会主义先进文化的重要力量。书法艺术已成为社会主义文艺事业不可或缺的一个重要组成部分。三十年来，中国书协在中宣部、中国文联的正确领导下，在历届书协领导班子、各团体会员和广大书法家、书法工作者的不懈努力下，书法创作、理论研究、书法教育、组织联络、对外交流、服务大局，以及书家队伍和协会自身建设等方面都取得了令人可喜的成绩。

书法创作得到了空前发展。三十年来，以全国展、青年展、新人展三大展览为主导，逐步增加了中国书法兰亭奖、书体展以及配合国家重大活动的主题展等，书法活动日益丰富，书法展览呈现系列化和多样化的格局，极大的活跃了书坛的创作氛围。在各类展览的影响带动下，当代书风从20世纪80年代以王铎、傅山等明清书家为取向的雄强书风风靡书坛；到90年代以晋唐手札风、明清小楷风成为主流趋向；再到世纪之交的二王书风为主导，并出现了新文人书法、学院派、新古典书风、现代派等不同风格、不同流派的书风。当前，书法创作以继承传统为主，各种书体竞相发展，流派纷呈，兼容并包，书坛呈现出“百花齐放、百家争鸣”的繁荣景象。

理论研究取得了显著成果。书学研究以全国书学讨论会为核心，开展了诸多主题性的国际书学论坛、与地方联合举办系列学术论坛，不定期举办读书班、文津大讲堂等学术宣讲活动，开创性地启动了学术课题项目申报，编辑出版了新中国六十年《当代书法论文选》等。这些学术活动的深入开展，有力地推动了理论研究的健康发展。涌现出了一大批卓有成就的理论家和重要的研究成果。近三十年来发表出版的理论研究文章和专著，在数量上超过了过去一千多年书论文章的总和。学术活动的深入开展，对于弘扬学术精神，深化书学研究，推动书法事业的发展与繁荣，起到了重要的促进作用。

书法教育得到全面加强。以中国书协培训中心、中国书协教育委员会为依托，中国书协采取多项措施，加大推进书法培训和普及的力度，培养了大量的书法后备人才，使书法事业后继有人。全国已有数十所高校开设了书法专业，有的高校从本科到博士，建立了完备的教学体系。培养出的书法人才不仅有实践能力，而且具有较高的理论素养。目前，国内部分省市的中小学已开设了书法课，书法教育呈现出勃勃生机。

对外交流日益广泛。中国书法艺术在世界各国、尤其是在东南亚地区有着广泛的影响。三十年来，通过同日本、新加坡、韩国等亚洲国家的书法交流，增进了解，扩大合作。围绕党和国家“大外交，大外宣”战略，努力实施中国书法环球行计划，走进欧洲、澳洲、非洲进行书法交流，使更多的国家对汉文化和书法艺术有了进一步的认识和了解。书法艺术成功申报世界非物质文化遗产，进一步扩大了中国传统文化的影响力，有力地提升了中国书法的国际地位。

围绕中心、服务大局，回报社会、奉献人民的责任意识不断增强。三十年来，中国书协积极组织广大书法家和书法工作者参与“送欢乐下基层”、书法进万家等各种形式的社会公益性活动，努力服务社会，回报人民。在抗击“非典”汶川和玉树地震救灾等重大活动中，中国书协积极组织书法界募捐，向灾区人民献爱心，充分发挥了协会服务大局的作用，体现了广大书法家强烈的社会责任感。

以上成绩的取得，是党和政府对文艺工作的高度重视和亲切关怀的结果，是中宣部、中国文联正确领导的结果，是社会各界方方面面对中国书协大力支持的结果，是历届书协领导班子、团体会员、广大书法家、书法工作者不懈努力的结果！此时此刻，我们深深怀念那些为开创当代书法事业做出过巨大贡献的书法前辈，他们的人格魅力和高风亮节永远激励着我们。今天的表彰活动，体现了各级领导和社会各界对优秀书法家和优秀书法工作者的赞扬与肯定。在此，我代表中国书协向受表彰的各位书法家表示热烈的祝贺！向一贯支持书法事业的各级领导和各界朋友致以最诚挚的感谢和崇高的敬意！

孔子曰：“三十而立”。对于一个人来讲，三十岁是风华正茂的美好年华；对于书法事业来说，经过新时期以来三十年的拓展，奠定了书法事业可持续发展的基石。“三十而立”，意味着我们应勇于担当更重的历史责任和社会责任。当前，我国政治稳定，经济繁荣发展，国际地位日益提高，国家文化软实力日益增强，党和国家更加重视文化建设，文艺在党和国家工作大局中的地位作用日益突出，书法事业正处在最好的发展时期，没有任何外部因素制约我们发挥聪明才智和创造力。因此，作为当代书法队伍中的一员，我们应当努力做到：

始终坚持正确的艺术方向。三十年来的发展证明，坚持邓小平理论和“三个代表”重要思想，深入贯彻科学发展观，坚持“二为”方向和“双百”方针，坚持"三贴近"原则，是我们事业成功的保障。当今世界各种思想文化风云激荡，相互影响。只有在马克思主义文艺理论和党的正确文艺思想指导下，我们才能明辨是非，树立正确人生观，弘扬主旋律，提倡多样化，以优秀的作品鼓舞人、感染人，自觉践行社会主义文艺核心价值观。

继续深入传统，推陈出新，创造时代经典。中国书法历经数千年，承载了中华文明发展史，留下了无数的艺术经典。博大精深的传统文化，成就了书法史上的一座座高峰，犹如一座巨大的宝藏，是我们取之不竭、用之不尽的宝贵财富。在经济发展、文艺繁荣的今天，如何创造出具有我们这个时代鲜明特色、艺术特征的经典力作，成就我们这个时代的书法经典大家，是需要书法界共同思考的问题。时代呼唤经典大家，时代造就经典大家。要站在时代的高度，立志创造出无愧时代、无愧于后人的精品力作。

继续加强协会建设，推动书法事业繁荣发展。中国书协经过三十年的发展，现拥有三十多个团体会员，近万名中国书协会员，全国省、市级会员和书法爱好者达百万之众。我们要以不断加强自身建设为己任，求真务实，真抓实干，创新有为，充分发挥联络、协调、指导和服务的职能，不断增强自身素质，切实提高服务水平，让书协真正成为广大书法家和书法工作者的温馨之家。

继续贯彻落实“三贴近”原则，让艺术回归大众，服务社会。艺术创作源于生活，这就要求我们广大书法家和书法工作者要深入生活、深入群众，始终怀着对人民群众的深厚感情，从丰富多彩的生活中汲取营养。当今时代艺术已不再是少数人的艺术，随着文化教育的普及，国民素质的整体提高，书法艺术已是"旧时王谢堂前燕，飞入寻常百姓家"。我们要继续深入开展书法进

社区、进农村、进企业、进军营等系列活动，大力普及书法艺术，充分发挥书法艺术在构建社会主义和谐社会中的独特作用。

要弘扬正气，增强团结，德艺双馨，努力构建和谐繁荣、创新有为的当代书坛。我们要弘扬正气，光明磊落，以身作则，率先垂范。书法家之间要相互尊重，取长补短，精诚团结，淡泊名利。历史经验告诉我们，德艺双馨才是艺术家的立身之本。中华民族历来是一个重视操守的民族，和谐的书坛对书法事业的繁荣发展必将起到积极的推进作用。

这次座谈会，大家将认真回顾总结当代书法艺术30年来的发展历程和宝贵经验，集思广益，筹划未来。对于我们深入贯彻党的十七大和十七届三中、四中、五中全会精神，在新的历史起点上推进书法事业的可持续发展，推动社会主义文化大发展大繁荣具有十分重要的意义。

参加今天座谈会的专家，有中国书协成立开创者、见证者，有和中国书协一起成长的书家，也有在中国书协影响下成长起来的青年书家。书法事业的开拓与发展离不开每一位书法家的鼎力支持。希望大家一如既往地支持书协工作。有书法界的共同努力，中国书协的明天将会更加美好！书法事业必将创造新的更大的辉煌！在此，我代表中国书协再一次向大家致以深深的谢意！

2011年充满了喜庆，中国共产党成立90周年，中国文联九次文代会也将召开。我们要紧跟时代步伐，立足书法本体，扎实工作，开拓进取，为开创书法事业的新局面做出新的更大的贡献，以优异的成绩向党汇报，以优秀的作品歌颂党的丰功伟绩，向建党九十周年、向中国文联九次文代会献礼！

祝座谈会圆满成功！

（原载于《中国书法通讯》报2011年第6期）

中国书法家协会历届领导名单

中国书协第一届领导机构成员名单
主　席：舒　同
副主席：赵朴初　沙孟海　启　功　周而复
　　　　林　林　朱　丹　陈叔亮
领导小组（1981.5－1983.5）
　　　　朱　丹　陈叔亮　佟　韦

中国书协第二届领导机构成员名单
名誉主席：舒　同
主　　席：启　功
副主席：周而复　方去疾　王学仲　陆　石
　　　　沈　鹏　黄　绮
秘书长：陆　石　佟　韦（1990年12月任命）
副秘书长：刘　艺　权希军　张　虎（1990年12月任命）
中国书协党的临时领导小组（1987年4月由中宣部、中国文联党组决定成立）
组　长：佟　韦
成　员：刘　艺　权希军
中国书协分党组（1990年5月12日由中宣部、中国文联党组决定成立）
书　记：邵　宇
副书记：佟　韦
成　员：刘　艺　权希军　张　虎

中国书协第三届领导机构成员名单
名誉主席：舒　同　启　功
顾　　问：沙孟海　周而复　方去疾　陆　石
　　　　　黄　绮　谢冰岩　董寿平　武中奇
　　　　　康　殷　柳　倩
主　席：邵　宇
副主席：沈　鹏　王学仲　李　铎　刘炳森
　　　　刘　艺　佟　韦
代主席：沈　鹏（1992年8月起）
欧阳中石、权希军（1992年8月17日增补）
秘书长：谢　云
副秘书长：张　虎　刘正成
中国书协分党组
副书记：谢　云
成　员：沈　鹏　张　虎

中国书协第四届领导机构成员名单
名誉主席：启　功
顾　　问：王学仲　刘　艺　李　铎　佟　韦
　　　　　谢　云
主　　席：沈　鹏
驻会副主席：张　飙
副主席：（共13名，以姓氏笔画为序）
申万胜　朱关田　旭　宇　刘炳森　何应辉
张　海　陈永正　林岫（女）　周慧珺（女）
钟明善　段成桂　聂成文　尉天池
秘书长：郭雅君
副秘书长：张　虎　刘正成　张旭光　吕如雄
中国书协分党组
书　记：张　飙
副书记：张传凯　郭雅君
成　员：张旭光　吕如雄

中国书协第五届领导机构成员名单

名誉主席：沈　鹏

顾问：　王学仲　刘　艺　李　铎　佟　韦
　　　　张　飙　周慧珺（女）　钟明善
　　　　尉天池　谢　云

主　席：张　海

副主席：（以姓氏笔画为序）

申万胜　朱关田　旭　宇　吴东民　吴善璋
何应辉　言恭达　张业法　陈永正　邵秉仁
林岫（女）　赵长青　段成桂　聂成文

秘 书 长：赵长青

副秘书长：陈洪武 张旭光　吕如雄　戴志祺
　　　　　白 煦

中国书协分党组

书　记：赵长青

副书记：陈洪武

成　员：张旭光　吕如雄（2007年7月止）

中国书协第六届领导机构成员名单

名誉主席:沈鹏

顾　问：（按姓氏笔画排序）

王学仲　朱关田　旭　宇　刘　艺　李　铎
佟　韦　张　飙　陈永正　邵秉仁　林岫（女）
周慧珺（女）　钟明善　段成桂　尉天池
谢　云

主　席:张　海

副主席（按姓氏笔画排序）:

王家新　申万胜　苏士澍　吴东民　吴善璋
何应辉　何奇耶徒 言恭达　张业法　张改琴（女）
陈振濂　赵长青　胡抗美　聂成文

秘书长:陈洪武

副秘书长:戴志祺 潘文海

关于授予纪念中国书协成立30周年荣誉奖、贡献奖的决定

各团体会员：

中国书法家协会成立三十年来，在中宣部、中国文联的正确领导下，全国广大书法家和书法工作者，坚持以科学发展观为统领，认真贯彻党的“二为”方向和“双百”方针，敬业奉献，继承创新，团结奋进，为推动书法事业繁荣发展作出了突出贡献，使中国书协进入到了成立以来最好的发展时期。为表彰先进，弘扬德艺双馨精神，推动书法事业实现全面协调和可持续发展，为中国共产党成立90周年、中国文联第九次全国代表大会召开营造良好的文化氛围，中国书法家协会决定，授予沈鹏、欧阳中石、王学仲、朱关田、旭宇、刘艺、李铎、佟韦、张飙、陈永正、邵秉仁、林岫、周慧珺、钟明善、段成桂、尉天池、谢云等133名同志为纪念中国书法家协会成立三十周年荣誉奖，于小山等70名同志为纪念中国书法家协会成立三十周年贡献奖。

希望受到表彰的同志，珍惜荣誉，再接再厉，锐意进取，继续发挥表率作用和引领作用，为建设繁荣和谐、创新有为的当代书坛作出应有的贡献。希望各团体会员和广大书法家、书法工作者以他们为榜样，学习他们信念坚定、胸怀大局的崇高思想，锲而不舍、勇于创新的高贵品质，求真务实、脚踏实地的优良作风，继承创新、自强不息的进取精神；在以胡锦涛同志为党中央的坚强领导下，牢固树立政治意识、大局意识和责任意识，为圆满完成中国书协第六次全国代表大会确定的工作目标，实现中华民族的伟大复兴而努力奋斗。

纪念中国书法家协会成立30周年荣誉奖名单

（133人，按姓氏笔划排序）

马国良　马继武　王　云　王　冠　王一琴
王创业　王全生　王廷风　王明义　王学仲
王俊峰　王贵忱　王景芬　王超尘　王新民
牛光甫　方　振　方绍武　孔　见　水既生
石跃峰　帅立志　叶　浓　叶一苇　田维谦
申万胜　白　煦　包俊宜　宁书纶　旭　宇
权希军　毕开文　吕如雄　朱关田　朱敬华
任叔衡　刘　艺　刘　江　刘子善　刘天明
刘正谦　刘迺中　许亦农　孙　方　孙太初
孙其峰　言恭达　利　化　杨斌庆　苏　园
李　立　李　铎　李才旺　李刚田　李滋煊
吴三大　吴东民　吴善璋　何应辉　何奇耶徒
佟　韦　沙曼翁　沈　鹏　沈定庵　宋华平
张　束　张　虎　张　海　张　颔　张　翰
张　飙　张开政　张业法　张西帆　张旭光
张良勋　张改琴　张牧石　陈　因　陈　煜
陈天然　陈方既　陈永正　陈光宗　陈奋武
陈景舒　邵秉仁　拉巴次仁　林　林　林　岫
林　鹏　林喜纯　欧阳中石　孟世强　周志高
周俊杰　周春山　周慧珺　屈趁斯　胡梅生
赵玉林　赵彦良　赵望进　钟鸣天　钟明善
钟家佐　段成桂　姜澄清　祝新穗　姚奠中
聂成文　贺　恭　宣祥鎏　柴建方　翁伯祥
夏湘平　席时珞　唐定邦　陶天月　黄　云
黄　澍　崔　志　康　庄　尉天池　蒋士云

温同春　谢　云　詹明禄　颜家龙　潘　琦
薛　铸　穆　毅　戴明贤

纪念中国书法家协会成立30周年
贡献奖名单

（70人，按姓氏笔划排序）

于小山　于恩东　王　冰　王　彦　王道常
王楚才　王慕乙　方　育　方延年　方秀桐
田伯平　邬文康　刘　恒　刘庆渝　刘重秋
刘瑞旗　关　阔　纪光明　杨西湖　杨光融
杨佐桓　杨国良　李　翔　李士杰　李仲元
李守诚　李志顺　李远东　李运熙　李昌文
李定三　李春梅　李宴清　吴凤彩　吴长庆
宋华平　宋慧莹　张　源　张卫民　张陆一
张明明　张荣生　张荣庆　张铁英　邹德忠
陈加林　陈荣玲　陈福坤　金伯兴　段　军
姚志忠　栾志光　顾亚龙　徐本一　徐松华
郭　伟　郭　际　郭堂贵　郭嘉荣　高式熊
唐云来　黄家城　崔志强　章巧贞　董祖文
喻贵森　鲁　珺　潘传贤　黎　晶　薛俊明

《中国书法》杂志（1981——2011）纪事

1981年

舒同同志主持召开的中国书协常务理事会上，决定编辑出版《中国书法》杂志。同年12月12日，批准组成《中国书法》杂志编辑委员会。

1982年

10月，《中国书法》正式创刊，第一辑（内部发行）出版。

1983年

1月，方毅为《中国书法》创刊题写了“书坛胜景”贺词。

5月，出版《中国书法》第二辑。

1984年

4月，出版《中国书法》第三辑。

1985年

3月，出版《中国书法》第四辑。

9月16日，文化部批复同意。《中国书法》自1986年起公开发行，为季刊。

1986年

1月，谢冰岩任《中国书法》主编，刘正成任副主编。

4月，《中国书法》作为季刊首次公开发行。

7月，由《中国书法》杂志主办的全国第二届中青年书法篆刻展览在中国美术馆展出。

获一等奖10人：

华人德　彭过春　张　忱　朱寿友　吴振立
潘良贞　穆　棣　孙晓云　陈　平　黄连萍

1990年

7月，由《中国书法》杂志主办的全国第三届中青年书法篆刻展览在合肥展出。

获一等奖6人：

刘延龙　卢乐群　席黎生　张富君　张六韬
查仲林

1993年

9月，由《中国书法》杂志主办的全国第五届中青年书法篆刻展览在中国美术馆展出。

获奖10人：

张世刚　蔡梦霞　范　斌　赵长刚　于　斌
吴　行　唐锡生　黄　渚　赵雁君　李木教

1994年

2月，刘正成任主编。

1995年

6月，由《中国书法》杂志主办的全国第六届中青年书法篆刻展览在中国美术馆展出。

获一等奖5人：

于明泉　李木教　邵　岩　施恩波　赵雁君

1997年

8月，《中国书法》杂志社主办的“全国第

七届中青年书法篆刻展”的评审工作在山东威海结束。

获一等奖10人：

于明泉　王学岭　刘彦湖　刘新德　汪永江
李文岗　何连仁　邵　岩　陈忠康　曾　翔

1998年

3月，出版“中国二十世纪书法大展专刊”集中介绍了展览的盛况与作品。

1999年

9月，出版“庆祝中华人民共和国成立五十周年专刊”。

10月，《中国书法》年展在北京开幕。

12月，《中国书法》“中国二十世纪十大书家”专家评选揭晓。十大书家为：吴昌硕、林散之、康有为、于右任、毛泽东、沈尹默、沙孟海、齐白石、李叔同、谢无量。

2000年

《中国书法》年展自1999年10月以来，在北京、郑州、上海、厦门巡回展出后，年初顺利结束。

1月，崔志强任《中国书法》杂志社副社长，严峻任社长助理，朱培尔任主编助理，王彦任展览中心主任。

12月，由《中国书法》杂志主办的全国第八届中青年书法篆刻展在北京中国美术馆展出。

获一等奖10人：

曾　翔　戴　跃　于明泉　齐　江　张国辉
宋道永　徐　海　沈惠文　胡温平　何连仁

2001年

1月，由《中国书法》、《书法导报》联合举办的“千年中国十大杰出书家” 专家评选揭晓。十大书家按得票数依次为：米芾、苏轼、黄庭坚、赵孟頫、王铎、董其昌、徐渭、吴昌硕、于右任、林散之。

6月，中国书协分党组召开《中国书法》荣获文联系统十佳报刊称号表彰会。《中国书法》再次被评为国家中文核心期刊。

2002年

8月，中国书协分党组书记、驻会副主席兼秘书长张飙兼《中国书法》杂志社社长，中国书协分党组成员、副秘书长张旭光为《中国书法》杂志执行主编。

2003年

2月，朱培尔任《中国书法》杂志编辑部主任。

4月，周志高任《中国书法》杂志主编。

9月22日至26日，《中国书法》杂志社2003年面授教学暨第八届国展书法创作培训班在京举办。

2004年

1月，从2004年第一期开始，《中国书法》杂志作了较大幅度的改版扩容，由96面增至112面。

7月，由北京大学出版社出版的《中文核心期刊要目总览》中再次确定《中国书法》为中文核心期刊。

2005年

1月，本期《中国书法》改为国际大16开本，由铜版纸和轻型纸精印，页码、定价不变。

2006年

1月，杂志自2006年起每期增加8面彩页，定价不变。强调“重导向、重学术、重精品”。

7月，中国书协分党组副书记、副秘书长陈洪武兼社长，高庆春任副社长，李中原任副社长、副主编（主持日常工作）。

9月，《中国书法》第九期副主编：李中原。特约编审：刘恒、周志高。

10月7日，本刊顾问沈鹏荣获中国文联主办的2006年度造型艺术成就奖。

2007年

4月，中国书协聘任李刚田为《中国书法》杂志主编，王彦任常务副社长。

6月，聘请张海为《中国书法》杂志顾问。从第九期开始，《中国书法》杂志在定价不变的前提下，每期增加16个页码，即由112页增加为128页。

从12月开始，杂志不定期附赠刊，旨在向海内外陆续推介当代知名书家。

2008年

1月，推出“08年当代中青年创作学术提名”专栏。

7月，开始发表由中国书协主办，《中国书法》与中国书协研究部承办的“当代书法三十年征文”优秀论文。

陆续在“地域风采”栏目并以显著版面全面报道“中国书法名城（山）”。

再次被评为国家核心期刊并被收入北京大学出版社出版的《中文核心期刊要目总览》2008版（即第五版）。

2009年

1月，“当代书法三十年征文”活动揭晓，共评出获奖论文15篇。

从第一期起，推出年度编审制度，2009年特约编审为（按年龄排序）韩天衡、朱关田、周志高、曹宝麟、邱振中、王镛、华人德、丛文俊、陈振濂、白谦慎（美国）、邹涛（日本）。

推出“经典与当代”、“批评与解释”两个有关当代著名书法家与中青年精英相关的创作专题。

2010年

5月，推出“当代中青年学术精英提名”。

2011年

6月，中国书协任命赵长青同志任《中国书法》杂志社社长，郭志鸿同志任《中国书法》杂志社常务副社长，朱培尔任《中国书法》副主编。王彦同志调任中国书协办公室副主任。

8月10日，《中国书法》杂志与中国书法通讯报、中国书协网进行“三位一体”资源整合，成立了中国书协信息传媒中心，赵长青兼任总监，郭志鸿兼任执行总监，朱培尔兼任业务总监。

9月27日，《中国书法》杂志社在北京爱斐堡酒庄召开“2012《中国书法》发行会”。

中国书法家协会成立三十周年纪事

（1981年5月——2011年5月）

1981年

5月5日－9日，中国书法家协会第一次代表大会在北京隆重召开，中国书法家协会正式成立。来自全国各省、自治区、直辖市的书法家代表、特邀代表214人，以及来宾、记者、列席代表400多人，齐聚人民大会堂，隆重举行代表大会开幕式。周扬、许德珩、楚图南、阳翰笙、傅钟、吴作人、李一氓、董纯才、林林、萨空了、陶钝等中央和有关部门负责同志出席了开幕式。中宣部副部长、中国文联主席周扬同志在大会开幕式上讲话。大会宣读了全国人大常委会副委员长许德珩的贺词，宣读了日中文化交流协会会长井上靖、全日本书道联盟理事长饭岛春敬的贺电。中华全国总工会、共青团中央、中国美术家协会向大会发来贺信。大会期间，国务院副总理方毅同志到代表住所看望大会代表。代表们还听取了舒同同志所作的题为《团结起来，继承和发扬我国书法艺术传统，为人民服务》的报告和陈叔亮同志《中国书法家协会筹委会工作报告》。会议通过了《中国书法家协会章程》，推举了中国书协名誉理事35人，选举理事81人。由理事会选出常务理事19人，其中主席、副主席8人。舒同当选为主席。

7月，中国书协与北京市少年宫、中央电视台等单位联合举办“全国少年大字比赛获奖作品展览”。参加这次比赛的少年有八万名之多。

10月26日－30日，由中国书协、上海书画出版社《书法》编辑部和浙江绍兴市文化局（兰亭书会）在绍兴联合举办的“中国书学研究交流会”。此次会议中国书协认同为“全国第一届书学讨论会”。

1982年

1月19日，中国书协、北京日报、中央电视台联合主办为农民书写春联活动，陈叔亮等20多位书法工作者参加，为四季青人民公社的军烈属、敬老院等当场挥毫。是时，全国许多省、市分会都组织当地书法家为农民写春联。

10月，中国书法家协会主办的《中国书法》创刊。

11月25日，由中国美术家协会江西分会、南昌市书法工作者协会主办的“全国中青年书法家作品邀请展”在江西博物馆展出，从全国29个省、市、自治区的来稿中挑选191件进行展出，此次展览以后被中国书协定为首届中青展。

1983年

4月5日，中国书法家协会、中国书协浙江分会和兰亭书会在绍兴兰亭联合举办纪念王羲之撰写《兰亭集序》1630周年大会。

10月12日上午，由中国书协、日本刻字协会联合在京举办的“日本刻字展览”在中国美术馆举行开幕式。

1984年

1月20日，由中国书协和书协浙江分会主办的“全国刻字邀请展览”在杭州开幕。本年6月，此展又在北京劳动人民文化宫展出。

4月8日—15日，应全日本书道联盟和日中文化交流学会的邀请，以中国书法家协会主席舒同为团长的中国书法家代表团到日本访问。

9月1日，“全国第二届书法篆刻展”在北京中国美术馆开幕。共展出书法作品543幅，篆刻作品88件。

1985年

4月22日-29日，中国书法家协会第二次会员代表大会在北京举行。出席此次大会的有来自全国各省、市、自治区以及解放军、中直单位的234名代表。周而复致开幕词，舒同作了题为“普及教学，繁荣创作，把当代书法艺术提高到一个新的水平”的报告。舒同同志的报告中说，中国书协目前已有会员1300人。在29个省、市、自治区已有23个建立了分会，共拥有会员6000多人。启功当选为主席。

10月26日—11月3日，中国书协、中国文联和全日本书道联盟、日中文化交流协会举办的“第四次中国书法研究会”在北京、安阳等地举行。

11月，中国书法家协会研究部首次举办书法学术系列讲座。第一期讲座共13讲，其中有启功的《诗词与书法》、王学仲的《国外书法艺术发展趋势》、沈鹏的《书法的继承与创新》、裘锡圭的《汉字字体有关的问题》等。地点在中国历史博物馆礼堂。

1986年

1月，《中国书法》由丛刊改为季刊，作为季刊首次公开发行。

2月24日，中国书法家协会、全国妇联宣教部、中国老年书画会联合举办的“全国妇女书法篆刻展览”在中国美术馆开幕。展出作品200余件。

4月10日，由中国书法家协会、中央电视台、文物出版社、北京市文物商店四家联合举办的“1986年全国电视书法比赛”在北京中国大剧院举行颁奖大会。

7月16日，中华人民共和国文化部、中国书法家协会、《中国书法》杂志社主办“全国第二届中青年书法篆刻家作品展览”在中国美术馆展出，这次展览展出的作品共有380多幅，这些作品是从全国7000多幅作品中评选出来的。

10月12日，由中国书协主办的“全国第二届书学讨论会”在山东掖县召开。会议共收到635篇论文，选出101篇在大会上交流。

1987年

4月10日，中国书法家协会成立党的临时领导小组。

10月5日，由中国书法家协会举办的“全国第三届书法篆刻展览”在河南郑州河南省博物馆开幕。

1988年

9月23日，由中国书协主办，江苏分会承办的“全国篆刻展览”在南京开幕。

11月1日，台湾隔山画馆举办的“当代中国书法精品展”在台北、台中市展出，作品是从中国书法家协会主办的“全国第三届书法篆刻展”中精选出。

12月2日，“舒同首次书法艺术展览”在上海开幕，共展出现任中国书法家协会名誉主席舒同书法作品120余幅。

1989年

3月，“全国第四届书法篆刻展览”评选工作结束。共收到作品2500余件，选出594件入展作品，其中获奖作品50件。8月17日，中国书协为庆祝新中国成立40周年举办的“全国第四届书法篆刻展览”在中国美术馆开幕。

10月20日，由中国书协和日本刻字协会联合举办的“中日刻字交流展”在长沙湖南美术馆展出。

11月28日，中国书协主办的“全国第三次书

学讨论会”在四川成都都江堰召开。会前收到论文稿件520篇，从中选出125篇参加会议交流。

1990年

4月，“中日友好自咏诗书交流展”在北京民族文化宫开幕。5月8日，在日本东京日中友好会馆美术馆举行。至2007年，这个展览已计18届。

5月26日，由中国书协主办，《中国书法》杂志社、中国书协展览部、合肥市书协承办的“全国第三届中青年书法篆刻家作品展览”评选在合肥市举行。评出400件作品。10月25日展览在合肥市开幕。12月1日，“全国第三届中青年书法篆刻作品展”（北京展）在中国革命博物馆举行。

5月29日，中共中国书协分党组举行成立大会。

1991年

3月31日－4月3日，中国书协主办、河南书协承办的“中国书坛新人作品展”评审工作在洛阳举行。6月20日，“中国书坛新人作品展”在河南省郑州隆重开幕。

5月9日，由中国文学艺术界联合会、中国书法家协会、北京文学艺术界联合会、北京市书法家协会、北京市老年书画研究会主办的“中国书法艺术博览会”和“北京书法庙会”在北京市劳动人民文化宫拉开帷幕。

5月27日－29日，中国书法家协会、中国书协浙江分会、绍兴市文联、兰亭书会和浙江海外旅游总公司联合主办，上海《书法》、《书法研究》等协办的“首届中国国际书学交流会”在绍兴召开。

8月21日，中国书法家协会、黑龙江省书法家协会联合举办的“全国中小学生书法大赛”，共收到全国各地投来的稿件8330余件。

10月5日，由中国书协主办的“全国第二届篆刻艺术展”在山东烟台举行。此展展出的473件作品是从应征的2600件来稿中评选出来的。

10月24日，“全国第四届中青年书法篆刻作品展览”评选工作在山东省枣庄市圆满结束。展览办公室共收到书法篆刻作品约12000件，评选出入选作品400余件，其中获奖作品50件。

12月14日，中国书法家协会第三次全国代表大会暨第三届理事会在人民大会堂隆重举行。来自全国30个省、直辖市、自治区和中央国家机关、中国人民解放军的111名代表，同首都文艺界、新闻界人士共200余人出席了大会。中国书协二届主席启功致大会开幕词。中宣部副部长翟泰丰讲话。中国文联党组副书记、秘书长孟伟哉发表祝词。中国书协二届常务副主席邵宇向大会作了会务报告。中国书协二届副秘书长刘艺作了关于修改《中国书法家协会章程》的说明。邵宇当选为主席。

1992年

3月15日－19日，“第五届全国书法篆刻展览”作品评选工作在辽宁省锦州市进行。本届参加终评的作者达5700余人，作品8600多件。从中选出567件作品（其中篆刻作品89件），其中48件优秀作品被评为“全国奖”，6月30日，“第五届全国书法篆刻展览”在沈阳市辽宁美术馆举行。

4月8日－17日，由中国书协主办，中国书协中央国家机关分会承办。“亚洲书法联展”在北京故宫博物院举行。

8月，沈鹏为中国书法家协会代理主席。

9月15日，由内地来港定居的中国书法家协会会员组成的香港中国书法家协会在香港中国文物馆举办了“第五届全国书法篆刻展”。六天的展出中观众达5000多人，创下香港书法展的空前纪录。

1993年

3月20日，中国书协书法教育研讨会在山东青岛召开。

一等奖、九届全国展二等奖、二届草书展三等奖、八届全国展提名奖等。

刘京闻（河北），1967年生。获三届扇面展一等奖、二届青年展二等奖。入选二、三届兰亭奖，九届全国展等。

朱敏（江苏），1960年生。获八届全国展全国奖、二届兰亭奖艺术奖三等奖等。入选六届全国展，五、六、八届中青展，二届行草展等。

张卫东（上海），1968年生。获八届中青展二等奖、首届册页展二等奖、首届行草展能品奖等。

戴跃（四川），1962年生。获八届中青展一等奖。入选七届全国展、七届中青展、首届行草展等。

施恩波（辽宁），1963年生。获六届全国展全国奖、六届中青展一等奖、七届中青展三等奖。入选四、五届全国展等。

三、草书

宇文家林（江苏），1966年生。获首届行书展一等奖，首届扇面展一等奖，二、三届兰亭奖艺术奖二等奖等。

王厚祥（河北），1963年生。获二届草书展一等奖、首届大字展二等奖、九届全国展提名奖等。

吕金光（四川），1965年生。获二届草书展一等奖、二届兰亭奖艺术奖三等奖、九届全国展三等奖等。

乔堃龙（重庆），1956年生。获三届楹联展金奖、七届中青展三等奖、首届行书展提名奖等。

张建才（河南），1962年生。获一届行草展二等奖、首届行书展提名奖。入选五、六、七届全国展，五、六、八届中青展等。

赵长刚（山东），1958年生。获六届全国展全国奖、五届中青展一等奖、首届楹联展银奖等。

四、隶书

李守银（江苏），1965年生。获八届全国展全国奖、九届全国展一等奖等。

何来胜（浙江），1969年生。获七届全国展全国奖、九届全国展二等奖等。

崔胜辉（北京），1970年生。获二届隶书展一等奖、九届全国展三等奖、八届全国展提名奖等。

五、篆书

傅亚成（河北），1964年生。获三届兰亭奖艺术奖一等奖、首届扇面展二等奖、二届楹联展银奖等。

戴文（重庆），1964年生，获首届篆书展一等奖、七届中青展提名奖、二届隶书展三等奖等，入选四至八届中青展等。

高国庆（黑龙江），1965年生。获一届正书展全国奖，入选七、九届全国展等。

六、篆刻

王晨（河南），1960年生。获首届兰亭奖创作奖、二届兰亭奖艺术奖二等奖等。入选五、七、八届中青展，三、四届篆刻展等。

陈靖（山东），1975年生。获九届全国展一等奖、六届篆刻展一等奖、首届兰亭奖创作奖、五届篆刻展二等奖。

甘海民（辽宁），1962年生。获五届全国展全国奖、五届篆刻展银奖、三届中青展优秀奖等。

阴凤华（山西），女、1956年生。获七届中青展二等奖。入选六届中青展，四、五、六届篆刻展等。

傅舟（重庆），1959年生。获五届全国展全国奖。入选四、七、九届全国展，一至五届篆刻展等。

鞠稚儒（广东），1972年生。获七届全国展全国奖。入选二、三、四届篆刻展等。

魏杰（陕西），1962年生。获八届全国展

全国奖、二届正书展优秀奖、三届楹联展铜奖等。入选三、四、五、六、七届全国展等。

杜延平（黑龙江），1970年生。获二届青年展一等奖等。

七、学术

王伟林（江苏），1966年生。获全国第五届书学研讨会论文一等奖、全国第六届书学研讨会论文一等奖、全国隶书学术研讨会一等奖、全国第四届书学研讨会论文三等奖，著有《易斋书学论集》。

郑晓华（中直），1963年生。博士生导师、教授，荣获“全国第二届德艺双馨文艺工作者”称号。获全国第五届书学研讨会论文二等奖、“中国文联第五届文艺评论一等奖”。著有《艺术概论》、《翰逸神飞——书法艺术的历史与审美》、《古典书学浅探》等。

祁小春（广东），1961年生。海归博士、教授，在书学研究领域有创新的研究方法和理念。著有《王羲之论考》、《中国古籍版刻书法》、《迈世之风——有关王羲之资料与人物的综合研究》、《山阴道上——王羲之研究丛札》、《王羲之＜十七帖＞汇考》等。

陆明君（中直），1962年生。获第三届中国书法兰亭奖理论奖二等奖、首届中国美术奖理论评论奖，著有《魏晋南北朝碑别字研究》、《簠斋研究》

中国书法家协会

2011年9月8日

第六届中国书协工作委员会委员名单

一、六届中国书协教育工作委员会

主　任：申万胜　言恭达

副主任：苗培红　曾来德　王岳川　周文彰　杨广馨

秘书长：王元军　章巧贞

副秘书长：李　宁

委　员（52人）：

于明诠　于茂阳　于唯德　王　强　王元军
王岳川　王继安　王跃忠　申万胜　任　平
刘志骋　刘锁祥　许鸿基　齐作声　张　韬
张　淳　张　敏　张志和　张树天　张鉴瑞
张锡庚　李昌集　杨广馨　杨代欣　沈　浩
肖鉴克　言恭达　运其瑞　陈　弘　陈治元
周文彰　周庶民　孟云飞　孟德乡　林晓鹏
苗培红　郑军健　封俊虎　胡　湛　胡　滨
赵振乾　郝国良　倪文东　秦理斌　郭守中
章巧贞　黄承利　黄荣生　傅爱国　喻建十
曾来德　董　文

二、六届中国书协新闻出版工作委员会

主　任：苏士澍　何应辉

副主任：周志高　毕　政　王荣生　纪光明　刘金凯

秘书长：梁永琳　王　彦

副秘书长：蒙建军

委　员（59人）：

于钦彦　毛锡雄　王　彦　王　荐　王文杰
王怡平　王荣生　兰干武　卡依纳木·加帕尔
史星文　叶耀才　尼亚孜·克里木　石　锋
刘宝静　刘金凯　吕书庆　安继越　毕　政
纪光明　何应辉　况瑞峰　吴川淮　张　戈
张伟生　张建平　张铁锁　李　力　李　强
李世俊　李纯博　杨中良　杨坤炳　汪　良
沈　健　苏士澍　苏文殷　陈国鸿　陈建贡
周用金　周志高　宗家顺　范　坚　哈斯喜贵
胡志平　胡紫桂　赵国柱　赵海明　唐宏雄
容　铁　桂　雍　袁卫平　郭永琰　梁永琳
盛景华　舒　展　潘传贤　颜振卿　黎　明
燕守谷

三、六届中国书协维权鉴定工作委员会

主　任：韩亨林　胡　忠

副主任：杨炳延　刘庆渝　周维杰　张坤山　汪象华　孔　见

秘书长：戴小京　邵志军

副秘书长：侯锡瑜

委　员（58人）：

孔　见　方松峰　王训瑞　冉繁英　包国庆
任桂子　刘　成　刘少英　刘庆渝　朱兴贤
朱成国　朱昆明　余国松　吴占良　吴玉珩
张　山　张文瑞　张坤山　张剑锋　张裕刚
李向东　李维力　李鲁豫　杨炳延　汪象华
邵志军　陆远怀　周运真　周维杰　林经文
金运昌　宣家鑫　段增庆　胡　忠　胡立伟
赵学礼　赵桂中　倪进祥　徐本一　郭　际
郭佳荣　郭新民　康耀仁　梁潮平　黄　河
黄四德　黄正明　喻贵森　程　扬　董文广

韩亨林　蔡正雅　潘英琪　潘善助　黎　晶
戴小京　魏　沁　魏新志

四、六届中国书协产业发展工作委员会

主　任：何奇耶徒　赵学敏
副主任：丁向阳　雷珍民　石跃峰　王庆元
　　　　李士杰　陈　成
秘书长：孟世强　于恩东
副秘书长：刘连山
委　员（50人）：
丁向阳　于恩东　王　宏　王庆元　田树元
白秋晨　石跃峰　刘广文　刘永泽　刘俊京
孙　敏　孙佩洁　朱元更　朱建设　何奇耶徒
沈晓英　吴　勇　吴乃光　吴广崇　吴国平
张　杰　李　鹏　李　锋　李士杰　李京盛
李定三　李昌文　李荣海　李宴清　杨昌刚
肖　鹏　连承敏　陈　成　陈茂才　单国防
孟世强　欧阳飞　郎岗峰　郑本强　赵学敏
赵定群　钟海涛　袁守启　崔　陟　盛　军
黄朝克　谢安钧　韩玉臣　雷珍民　魏锁亭

五、六届中国书协国际交流工作委员会

主　任：张业法　吴东民
副主任：陈奋武　韦克义　马少青　王春新
　　　　王应际
秘书长：段　军　白景峰
委　员（56人）：
丁　波　丁嘉耕　马少青　马顺强　仇高驰
王　宏　王　蒙　王大钧　王子荣　王世同
王应际　王国贤　王勇平　王春新　韦克义
白景峰　刘建新　刘炳清　刘晓斌　孙宪华
朱天曙　朱守道　吴　竞　吴　雪　吴东民
张业法　张永基　李　俊　李才旺　李运熙
李洪海　李济时　李福祥　苏大椿　连家生
陈扶军　陈奋武　陈钦硕　陈联合　周树坚
孟繁禧　林　尔　林尤葵　施子清　段　军
段玉鹏　祝新穗　赵长秋　赵铁信　倪祖林
秦　彪　高军法　黄德琳　褚大伟　解小青

戴家妙

六、六届中国书协硬笔工作委员会

主　任：吴善璋　罗　杨
副主任：田伯平　张铜彦　张华庆　丁　谦
　　　　张艺群
秘书长：张艺群（兼）
副秘书长：刘照剑
委　员（26人）：
丁　谦　丁永康　勾雨风　孔小平　王　斌
司马武当　田伯平　刘银安　朱从凯　何胜江
吴永雄　吴善璋　张艺群　张华庆　张铜彦
李　冰　沈鸿根　陆维中　罗　杨　姚建杭
贾　徽　郭永利　高宝玉　彭洪顺　颉　林
戴永芳

七、六届中国书协老年工作委员会

主　任：聂成文　武春河
副主任：马国良　贺　恭　巴　珠　樊胜利
　　　　赵洪俊
秘书长：葛昌永
委　员（24人）：
丁兆庆　于谋勇　马国良　卞云和　巴　珠
任宗厚　张仲亭　张兆玉　张根虎　李泽润
杨永健　苏德永　武春河　贺　恭　赵洪俊
赵博海　卿见忠　秦永龙　聂成文　康国平
葛昌永　谭秉炎　樊胜利　潘蔚林

八、六届中国书协妇女工作委员会

主　任：张改琴
副主任：宋慧莹　李　静　郭雅君　肖　丽
　　　　杨　杰
秘书长：王　冰
副秘书长：李肇霖　张　芳
委　员（40人）：
乙　庄　王　冰　王文英　王凯霞　白　锐
刘　阳　刘晓霞　安文丽　曲奎萍　许育红
严晓明　佟　丹　吴　莹　吴　萍　宋慧莹

张红春　张改琴　李　琳　李　静　李月萍
李滨芬　杨　杰　杨　茹　杨宝敏　杨春艳
沈一丹　肖　丽　邱宗康　陈　萍　陈　黎
哈森高娃　徐小江　徐晓玲　郭晋丽　郭雅君
高　冉　戚谷华　蔡梦霞　蔡瑞云　阚爱萍

九、六届中国书协青少年工作委员会

主　任：胡抗美　王家新
副主任：张学群　何满宗　孙　峰　李　翔
　　　　曾　翔　彭利铭
秘书长：郭志鸿　李　强
委　员（55人）：
文永生　王　亚　王金泉　王厚孝　王家新
丘仕坤　龙　岩　刘彦明　孙　峰　曲庆伟
江寿男　何满宗　冷柏青　况　尉　吴云斌
宋　琰　张学群　张鸿林　李　强　李　琦
李　珗　李　翔　李双阳　李志顺　杨　涛
汪碧刚　肖文飞　邵　岩　陈　智　陈花容
周　静　周剑初　林　峰　武　威　郑小成
郑振华　姜宝平　胡　伟　胡抗美　胡基魁
赵　飚　赵雁龙　徐　海　栾金广　郭　强
郭志鸿　崔勇波　章一淳　嵇小军　彭利铭
曾　翔　童孝镛　韩启超　韩清波　樊子阳

中国书法家协会

2011年9月8日

重要讲话

沈鹏书法艺术学术研讨会小结

(2011年3月)

◎ 陈洪武　中国书法家协会分党组副书记、秘书长

今天"原创·艺术·诗意·人本——沈鹏书法艺术学术研讨会"开得很成功。刚才，各位专家、学者对沈鹏先生的艺术人生、书法创作、学术思想以及诗意、人本等方面作了深入而细致的解读与阐释。

原创、艺术、诗意、人本，这四个主题词极为简练地概括了沈鹏先生的艺术思想和学术品格，四者相融相依，相得益彰，集中体现了沈先生的主体精神和艺术观念。我认为，各位专家的意见可以简要概括为以下三个方面：

一、沈鹏先生站在历史与时代的交汇点和制高点上，立足书法艺术本体，勇于担当书家的责任与使命。

正如有的学者所指出，沈鹏先生为《共和国书法大系》所写的序言是研究沈先生和改革开放以来我国书法发展的一篇重要文献。在文章中，沈先生既梳理了共和国60年书法的发展史，同时又对未来书法的发展提出了自己的构想与见解。身为当代书法30年不平凡发展历程的参与者、领导者和见证者，沈鹏先生对当代书坛发展现状和可能性走向有着准确的把握。他的艺术人生与整个时代紧密联系，息息相关。从某种意义上讲，我们可以从对他的研究中把握到当代书法艺术发展的脉搏和轨迹，感受到一位书法长者对当代中国书法艺术的责任与担当。正是出于这种责任与担当，使得沈鹏先生能够以一种深邃长远的历史眼光来审视书法，追问现实，在一片繁荣的声浪中自始至终保持着冷静警醒，转向对书法本体深沉的思考。

沈鹏先生认为书法艺术应以本体为核心确立文化价值取向，在确立本体的恒定性中实现全方位的可持续发展。出于这一认识，在沈鹏先生担任中国书协主席期间，组织提出了书法事业可持续发展的宏大命题，并亲自主持制定了《中国书法发展纲要》；在从一线领导岗位离退后，依然壮心不已，热情不减，创办了书法精英班，旗帜鲜明的提出了十六字教育方针，拓宽了书法人才的培养阵地，对于高等书法教学具有重要的启示与指导意义。

沈鹏先生立足书法艺术本体，坚持提高创作水平与加强多方修养并重。他气度平和，为人低调，但对艺术却表现出非同寻常的执着与顽强，他几十年如一日地坚守、捍卫着书法艺术的纯粹与高雅。我们在沈鹏先生身上看到了中华民族优秀的人文精神绵延流淌，薪火相传，生生不息。

沈鹏先生在深入钻研传统中总结自己，在总结自己中观照传统，既把传统深入在自己的创作中，又能够将传统发挥到一种原创的高度，传统在他这里得到了继承、延伸和升华。究其原因，除了事业心和责任感外，还因为在他身上，具备了一个诗人的敏感与激情，具备了一个学者的缜密与渊博，具备了一个实践家的胆略与豪情，这种多元的才质，使他能够深入地开掘传统，并在此基础上努力将书法艺术推向一个新的历史高度与时代高度。

二、沈鹏先生在"原创"与"诗意"的追求中高扬起书法与诗歌的双翼。

沈鹏先生立足书法艺术的本体，有两个重要的基点，一为"原创"，一为"诗意"。沈鹏先生倡导的"原创"精神，并非在传统之外重起灶炉，更非将传统推倒重建。而是不断地在传统与时代之间磨合、融会、升华。他的"原创"理念，是直接从古人的源泉里获得创造灵感，是在对传统的尊重中，吸取精华。在主体上始终强调保持一种自主的创新精神。他睿智地绕开书法"传统"与"现代"，风格与流派的诸多争论，自然理性地将书法艺术创作带入了核心的本体层面。主张原创性必然导向当代书法的多元探索，对于摒除一切流派成见与门派壁垒，追求书法创作风格的多样性和个性化，对于活跃当代书法创作具有十分重要的现实意义。

沈鹏先生强调"诗意"，并不仅仅是指书法的文词内容，恰恰相反，他是将书法作为一种有意味的形式从实用文词中剥离出来，以纯粹书法的艺术性，凸显书法的本体性。他认为，对于书法家来说，诗书结合还应当体现在书法本体中的"诗意"。他实际上是将诗意境界的追求与对书法意味的追求放到了相同的位置上。而他强调当代的书法家要不断地补充包括诗歌在内的各种人文营养，使书法作为一门纯艺术而更具文化内涵，与他本身是一位诗人有着很大的关系，诗歌的创作直接促成了他的美学观念。他的诗意境界，来源于中国传统美学艺术化的人生精神，来源于他开放多元的审美理想。在他的书法、诗歌、文章中，无处不充满着这种"诗意"的品质。

沈鹏先生标举的"原创"和"诗意"建立在主体性实践美学的基础之上，是他在创作实践中总结出的精华。沈鹏先生擅长多种书体，尤以草书的成就最高。他以隶入草，融合碑帖，善于变通，拙巧相生，返虚入浑，无论是点画线条的质感，章法空间的营构，诗意精神的传达，都显示出独特的魅力与风采。特别在对王羲之、张旭、怀素、黄庭坚、徐渭、王铎、傅山等历代大家草书艺术的吸收与化解上，颇具心得，独出心裁，最终铸就了属于自己的艺术语言，达到了很高的艺术境界。

三、沈鹏先生对诗、书、画的融会贯通与深度认知，使其能够在宏阔的文化背景中不断地铸合与沉积。

沈鹏先生站在宏阔的文化背景中，给书法艺术以准确的定位。他肯定书法的特殊性和一般性的关系，不因其特殊性而超越一般性，也不因强调其重要性而违反科学性。他善于在比较中索解诗、书、画的个性，寻找他们之间的共通性，在融会中寻求升华，凸显其文化的分量与个性的魅力。他认为传统的"诗书画"合一是中国传统文人追求的目标，这种追求可以说是与生俱来，同生命的追求相一致。用他的话来说："融合不是简单的加减，是水乳交融，其中必有我在。"

沈鹏先生几十年来，潜心研究学问，钻研书道，甘于寂寞，笃守根本，以自己的学识与胆略走自己的路。不为世俗所累所动。在古今中外的文化对比中，在诗、书、画的融会中，既把艺术作为人生修为的重要方式，又作为人生的终极追求。

他始终坚持自己的独立的学术思想与审美理念，以诗意作为创作的底蕴与核心，以充沛的激情化解着传统并镕铸成新的书风，以一种个性的风采融合了时代的精神，并以此影响了我们这个时代的书法创作。

尽管沈鹏先生在学术研究、艺术评论、书法诗歌创作方面取得了卓越的成就，已经得到了社会的公认。但他并不满足，而是仰之弥高，钻之弥坚，笔耕不辍，自强不息。已届８０岁高龄，依然保持着旺盛的创造力，依然身体力行、念念不忘艺术家的社会责任。他真诚地说，召开这次研讨会，与其说是对他某些成绩或观点的肯定，不如说是抛砖引玉，借此机会对我们的书法理论问题作些研究探讨，表现出虚怀若谷的大家风范和对当代书法创作的热切关注。他丰厚的艺术人生体验、高尚的人格魅力、执着的追求精神，以及对学术和艺术的无比真诚，乃是当代书坛一笔宝贵的精神财富，值得我们永远地珍视、学习和借鉴。

今天的学术研讨会开得很圆满，大家轻松自由、畅所欲言，气氛热烈，不时碰撞出新的思维火花。可以说，这是一次民主和谐、思想深刻、富有成果的研讨会，必将对当代书法创作以及学术研讨起到有力的推动作用。

再次感谢各位专家、学者的激情参与，感谢各位领导及所有参加学术研讨会的朋友们！

最后，真诚地祝福沈鹏先生身体健康，书法艺术再创辉煌！

（原载于《中国书法通讯》报2011年第3期）

重大展览纪实

全国首届手卷书法作品展评审揭晓

2月22日至25日，由中国书协主办，江苏省盐城市盐阜大众报报业集团、北京市锦龙堂文化传播中心承办的全国首届手卷书法作品展评审工作在北京举行。

首届手卷展得到中国书协领导的高度重视，中国书协分党组书记、驻会副主席赵长青，中国书协副主席何应辉，中国书协分党组成员、副秘书长戴志祺，展览部主任吴震启及来自全国各地的评委参加评审工作。中国书协主席张海也在百忙之中抽出时间亲临评审现场视察指导评审工作。

2月22日晚在评审场地北京市神农庄园举行评审预备会议。评委会秘书长吴震启主持会议。承办方负责人马兆余首先介绍来稿及准备工作情况。本次手卷展共收到海内外来稿15000多件，征稿期间安排专人对来稿分类登记，筹备工作进展顺利。评委会主任何应辉宣布中国书协关于全国首届手卷书法作品展评委构成，介绍评审时间安排。评委会副主任戴志祺就评审流程、评选办法作说明，并强调评委要严守纪律，确保评审的公平、公正。他希望各位评委严格遵守评审纪律，严格按评审流程操作。他提出对作者的维权工作要加以重视，发现问题认真核实，公正处理，保证作者的合法权益不受侵害。这次评审的一大亮点是启用中国书协第二代评审软件。IPOD评审机在很大程度上提高了评审的效率与准确性，得到了全体评委的一致认可。

2月23日上午进行初评。初评坚持负责、从容的原则，分五个小组进行，每组从来稿中评选出200件左右作品。经过一天的紧张工作，初评共评出1008件作品。

2月24日晚进入终评阶段。终评倡导正大气象，兼顾不同风格、不同流派、不同取法的作品入选，关注有个性、有创意、有学术价值的作品。经过投票，并由监审委员、评委、工作人员共同进行计票工作，从进入终评的作品中评出453件作品，经过核实无误后，确定为入展作品。整个终评投票与计票工作均在全体评委和监审委员的监督下进行。

2月25日上午，进入优秀作品评选程序，评选在兼顾不同风格、不同流派、不同取法的基础上，强调在传统基础上创新，强调学术意义；关注有实力、有成就、有潜力的作者；注重书写内容，防止文字、文学错误；经过投票初选出50件优秀候选作品，再由全体评委进行最终投票，共评出20件为优秀作品。

本次评审仍然坚持评议结合的原则，全体评委在评奖过程中，对争议较大的作品进行复议，先由提出复议的评委陈述复议理由，然后经一半以上的评委表决同意后进入复议程序，评委集体投票，并经三分之二以上评委同意后决定取舍。优秀及入展作品涵盖了不同书体、不同风格的作品，基本代表了当今书法创作的最好水平。首届手卷展的另一特色，即是学术跟进，评委们在评审过程中，都能够以学术的眼光看待作品、分析作品，表现出很强的责任感。优秀和入展作品在公示后确定。

本次评审工作得到了中共盐城市委宣传部、盐城市盐阜大众报报业集团、北京锦龙堂文化传播中心的积极配合，这些单位为展览提供了便利条件，对评审的顺利进行提供了有力保证。

全国首届手卷书法作品展
优秀、入展作者名单

优秀作者名单（共20人）

邓木水（广东） 刘宏卫（辽宁）
孙志勇（江苏） 李在兵（四川）
李　彬（河南） 李　锐（广东）
张华东（安徽） 张志庆（山东）
陈红善（河南） 陈显丰（浙江）
范士华（安徽） 金泽珊（黑龙江）
林景辉（福建） 徐于群（江苏）
诸葛丽娜（江苏） 黄继革（江苏）
董士林（天津） 赖文镇（广东）
蔡礼禮（浙江） 冀振江（山西）

入展作者名单（共453人，含优秀作品作者20人）

白　洁 白金尧 白　凯 白浪涛 包国庆
鲍佩红 宾新华 蔡佰虎 蔡长远 蔡礼禮
蔡　宁 蔡兴洲 蔡智庆 曹春明 曹友琥
岑　岚 陈才坤 陈崇山 陈方红 陈红善
陈洪大 陈俊宏 陈炼焦 陈　亮（辽宁）
陈　亮（陕西） 陈亮男 陈美东 陈培军
陈　鹏 陈　祺 陈巧令 陈庆亮 陈荣庭
陈显峰 陈向东 陈彦丰 陈永君 陈　云
陈泽雄 成纪元 程君平 程明新 程正德
池现平 储建康 崔宝国 崔宏波 崔兆魁
戴　曦 单　峰 淡高武 邓木水 邓文冲
邓云良 丁　盛 丁忠兵 董　劼 董士林
董倚桥 杜　峻 杜如九 范士华 范有根
方　斌 冯少华 冯晓进 冯学军 冯印强
冯永强 傅绍尉 傅　炜 付天启 高　岩
葛　超 耿宏亮 龚小膑 龚子猛 谷　鹤
顾春阳 顾德英 顾守山 顾正元 关建洲
管仁宇 桂　彬 郭春峰 郭宏忠 郭　华
郭全辉 郭振坤 韩　榜 汉　南 何方晴
何　昊 何清心 何永康 何志斌 贺东祥
贺显亮 洪炎辉 胡百顺 胡北芳 胡炳华
胡继江 胡克龙 胡林华 胡睦熙 胡晓文
胡一舟 胡正好 胡志刚 胡宗江 黄德能
黄济阁 黄继革 黄建伟 黄　明 黄　涛
黄小明 黄彦平 黄中平 霍玉辰 汲朝军
纪　松 冀振江 贾付强 江　华 江　旗
姜　轶 姜　勇 蒋君慧 蒋秋菊 焦宝成
金冬云 金熙俊 金笑珍 金　鑫 金　弋
金泽珊 荆德杰 寇兴耀 寇忠理 赖金水
赖文镇 乐青铭 雷白平 雷东升 雷森林
雷柱阳 冷恒宇 李安华 李本渊 李　彬
李常春 李　闯 李贵明 李国胜 李红普
李泓池 李恺迅 李建春 李洁冰 李坤生
李良东 李　明 李　牧 李平利 李　琦
李　琪 李　锐 李升国 李守卫 李树秋
李　炜 李晓燕 李　焰 李尧林 李应滔
李在兵 李志远 李忠英 梁　冰 梁长俊
梁　静 梁荣坤 梁益松 梁兆斌 林惠瑜
林　峤 林景辉 林再成 凌震三 刘　保
刘炳玉 刘　德 刘贵森 刘宏卫 刘　辉
刘加才 刘建丰 刘金锋 刘京文 刘秋海
刘　睿 刘士来 刘　舒 刘文辉 刘小龙
刘小明 刘晓明 刘　琰 刘　音 刘应涛
刘仲明 楼金辉 娄会峰 鲁建飞 吕　楠
栾金广 罗惠义 雒　威 马健中 马端兵
马　涛 马晓红 马亚飞 梅跃辉 孟宪伟
莫金龙 慕鹏军 倪俊冬 倪文道 犛宏伟
牛　忠 欧阳柳枝 潘　军 潘文彪 潘　旋
潘永斯 庞科成 彭树生 平书卿 蒲　剑
钱丁盛 钱　国 钱娟英 钱玉清 乔　明
乔　荣 秦建孝 秦　朋 曲奎萍 荣　振
申屠旭明 申一勤 沈明中 施文浩 时　俊
史金任 史庆曙 史中君 帅　霄 帅裕国
司大林 斯金亮 宋立斌 宋延来 苏海东
孙　博 孙光松 孙环勇 孙开仁 孙茂荣
孙明建 孙鹏飞 孙万民 孙文佳 孙学辉
孙振刚 孙志勇 覃业文 谭登堂 汤　锋

唐运乐　提俊丰　田　辉　王爱军　王炳建
王大武　王德敏　王德智　王峰涛　王海涛
王　浩　王红方　王红战　王怀罡　王继雷
王建民　王建勋　王建业　王金春　王　静
王军领　王均祥　王俊平　王奇寅　王　勤
王润松　王三五　王书红　王堂兵　王天京
王　巍　王西荣　王　鑫　王学洪　王雨生
王玉刚　王跃和　王振建　王志安　王智忠
王子筠　王子钊　韦　渊　尉　涛　魏海波
魏绪明　温锦照　温　进　温尚勇　吴春翔
吴国雄　吴洪春　吴加想　吴启菊　吴英昌
吴玉珩　吴志辉　武亮靓　武　政　夏仕勇
项建勇　向永龙　项达训　肖德河　肖万义
肖振华　肖志钢　谢炳军　谢光辉　谢佳华
谢啟彬　谢全胜　徐博凯　徐传法　徐公正
徐吉海　徐江波　徐　杰　徐于群　许传良
许风英　许金学　许润东　闫胜利　闫五权
闫玉川　阎　淼　颜世君　杨继赞　杨　剑
杨建民　杨江帆　杨赛峰　杨田盛　杨　懿
姚旭荣　姚志东　叶城铭　伊群贤　尹　森
游之栋　于海娟　于新澎　于永江　余　勤
喻世才　袁文甲　运建国　曾范波　翟正炜
张　波　张殿林　张芳炜　张凤权　张福有
张华东　张宏建　张　挥　张建平　张金国
张京瑞　张　军　张　灵　张　宁　张培创
张青山　张尚鸿　张绍锋　张　澍　张文良
张晓东　张彦峰　张扬明　张一文　张峥嵘
张志鸿　张志开　张志庆　张洲阳　赵春秋
赵家兴　赵　靖　赵　亮　赵泉有　赵胜稳
赵守义　郑长安　郑　伟　政定荣　钟全昌
钟显金　仲　冲　周德才　周飞彪　周静合
周立志　周　琳　周　鹏　周荣庭　周湘美
周　雄　周仰先　朱国平　朱　海　朱茂刚
朱小玲　朱占华　诸葛丽娜　邹国平　邹　挺

第五届全军书法展

6月26日，由总政宣传部和中国书法家协会联合主办的“庆祝中国共产党成立90周年第五届全军书法作品展览”，在北京中国人民革命军事博物馆开幕。中央军委委员、总政治部主任李继耐上将，总政副主任刘振起上将、贾延安中将、杜金才中将，总政主任助理辛福纯中将、魏亮中将，中国文联党组书记赵实，中国文联书记处书记、副主席廖奔，中国书协分党组书记、驻会副主席赵长青，解放军书法院院长李铎，中国书协副主席申万胜等领导为获奖作者颁奖，并参观了展览。在开幕式上，杜金才、赵长青分别讲话，总政宣传部部长周涛少将宣读了获奖名单。开幕式由总政宣传部副部长黎国如少将主持。

本届书法展是军队庆祝中国共产党成立90周年系列活动的一项重要内容。军委、总政领导和中国书法家协会高度重视，全军各大单位精心组织，军队广大书法工作者和爱好者踊跃参加，潜心创作，共选送作品2288件。经认真评审，评出一等奖作品12件，二等奖作品19件，三等奖作品55件，入展作品354件。同时还邀请军地书法名家专门创作了105件作品，展出的作品达到545件。本届书法展作品数量多、水平高，反映了军队书法创作蓬勃发展的喜人形势。展出作品以名篇佳作、革命诗词、名言警句、撰联作赋等形式，展示了篆、隶、楷、草、行等十几种字体，主题鲜明突出，风格各具特色，形式丰富多样，热情讴歌中国共产党的光辉历程和伟大成就，充分反映部队官兵忠诚履行我军历史使命、自觉践行当代革命军人核心价值观的精神风貌，是向中国共产党成立90周年献上的一份厚礼。

赵长青在讲话中高度赞扬了全军书法创作所取得的丰硕成果，并强调今后中国书协将进一步支持军队书法人才的培养，为军队书法事业大繁荣大发展作出更大的贡献。

连日来，解放军驻京各大单位官兵和全国各地观众15万余人参观了展览，并对展览给予高度评价。

第五届全军书法展
获奖、入展作者名单

一等奖

张家祥（济南军区）　谢少承（南京军区）
汤晓燕（南京军区）　刘翼强（海军）
张维忠（空军）　郭亚林（空军）
周剑初（二炮）　徐　健（二炮）
赵月秋（二炮）　郭瑞贤（二炮）
季　平（总参）　陈　旭（武警）

二等奖

杨占林（北京军区）　张潇贤（北京军区）
陈　涛（北京军区）　童孝镛（北京军区）
陶金平（南京军区）　晁向远（南京军区）
万传龙（海军）　尹爱军（海军）
张朝满（海军）　彭云聪（空军）
覃业文（空军）　袁松风（二炮）
耿　峰（总参）　黄　涛（总参）
许金学（总参）　赵桂中（总后）
成　君（总装）　武传国（总装）
秦良静（武警）

三等奖

刘忠良（北京军区） 肖　鲲（北京军区）
王向阳（兰州军区） 石新贵（兰州军区）
赵山亭（兰州军区） 许尔瑞（兰州军区）
徐其文（兰州军区） 徐华志（济南军区）
郑人凤（南京军区） 郭裕文（南京军区）
王玉泉（南京军区） 戴连均（南京军区）
谢云飞（广州军区） 钟显金（成都军区）
赵成建（海军） 董宏之（海军）
陈光池（海军） 聂凤翔（海军）
李燕敏（海军） 陈凤波（海军）
李　卓（海军） 石英保（空军）
陈永军（空军） 康宝辉（空军）
马军鸿（空军） 赵　勇（空军）
揭　晓（空军） 李京臣（空军）
王立场（二炮） 周海永（二炮）
吴明礼（二炮） 吴高坤（二炮）
杨靖国（二炮） 周均忠（总参）
李保亭（总参） 靳军民（总参）
杨　陌（总参） 杜敬义（总参）
李　滔（总政） 张洪强（总政）
胡春华（总政） 杨永久（总后）
杨廷欣（总后） 秦祥程（总装）
田选军（总装） 谢　超（国防科大）
李培根（国防科大） 傅海波（武警）
金新宇（武警） 陈　冰（武警）
张新峰（武警） 张建民（武警）
黎方强（武警） 高步明（武警）

全国职工书法作品展

6月28日，由中华全国总工会、中国书法家协会、中国职工书法家协会联合主办的庆祝中国共产党成立90周年全国职工书法作品展在北京劳动人民文化宫太庙大殿广场开幕，300件书法作品在此展出。全国总工会副主席、书记处第一书记王玉普，中国书法家协会主席张海，中国书协分党组书记、驻会副主席赵长青等出席开幕式并讲话。

王玉普在讲话中说，选择在中国共产党成立90周年前夕举办全国职工书法作品展，就是要依托书法这种既有厚重历史底蕴、又有鲜明时代气息的艺术形式和文化载体，热情歌颂党带领中国工人阶级从胜利走向胜利，充分展现中国工人阶级与党同心同德，永远跟党走的坚定信念与决心。王玉普要求全国各级工会在“七一”前后，广泛开展内容丰富、形式多样的职工文化活动，不断丰富职工群众的业余文化生活，满足职工群众日益增长的精神文化需求，为庆祝中国共产党成立90周年营造良好的社会氛围。

赵长青在致辞中说，中国书协非常重视这次展览，早在去年底就与全国总工会启动筹划工作。这次展览所投作品之多，创作水平之高，作品形式之丰富都令人耳目一新，显示出全国职工对书法艺术的热爱和追求，表达了他们对党对祖国的诚挚的感情。通过这次展览，在全国职工中掀起了书法创作的高潮，一批书法新人在活动中涌现。

此次书法展以歌颂党的丰功伟绩为主题，从3月开始向全国征集稿件，截至5月30日，来自全国31个省（区、市）和2个全国产业的职工应征书法作品一万余件。参展的300件作品中，特邀书法名家作品100件，获奖和入展的职工作品200件，涵盖了不同书体、风格。

全总副主席、书记处书记倪健民主持开幕式。中国职工书法协会主席、河南省总工会常务副主席桑金科介绍了书法展的组织情况。全国总工会、中国书法家协会、中国职工书法家协会领导共同为职工书法作品展剪彩。

全总书记处领导陈豪、陈荣书、李世明、江广平，全总原副主席、书记处书记徐锡澄，北京市委常委、市总工会主席梁伟，劳模代表、全国职工书法家代表和北京市职工代表200余人参加开幕式并观看展览。

全国职工书法作品展
获奖、入展作者名单

获奖作者名单（20人）

王　丹（河南）　刘　浩（山东）
许　达（江苏）　孙学辉（辽宁）
李　卓（山东）　李庆辉（山东）
苏志福（四川）　吴　刚（河南）
吴德胜（江西）　张英俊（河南）
陈　伟（浙江）　周建军（河南）
赵彩秀（甘肃）　胡晓文（河南）
姜海龙（山东）　夏　云（江西）
靳彦明（河南）　倪俊冬（吉林）
蔡兴洲（黑龙江）　谭必清（湖南）

入展作者名单（204人，含优秀作品）

白旭丰　柏元文　蔡富云　蔡　宁　蔡兴洲
曹端阳　曹元伟　陈崇山　陈　凯　陈　伟

陈吴陆	陈显丰	陈向东	陈泽雄	程卫忠
崔成歧	戴红霞	单晓光	邓文冲	丁保国
东　玮	杜长荣	樊　武	范奉存	范　青
方创然	方　强	冯明威	付　勇	高　昂
高殿霞	高延鸿	葛良胜	顾宇驰	关建洲
桂相文	郭名高	韩海旺	韩向武	郭亚林
郝爱民	郝　军	何　超	何其原	贺建波
贺建军	贺　勇	胡海利	胡启彬	胡晓文
黄　晖	黄金文	黄彦平	黄中发	姜海龙
姜　黎	靳彦明	兰题舟	雷义林	雷振普
李德会	李海潮	李　辉	李克谦	李　明
李庆辉	李守卫	李松涛	李铁柱	李在兵
李　卓	梁林涛	梁啓忠	廖圣明	林传生
林海涛	林　健	林劲松	林双全	林晓林
刘大川	刘　浩	刘红兵	刘建中	刘景芳
刘　磊	刘绍军	刘小平	刘子安	刘宗阳
卢　火	卢伟城	马永林	麦　录	孟　浩
倪俊冬	聂　清	聂　政	牛似宝	潘文志
潘之千	庞科成	齐国旺	钱德浩	戎崇生
邵　坚	申晓含	沈桂林	苏志福	孙宝发
孙伯杰	孙　昊	孙鸿亮	孙绍卿	孙　涛
孙香军	孙学辉	谭必清	唐绍禄	唐元华
万洪亮	汪　军	汪　雷	王　波	王春泉
王大梧	王　丹	王　刚	王官平	王怀罡
王俊平	王青松	王天津	王文勇	王向东
王　鑫	王之洞	王祖龙	尉　涛	吴德胜
吴　刚	吴　军	吴志辉	夏　云	项建勇
谢安辉	谢扬科	徐国军	徐江波	徐其文
徐天员	许　达	许雅颍	薛连桐	闫子拴
颜晓军	杨东亮	杨国雨	杨继赟	杨弋昌
姚东明	叶华洲	叶坚林	殷广禄	殷瑞东
殷　涛	游子栋	于瑞欢	余国联	俞文军
亓传民	袁汉文	袁少民	岳广军	曾长江
翟铁仁	张兵民	张　丰	张红杰	张建春
张　健	张京瑞	张　蕾	张平均	张士珍
张煦阳	张彦峰	张艳军	张耀虎	张耀文
张英俊	赵彩秀	赵文学	赵月秋	郑德富
郑义刚	周斌豹	周建军	周建旭	周利锋
周永宏	周志为	朱景发	朱自修	

中国书协会员优秀作品展在北京举行

9月9日，纪念中国书法家协会成立30周年——中国书法家协会会员优秀作品展在中国人民革命军事博物馆举行。全国政协原副主席张思卿，中国文联副主席、书记处书记廖奔，中国书协主席张海，顾问李铎、佟韦、张飙、邵秉仁，副主席王家新、申万胜、吴善璋，分党组副书记、秘书长陈洪武，分党组成员、副秘书长潘文海，中国书协各团体会员代表及各地书法爱好者近200人参加了展览开幕式。

本次展览是纪念中国书协成立30周年系列活动的重要组成部分，经各省市与行业书协的推荐、遴选，共收到中国书协会员作品1200余件，8月12日中国书法家协会组成的专家组对全部来稿认真遴选，最后确定入展作品800件。入展作品涵盖了不同书体、不同风格、不同取法的作品，客观地反映出当前书法作者丰富的创作理念、表现形式和审美取向。古拙质朴的篆隶，静谧隽雅的小楷，气势磅礴的大草，灵动秀美的行书，雄强奔放的魏碑，琳琅满目，美不胜收。由于老中青作者的共同参与，从入展作品中还可以清楚的看到中国书协成立30年以来，不同流派、风格的嬗变轨迹，既可以看到部分老作者依然保持着旺盛的创作活力，还可以看到中青年优秀作者的大量涌现，他们在审美与技术两个层面具有更多的拓展。长江后浪推前浪，从入展作品中，我们可以看到书法这门古老的传统艺术形式，正在传承中走向创新，在发展中走向繁荣。通过这次展览必将进一步推动中国书协会员之间的艺术交流，繁荣书法艺术，在广大书法爱好者中形成浓厚的艺术氛围，激励和凝聚中国书协会员发挥好在艺术创作中的带头作用，推动书法事业走向新的辉煌！

中国书协会员优秀作品展
入展作者名单

北京（19人）

丁嘉耕　龙开胜　叶培贵　刘俊京　李有来
孟繁禧　彭利铭　郁志桐　弓　超　方　政
王立志　刘楣洪　泠万里　张维忠　沈　莉
周　持　曹海波　舒乃仁　廖廷建

天津（17人）

唐云来　孙伯翔　张建会　李　锋　顾志新
邵佩英　冉繁英　马俊达　王炳建　任云程
刘洪洋　孙其峰　杨国欣　郝　军　郝金宝
崔寒柏　董士林

河北（30人）

刘月卯　任桂子　张　之　肖建科　范　硕
杜锡瑞　王厚祥　王　墉　刘京闻　刘兆辉
吕铁元　张纬东　张明利　张英敏　李　江
李国良　李国胜　李根茂　李智永　李　琦
杜长荣　汪　钧　陈焕生　庞顺东　侯　猛
胡庆恩　赵广平　郭文志　傅亚成　魏兵然

山西（16人）

韩少辉　武　磊　张明智　徐树文　赵社英
黄进明　沈晓英　王国柱　阴凤华　王建魁
刘小原　吕林健　李寅生　曹　洪　韩志鸿
冀振江

内蒙古（9）

朝洛蒙　鞠闻天　李　力　王云山　王厚孝
刘　頠　邱天义　孟德乡　哈斯喜贵

辽宁（25人）

李仲元　徐　炽　祁毓麟　朱成国　宋慧莹
何连仁　林晓朋　王　丹　胡崇炜　王　宏
王　荐　齐作声　白金明　孙　勇　李世俊
李　琳　张世刚　施恩波　董文广　王军轩
甘海民　李　洋　武　威　赵博海　郭子绪

吉林（20人）

刘　成　吴玉珩　李　壮　夏光江　薛　军
王铁成　邓砚光　刘福生　宋旭安　李峻岳
李耘莉　李　鹏　陆　研　修　丹　祝鸿新
赵小宁　倪俊冬　崔宝国　黄彦平　董庆林

黑龙江（20人）

马国良　张　戈　何昌贵　洪铁军　赵隽明
魏天雪　仲伟迅　汤忠辉　张日安　张雅森
李文宝　李月贵　杜延平　芦海娇　陈国成
栾金广　高国庆　黄　涛　董洪涛　蔡兴洲

上海（13人）

韩天衡　周志高　李　静　刘一闻　徐正濂
丁申阳　孙慰祖　宣家鑫　徐庆华　马双喜
田文蕙　杨耀扬　潘善助

江苏（78人）

孙晓云　李　啸　马　亚　仇高驰　方　芳
王　刚　王　岚　王国宇　王金春　王　灏
刘灿铭　华人德　吕恒词　孙　冲　孙志勇
孙　磷　朱国平　朱　敏　纪　松　何文祥
余中元　吴自标　吴炜栋　张一彬　张少怡
张东明　张　伟　张　利　李双阳　李守银
李志勤　李敬伟　杨建荣　汪　凯　汪洋舟
汪能江　陆家衡　陈巧令　陈　宇　陈金纯
陈　晖　陈海良　周　宓　庞现军　林　尔
武传国　罗　荣　郁建伟　查理达　洪　林
赵建昌　赵　锟　徐于群　徐为零　徐正标
徐圭逊　徐　燕　殷旭明　涂　君　翁达十
诸葛丽娜　郭　荐　钱玉清　顾冬成　常　秦
曹元伟　黄　明　黄继革　储　云　惠聪颖
程　卫　程　伟　谢利峰　管　峻　翟立新
滕江华　潘敏钟　戴仲文

浙江（68人）

鲍贤伦　王冬龄　赵雁君　张　索　蔡　毅
沈　浩　卢乐群　马世晓　马国庆　方国梁
方钢军　王大禾　王方程　王　廷　王　勋
包中天　包根满　田一峰　申　伟　朱乒乓
朱明辉　朱勇方　羊晓君　许绍满　许　栋
邬夔元　吴加想　吴雷达　张　泓　张奕辰
张　球　张　斌　张维华　李　早　邱朝剑
陈大中　陈小民　陈心昌　陈　伟（温州）
陈　伟（舟山）　陈良敏　陈远鸣　陈建明
陈　经　陈炼焦　周可人　周　红　周晓峰
林邦德　林晓林　施华锋　祝　嘉　胡迪权
钟剑宝　徐　强　徐　蔚　商力戈　曹建平
梁文斌　萧耘春　黄江龙　黄寿耀　黄岳州
喻世才　楼金辉　蓝跃军　管　凌　魏东海

安徽（30人）

张学群　方茂鸿　王亚洲　吴　雪　桂　雍
傅爱国　文耀辉　方　斌　王金泉　王春舫
王　涛　史文涛　叶　武　石海松　刘跟弟
张业建　张德林　李　明　杜鹏飞　杨文浏
汪国金　邵　鑫　陈晓辉　陈　智　陈　辉
周　军　周继中　季　永　欧新中　凌　斌

福建（26人）

柯云瀚　陈　远　方闻达　毛琴南　王乃钦
王文吉　叶发础　叶韶霖　余国联　吴国雄
吴武庆　张东辉　张　钧　陈胜凯　陈超勇
易曙峰　林玉梅　林志明　林景辉　柯学刃
赵炳坤　黄经通　龚子猛　彭　飞　谢　健

蔡劲松

江西（17人）

毛国典　马于强　龙　友　吴德胜　张华武
张建华　李良东　杨　剑　姚小平　施　辉
胡中良　唐绍禄　曹端阳　梁铁民　黄　丰
黄阿六　董卫平

山东（65人）

于太昌　段玉鹏　顾亚龙　于茂阳　龙　岩
赵长刚　蒯　宪　燕守谷　张　伟（青岛）
宁兰智　孙肖嘉　亓汉友　刘玉鼎　纪　君
王升峰　曹　钰　刘繁昌　赵卫东　于剑波
马国栋　马建钧　乌　峰　卞葆彤　方建光
王友杰　王步强　王　瑞　刘　石　刘恒章
刘　铮　刘　磊　孙元富　孙希民　孙振民
曲　伟　曲修成　朱茂刚　许好成　齐爱君
吴　耀　宋春青　张志鸿　张国永　李　越
杨秋平　邹方臣　陈　杰　陈威光　陈祥生
陈　靖　胡士学　赵雪松　项继云　倪和军
贾明选　高　岱　崔传富　曹仕强　萧　军
嵇小军　董伟国　翟卫民　谭　伟　潘梦石
魏泮玮

河南（68人）

宋华平　谢安钧　王宝贵　李　强　胡秋萍
许雄志　王　鸣　张高山　吴　行　米　闹
张剑峰　云　平　张建才　马绍堂　牛家湘
王乃勇　王兆卿　王军杰　王　舫　王育红
王猛仁　王鸿斌　史焕泉　刘伊明　刘灿章
刘灿辉　刘治中　刘绍典　刘森堂　刘聚森
刘颜涛　曲书锋　宋国军　张志军　张青山
张保生　张富君　张　睿　李向军　李　岩
李俊国　李　珂　李贵阳　李　维　谷松章
陈花容　周红军　岳剑平　郑庆伟　段宏昱
胡　晖　赵广付　赵　雍　郝国斌　钟海涛
夏京州　耿自礼　郭延兴　顾　翔　曹向春
傅泽宇　葛慎林　董江源　谢国启　樊子阳

樊贵敏　潘清江　薛党军

湖北（10人）

徐本一　金伯兴　夏奇星　葛昌永　何慧敏
吴中华　陈龙海　周德聪　葛　明　董德钊

湖南（18人）

何满宗　陈羲明　刘晓斌　鄢福初　盛景华
谭秉炎　杨远征　伍　剑　汤树林　何朝阳
冷柏青　李　潺　陈迎楷　胡　伟　胡紫桂
崔向君　黄　河　颜家龙

广东（22人）

张桂光　纪光明　李远东　周树坚　梁晓庄
冯伟智　刘乃明　何志斌　张钰明　李良晖
沈永泰　陈初生　陈　凯　陈荣亲　庞国忠
范小乐　骆培华　郭亚明　彭　捷　蒋士云
谢佳华　蔡照波

广西（7人）

韦克义　石　峰　陆远怀　杨世全　高　虹
蒙鹿舟　廖炳智

海南（7人）

江寿男　黄承利　陈　洪　冯　伟　苏文殷
韩愈潍　谭　俊

重庆（9人）

刘庆渝　漆　钢　陈　册　周庶民　朱　睿
张一农　徐崇尧　彭洪顺　戴　文

四川（26人）

舒　炯　丁小虎　马　林　刘宁宇　吕金光
吕　楠　孙培严　汤文俊　纪烈华　齐建霞
何开鑫　张军文　李在兵　杨江帆　杨丽华
杨　进　杨燕刚　林　峤　洪厚甜　钟显金
郭彦飞　龚小膑　傅士河　彭　弢　谢兴华
谢和平

贵州（8人）

包俊宜　陈加林　李维力　杨昌钢　朱俊首
吴　勇　李茂江　谢安辉

云南（6人）

郭　伟　孙　源　陈鸿翎　罗　江　朱兴贤
祁希元

西藏（2人）

巴　珠　李远熙

陕西（29人）

马文彦　王亚林　王　江　田永昭　白　慧
伏海翔　刘　鹏　孙　彧　孙振刚　安明阳
吴平均　宋本省　张胜伟　张　哲　李小明
李　晔　李　光　闵　荣　陈天民　陈　龙
罗小平　郑墨泉　徐伟聪　徐晓东　徐曼娜
贾永民　董长绪　韩春涛　魏　江

甘肃（18人）

马　玮　马　靖　王青彦　王绪生　史彦明
刘建国　孙开仁　成友文　张　勇　张贵荣
杨宝泉　杨剑锋　杨浩奇　陈子强　秦文亮
曹恩东　翟相永　颜悦东

宁夏（7人）

刘正谦　朱建设　魏　沁　关宁国　刘志聘
陈国鸿　范彦奎

新疆（11人）

于小山　尼亚孜•克里木　卡伊那木•加帕尔
张　沧　刘建新　李志顺　李　涛　马亚飞
闵荫菌　闫玉川　武　凯

中直（30人）

邹德忠　于曙光　王志安　吕书庆　孙文佳
刘文华　刘建丰　刘照剑　朱守道　朱培尔
吴川淮　吴泽平　李　一　李胜洪　李晓军
邵玉祥　杨　菇　周文彰　候锡瑜　钟　成
郑晓华　郑培亮　容　铁　高庆春　梁永琳
郭志鸿　崔胜辉　曾来德　曾　翔　熊伯齐

解放军（19人）

王学岭　卢中南　刘洪彪　汤晓燕　许金学
张坤山　张家祥　张　继　李洪海　杨明臣
陈　旭　季　平　苗培红　赵山亭　赵桂中
郭亚林　高军法　童孝镛　覃业文

兵团（4人）

赵彦良　孙　峰　周　静　运其瑞

石油（6人）

于恩东　石　力　陈焕生　张显东　郁民华
雷东升

金融（3人）

韩启超　宋汉光　鲁　望

铁路（3人）

潘传贤　叶剑平　李西前

电力（3人）

仇必鳌　乐长江　吴朝晖

煤矿（4人）

张　宇　盛　军　李海宗　马　铭

香港（1人）

区大为

全国第十届书法篆刻作品展览（上海展区）评审工作圆满结束

8月29日至9月2日，备受书坛瞩目的全国第十届书法篆刻作品展览（上海展区）评审工作在沪举行。经评审，共有398件作品入选本届国展，其中30件作品被评为优秀作品，30件作品获优秀作品提名。

中国书法家协会主席张海担任本届国展评审委员会主任，中国书协分党组书记、驻会副主席赵长青任监审委员会主任，中国书协分党组副书记、秘书长陈洪武和分党组成员、副秘书长戴志祺共同任秘书长，新闻观察团团长由分党组成员、中国书协副秘书长潘文海担任。

本届国展分设上海和广西两个展区。上海展区展出楷书、隶书、草书作品，广西展区展出行书、篆书、篆刻和刻字作品。据统计，上海展区共收到全国各省、市、自治区及香港、澳门特别行政区24527位作者30938件作品。其中草书15500件、楷书5322件、小楷2885件、隶书7172件，不符合投稿书体要求的59件。年龄最大的投稿者92岁，个人投稿最多的作者，共投稿290件。

在为期五天的评审中，16位评委对作品进行了五轮评选，评审结束后还召开了座谈会。评委普遍认为，此次评出的入展和获奖作品较往届有了明显的变化，无论是楷书的尊崇古法，力求新意；还是草书的激扬个性，率性书写；隶书的多向取法，不落窠臼，都反映出当代书家在“守正创新”的创作思想指导下进行的艺术探索和学理思考，作品反映了当代中国书坛的整体创作水平。评委会主任张海说，本次展览来稿，18岁至45岁的创作者占近总数的一半，一批书坛新人将通过本届国展涌现出来，成为了国展的“生力军”；而上海展区3万余件作品的投稿数量，显示了“书法热”在改革开放30多年来持续升温之势，也向世人展现了书法艺术在当代公众精神生活中的重要性。

监审委员会主任赵长青介绍，第十届国展这次在评审方式上进行了重要改革，在初评阶段，展区组委会对作品进行了统一拍照，评委会对作品小样进行初筛、复评，并剔除一人多投的作品后，1304件作品进入终评。终评阶段，评委们用自动评审机投票，最终确定了398件入展作品，并从入展作品中投票评出优秀作品和优秀作品提名名单。赵长青表示，本次评审，坚持了公开、公平、公正和“阳光、规范、学术、和谐”的原则以及组织、评审“两权分离”的评审机制。评委们在评审中注重继承与创新的统一，兼顾不同风格、不同流派、不同取法，对有个性、有特色、有学术价值、有发展潜力的作品予以重视。今后中国书协将认真总结这次学术跟进、评议结合的评审经验，以促进展览机制的进一步完善。

全国书法篆刻作品展被誉为“中国书坛奥林匹克”，每四年举行一次。迄今已举办了九届，据悉，全国第十届书法篆刻作品展览（上海展区）将于11月3日在上海展览中心开幕，广西展区的评审工作也将于近期进行。

全国第十届书法篆刻作品展(上海展区)优秀、优秀提名、入展作者名单

优秀作品作者名单(30人)

王乃勇(河南)	王国柱(山西)
王厚祥(河北)	孙　立(河南)
牟国庆(山东)	余继忠(陕西)
张　丰(上海)	张新庆(山东)
李在兵(四川)	李建明(江西)
杨贤淼(上海)	陈　伟(浙江)
周　军(安徽)	周建军(河南)
周建旭(陕西)	周剑初(北京)
林邦德(浙江)	郑少渠(广东)
郑庆伟(河南)	金泽珊(黑龙江)
赵理民(山东)	徐右冰(北京)
栾金广(黑龙江)	钱玉清(江苏)
曹端阳(江西)	梁文斌(浙江)
提俊丰(江苏)	程　度(北京)
蔡礼礼(浙江)	魏　鸿(甘肃)

优秀提名作品作者名单(30人)

王增军(河北)	刘剑波(广东)
朱志刚(江苏)	朱国勇(河南)
朱茂刚(山东)	何晓东(河南)
吴英昌(河北)	张弘扬(甘肃)
张新峰(上海)	张锡鸿(广东)
李　由(湖北)	李志强(北京)
李茂江(江苏)	李　彬(河南)
杨　雯(山东)	肖春生(海南)
陆振勇(江苏)	陈　凯(安徽)
周万里(北京)	周建设(宁夏)
孟　浩(北京)	林光进(浙江)
胡永庆(重庆)	赵桂中(天津)
倪俊冬(吉林)	原康生(陕西)
徐　杰(浙江)	梁天义(陕西)
黄彦平(吉林)	嵇小军(山东)

入展作者名单(共398人，包含优秀、优秀提名作者)

蔡宝国	蔡海啸	蔡礼礼	曹端阳	曹　峰
曹立山	曹　玲	岑　岚	常春辉	常　秦
晁玉奎	陈秉衡	陈敦良	陈红善	陈建邦
陈建军	陈　凯	陈　鹏	陈守斌	陈　伟
陈希军	陈信才	陈炎城	陈永君	程　度
储　逸	崔宝国	戴　曦	邓长春	邓木水
邓文冲	丁彦平	董士林	方　放	冯　文
傅如明	傅振余	高宝丰	高　鹏	高　挺
高兴泉	龚子猛	顾俊峰	顾晓燕	郭洪海
郭　华	郭怀望	郭继明	郭立军	郭　强
郭延兴	郭　岩	郭月亭	韩向武	韩晓传
郝兵兵	郝　军	何　超	何仁欢	何晓东
何　岩	侯和平	胡宝岐	胡炳华	胡继川
胡琳辉	胡文辉	胡永庆	胡中福	胡中一
黄德能	黄海林	黄　平	黄小明	黄训华
黄彦平	嵇小军	季雪忠	季　永	江寿男
姜绍根	蒋　冰	蒋乐志	金泽珊	靳彦明
荆　戈	冷恒宇	李　彬	李炳筑	李德会
李洪峰	李建明	李建人	李聚精	李　俊
李茂江	李　鹏	李平利	李青飞	李生祥
李守银	李文阁	李吾铭	李晓岚	李雁伟
李　洋	李耀中	李永锋	李　由	李雨存
李在兵	李镇锐	李志根	李志强	李志远
李中华	李卓霖	梁　雷	梁天义	梁文斌
廖鸿根	廖鸿业	林邦德	林传生	林光进
林劲松	林景辉	林玉梅	凌灿印	刘长龙
刘　德	刘冬生	刘广新	刘国军	刘国强
刘宏卫	刘洪皎	刘剑波	刘京文	刘经健
刘茂青	刘鹏飞	刘小龙	刘小平	刘新平
刘云根	卢红星	卢少武	卢新元	陆振勇
吕金斌	吕　楠	吕全斌	吕雪峰	吕延安
栾金广	罗海东	马建中	马剑畅	马俊达
马双喜	马湘伟	马振江	蒙壮科	孟　浩
牟国庆	倪俊冬	潘金林	潘淑亚	潘文志
庞顺东	彭立新	彭胜利	彭时军	彭双龙
彭　苏	蒲　剑	浦建青	钱德浩	钱玉清
钱兆林	曲奎萍	曲庆伟	任百森	芮新丰
邵君毅	邵俊杰	申春阳	申一勤	沈桂林

沈品岩　施桂红　石绍臣　石英宝　石云端
史明洁　司正博　斯金亮　宋国松　宋世杰
宋延来　苏桂长　苏海东　孙伯杰　孙　冲
孙存锦　孙福增　孙　健　孙　立　孙培严
孙　涛　孙万军　孙万民　孙西旭　孙学辉
孙　妤　谭必清　汤文俊　唐春生　唐典贵
唐绍禄　唐永平　陶　鸿　陶家鸿　提俊丰
田文德　田云峰　童汝嘉　万迪龙　万胜华
王炳建　王炳礼　王承雄　王　春　王大禾
王大铭　王　东　王国柱　王汉泉　王厚祥
王　琥　王继涛　王　江　王　劲　王乃勇
王升峰　王胜文　王堂兵　王　涛　王向东
王亚林　王邮圣　王增军　王兆会　卫　玮
魏　鸿　魏　江　魏世周　温雄辉　吴昌军
吴建明　吴庆东　吴三珪　吴英昌　吴永斌
吴振宇　夏碧波　夏长林　夏仕勇　肖朝晖
肖春生　肖　慧　肖　云　谢　飞　谢啓彬
谢扬科　熊玲琴　徐　驰　徐轰轰　徐　杰
徐启刚　徐清志　徐胜永　徐文江　徐文杰
徐右冰　徐正标　许传良　许　勤　薛　宁
薛晓东　闫　安　闫金政　闫　增　严文赋
杨　刚　杨世全　杨文浏　杨　雯　杨贤淼
杨信鸽　杨　勇　杨宇力　杨智敏　姚　强
姚晓刚　叶里青　伊吉鹏　易书平　殷增生
尹昌平　于　滨　于慧群　于瑞欢　于新澎
于旭升　于延丰　余　峰　余继忠　余树栋
余宪金　余中元　原康生　袁海船　袁立中
袁修广　岳建平　运建国　宰令石　曾范波
曾国武　张宝凤　张伯石　张长峰　张芳炜
张　丰　张弘扬　张华武　张　机　张建红
张立华　张敏鹿　张秋霞　张胜奇　张实惠
张双印　张　涛　张万旭　张卫东　张卫武
张文潮　张锡鸿　张晓东　张新峰　张新庆
张延如　张扬明　张一冰　张英涛　张永乐
张振峰　张志鸿　张子健　赵炳坤　赵丰杰
赵冠军　赵广付　赵桂中　赵理民　赵泉有
郑庆伟　郑少渠　郑小云　郑逸斌　钟海涛
钟全昌　钟显金　钟　艺　周成智　周合江

周建军　周建明　周建设　周建旭　周剑初
周　军　周　宓　周万里　朱国好　朱国勇
朱国振　朱　杰　朱　进　朱来真　朱茂刚
朱志刚　庄木弟　左奇志

全国第十届书法篆刻作品展览（广西展区）评审工作圆满结束

经过几个月的紧张筹备，全国第十届书法篆刻展（广西展区）评审工作于9月19日在广西南宁跨世纪书画艺术馆拉开帷幕，21日揭晓结果，共评选出400件入展作品，并从这些入展作品中评出30件优秀作品和38件优秀提名作品。广西展区评审工作的圆满完成，标志着十届国展的评审工作全部结束。

中国书协主席张海，中国书协分党组书记、驻会副主席赵长青，分党组副书记、秘书长陈洪武，分党组成员、副秘书长戴志祺、潘文海参加了评审工作。

据悉，这是广西第一次举办的国展，也是中国西部地区省份第一次举办的国展，它对推动广西书法艺术的发展意义非凡。本次国展广西展区负责评审及展出行书、篆书、篆刻和刻字四大类作品。据统计，广西展区共收到来自全国各省、市、自治区、港澳台及海外的16866位作者的20996件参赛作品，其中行书12418件、篆书4911件、篆刻1949件、刻字1718件。广西本地区作者投稿1596件。

本次评审工作继续严格遵循“阳光、规范、学术、和谐”的原则以及组织与评审“两权分离”的工作机制，在监审委员团和新闻观察团的共同监督下，19位评委分组对来稿进行了细致认真的评审。“希望全体评委按规章程序做好评审工作，评选出经得住业内、社会及时间考验的优秀作品，在塑造书协形象的同时，也塑造每位评委自己的正大光明形象。”张海对所有评委提出了这样的要求。

21日下午在评审工作结束后召开的座谈会上，评委们对本次广西展区评审工作做了全面总结，提出了很多富有建设性的意见和建议。大字少、小字多，作品创作中过于注重外在形式感等，是十届国展上海展区与广西展区来稿作品中存在的普遍现象，也是评委们在座谈会上谈得最多的话题。赵长青在总结中说：“对评委们提出的意见和建议，我们认真听取并做了记录，其中有很多问题是当代书坛迫切需要解决的，这些问题将在随上海、广西两地国展开幕时召开的论坛中做进一步研讨。”

广西展区的评审结束后，组委会将上海展区和广西展区的优秀奖、优秀提名奖名单进行统计核实，按照征稿启事中的有关规定，对在两个展区同时入展或同时获奖的作者，只保留其最好成绩的一件作品展出。两个展区获奖、入展名单已在中国书协官方网站进行公示以增加评审的透明度和社会监督力度。

全国第十届书法篆刻作品展（广西展区）优秀、优秀提名、入展作者名单

优秀作品作者名单（30人）

王　茁（广西）　王兆会（山东）
冯宝麟（河北）　叶华洲（江苏）
龙　友（江西）　刘银鹏（黑龙江）
江寿男（海南）　汤志平（江苏）
何　勇（江苏）　余国联（福建）
张　钧（福建）　李文宝（黑龙江）

李建水（山东） 杜占存（河北）
陈国鸿（宁夏） 周少剑（湖南）
林 峰（浙江） 欧阳维忠（湖南）
罗 龙（浙江） 罗邦国（浙江）
胡宗江（山东） 胡 晖（河南）
荆德杰（山东） 徐明春（贵州）
高 昂（河南） 鹿守璋（江苏）
黄 平（河南） 黄济阁（江苏）
彭双龙（广东） 蔡兴洲（黑龙江）

优秀提名作品作者名单（38人）

马景泉（黑龙江）王 波（山东）
王方呈（浙江） 王吉鸿（辽宁）
刘 建（江苏） 刘再兵（重庆）
刘自坤（四川） 刘颜涛（河南）
孙国庆（河南） 孙振刚（陕西）
孙朝军（北京） 朱 江（湖南）
张 勇（安徽） 张海同（山东）
李吉东（辽宁） 杜思吾（河南）
杨 宇（辽宁） 杨 涛（河南）
杨建忠（山西） 汪 凯（江苏）
苏志敏（北京） 谷松章（河南）
陈 鹏（辽宁） 陈焕生（河北）
庞现军（江苏） 林双全（福建）
林李阳（福建） 姚小平（江西）

倪和军（山东） 凌 丹（江苏）
唐礼武（广西） 顾春阳（北京）
高 虹（广西） 高令福（山东）
程二军（广东） 鲁建飞（黑龙江）
潘文志（广西） 魏晓伟（湖北）

入展作品作者名单

（共397人，含优秀、优秀提名，按省份排序）

安 徽（15人）

杨苏安 李 明 陈士恒 李多虎 陈晓辉
张 勇 丁 锐 王建涛 王春昉 秦 建
梁启忠 徐明发 李国生 陈 辉 战 斗

北 京（14人）

王汉光 苏志敏 殷广禄 殷 涛 张颖昌
顾春阳 高风勇 袁永齐 傅 东 吴国保
张艳军 吴传义 杨晓存 孙朝军

重 庆（3人）

邓 波 田维贵 刘再兵

福 建（14人）

曾锦溪 艾 青 黄志农 陈崇山 张聪明
王志安 柯学刃 余国联 林志明 温建茂
林李阳 张 钧 郑建松 林双全

甘 肃（16人）

杨东亮 贾占有 殷瑞东 李志强 王 峰
成友文 贾石璧 王鹏伟 贾伟伟 车运隆
赵彩秀 王春生 慕鹏军 王金怀 浦 林
王亚斌

广 东（27人）

郑永兵 彭双龙 李 锐 黎兴华 华同旭
郑育辉 柳恩铭 何明霖 刘文明 李梅舞
邵跃晰 陈 捷 周上金 贺显亮 谭国坚
许沛波 陈道明 刘月明 李大来 李大旺
马中伟 杨劲松 赖智豪 许贤炎 吴智勇
程二军 郑鹤龄

广 西（20人）

邓立武 梁 春 高 虹 潘文志 朱 鹏
黄文勇 陆远怀 卢和华 潘继坦 唐 果
王 茁 廖炳智 陈仲平 谢光辉 韦守德
唐礼武 韩伯平 苏开科 张向明 屈则俭

贵 州（6人）

吴光德 韩宗祥 吴泽良 汪定强 徐明春
谢安辉

海　南（2人）

冯　伟　江寿男

河　北（21人）

马　宾　魏克敏　刘晓明　杜占存　王　墉
花建明　孙鹏飞　马永林　李国胜　赵立宾
甄泽朋　王伟杰　贾　徽　陈焕生　冯宝麟
汪　钧　魏兵然　姚海宽　王　鹏　刘世涛
房世良

河　南（38人）

孙国庆　靳富有　闫明勇　张志军　郝国斌
宋慧光　袁景林　桂　彬　胡晓文　刘文超
韩灿秋　薛兴才　王晓峰　胡　晖　熊　愚
任光伟　高　昂　吴建甫　韩存利　黄一凡
杜思吾　杨　涛　刘保旺　李　玲　王军辉
刘保君　王建国　张建才　黄　平　王兴学
范玉星　刘颜涛　禹宗昌　谷松章　刘克庆
王运桥　冯　琦　王文恺　（王文克）

黑龙江（23人）

魏绪明　马景泉　蔡兴洲　张彦峰　何利民
刘景芳　吕向阳　李　伟　鲁建飞　黄　涛
张志超　张永昌　张跃飞　吕相阳　纪　敏
程　忠　仲伟迅　李　侃　王一品　李文宝
张日安　李　海　刘银鹏

湖　北（8人）

李文俊　蔡克能　罗　群　李重阳　李传友
樊利杰　魏晓伟　游爱民

湖　南（13人）

曹　辉　冯学军　周少剑　欧阳维忠　朱　杰
石绍卿　姜新初　唐　荣　钟建良　文　佐
陈　刚　李云开　朱　江

吉　林（3人）

孙绍卿　盛国兴　刘福生

江　苏（34人）

汪能江　汤志平　姜忠明　张哲峰　张　立
张　军　许凤贺　龙春雷　吴炜栋　何　勇
章　晨　朱国平　卢浩堂　曹　洋　纪　松
邹小新　周宗云　许　达　王润松　蔡可魁
黄济阁　叶华洲　高步明　江孝龙　李尚程
吴自标　刘　建　费加龙　潘　锋　庞现军
凌　丹　汪　凯　王　渊　鹿守璋

江　西（4人）

龙　友　姚小平　徐伟平　袁少民

辽　宁（16人）

陈洪普　杨　宇　郑友皓　张翅翩　李吉东
于学彪　赵庆伟　王吉鸿　董　丹　唐瑞全
董增发　胡中波　赵立新　李书强　陈一兵
陈　鹏

内蒙古（1人）

哈斯喜贵

宁　夏（2人）

陈国鸿　陈雪峰

山　东（41人）

荆德杰　邱全景　钱守宽　景　彪　陈祥生
孙守合　李方振　卞　涛　李建水　高令福
方建光　孙西旭　莫金龙　赵雪松　姜玉松
王　凯　薛永维　胡宗江　李兆亮　王兆会
戴永更　倪和军　王　波　何继红　王志林
张海同　杨国栋　王学杰　宋　涛　齐拥军
贾长庆　吕建忠　齐爱君　马建钧　马子和
陈希龙　娄华青　张海珍　徐可然　余永平
张奎伟

山　西（6人）

王雨生　王　涛　杨建忠　苏晓琳　柴　力
贾大军

陕　西（13人）

马新芽　孙振刚　牛似宝　张胜伟　高掌平
王文涛　郑存才　张晓明　赵海军　李　骅
杨　勇　李建国　符　浩

上　海（7人）

朱银富　吴友琳　张炜羽　矫思偍　唐和臻
唐存才　朱纯洁

四　川（8人）

何其状　王湖益　曹运军　王　茂　杨仁鸣
谢兴华　刘自坤　李　骄

天　津（1人）

刑纪庆

云　南（1人）

张培志

浙　江（40人）

陈拥军　吕燮强　林　峰　孙福泽　周　恒
章夏明　陈传敏　张灵海　周飞彪　张建平
蓝兴龙　张利安　陈显丰　周黎明　吴经国
徐　蔚　金建根　刘海波　陈　杨　黄豪杰
李　永　罗邦国　项长春　王方呈　朱胜斌
吕跃仙　李益军　周小平　魏国浩　洪朝阳
夏佩云　任永江　苏文治　陈　一　王　勋
卢心东　陈　巍　蔡泓杰　罗　龙（罗宏胜）
包根满

工作大事记

中国书法家协会工作大事记

1月6日 西泠印社在京社员举行新春茶话会

1月6日上午，西泠印社在京社员新春茶话会在文物出版社举行。在北京地区的15位社员参加了茶话会。会议由中国书法家协会副主席、文物出版社原社长苏士澍和杭州西泠印社有限公司总经理金鸣主持。参加本次茶话会的社员有：李刚田、骆芃芃、高庆春、贾鹏、刘恒、刘新惠、邱振中、容铁、沙更世、唐吟方、杨臣彬、杨涛、尹海龙、张公者等。

茶话会上金鸣介绍了西泠印社有限公司的发展设想，并希望今后在北京成立办事处以便能与在京社员进行多方面的合作与交流。金鸣介绍了西泠印社下属机构——杭州书画社的一些情况；介绍了杭州书画社有关展览、展示以及开发一些印文化工具的设想，并带来了一些已开发出的篆刻工具请与会社员试用和征询意见。

1月21日 全国公安民警在京展示书法美术摄影作品

1月21日，由全国公安文联主办，公安部消防局、公安消防文联协办的全国公安民警书法美术摄影展在中国消防博物馆隆重开幕。

公安部党委委员、政治部主任蔡安季，全国公安文联主席祝春林，全国公安文联副主席、全国公安书协主席李忠信，公安部宣传局局长、全国公安文联副主席武和平，公安部消防局局长陈伟明，公安部消防局政委谢模乾，中国摄影家协会副主席邓维，中国美术家协会副秘书长张旭光，中央国家机关书画协会副秘书长、国家审计署书协副主席兼秘书长罗美富，国务院参事室办公室副主任陈廷佑、全国公安书协副主席严太平，副主席兼秘书长方玉杰，北京市公安局、公安部消防局文联负责人和首都警察书画爱好者、各地公安民警代表300余人出席仪式。全国公安文联秘书长张策主持开幕式。

此次展览共展出从全国公安系统选拔上来的优秀书法作品80幅，美术作品60幅，摄影作品70幅，基本上代表了目前公安民警书法、美术、摄影艺术的创作现状。此次展览得到了公安部领导和社会各界的大力支持，公安部党委委员、政治部主任蔡安季为展览题标，原公安部领导田期玉、白景富、罗锋、胡之光、蒋先进、俞雷等提供作品致贺。

1月25日 中国文联组织书法家赴四川慰问

1月25日，中国文联的“送欢乐、下基层”慰问活动在中航工业成都飞机工业（集团）有限责任公司（以下简称“成飞”）进行。覃志刚、廖奔、刘兰芳、尚长荣和季国平、徐沛东、董耀鹏、冯双白、罗杨、李前光、赵长青、邵学敏、罗成琰、黄启国以及众多艺术家为中国的航空人带来了新春的问候。

中航工业是中央管理的国有特大型企业，也是我国第一家进入世界500强的军工企业。“成飞”作为我国航空武器研制生产的重要基地，自主研制了一系列军用飞机，实现了中国航空装备建设新的跨越，全面提升了航空武器装备现代化水平。廖奔代表中国文联致辞，向秉承“航空报国、强军富民”宗旨的航空人致敬。今年，我们将‘送欢乐、下基层’的重点安排在大型国有企业，目的就是为了把党中央、国务院对企业职工的亲切关怀和文艺工作者的深情厚谊，送给战斗在生产一线的广大干部职工，与大家共同渡过一个欢乐祥和的盛世佳节。

覃志刚代表中国文联“送欢乐、下基层”慰问团，振笔书下“祖国终将选择那些忠诚于祖国的人，祖国终将记住那些奉献于祖国的人”的铿锵字句，赠送企业。

1月25日　全国当代文化名人春联邀请展暨中国书法院义写春联活动在京举办

1月25日，由中国艺术研究院中国书法院主办、中国书法院展览馆、中国南方艺术中心承办的“全国当代文化名人春联邀请展”暨“中国书法院义写春联活动”在中国书法院展览馆开幕。中国艺术研究院副院长、副书记杨化玉，中国书法院常务副院长李胜洪，中国艺术研究院研究生院副院长徐福山，中国书法院办公室主任曾翔，香港《书谱》社社长张培元等出席开幕式。

开幕式由曾翔主持，李胜洪致辞。

本次展览共收到全国当代文化艺术界名人作品108件，粉笺红纸，异彩纷呈，使整个展厅洋溢着浓浓的新春气息与祥瑞氛围。这些作品虽然全为对联形式，却表现出了异常丰富的笔墨内涵与风格旨趣。

1月27日　中国书协送欢乐下基层走进北京平谷

1月27日，农历腊月二十四，民俗讲“腊月二十四，家家写大字”。由中国书协主办，北京书协、总政艺术局、中国书协中直分会、中国楹联学会协办的“送欢乐下基层、中国书法进万家迎新春送春联活动”吸引了在京中国书协主席团成员、理事、书法家和中国书协机关各部室负责人70余人来到这里为乡亲们写福字、送春联。

活动的出发仪式在中国文联机关报告厅举行。中国文联党组成员、副主席、书记处书记廖奔出席并致辞。他说，写春联、送春联活动是最接地气的活动，中国文联刚从四川绵阳农村“送欢乐下基层”回来，看到农村到处张灯结彩，一片喜庆祥和的气氛。在准备过年的各项活动中，老百姓最欢迎的就是送春联，很多乡亲们大排长龙，围着书法家们要春联。书法家给农村的老百姓写春联，是真正把欢乐送到农村的举措，也是当代书法家能够深入基层、让自己的艺术创作接上地气的举措。中国书协分党组书记、驻会副主席赵长青也在仪式上致辞。与会领导为各组书法家代表授出征旗。中国书协主席张海宣布出发。中国书协分党组副书记、秘书长陈洪武主持出发仪式。

2月14日　韩天衡向嘉定捐千余件艺术品

2月14日，著名书画篆刻家、中国篆刻艺术院院长韩天衡先生将自己创作、收藏的1003件艺术品捐赠给嘉定区政府，嘉定区政府将建设一个以韩天衡名字命名的美术馆。

此次捐赠的1003件作品是韩天衡先生创作、收藏的，包括篆刻印章、书法、绘画、文房古玩等艺术作品原件。嘉定区政府在嘉定区博乐路70号（原嘉定飞联纺织厂厂房）建设以韩天衡先生名字命名的美术馆，用于收藏、保管、展示韩天衡先生捐赠的艺术作品和其他作品，预计于今年11月完成主体建设，2012年5月正式开馆。

2月16日　中国书协培训中心2010年度学员作品成果展在京评审

2月16日，中国书法家协会培训中心2010年度学员作品成果展评审工作在北京天天假日酒店进行。中国书协分党组书记、驻会副主席赵长青、中国书协分党组副书记、秘书长陈洪武，分党组成员、副秘书长戴志祺，组联部主任张陆一，培训中心主任刘文华、副主任章巧珍，以及中国书协主要部门负责人参与此次活动。

刘文华介绍了此次学员作品征稿情况，并介

绍了初评作品的情况和评审办法。赵长青对此次评审工作提出要求，他希望评审工作坚持标准，严格程序，评出好作品。参与此次评审工作的评委有陈洪武、白煦、吴震启、刘恒、李刚田、高庆春、胡立民。经过全体评委的共同努力，此次成果展在294件初评入展作品中，评出9件荣誉奖，46件获奖作品，67件获奖提名作品，172件入选作品。

2月22日　全国首届手卷书法作品展评审揭晓

2月22日至25日，由中国书协主办，江苏省盐城市盐阜大众报报业集团、北京市锦龙堂文化传播中心承办的全国首届手卷书法作品展评审工作在北京举行。

首届手卷展得到中国书协领导的高度重视，中国书协分党组书记、驻会副主席赵长青，中国书协副主席何应辉，中国书协分党组成员、副秘书长戴志祺，展览部主任吴震启及来自全国各地的评委参加评审工作。中国书协主席张海也在百忙之中抽出时间亲临评审现场视察指导评审工作。

本次手卷展共收到海内外来稿15000多件，征稿期间安排专人对来稿分类登记，筹备工作进展顺利。评委会主任何应辉宣布中国书协关于全国首届手卷书法作品展评委构成，介绍评审时间安排。评委会副主任戴志祺就评审流程、评选办法作说明，并强调评委要严守纪律，确保评审的公平、公正。他希望各位评委严格遵守评审纪律，严格按评审流程操作。他提出对作者的维权工作要加以重视，发现问题认真核实，公正处理，保证作者的合法权益不受侵害。这次评审的一大亮点是启用中国书协第二代评审软件。ipod评审机在很大程度上提高了评审的效率与准确性，得到了全体评委的一致认可。经过投票，并由监审委员、评委、工作人员共同进行计票工作，从进入终评的作品中评出453件入展作品、50件优秀候选作品、20件为优秀作品。

本次评审工作得到了中共盐城市委宣传部、盐城市盐阜大众报报业集团、北京锦龙堂文化传播中心的积极配合，这些单位为展览提供了便利条件，对评审的顺利进行提供了有力保证。

据悉，本次展览将于2011年5在江苏省盐城市展出。

2月26日　沈鹏书法艺术学术研讨会在京举行

2月26日，由中国书协主办，中国书协理论研究部、《中国书法》杂志社、《中国书法通讯》报承办的“原创·艺术·诗意·人本——沈鹏书法艺术学术研讨会”在北京中国文联文艺家之家报告厅举行。

中共中央政治局委员、中央书记处书记、中宣部部长刘云山对研讨会作批示。刘云山在批示中说，中国书法家协会举办沈鹏书法艺术学术研讨会，这是一件很有意义的事情，谨表示热烈的祝贺。沈鹏同志是著名的书法家，他的书法艺术在继承传统基础上达到新的境界。沈鹏同志在诗词创作方面也有很高造诣，由诗意悟书魂，诗书结合，交相辉映，不少人喜欢他的书法，也爱读他的诗词，尤其是那些诗美与书美相得益彰的佳作。相信举办这样的研讨会，对推动书法艺术的发展会有积极的作用。

中国文联党组副书记、副主席覃志刚和中国书协主席张海分别代表中国文联、中国书协对本次研讨会的举办表示祝贺并发表讲话。中国书协名誉主席沈鹏，中国文联党组成员、副主席冯远，中国文联组联部主任罗成琰，中国书协分党组书记、驻会副主席赵长青，中国书协顾问钟明善，中国美术家协会副主席、中国国家画院院长杨晓阳，中国书协副主席王家新、申万胜、张改琴、陈振濂、胡抗美，中国国家画院副院长张江舟，中国文联理论研究部副主任刘国强，中国书协分党组副书记、秘书长陈洪武出席了研讨会。著名学者、评论家、书法家邵大箴、叶朗、邱振中、周韶华、程大利、周俊杰、李刚田、刘恒、王岳川等以及来自有关高等院校、中国国家画院、新闻媒体和社会各界100余人参加了研讨会。研讨会开幕式由赵长青主持，学术研讨由邱振中主持，陈洪武作学术小结。

3月2日　中国石油职工书法篆刻精品展在中国美术馆开幕

3月2日，由中国石油书协主办的“庆祝中国石油书法家协会成立20周年——中国石油职工书法篆刻精品展”在北京中国美术馆隆重开幕。中国文联党组副书记、副主席李屹，党组成员、书记处书记夏潮，中国书协主席张海，中国书协分党组书记、驻会副主席赵长青，中央党建领导小组秘书组副局长唐方裕，原石油部副部长、中国石油书协名誉主席李敬，中国石油天然气集团公司党组成员、副总经理曾玉康，中国石油天然气集团公司总经理助理李万余，副总经济师、思想政治工作部主任、中国石油文联常务副主席关晓红，中国书协理事、中国石油天然气集团公司老干部局局长、中国石油书协主席樊胜利等领导为展览开幕式剪彩，在京部分中国书协理事，中国石油文联副主席兼秘书长陆遥峰，中国石油书协副主席齐治欣、李德仁，副秘书长陈焕生、任东会、赵飚、孙伟宏、宋玉林及全国石油系统书法家400余人参加展览开幕式。开幕式由中国书协理事、中国石油文联副主席、中国石油书协执行副主席于恩东主持。

今年是中国共产党成立90周年，为歌颂党、歌颂祖国、歌颂石油，展示石油书法20年的丰硕成果，中国石油书法家协会特别举办“中国石油职工书法篆刻精品展”，旨在全面回顾石油书法20年发展历程，并以此向党的90华诞献礼。

此次中国石油职工书法篆刻精品展共有两部分组成：一是领导干部书法篆刻展，展出了石油战线的60位老领导、在职领导干部的作品；二是职工书法篆刻展，展出了从1000多名会员中评选出的106幅书法力作。此次展览既是石油书法20年创作成果的一次检阅，也为中国石油书法事业向更高水平迈进谱写了新的华章。

3月19日　中国书协六届主席团二次会议在京举行

3月19日至20日，中国书协主席团六届二次会议在北京举行。中国书协主席张海，中国书协分党组书记、驻会副主席赵长青，中国书协副主席王家新、申万胜、苏士澍、吴东民、吴善璋、何奇耶徒、言恭达、张业法、张改琴、陈振濂、胡抗美、聂成文出席会议。中国文联人事部副主任郑希友，中国书协分党组副书记、秘书长陈洪武，中国书协分党组成员、副秘书长戴志祺、潘文海，中国书协各部室和直属单位负责人张艺群、张陆一、吴震启、刘恒、刘文华、李刚田等列席会议。

中国文联人事部副主任郑希友传达了中国文联党组关于建议潘文海为中国书法家协会副秘书长的意见，主席团按照程序一致通过对其任命的决定。会议审议并通过《中国书协主席团工作规则》和《中国书协主席团会议制度》。会议研究确定主席团成员的分工和专业委员会、工作委员会机构设置及主任人选；本着保持稳定性、连续性和注重发挥优势的原则，根据形势的发展，同意成立中国书协老年工作委员会、妇女工作委员会、青少年工作委员会，将权益保障委员会和鉴定评估委员会合并更名为维权鉴评委员会，编辑出版委员会更名为新闻出版工作委员会，发展委员会更名为产业发展工作委员会。

3月24日　全国第十届书法篆刻作品展新闻发布会在北京举行

3月24日，全国第十届书法篆刻作品展新闻发布会在北京举行。出席新闻发布会的领导有：中国书协分党组书记、驻会副主席赵长青，中国书协副主席申万胜、胡抗美，中国书协分党组副书记、秘书长陈洪武，中国书协分党组成员、副秘书长戴志祺、潘文海，上海市文联副书记迟志刚，上海市书协主席周志高，广西书协主席韦克

义，中国书协新闻发言人刘恒，展览部主任吴震启，以及协会机关部室负责人张陆一、张艺群、章巧贞、李刚田等。新闻发布会由陈洪武主持。

中国书法家协会新闻发言人刘恒介绍了全国第十届书法篆刻展的整体思路、展区安排、评审方法等情况。全国第十届书法篆刻展将分为上海、广西两个展区，展览评审分为初评和终评，展出时间定于11月。关于评委的组成人选，中国书协将按照《中国书协评审管理办法》，更加审慎、严格地进行筛选，充分考虑到创作水准、评审经验、年龄结构、风格流派以及地域特点，选出一个具有权威性的评委班子。

3月25日　中国书协刻字研究会2011年度工作会议在大连召开

3月25日至27日，中国书协刻字研究会2011年度工作会议在辽宁省大连市召开。

中国书协分党组书记、驻会副主席赵长青，中共大连市委原副书记王会全，中国书协副主席、刻字研究会主任吴东民，中国书协分党组成员、副秘书长戴志祺，中国书协理事、刻字研究会副主任唐云来，中国书协理事、刻字研究会副主任王志安，中国书协理事、刻字研究会副主任陈秀卿，中国书协刻字研究会副主任张之，中国书协理事、刻字研究会秘书长张陆一，中国书协理事、辽宁省书协主席王丹，中国书协理事、辽宁省书协驻会副主席兼秘书长胡崇炜，中国书协理事、大连市书协主席张本义以及刻字委员会委员、《中国书法刻字艺术网》主编、《现代刻字艺术二十年》、《大学现代刻字教材集成》的编委及特邀嘉宾共45人出席会议。

上午会议由张陆一秘书长主持。

张本义、王丹，中共大连市委原副书记王会全分别代表东道主致欢迎词，赵长青讲话，他在讲话中充分肯定中国书协刻字研究会的几年来工作成果，对刻字的蓬勃发展感到由衷的欣喜，勉励各委员在新的一年里，再接再厉，争取更大的成绩。

4月2日　新玉树　新家园“4·14”玉树地震一周年美术书法摄影展在京开幕

4月2日，在玉树地震一周年之际，由中共青海省委宣传部、中国人民革命军事博物馆、中国书法家协会、中国美术家协会、中国摄影家协会、青海省文学艺术界联合会、青海省体育局联合举办的新玉树、新家园“４·１４”玉树地震一周年美术书法摄影展在北京中国人民革命军事博物馆隆重开幕。

出席开幕式的领导有全国人大常委会副委员长韩启德，全国政协副主席、中国文联主席孙家正，中央军委委员、总政治部主任李继耐，中宣部秘书长官景辉，中共青海省委书记、省人大常委会主任强卫，中国文联党组书记赵实，中国人民解放军总政治部宣传部部长周涛，国家民委副主任吴仕民，北京市副市长陈刚等，出席会议的还有中国书协主席张海，中国美协分党组书记、副主席吴长江，中国书协分党组书记、驻会副主席赵长青，中国书协分党组副书记、秘书长陈洪武，中国摄协分党组成员高琴等及各有关单位领导和嘉宾。开幕式由青海省副省长张建民主持。

赵长青代表中国书协、中国美协讲话。中国书协动员全国书法家向灾区人民伸出援助之手，得到积极响应，共有900多位书法家捐献了2000多件作品，中国书协还捐资100万元在玉树捐建了一所兰亭小学。本次展览共展出美术书法摄影作品1000余幅，其中书法作品208幅。

4月15日　平顶山市被命名中国书法城

4月15日上午，“中国书法城——平顶山市”授牌仪式在河南省平顶山市博物馆广场隆重举行。中国书协分党组书记、驻会副主席赵长青，中国书协副主席聂成文，中国书协理事、组联部主任张陆一，中国书协理事、河南省文联副主席、省书协主席宋华平，省书协副主席兼秘书长谢安钧，以及平顶山市委、市政府的相关领导、书法爱好者1000多人参加了授牌仪式。

赵长青代表中国书协讲话。张陆一宣读了中

国书协关于命名平顶山市为中国书法城的决定，宋华平代表河南省书协讲话。最后，赵长青和聂成文一起为平顶山授牌。聂成文为“中国古代书法——草书”邮票发行仪式揭幕。

4月17日 中国书协授予大石桥市、静海市、莱阳市为中国书法之乡

大石桥

4月17日上午，“中国书法之乡——大石桥市”授牌仪式在辽宁省大石桥市蟠龙山公园举行。中国书协分党组书记、驻会副主席赵长青，中国书协副主席聂成文，中国书协理事、组联部主任张陆一，中国书协理事、研究部主任刘恒，中国书协理事、辽宁省书协主席王丹，中国书协理事、辽宁省书协副主席兼秘书长胡崇炜，中国书协理事、福建省书协副主席李木教，中国书协理事、河南省书协副主席吴行，中国书协国际交流委员会委员、辽宁省书协副主席施恩波以及辽宁省文联领导、营口市领导、大石桥市委、市政府的相关领导、书法爱好者参加了授牌仪式。

张陆一宣读了中国书协关于命名大石桥市为“中国书法之乡”的决定，王丹代表辽宁省书协讲话，赵长青代表中国书协讲话，聂成文为大石桥授牌，赵长青、聂成文等领导还为“中国书法之乡”刻石揭幕，为“大石桥市庆祝建党九十周年书法作品展”剪彩，并参观了展览。

静海县

4月18日上午，“中国书法之乡——静海县”授牌仪式在天津市静海县子牙科技循环产业园区行政中心举行。中国书协副主席聂成文，中国书协分党组成员、副秘书长戴志祺，中国书协理事、组联部主任张陆一，中国书协理事、研究部主任刘恒，中国书协理事、天津市书协主席唐云来，中国书协理事、天津市书协驻会副主席兼秘书长张建会，中国书协理事、福建省书协副主席李木教，中国书协理事、河南省书协副主席吴行，天津市委常委、宣传部长成其圣，天津市文联党组书记孙福海，以及静海县委、县政府的相关领导、书法爱好者参加了授牌仪式。

张陆一宣读了中国书协关于命名静海县为“中国书法之乡”的决定，孙福海代表天津市文联讲话，戴志祺代表中国书协讲话。聂成文与成其圣一起为“中国书法之乡—静海县”揭牌，参加活动的领导嘉宾参观了“魅力静海——中国书法名家邀请展”、“静海县第四届书法作品展”。

莱阳市

4月20日，“中国书法之乡—莱阳市”授牌仪式在山东省莱阳市文化广场隆重举行。中国书协副主席聂成文，中国书协副主席、山东省书协主席张业法，中国书协分党组成员、副秘书长戴志祺，中国书协理事、组联部主任张陆一，中国书协理事、中国书法名城（之乡）联谊会副秘书长、福建省书协副主席李木教，中国书协篆书委员会委员、北京市平谷区书协主席王友谊以及烟台市相关领导、书法群众参加了授牌仪式。

授牌仪式上，张陆一宣读了中国书协关于命名莱阳市为“中国书法之乡”的决定，张业法代表山东省书协讲话，戴志祺代表中国书协讲话。聂成文代表中国书协向莱阳市授牌。最后，参加授牌的领导和嘉宾一起参观了“梨乡翰墨—全国百位书法名家名作邀请展”。

4月23日 中国文字博物馆被授予中国书法家创作培训基地

4月23日，中国书法家创作培训基地授牌仪式在河南省安阳市中国文字博物馆举行。中国书协分党组书记、驻会副主席赵长青，中国书协副主席言恭达、聂成文，中国书协理事、组联部主任张陆一，中国书协理事、研究部主任刘恒，中国书协理事、河南省书协主席宋华平以及安阳市、中国文字博物馆等有关单位的领导出席了授牌仪式。赵长青在讲话中希望中国文字博物馆继续发挥优势，以传承民族文化、服务当代社会、秉持专题特色为己任，为弘扬中华文化、推进书法繁荣，提升安阳的社会影响做出新的贡献。言

恭达代表中国书协宣读命名决定，聂成文向中国文字博物馆党委书记冯克坚授牌。来自全国各地以及安阳市的书法家和书法爱好者300余人参加了授牌仪式。

当天还举行了中国文字博物馆书法艺术委员会成立仪式。赵长青、王家新、苏士澍、吴善璋、何应辉、言恭达、陈振濂、聂成文等中国书协领导被聘为书法艺术委员会顾问。艺委会的成立将对中国文字博物馆开展书法创作交流、理论研究、展览评审等方面的工作起到积极的指导作用。

4月27日　沈鹏到中国人民大学艺术学院讲学

4月27日至5月6日，由《中国书法》杂志、中国书协书法培训中心和中国人民大学艺术学院联合举办的“中国人民大学书法研究生课程班”春季面授圆满结束。134名学员参加了为期10天的面授。著名书法家、诗人、美术评论家，全国政协委员、中国文联荣誉委员、中国书法家协会名誉主席、中央文史馆馆员沈鹏为学员作了题为《谈草书创作》的学术演讲。沈鹏以自己的作品为例，为学员们逐字逐句地分析和阐释了书法创作中的字法、行法和整体章法及书法审美等问题，使学员们获益匪浅。

4月30日　第九届全国书学讨论会新闻发布会在山西省古县举行

4月30日，第九届全国书学讨论会新闻发布会在山西省古县举行。中国书协理事、研究部主任刘恒，山西省文联党组副书记、省书协主席石跃峰，古县县委书记李菲等出席新闻发布会。新闻发布会由古县县委副书记、县长加天山主持。

第九届全国书学讨论会由中国书协、山西省古县县委、县政府主办，中国书协研究部、山西省古县县委宣传部承办。本届书学讨论会征稿范围包括：有关书法篆刻艺术的理论、史论、美学、技法、批评、教育、对外交流以及工具材料等各个方面研究的论文。征稿到今年底截止。投稿论文将由中国书协学术委员会委员组成评委会对来稿进行评选。入选及获奖名单将在中国书协网公示。第九届全国书学讨论会计划将于明年上半年在山西省古县召开。

出席第九届全国书学讨论会新闻发布会的还有来自《中国书法》杂志、《中国书法通讯》报、中国书协网、《书法》杂志、《书法导报》、《书法报》等专业媒体以及多家社会媒体记者。

5月7日　庆贺孙伯翔从艺70周年书法系列活动——孙伯翔书画展开幕式在天津举行

由中国书协、天津市文联主办，天津市书协承办的庆贺孙伯翔从艺七十周年书法系列活动——孙伯翔书画展开幕式暨《孙伯翔书画作品集》《论孙伯翔书法艺术》首发式于5月7日上午在天津美术学院美术馆举行。

天津市政协主席邢元敏、中国书协主席张海为庆贺活动发来贺信，孙伯翔的两位恩师——著名书画家王学仲、孙其峰为此展题写贺词贺信，中国书协顾问林岫特意打电话表示祝贺。全国20余家省书协发来贺信、贺函和贺电。

庆贺活动由天津市文联副秘书长、天津市书协常务副主席张建会主持。陈洪武、唐云来、王镛分别讲话，孙伯翔的学生代表向孙伯翔献花，表达敬意。

孙伯翔书画展展出他一年来创作的书法、国画作品100余幅。作品风格独特、气象宏大，极具艺术感染力。《孙伯翔书画作品集》共收录孙伯翔近年创作的书法、国画作品80余件，内容多为自己学书所感而成的楹联、俚语、书论、感言等。《论孙伯翔书法艺术》选载了全国著名书法家、理论家撰写的有关孙伯翔的评论文章和学术文章30余篇。

5月11日　纪念中国书法家协会成立30周年启动两项特色活动

5月11日，纪念中国书协成立30周年启动两项特色活动之一——启功先生专题片策划会在中国文联大楼举行。中国文联副主席、国家一级导演丁荫楠，中国书协分党组书记、驻会副主席赵长青，中国书协顾问佟韦、张飚，中国书协分党组成员、副秘书长潘文海，北京师范大学艺术与传媒学院美术与书法系主任、教授、博士生导师秦永龙，启功先生亲属章景怀，中国书协原理事邹德忠，中国书协理事、研究部主任刘恒，中国书协中直机关分会常务副会长兼秘书长白煦，中国书协理事、《中国书法》杂志主编李刚田，中国书协理事、中国革命军事博物馆书画院常务副院长李洪海，中国书协理事、故宫博物院研究院研究员张志和，中国书协理事杨明臣，北京师范大学校办副主任赵强、北京师范大学出版社《启功全集》编辑部李强、《中国书法》杂志社常务副社长郭志鸿等，以及在京的专家学者、书法家，中央数字书画频道、《中国艺术报》、《中国书法》杂志、《中国书法通讯》报等专业媒体记者30余人参加策划会。

此策划会由中国书协邀请部分在京专家学者和启功先生的部分学生参加，主要围绕拍摄启功先生专题片的表现形式及方法角度进行座谈讨论。赵长青主持策划会并发表简短讲话。丁荫楠组织专家讨论。

据悉，今年正值中国书协成立30周年，根据中国文联的总体安排，中国书协将举行座谈会暨《中国书坛纪事》首发式、中国书协会员优秀作品展等一系列纪念活动。其中，把缅怀启功先生、拍摄制作一部关于他的专题片确定为纪念中国书法界前辈的一项非常有意义的重要活动。

5月13日　中国书法进万家——走进雷锋精神发祥地活动在抚顺举行

5月13日至15日，由中国书协、辽宁省文联、抚顺市委、抚顺市人民政府和抚顺矿业集团公司联合主办的庆祝中国共产党成立90周年·中国书法进万家——走进雷锋精神发祥地活动暨辽宁省红诗书法大赛颁奖仪式在辽宁省抚顺市举行。中国书协分党组书记、驻会副主席赵长青，中国书协副主席、辽宁省书协名誉主席聂成文，辽宁省委宣传部副部长张玉珠，省文联党组书记李春晓，省文联主席郭兴文，抚顺市市长王桂芬，中国书协理事、组联部主任张陆一，中国书协理事、研究部主任刘恒，以及来自全国各地的书法家、抚顺市文艺界代表、新闻媒体记者100余人参加了仪式。

中国书法进万家——抚顺行活动启动仪式暨辽宁省红诗书法大赛颁奖仪式在抚顺市雷锋纪念馆广场举行。郭兴文、王桂芳分别致辞。赵长青发表讲话。活动期间，书法家们参观了清永陵、赫图阿拉城、平顶山惨案纪念馆，在感受抚顺深厚的历史底蕴的同时深受爱国主义教育。

5月20日　“大众篆刻——李岚清篆刻书法艺术展”在京举行

5月20日，由中国美术馆和高等教育出版社主办的“大众篆刻——李岚清篆刻书法艺术展”在中国美术馆开幕。中共中央政治局委员、国务委员刘延东出席开幕式并参观展览。

展览展出了550余件篆刻和200余件书法作品，其中400余方篆刻原石首次集中向公众亮相，成为展览的突出亮点。在开幕式上，李岚清同志向中国美术馆赠送了篆刻作品，向国家图书馆、北京大学、清华大学、中央美术学院、中国人民大学附属中学等23个单位赠送了《大众篆刻——李岚清篆刻书法艺术作品集》。

全国政协副主席孙家正出席开幕式并参观展览，中央国家机关有关部门负责人，文化、教育机构代表，中国书协主席张海，中国书协分党组书记、驻会副主席赵长青，首师大博士生导师、著名书法家欧阳中石以及部分艺术家、专家、学者参加了开幕式。

5月22日　中国书法进万家——百名书家走进阜阳王家坝

5月22日，由中国书协、中共阜阳市委、阜阳市人民政府、安徽省文联、省书协共同举办的“中国书法进万家——百名书家走进阜阳王家坝”活动在阜阳隆重举行。中国书协副主席张改琴、聂成文，中国书协理事、组联部主任张陆一，中国书协理事、研究部主任刘恒及来自全国各地百余位书法家参加了活动。

安徽省人大常委会常务副主任任海深宣布活动开始。张文台、聂成文、张改琴、赵韩共同启动仪式水晶球。来自全国各地的书法家们冒着阵雨，纷纷以阜阳文化和王家坝精神为题材，挥毫泼墨，书写百米长卷。来自阜阳各界近千名书法爱好者也组成书写方阵，共同书写王家坝精神。

全国人大常委、环资委副主任张文台，安徽省人大常委会常务副主任任海深及相关部门领导，安徽省书协主席张学群等出席启动仪式。

5月25日　中国书协授予诸暨市为中国书法之乡

5月25日，“中国书法之乡——诸暨市”授牌仪式在浙江省诸暨市博物馆隆重举行。中国书协分党组书记、驻会副主席赵长青，中国书协分党组副书记、秘书长陈洪武，中国书协分党组成员、副秘书长戴志祺，中国书协分党组成员、副秘书长潘文海，中国书协组联部主任张陆一，浙江省书协主席鲍贤伦，中国书协外联部副主任段军，《中国书法》杂志社常务副社长郭志鸿，中国书法名城（之乡）联谊会副会长李啸、赵雁君以及参加2011年中国书协组联工作会议的全体代表，浙江省、绍兴市、诸暨市等相关领导和书法爱好者参加了授牌仪式。

陈洪武代表中国书协讲话，戴志祺宣读了中国书协关于命名诸暨市为“中国书法之乡”的决定，鲍贤伦代表浙江省书协致辞。

5月25日　2011年中国书协组联工作会议召开

5月25日至26日，中国书协2011组联工作会议在浙江诸暨召开。中国书协分党组书记、驻会副主席赵长青，分党组副书记、秘书长陈洪武，分党组成员、副秘书长戴志祺、潘文海，中国书协理事、组联部主任张陆一，中国书协外联部副主任段军，《中国书法》杂志社常务副社长郭志鸿出席会议。浙江省文联党组成员、书记处书记高克明，诸暨市人民政府副市长汪建江，中国书协理事、浙江省书协主席鲍贤伦，中国书协各团体会员负责人参加了会议。

这次会议是在我国开启“十二五”发展新征程、书法事业步入崭新发展阶段的背景下召开的。会议的主要任务是：回顾近几年来的组联工作，安排部署今年的主要任务，总结交流工作经验，进一步履行联络、协调、服务的职能，为迎庆建党90周年、中国文联第九次全国代表大会召开营造良好的文化氛围。

赵长青书记作了重要讲话。戴志祺就扎实推进组联工作发表讲话，并提出具体要求。会议由陈洪武主持并作总结讲话。

5月26日　中国书协第四次为日本青少年书法竞赛获奖者颁发“兰亭新星奖”

5月26日至5月29日，以中国书法家协会副秘书长戴志祺为团长、研究部主任刘恒、办公室秘书李国明为团员的中国书法家协会代表团一行三人，应邀赴日本参加第27届成田山全国竞书大会颁奖仪式，向日本青少年书法竞赛获奖者颁发由中国书协授予的“兰亭新星奖”。这是中国书协第四次为日本青少年颁奖。

日本成田山全国竞书大会每年举办一届，已历时27年，通过书法这门古老而又生机勃勃的艺术，为中日两国书法界和两国人民架起了友谊与交流的桥梁。

6月5日　纪念中国书法家协会成立三十周年座谈会在京举行

6月5日，由中国书协、恒源祥集团联合主办的纪念中国书协成立三十周年座谈会在北京人民大会堂隆重举行。全国人大常委会副委员长周铁农，全国政协副主席李金华，中宣部副部长翟卫华，中国文联党组书记赵实，中国文联分党组成员、副主席廖奔出席会议。座谈会由中国书协分党组书记、驻会副主席赵长青主持。

座谈会上，表彰了30年来为中国书法事业繁荣发展做出贡献的书法家、书法工作者，133人被授予荣誉奖，70人被授予贡献奖（获奖名单另发）。中国文联机关部室、各文艺家协会、中国书协部分理事、书法家、书法理论家，以及人民日报、光明日报、书画频道等媒体记者130多人参加了会议。

6月12日　中国书协组织书法家赴藏采风交流

6月12日至19日，在热烈庆祝中国共产党成立90周年和西藏和平解放60周年之际，为弘扬传统民族文化，增强西藏与内地省市交流与合作。应西藏自治区文联、区财政厅、西藏书协的邀请，中国文联国内联络部、中国书协组联部组织了中国金融书协主席张铜彦，新疆生产建设兵团书协副主席运其瑞，山西书协副主席韩清波，云南书协秘书长朱兴贤，中国书协楷书委员会委员卞葆彤，中国书协组联部侯锡瑜等6人组成的采风团赴藏进行了采风交流活动。

交流活动期间，采风团先后为西藏书协会员和书法爱好者进行了书法讲座,并先后赴拉萨、林芝、纳木措等地进行了实地采风。西藏自治区党委宣传部副部长、区文联党组书记、副主席沈开运，西藏自治区党委宣传部常务副部长王明星，西藏自治区教育厅厅长宋和平、西藏自治区美术家协会主席韩书力等10余名书法家和书法爱好者参加了笔会。

6月18日　中国书法家创作培训基地联展在江苏昆山举行

6月18日，中国书协组联部、苏州市文联、中共昆山市委宣传部联合主办，苏州市书协、昆山市巴城镇人民政府等单位承办的“向党的90华诞献礼——中国书法家创作培训基地联展”开幕式在昆山市巴城镇文体中心隆重举行。中国书协顾问、江苏省书协主席尉天池、中国书协组联部主任张陆一、江苏省书协秘书长李啸、苏州市文联党组书记朱建华等以及来自全国各中国书法家创作培训基地的代表和书法爱好者200余人参加了开幕式。

本次展览展出的作品来自中国书法家协会命名的17家创作培训基地。开幕式当天还举办了“中国书法家创作培训基地建设经验交流会”，各创作培训基地代表就今后如何更好地发挥自身作用以及联手举办活动进行交流。

6月23日　全国百名部长将军书法展

6月23日，由中国文联、中国书法家协会主办，中国书协展览部承办，中直机关书画协会、中央国家机关书画协会、将星翰墨书画院协办的“庆祝中国共产党成立90周年——全国百名部长将军书法展”在民族文化宫隆重开幕。全国人大常委会副委员长周铁农，中国文联党组副书记、副主席覃志刚，中国书协分党组书记、驻会副主席赵长青，中国书协顾问张飙，中国书协副主席申万胜，中国书协分党组副书记、秘书长陈洪武等出席开幕式。参加本次展览的作者主要来自中直机关、中央国家机关、各省、市、自治区的省级领导和全军、武警部队的部分将军。开幕式由中国书协分党组副书记、秘书长陈洪武主持。

开幕式上，覃志刚发表了热情洋溢的讲话，赵长青代表中国书协讲话，中国书协理事、司法部纪检组长韩亨林代表参展作者讲话。参加“庆祝中国共产党成立90周年——全国百名部长将军书法展”的作者有144位部长、92位将军，他们的作品主题鲜明，书体兼备，风格多样，精彩纷呈。展览于6月29日结束。

6月24日　庆祝中国共产党成立90周年中国书法交响音乐在人民大会堂金色大厅隆重

举行

6月24日下午，由中国文联、中国书协、人民画报社主办，中国文联演艺中心、中央数字电视书画频道、天铭文化传媒协办，人民画报书画院、中国书法家协会艺术发展中心策划、承办的“庆祝中国共产党成立90周年中国书法交响音乐会”在人民大会堂金色大厅隆重举行。

全国人大常委会副委员长韩启德，中国文联党组书记赵实，中共青海省委原书记黄静波，中国文联党组副书记、副主席覃志刚，中国外文局局长周明伟，中国文联党组成员、副主席廖奔，中纪委驻司法部纪检组长韩亨林，内蒙古自治区政府副主席连辑，中国外文局常务副局长郭晓勇、副局长陆彩荣，中国书协主席张海，中国书协原顾问欧阳中石，中国书协顾问李铎、刘艺、张飙、段成桂，中国书协分党组书记、驻会副主席赵长青，中国书协副主席申万胜、苏士澍、张改琴、胡抗美，中国书协分党组副书记、秘书长陈洪武，中国书协分党组成员、副秘书长潘文海，人民画报社社长徐步，中央数字电视书画频道董事长王平，天铭文化传媒董事长林学飞，有关方面领导赵学敏、何东君、徐锡澄、胡忠、张旭光，以及有关嘉宾、书法家、媒体记者共700多人出席。

音乐会由赵长青、郁钧剑担任总策划，白景峰、李健、张跃担任总导演，著名相声表演艺术家姜昆主持。

中国书法交响音乐会是中国书法界为庆祝建党90周年举办的一次重大活动，它以宏大的气势、鲜明的主题、庄严的场景，奏响了全国书法界爱党爱国的最强音，表现了在中国共产党领导下的当代书法家的精神风貌和艺术水平，展示了盛世中华民族的正大和谐气象，是书法界集体献给党的90岁生日的一份厚礼。

6月26日 第五届全军书法展

6月26日，由总政宣传部和中国书法家协会联合主办的“庆祝中国共产党成立90周年第五届全军书法作品展览”，在北京中国人民革命军事博物馆开幕。中央军委委员、总政治部主任李继耐上将，总政副主任刘振起上将、贾延安中将、杜金才中将，总政主任助理辛福纯中将、魏亮中将，中国文联党组书记赵实、中国文联书记处书记、副主席廖奔，中国书协分党组书记、驻会副主席赵长青，解放军书法院院长李铎，中国书协副主席申万胜等领导为获奖作者颁奖，并参观了展览。在开幕式上，杜金才、赵长青分别讲话，总政宣传部部长周涛少将宣读了获奖名单。开幕式由总政宣传部副部长黎国如少将主持。

本届书法展共选送作品2288件。经认真评审，评出一等奖作品12件，二等奖作品19件，三等奖作品55件，入展作品354件。同时还邀请军地书法名家专门创作了105件作品，展出的作品达到545件。本届书法展作品数量多、水平高，充分反映部队官兵忠诚履行我军历史使命、自觉践行当代革命军人核心价值观的精神风貌，是向中国共产党成立90周年献上的一份厚礼。

赵长青在讲话中高度赞扬了全军书法创作所取得的丰硕成果，并强调今后中国书协将进一步支持军队书法人才的培养，为军队书法事业大繁荣大发展作出更大的贡献。

6月28日 全国职工书法作品展

6月28日，由中华全国总工会、中国书法家协会、中国职工书法家协会联合主办的庆祝中国共产党成立90周年全国职工书法作品展在北京劳动人民文化宫太庙大殿广场开幕，300件书法作品在此展出。全国总工会副主席、书记处第一书记王玉普，中国书法家协会主席张海，中国书协分党组书记、驻会副主席赵长青等出席开幕式并讲话。

此次书法展以歌颂党的丰功伟绩为主题，共收到来自全国31个省、自治区、直辖市和2个全国产业的职工应征书法作品10000余件。参展的300件作品中，特邀书法名家作品100件，获奖和入展的职工作品200件，涵盖了不同书体、风格。

全总副主席、书记处书记倪健民主持开幕式。中国职工书法协会主席、河南省总工会常务副主席桑金科介绍了书法展的组织情况。全国总工会、中国书法家协会、中国职工书法家协会领导共同为职工书法作品展剪彩。全总书记处领导陈豪、陈荣书、李世明、江广平，全总原副主席、书记处书记徐锡澄，北京市委常委、市总工会主席梁伟，劳模代表、全国职工书法家代表和北京市职工代表200余人参加开幕式并观看展览。

7月2日　中央直属机关庆祝建党90周年书画展在京举行

7月2日，由中直工委、中国书法家协会、中国美术家协会主办，中直机关书画协会承办的“光辉的旗帜”——中央直属机关庆祝建党90周年书画摄影展在劳动人民文化宫开幕。中直工委副书记赵凯，中直机关书画协会主席武春河，国家行政学院副院长周文彰，中国书协分党组副书记、秘书长陈洪武出席开幕式并为开幕式剪彩。中直各单位机关党委、机关工会负责同志及书画爱好者共200余人参加了开幕式。开幕式由中直工委群工部部长郭洪美主持，武春河代表主办方致开幕词。

此次书画展共收到作品400余幅，展出280余幅。在参展作品作者中，既有在职干部职工，也有离退休老同志；既有专业工作者和书画界知名人士，也有业余书画爱好者；既有部级以上领导干部，也有普通工勤人员；既体现了专业性，又体现了群众性。在7月2日至5日展出期间，中直机关干部职工书画爱好者及各界群众纷纷前来参观，并对书画展给予了高度好评。

7月6日　第二届国际刻字艺术大展作品揭晓

7月6日，由国际刻字联盟、中国书法家协会刻字研究会主办，厦门鼓浪屿——万石山风景名胜管委会、福建省书法家协会联合主办的第二届国际刻字艺术大展赛作品终评会议在厦门京闽中心酒店举行。

参加终评会议的有中国书法家协会副主席、刻字研究会主任吴东民，中国书法家协会分党组成员、副秘书长戴志祺、潘文海，中国书法家协会理事、组联部主任、刻字研究会秘书长张陆一，国际刻字联盟会长、日本刻字协会会长薄田东仙，韩国书刻协会顾问朴敏洙，厦门鼓浪屿——万石山风景名胜管委会副主任梁怡新，韩国书刻协会宋文永、金恩容、秦炳根、廉光燮和中国书协刻字研究会副主任王志安、陈秀卿、张之等出席评审会议。

经过初评、复评、终评、评奖几个严格的投票程序，最终评选出一等奖4名，二等奖8名，三等奖12名等各项奖项，评选出入展作品200余件。本次参赛国有中国、日本、韩国、新加坡、马来西亚、以色列、巴西等7个国家，作品风格多样，充分展现了各国的民族风格和艺术特征，展示了国际现代刻字进入一个发展的新水平。

此次评审正值中国书法家协会刻字研究会成立20周年之际，第二届国际刻字艺术大展赛拟于10月7日在中国厦门举行。评审会议期间，中国书法家协会副主席、刻字研究会主任吴东民先生代表中国书协刻字研究会向日本3·11地震灾区捐赠书作和赈灾款，表达书法刻字界对日本3·11地震的一份爱心。

7月15日　第五届中国中小学生书法节在重庆隆重举行

7月15日，中国书法家协会、中国教育学会和重庆市委宣传部等单位联合主办的第五届中国中小学生书法节开幕式暨中国书法“兰亭小学”命名授牌仪式在重庆人民广场隆重举行。中国书协分党组书记、驻会副主席赵长青，教育部语言文字司司长王登峰，中国教育学会常务副会长郭振有以及重庆市人大常委会副主任余远牧等有关方面领导出席了开幕式和兰亭小学授牌仪式。

赵长青、郭振有分别向四所学校颁授了“兰亭小学”铭牌。本届中国中小学生书法节共收到来自全国中小学生及教师书法作品15000多件，论文近300篇。来自全国30个省、市、自治区的学生及教师代表500多人参加了开幕式。书法节除现场书法表演外，还举行了全国中小学生书法作品和中小学教师书法作品展览、书法名家作品展览及书法教育论坛等多项活动。

7月16日 “两岸同春”刘艺书法特展在京举行

7月16日，“两岸同春”刘艺书法特展在北京爱斐堡艺术中心举办，展出刘艺书法作品80余幅。

此次书法展分为两岸同春、诗词文句两个部分，展示了刘艺从1991年至2011年之间创作的艺术精品。“两岸同春”主题展中展示的《两岸同春》、《赞同春》、《相思树》、《望大陆》、《迎台友游中原》等，作品从不同方面展示了刘老对故乡的深深热恋之情。

“刘艺的书法艺术在海内外影响很大，他精于草书，兼擅行、楷、隶、篆诸体，对书法艺术孜孜以求，不断探索，六十岁开始了‘花甲变法’，在草章创作方面更是标新立异。其书作醇厚高古，凝重含蓄，舒展沉稳，自然洒脱，是当代章草创作上的新收获”中国书法家协会主席张海对刘艺的书法艺术做出了高度评价。

在书法开幕式的现场，刘老的书法作品《两岸同春》通过拍卖的形式，将所得的１０万元人民币捐献给台湾秀林乡贫困学生补充营养早餐。

7月20日 “光明的中国”书画展开幕

7月20日，由光明日报社主办的“光明的中国——纪念建党90周年全国书画展”在北京全国政协礼堂开幕。中共中央政治局委员、全国政协副主席王刚参观了书画展。全国人大常委会副委员长严隽琪、全国政协副主席孙家正出席了开幕式。中国书协分党组书记、驻会副主席赵长青代表全国的书画家讲话。

本次书画展专家评委会，从社会各界5000余件应征来稿中，精心遴选出近100幅佳作展出。年纪最大的90多岁，最小的年仅10岁。百余位当代知名艺术家为这次大展专门创作书画作品300余件，凸现了传承中华艺术、弘扬民族文化的主旋律。本次展览还辟出专馆，从光明日报60余年来的800多件收藏作品中精选出80余件参展，其中有林散之、楚图南、舒同、沙孟海、费新我、启功等书法名家的作品。

7月28日 中国书法走进黑龙江·林口活动启动

7月28日，由中国书协和黑龙江省书协联合主办的“中国书法进万家——走进黑龙江·林口”活动在林口启动。赵长青、戴志祺、马国良、张陆一、段军、李木教、吴行、张戈等以及林口县委领导出席启动仪式。

近年来，林口县把培养学生继承汉字文化和书法文化，作为学校教育教学的基本任务之一。将书法课列入到中小学必修课程，从小学开始开设书法课。他们通过聘请当地书协人员义务授课和专职教师授课等形式，为学生营造学习书法的良好环境，也为学生全面接受中国优秀传统文化、提高书写水平和审美能力、养成良好的学习品质和道德品质搭建了有效平台。

启动仪式上，中国书协分党组书记、驻会副主席赵长青为林口县“中国书法之乡”授牌，中国书协分党组成员、副秘书长戴志祺为林口县第四小学授“兰亭小学”牌，中国书协理事、中国书协组联部主任张陆一为林口县第四小学发放50万元专项建设资金。

7月30日 我爱我的祖国·李铎诗词书法展在京发布

7月30日，由中国书法家协会、中国人民解放军书法创作院、中国人民革命军事博物馆、北京世纪名人国际书画院联合主办的“我爱我的祖国——李铎诗词书法展”新闻发布会在全国政协礼堂举行。中国书协分党组书记、驻会副主席赵长青，军事博物馆馆长陈士富，全国政协原副秘书长、名人书画院院长张道诚，总政宣传部部长周涛，解放军书法创作院副院长康成元，军事博物馆政委孔令义，中国书协分党组副书记、秘书长陈洪武出席活动。军事博物馆副馆长齐忠亮主持新闻发布会。据悉，“我爱我的祖国——李铎诗词书法展”将展出李铎先生的自作诗词（包括自作楹联）书法作品82件，多为大幅作品。

李铎在展览新闻发布会的致辞中深情地说：“我是在党和军队的长期哺育下成长起来的，深切地感受到党的伟大、党的关怀、党的温暖，如果没有党，就没有新中国，就没有我的一切。”

8月1日　中国书协书法创作现状座谈会在京举行

8月1日，中国书协在中国文联大楼会议厅组织召开了“中国书协书法创作现状座谈会”。中国书协主席张海，分党组书记、驻会副主席赵长青，副主席申万胜、王家新，分党组副书记、秘书长陈洪武，分党组成员、副秘书长潘文海，中国书协理事张继、刘洪彪、赵学敏、叶培贵、李一、杨明臣、张铜彦以及中国书协各部室主任、工作人员、在京书法理论专家学者30余人出席了会议。陈洪武主持了座谈会。

张海主席在会上发表讲话。他说，中央领导和相关部门先后多次对文艺界健康发展问题作出了重要指示，充分体现了党和国家对我们文艺界的深切关怀和高度重视。书法事业正处于大繁荣大发展时期，肯定成绩的同时，也应当看到繁荣背后不乏隐忧。一些人存在心浮气躁、不求突破、以量带质等问题，但作为人民艺术家应将“德艺双馨”放在首位，下大力气出精品、出人才。当前文艺界一些不良现象在某种程度上表现出了对学习精神的淡漠，这是对书法界精神层面的一个考验，我们应当高度重视恶俗现象的存在，倡导广大书法家不断提高自身修养，唱响主旋律，讴歌真善美，拒绝主观武断，使批评和创作成为鸟之双翼、车之双轮。强化书法界的责任与担当意识，给书法创作提供更多的有利资源和良好环境，必将有利于改善书界健康学习的氛围和责任意识，积极营造良好的环境和氛围，把当代书法艺术的繁荣和发展推向一个新的更高水平。

申万胜、王家新及与会其他专家学者也就人民日报发表的文章各抒己见，赵长青作了总结讲话。

8月4日　第27届成田山全国竞书大会暨中日友好少年少女书道交流会在京召开

为进一步增进中日两国青少年之间的友谊，促进中国书法事业国际间的交流与合作，8月4日，由中国书协与日本成田山全国竞书大会共同主办的第27届成田山全国竞书大会中日友好少年少女书道交流会在北京京都信苑饭店举行。

中国书协分党组书记、驻会副主席赵长青，文化部中国艺术研究院亚太中心主任杨治，中国书协顾问刘艺、张飙、林岫，中国书协分党组成员、副秘书长潘文海，中国书协研究部主任刘恒、外联部副主任段军，日本驻华大使馆一等秘书柳泽好治，中日友好少年少女交流团名誉团长、成田山新胜寺贯首桥本照稔，团长高木圣雨、副团长舟尾圭硕等出席交流活动。有来自中日两国的30余位学生代表进行交流互动。

交流活动首先就“3·11”日本大地震后中国书协向日本友人捐赠500支毛笔等物资一事，由桥本照稔先生向中国书法家协会赠送了感谢牌。

会上，中日双方的青少年们进行了书艺交流。他们写下了“学书如登山”、“以文会友”等作品。

刘艺先生、林岫先生和日方的高木圣雨先生分别对中日双方小朋友的书法作品进行了点评。活动期间，中日双方的小朋友们还进行了座谈，互相交流参会的心得体会，相约以书法为桥，携

手共进，让中日青少年间的友谊之花更加茁壮成长。

活动结束后，与会嘉宾及中日小朋友们还到人民大会堂澳门厅举行了交流晚宴。

8月10日 中国书协信息传媒中心在北京成立

为贯彻党的十七大精神，适应文化体制改革和出版系统改革的新形势新要求，中国书协分党组立足大局、审时度势，决定对《中国书法》杂志、《中国书法通讯》报、中国书协网站三家媒体进行“三位一体”的资源整合，以便更好地服从服务于党和国家及书法事业的大局，推动书法事业的大繁荣大发展。8月10日，中国书协信息传媒中心成立大会在北京中国文联大楼召开。中国书协分党组书记、驻会副主席赵长青出席活动，并为12位上岗员工颁发了聘书。

中国书协信息传媒中心下辖《中国书法》杂志社、《中国书法通讯》报、中国书法家协会网。主要职能是在中国书协分党组的领导下，负责把握中国书协的宣传导向，不断改善舆论环境；负责对《中国书法》杂志社、《中国书法通讯》报和中国书法家协会网的组织领导工作；负责与各团体会员媒体、专业媒体及社会主流媒体的联络协调合作，逐步延伸中国书协的服务领域和维权触角，进一步提升中国书法在海内外的社会影响。传媒中心在今后的工作中，将牢固树立——“书法至上，读者至上”的新理念，以开放包容的心态广纳善言，广纳批评，不断建立完善各项管理体制，逐步引进现代企业经营管理模式，逐步实现中国书协新闻媒体集团化，品牌化，系列化，集约化。

《中国书法》杂志社常务副社长郭志鸿、副主编朱培尔也出席了成立大会。

8月10日 “第五届黄河明珠·中国乌海书法艺术节暨第二届国际书法产业博览会”新闻发布会在京举行

8月10日，由中国书法家协会和乌海市等六家单位、机构联合举办的“第五届黄河明珠·中国乌海书法艺术节暨第二届国际书法产业博览会”新闻发布会在京举行。此次书法艺术盛会将于9月初在“中国书法城”内蒙古乌海市开幕，将举办“展、赛、会、戏”四大类十余项活动。其中包括2011全国书法名家作品展、全国产业职工（五大行业）书法联展、中国书法名城书画作品全国巡展、中国书法城乌海书法作品汇报展等12个系列书画展，同时举办全国文房四宝展、工艺美术品、观赏石博览会等在内的国际书法文化产业博览会；还有2011全国“乌海杯”书法大展、乌海市群众书法大赛等。预计有20多个国家和地区书法家、专家、学者参与活动，将充分展示其产业型、国际性、传承性、创新性和群众性的诸多特点。

中国书协分党组书记、驻会副主席赵长青参加了新闻发布会，并回答了记者的提问。乌海市副市长李新征在新闻发布会上宣布，乌海将投资4亿人民币修建“乌海书法院”，建成之后将收藏所有中国书协会员的作品。

8月15日 人民美术出版社成立60周年举办沈鹏书法作品展

8月15日，庆祝人民美术出版社成立60周年书画作品展·沈鹏书法作品展在中国美术馆隆重开幕，此次展览由中国出版集团公司、中国美术出版总社主办的“庆祝人民美术出版社成立60周年系列展”共有五个专题展，其中沈鹏书法作品是其中的重要展区。

开幕式由人民美术出版社总编辑林阳主持，著名书法家、人民美术出版社老领导沈鹏在开幕式上以自己六十年来的经历回忆了人民美术出版社自1951年成立以来的往事，以及六十年来人民美术出版社的不断发展，他说：“1951年在北京中山公园的人民美术出版社成立大会依然历历在目，转眼间已过六十年，如果六十年后的人民美术出版社依然像今天这样，那我们今天也将会成为值得纪念的历史。”

到场重要嘉宾介绍了60年来中国人民美术出版社的发展历史及重要成就，宣读了中共中央政治局常委李长春同志，中共中央政治局委员、书记处书记、中宣部部长刘云山同志，中共中央政治局委员、国务委员刘延东同志，全国人大常委会副委员长、民进中央主席严隽琪同志分别发来的贺信。中国书法家协会主席张海参加了展览开幕式。

8月16日　“我爱我的祖国——李铎诗词书法展”在京举行

8月16日，由中国书法家协会、中国人民解放军书法创作院、中国人民革命军事博物馆、北京世纪名人国际书画院共同举办的“我爱我的祖国——李铎诗词书法展”在北京中国人民革命军事博物馆开幕，中共中央政治局委员、中央书记处书记、中宣部部长刘云山专门发来贺信，全国政协副主席、中国文联主席孙家正，总政治部副主任吴昌德，中国文联党组书记、副主席赵实，中央宣传部副部长翟卫华，中国文联党组副书记、副主席覃志刚，外交部副部长李金章，全国政协原副秘书长、名人书画院院长张道诚，国防大学副政委王永生，总政宣传部部长周涛，解放军书法创作院副院长康成元，中国文联副主席段成桂，中国书协主席张海，中国书协原顾问欧阳中石，中国书协顾问刘艺、邵秉仁，中国书协副主席王家新、申万胜，中国书协分党组副书记、秘书长陈洪武等300余人出席开幕式并参观展览，中国书协分党组书记、驻会副主席赵长青主持开幕式。

刘云山在致“李铎诗词书法展”的贺信中对展览开幕表示祝贺。他指出，李铎先生是享誉海内外的书法大家。从艺70年来，为书法事业繁荣和发展、书法艺术创作和教育，作出了重要贡献。刘云山说，书法艺术的繁荣进步，一靠传承积累，二靠创新创造。李铎先生大力提倡继承和发展，在继承的基础上讲发展，在发展的前提下讲继承。其形成了以“临、立、变、创”为代表的书法理论体系和艺术风格。李铎既专心书艺，又热心公益，精神可嘉。刘云山要求，书法艺术就应当自觉落实坚持“三贴近”要求，更好地扎根大众、回报社会。

总政治部副主任吴昌德在开幕式上致辞，他对李铎先生给予了高度评价。

展览分爱党爱国、强国强军、登临揽胜、写景寄情、抒怀励志、澄观思远、继日以追7个部分，李铎先生以“我爱我的祖国”为主题，书传情，诗言志，诗词与书法相得益彰，书法作品内容均为李铎先生的自作诗词（楹联），82首共140余幅，多为巨幅力作，书体多变，风格迥异，形式多样，格调高雅，气势宏大。展示了李铎先生的渊博学识、诗人情怀、深厚的古典文学功底。

8月29日　中国书协主席团六届三次会议在沪举行

8月29日，中国书协主席团六届三次会议在上海举行。中国书协主席张海，中国书协分党组书记、驻会副主席赵长青，中国书协副主席王家新、申万胜、苏士澍、吴东民、吴善璋、何应辉、何其耶徒、言恭达、张业法、张改琴、陈振濂、胡抗美、聂成文出席会议。中国书协分党组副书记、秘书长陈洪武，中国书协分党组成员、副秘书长戴志祺、潘文海列席会议。

按照会议议程，本次主席团会议于29日上午审议通过了《中国书协第六届专业委员会委员名单》和《中国书协第六届工作委员会委员名单》，并确定了各委员会新一届主任、副主任、秘书长和副秘书长人选名单。29日下午，《中国书法家协会专业委员会条例》和《中国书法家协会工作委员会条例》，在主席团会议的认真审议下，原则上予以通过。会议还对《推荐入围“三名”工程候选人名单》、《“三名”工程推举委员名单》和“名碑保护一对一工程”等有关工作事宜进行了认真研究讨论，提出了建设性意见。

8月29日　全国第十届书法篆刻作品展览（上海展区）评审工作圆满结束

8月29日至9月2日，备受书坛瞩目的全国第十届书法篆刻作品展览（上海展区）评审工作在沪举行。经评审，共有398件作品入选本届国展，其中30件作品被评为优秀作品，30件作品获优秀作品提名。

中国书法家协会主席张海担任本届国展评审委员会主任，中国书协分党组书记、驻会副主席赵长青任监审委员会主任，中国书协分党组副书记、秘书长陈洪武和分党组成员、副秘书长戴志祺共同任秘书长，新闻观察团团长由分党组成员、中国书协副秘书长潘文海担任。

本届国展分设上海和广西两个展区。上海展区展出楷书、隶书、草书作品，广西展区展出行书、篆书、篆刻和刻字作品。据统计，上海展区共收到全国各省、市、自治区及香港、澳门特别行政区24527位作者30938件作品。其中草书15500件、楷书5322件、小楷2885件、隶书7172件，不符合投稿书体要求的59件。年龄最大的投稿者92岁，个人投稿最多的作者，共投稿290件。

本次展览来稿，18岁至45岁的创作者占近总数的一半，一批书坛新人将通过本届国展涌现出来，成为了国展的“生力军”。在初评阶段，展区组委会对作品进行了统一拍照，评委会对作品小样进行初筛、复评，并剔除一人多投的作品后，1304件作品进入终评。终评阶段，评委们用自动评审机投票，最终确定了398件入展作品，并从入展作品中投票评出优秀作品和优秀作品提名名单。据悉，全国第十届书法篆刻作品展览（上海展区）将于11月3日在上海展览中心开幕，广西展区的评审工作也将于近期进行。

9月3日　第五届中国乌海书法艺术节隆重举行

9月3日，中国书法家协会、中央数字电视书画频道、中国文房四宝协会、乌海市委、市政府等联合主办的“第五届黄河明珠·中国乌海书法艺术节暨第二届国际书法产业博览会”在乌海市隆重举行。

中国书协分党组书记、驻会副主席赵长青，乌海市委书记鲍常青，市长侯凤岐及来自日本、韩国、新加坡等国家和台湾地区的著名书法家，各专业协会和自治区有关部门及各盟市的负责人，国内部分书法家等出席开展仪式。

本届博览会围绕“传承中华书法传统，展示乌海文化特色；构建国际交流平台，促进文化产业发展”这一主题，举办了“展、赛、会、戏”四大类10余项活动。“展”包括2011全国书法名家作品展、全国产业职工书法联展、“中国书法名城”书画作品全国巡展等9个系列书展；“赛”包括2011年全国“乌海杯”书法大展、乌海群众书法大赛等；“会”包括国际书法文化产业高端论坛、书法创作笔会等，“戏”包括“中国书法城·乌海”音舞诗画剧《大河书风》演出以及开、闭幕式大型文艺演出活动等。

9月6日　纪念辛亥革命百年于右任墨宝在京亮相

9月6日，由中国侨联、全国政协书画室、中国书法家协会、于右任书法艺术研究院联合举办的“纪念辛亥革命一百周年于右任书法展”在全国政协礼堂开幕。全国人大常委会副委员长陈至立，全国政协副主席孙家正、郑万通，中国侨联主席林军出席开幕式。

此次展出的百件作品均选自中国侨联副主席、于右任书法艺术研究院院长朱奕龙的私人收藏。于右任作为中国近现代的书法宗师、书法艺术大家，尤擅魏碑与行书、章草结合的行草书，首创“于右任标准草书”，被誉为“当代草圣””。

这次展览汇聚了百幅于右任的珍贵遗墨，以条幅、横披、对联、四屏、册页、成扇、手札等不同书写形式，展示了于右任一生各个时期不同书体的变化，既有笔法多样、结法奇险的楷书、行书，更有“字字标准、笔笔皆活”的标准草书。

9月7日下午，“纪念辛亥革命一百周年于右任书法展座谈会”召开，与会专家就于右任书法对当代书法的影响及其书法史上的地位进行了座谈发言。

9月9日 中国书协会员优秀作品展在北京举行

9月9日，纪念中国书法家协会成立30周年——中国书法家协会会员优秀作品展在中国人民革命军事博物馆举行。全国政协原副主席张思卿，中国文联副主席、书记处书记廖奔，中国书协主席张海，顾问李铎、佟韦、张飙、邵秉仁，副主席王家新、申万胜、吴善璋，分党组副书记、秘书长陈洪武，分党组成员、副秘书长潘文海，中国书协各团体会员代表及各地书法爱好者近200人参加了展览开幕式。

经各省市与行业书协的推荐、遴选，本次展览共收到中国书协会员作品1200余件，经过专家组对来稿认真遴选，最后确定入展作品800件。从入展作品中可以清楚的看到中国书协成立30年以来，不同流派、风格的嬗变轨迹，既可以看到部分老作者依然保持着旺盛的创作活力，还可以看到中青年优秀作者的大量涌现，他们在审美与技术两个层面具有更多的拓展。通过这次展览必将进一步推动中国书协会员之间的艺术交流，繁荣书法艺术，在广大书法爱好者中形成浓厚的艺术氛围，激励和凝聚中国书协会员发挥好在艺术创作中的带头作用，推动书法事业走向新的辉煌！

9月19日 全国第十届书法篆刻展（广西展区）评审工作圆满结束

9月19日，全国第十届书法篆刻展（广西展区）评审工作在广西南宁跨世纪书画艺术馆拉开帷幕，21日揭晓结果，共评选出400件入展作品，并从这些入展作品中评出30件优秀作品和38件优秀提名作品。广西展区评审工作的圆满完成，标志着十届国展的评审工作全部结束。

中国书协主席张海，中国书协分党组书记、驻会副主席赵长青，分党组副书记、秘书长陈洪武，分党组成员、副秘书长戴志祺、潘文海参加了评审工作。

据悉，这是广西第一次举办的国展，也是中国西部地区省份第一次举办的国展，它对推动广西书法艺术的发展意义非凡。本次国展广西展区负责评审及展出行书、篆书、篆刻和刻字四大类作品。据统计，广西展区共收到来自全国各省、市、自治区、港澳台及海外的16866位作者的20996件参赛作品，其中行书12418件、篆书4911件、篆刻1949件、刻字1718件。广西本地区作者投稿1596件。

广西展区的评审结束后，组委会将上海展区和广西展区的优秀奖、优秀提名奖名单进行统计核实，按照征稿启事中的有关规定，对在两个展区同时入展或同时获奖的作者，只保留其最好成绩的一件作品展出。两个展区获奖、入展名单已在中国书协官方网站进行公示以增加评审的透明度和社会监督力度。

9月21日 兰亭八柱首度集体亮相，呈现兰亭艺术视觉盛宴

9月21日，故宫博物院年度大展“兰亭大展”、“兰亭珍拓展”正式开幕，面向观众全面展示中国所特有的兰亭文化。“兰亭”经过历史的承传，已经不仅限于艺术品鉴，而成为中国的一种文化符号，成为绵延不衰的文化现象，其影响也已遍及海内外，也凝聚了千百年来人们情感的共鸣。故宫博物院此次筹备兰亭特展，将其定位为关于兰亭文化的综合性历史回述的展览，展出包括墨迹、拓本、绘画和器物等与兰亭文化相关的170件文物，其中值得关注的是乾隆皇帝所集的《兰亭八柱》帖首次全部展出，是非常难得的呈现形式。午门展厅所呈现的展品分为四个主

题，首次集体亮相的兰亭八柱也按照主题错落在各个主题之中，包括“王羲之的兰亭”、“唐太宗的兰亭”、“乾隆皇帝的兰亭”、“谁的兰亭”，即是从兰亭产生的时代背景讲起，到唐太宗时期确立它的地位，再到乾隆时期达到鼎盛的状态。在一个个故事、画面和展陈器物中讲述帝王、士人、普通百姓对兰亭的喜爱，也通过他们对于《兰亭序》字里行间的理解与感悟追述千百年来强盛不衰的艺术生命，使其最终在“谁的兰亭”下定义为中国特有的文化现象来作为特展的收笔。

为配合展览，故宫将于10月29日至31日举办“2011年兰亭国际学术研讨会”，届时将有来自中国大陆及台港澳地区、日本、德国、美国等方面的学者出席，对兰亭文化进行深入研讨。展览将持续至12月5日。

9月27日　新起点　新辉煌——《中国书法》杂志改版发行工作会议在京召开

9月27日，北京张裕爱斐堡国际酒庄会场内气氛热烈，《中国书法》杂志改版发行工作会议在这里隆重举行。来自全国各省、市、自治区书协的《中国书法》杂志联络员、北京报刊发行局领导，以及长年热心支持《中国书法》杂志的各界嘉宾代表齐聚一堂，共商《中国书法》当前和今后一个时期的改版发行工作，为打造“书法至高无上、读者至高无上”的办刊理念，提升品牌形象和影响，提高办刊质量献计献策。

中国书法家协会分党组书记、驻会副主席、《中国书法》杂志社社长赵长青，中国书法家协会分党组成员、副秘书长戴志祺、潘文海，中国书协理事、组联部主任张陆一，中国书协理事、研究部主任刘恒，《中国书法》杂志社常务副社长郭志鸿，副主编朱培尔，太和至宝艺术品（北京）有限公司总经理侯江山，北京市报刊发行局副局长侯杰出席会议。会议由潘文海主持。赵长青、戴志祺、张陆一、刘恒分别为联络员颁发了聘书，郭志鸿与联络员代表毛国典签订了《中国书法》杂志发行工作协议书，并为长期支持杂志发展的特邀嘉宾颁发了荣誉证书。朱培尔介绍改版发行工作的总体思路和框架。吉林省文联主席、书协驻会副主席毕政代表联络员作了表态发言。

据悉，这是《中国书法》杂志创刊30年来召开的第一次改版发行专题会议，得到书法界的广泛关注。改版后的杂志，内容将更丰富、更高雅、更具时代气息，更贴近广大的读者；同时将立足大局，谋划长远，制定实施科学合理的战略发展规划，在办刊质量、经营理念、管理方式、品牌运作、队伍建设等不断推出新举措；有计划有步骤地拓展现代化、立体式、多层次的发行渠道，逐步延伸国际触角，把《中国书法》杂志打造成为国际一流的专业性核心期刊，在提高国家文化软实力和国际竞争力中发挥更加重要的作用。

9月27日　中部六省书法联展开幕

9月27日，由中国书法家协会与山西、河南、安徽、江西、湖南、湖北六省文联主办，六省书法家协会承办的“中国·中部六省书法联展”在山西美术馆开幕。

山西省文联主席李才旺，中部六省书法家协会主席以及太原和中部六省书法界人士近200余人参加开幕式。开幕式由山西省文联党组副书记、省书法家协会主席石跃峰主持，李才旺致欢迎词，安徽省文联副主席吴雪代表六省文联和书协发言。山西省委宣传部副部长杜学文讲话。

此次联展的主题是，“文化中部、互融共赢、促进崛起”。共展出三百件作品，展现了中部六省书法创作的整体面貌。本次展览对服务发展、加强合作、促进交流、繁荣中部书法艺术具有积极的作用。

10月3日　海南国际书法名家作品展三亚开幕

10月3日，由海南省文联、三亚市委宣传部主办，海南省书协、三亚钟情国际游艇会所承办的海南国际书法名家作品展，在三亚钟情国际潜水会所隆重开幕。中国书协分党组书记、驻会副主席赵长青，中国书协副主席吴东民、聂成文，国家行政学院副院长周文彰，海南省副省长、三亚市委书记姜斯宪，海南省委宣传部副部长张萍等出席开幕式并剪彩。

此次展出的100余件作品有来自巴西、法国、韩国、加拿大、马来西亚、美国、日本、新加坡、意大利、西班牙、印度尼西亚、越南、文莱、中国等国家及港澳台地区，充分展现了当代书法风采的艺术与成就，也彰显了中国书法艺术在世界上的地位和影响力。

10月6日　第二届国际刻字艺术大展赛暨庆祝中国书协刻字研究会成立20周年庆典活动在厦门隆重举行

10月6日至7日，由国际刻字联盟、中国书协刻字研究会、厦门鼓浪屿——万石山风景名胜管理委员会、福建省书协联合主办，日本刻字协会等协办的第二届国际刻字艺术大展赛暨庆祝中国书法家协会刻字研究会成立20周年系列庆典活动在厦门美术馆隆重举行。

中国文联国内联络部副主任徐里，中国书协副主席、刻字研究会主任吴东民，中国书协分党组成员、副秘书长戴志祺，中国书协分党组成员、副秘书长潘文海，国际刻字联盟会长、日本刻字协会会长薄田东仙，韩国书刻协会理事长李住江，新加坡狮城书法篆刻会副主席兼秘书长陈美娟，中共厦门市委副书记钟兴国、厦门鼓浪屿万石山风景名胜管委会常务副主任叶细致等领导和来自日本、韩国、新加坡以及来自全国的刻字作者、爱好者参加了开幕式。开幕式由中国书协理事、组联部主任、刻字研究会副主任张陆一主持。

开幕式期间，《第二届国际刻字艺术大展赛作品集》和《中国现代刻字艺术20年》同时首发。

下午，庆祝中国书法家协会刻字研究会成立20周年纪念林揭碑仪式和植树活动在园博苑举行。吴东民、戴志祺、潘文海、薄田东仙、李住江、陈美娟为中国书协刻字研究会成立20周年纪念林揭碑并与来自全国的刻字作者共同植树培土。

当晚，第二届纪念中国书法家协会刻字研究会成立20周年颁奖晚会同期举行。会上，吴东民作了“中国现代刻字20年发展概况的报告”。张陆一宣读中国现代刻字20年受表彰人员名单，与会领导、嘉宾为中国现代刻字20年优秀工作者、组织奖、突出贡献奖及终身成就奖的单位和个人颁奖。

10月26日　李胜洪参加第四届中欧文化对话

10月26日，由欧盟文化中心合作组织（EUNIC）与中国艺术研究院共同主办的第四届中欧文化对话在卢森堡举行。来自中国和卢森堡、德国、英国、法国、丹麦、比利时、奥地利等欧洲国家以及欧盟文化中心合作组织的200多名专家学者参与了本次对话。

中国书法院常务副院长、国家一级美术师李胜洪应邀出席了这次国际文化交流活动，并以“中国书法与当代汉字艺术”为题发表了主题演讲。他认为中国书法无疑是汉字艺术、或者说是汉字艺术的传统表现形式。广义的“汉字艺术”，还应该包括当代以汉字作为基本元素与视觉突破的艺术创作、甚至艺术的滥觞。汉字和中国书法是一个历史悠久、博大精深的艺术资源宝库。源自古老的传统汉字艺术到今天依然光彩夺目，还将与现代艺术理念、新材料技艺、各种表现形式相结合，而为21世纪艺术的发展提供了一种无限、多元拓展的可能性。李胜洪用大量图片和案例的介绍，引起了欧洲与会者的浓厚兴趣。

从2008年开始举行的中欧文化对话每年举办一届。前三届中欧文化对话先后在中国北京、丹麦哥本哈根、中国上海成功召开，为中国与欧盟

深入展开文化交流、合作搭建了重要桥梁。下一届将在中国举行。

11月3日　全国第十届书法篆刻作品展览在上海广西隆重开幕

11月3日和11月12日，由中国书法家协会主办，上海市文学艺术界联合会、广西壮族自治区文联联合主办，上海市书法家协会、广西书法家协会、上海华信公益基金会、上海友联书画院、广西跨世纪文化传播有限公司承办的全国第十届书法篆刻作品展览分别在上海展览中心、南宁跨世纪大酒店隆重开幕。

出席全国第十届书法篆刻作品展览开幕式的领导和嘉宾有：全国政协副主席李金华，全国政协原副主席、全国政协书画室主任张思卿，上海市人大常委会主任刘云耕，广西壮族自治区主席马飚，上海市政协主席冯国勤，中国文联党组副书记、副主席覃志刚，中国书协主席张海，中国书协分党组书记、驻会副主席赵长青，中国文联副主席、中国书协顾问段成桂，中国书协顾问邵秉仁、周慧珺，中国书协副主席申万胜、吴东民、吴善璋、何应辉、言恭达、陈振濂，中国书法家协会分党组副书记、秘书长陈洪武，中国书协分党组成员、副秘书长戴志祺、潘文海，中共上海市委常委、宣传部部长杨振武，广西壮族自治区副主席李康，广西壮族自治区政协副主席蒋济雄、彭钊，中共上海市委宣传部副部长陈东，上海市文联杨益萍、迟志刚，上海市武警总队政委胡汉武，海军东海舰队副政委蒋洪运，上海市书协主席周志高，广西书协主席韦克义，中国书协战略合作伙伴恒源祥集团董事长刘瑞旗。十届国展上海展区、广西展区代表以及各省市书协负责人、全国有关媒体记者也参加了开幕式。

上海展区开幕式上，杨振武代表上海市主承办方致辞，张海代表中国书协讲话，覃志刚代表中国文联讲话。

十届国展自3月底开始征稿至8月中旬截稿，上海展区共收到全国各省区市和海外书法家、书法爱好者24527人的投稿作品共计30938件，经过评委认真评选，并经网上公示后，共有394件作品入展，其中优秀作品28件，优秀提名作品30件。广西展区共收到来自全国各地及港澳台、海外的16866位作者的20996件投稿作品，经评委认真评选，并经网上公示后，共有400件作品入展，其中优秀作品30件，优秀提名作品38件。

11月3日，由上海书画出版社出版的精美的《全国第十届书法篆刻作品展览作品集》（两卷本）正式发行，现场的作品集全部售罄。为体现十届国展的文化主题，上海方面在高架桥上的电线杆、公众场合的广告牌上悬挂国展宣传横标，《文汇报》、《新民晚报》等媒体上都以专版公益广告的形式对本届国展进行了大力宣传。广西方面也做了大量的广告宣传活动。

上海展区11月11日结束。12月31日北京中国美术馆将集中展出两个展区的优秀作品。

11月3日　邵秉仁书法作品特邀展在苏州举行

11月3日晚，邵秉仁书法作品特邀展在刚刚落成的苏州金鸡湖畔中国基金博物馆举行，本次展览是受苏州中国基金博物馆特邀，由中国书协、江苏省文联、江苏省书协、苏州市人民政府主办，苏州市书法家协会、中国基金博物馆、苏州雨村美术馆承办的，参展作品都是邵秉仁2011年最新创作的力作，作品清新高雅，具有正大气象，尽显传统与时代风貌。

中国文联党组副书记、副主席覃志刚，全国人大财经委副主任吴晓灵，中国文联副主席段成桂、中国书法家协会分党组书记、副主席赵长青，中国书协副主席申万胜、言恭达、陈振濂，中国银联股份有限公司董事长苏宁等300人出席了开幕式。经济领域的金融投资家与国内著名的书法艺术家齐聚苏州，精英荟萃。苏州市市长阎立等市领导到场祝贺，著名曲艺家姜昆先生主持。

这次展出的作品形式多样，从扇面到长卷，

从小行草到榜书，均体现以传统为主。尤其是本次展出的八尺作品，笔墨酣畅，气势夺人，在跌宕起伏中时见轻重缓急的韵律之美，于奔放恣肆中处处体现细腻与精致，可见其在笔墨驾驭上的功力。邵秉仁先生擅长古文及诗词创作，展品书写的内容许多为自作诗联。本次展览是即2009年中国美术馆个展后的又一阶段性总结展览，体现了他不断追求的探索精神，也体现了他的“笔墨当随时代”的艺术追求。

11月6日 金堂“中国书法之乡”授牌

11月6日，“中国书法之乡——金堂县”授牌仪式在四川省金堂县隆重举行。中国书协副主席聂成文，中国书协副主席、四川省书协主席何应辉，中国书协研究部主任刘恒，中国书法名城（之乡）联谊会副秘书长李木教，四川省书协副主席兼秘书长戴跃，河南省书协副主席吴行，河北省书协副主席肖建科以及四川省、成都市等相关领导出席了授牌仪式。

授牌仪式上，李木教宣读了中国书协关于命名金堂县为“中国书法之乡”的决定，聂成文代表中国书协发表讲话，他说：“受中国书协分党组书记、驻会副主席赵长青同志的委托，我谨代表中国书协向刚刚获得四川省第一个‘中国书法之乡’的金堂县表示热烈的祝贺！希望金堂县以获得‘中国书法之乡’殊荣为契机，加强书法组织建设，培养更多的书法后备力量，把书法艺术打造成地方文化品牌，为提升城市文化品位，普及推广书法艺术，努力创作出更多更好无愧于时代无愧于人民的书法艺术精品！”

最后，何应辉代表中国书协为金堂县授牌，聂成文与金堂县委书记王波一起为“中国书法之乡——金堂县”刻石揭幕，参加仪式的领导还参观了“金堂县书法艺术展”。

11月7日 印江“中国书法之乡”授牌

11月7日上午，“中国书法之乡——印江”授牌仪式暨贵州省第四届“茫父杯”书法作品双年展活动在贵州省邛江河畔隆重举行。中国书协副主席张改琴，中国书协外联部副主任段军，贵州省书协主席包俊宜，贵州省书协副主席兼秘书长陈加林，云南省书协秘书长朱兴贤等出席授牌仪式。

在授牌仪式上，中国书协外联部副主任段军代表中国书协宣读了关于命名印江为“中国书法之乡”的决定，张改琴为印江授牌，包俊宜代表贵州省书协讲话。包俊宜说，举办这次命名授牌和书法展活动，是印江自治区县委、县人民政府加强文化产业发展，推进文化事业大发展、大繁荣的重大举措，既是印江各族人民的一大喜事，也是贵州省书法界的一大幸事。

授牌仪式后，书法家们参加了“百名书家写梵净”现场书法活动。

11月12日 “东方情韵——第六届中韩书法名家邀请展”在京开幕

11月12日上午，由中国人民大学艺术学院与韩国驻华大使馆文化院共同举办的“东方情韵—第六届中韩书法名家邀请展”在北京韩国驻华文化院隆重举行开幕式。

中国人民大学常务副校长袁卫、韩国驻华大使李揆亨、中国书法家协会副主席申万胜、中国人民大学徐悲鸿艺术研究院院长徐庆平、韩国驻华文化院院长金翼谦、中国曲艺家协会副主席姜昆、韩国国际书道联盟会长金荣基、韩国书道协会会长黄晟现、中国人民大学艺术学院党委书记兼副院长郑晓华、中国书法家协会理事韩亨林、高庆春、《中国书法》杂志社常务副社长郭志鸿及中韩书法家代表、艺术学院师生、韩国留学生和媒体代表约200人参加了开幕式。

本次展览汇聚了双方老中青书法家们新近创作的百余幅精品力作，楷、行、篆、隶、草诸体皆备。他们中既有书法界老前辈，也有中青年新锐，展示了两国书法界目前的创作水平。

中韩书法名家邀请展自2006年以来，每年举行一次。中国人民大学艺术学院和韩国驻华文化

院联合主办展览的目的，在于构建中韩书法高层学术平台，为两国书法家互相交流、互相学习、发展友谊搭建桥梁，延续中韩两国的传统文化、历史友谊和共同血脉，并探讨在“全球化”的背景下，共同推动东方艺术的世界传播。

11月13日 “书法传统与当代人文修养”高层论坛在南京举行

11月13日，由致公党中央、江苏省政协联合主办的中国发展论坛——“书法传统与当代人文修养”高层论坛在南京隆重举行。江苏省政协主席张连珍，致公党中央副主席黄格胜，中国文联党组副书记、副主席覃志刚致贺词。致公党中央副主席李卓彬、省政协副主席张九汉分别主持了论坛发言。江苏省人大、省政府、省政协、南京军区、省委宣传部等领导出席了开幕式。

“中国发展论坛”是致公党中央创立的品牌论坛，是实现以人为本，全面、协调、可持续发展的一个参政议政的开放平台。为贯彻落实中共中央十七届六中全会关于推动社会主义文化大发展大繁荣，进一步兴起社会主义文化建设新高潮的会议精神，今年的论坛重点关注文化建设，以“书法传统与当代人文修养”为主题，论坛围绕书法传统的重建与发扬如何适应当代人精神生活和人文修养的需求，及书法教育对当今社会公德建设、真善美培养的促进作用等问题，展开学术讨论。在当代国际国内经济、政治、社会文化形势下，传承和发展作为中华民族优良传统的高雅文化，使书法传统的继承与发扬对当代人文修养的提高和雅化起到重要的助益作用。

此次论坛在全国文化界邀请了部分精英人物作重点发言，专家学者、艺术家有仲呈祥、谢和平、王明明、李敬泽、苏士澍、姜昆、郁钧剑、陶思炎、樊和平、吴为山等。他们从各自不同的角度立论，既有理论阐述，又有实践例证，生动感人，富有教育启发作用，从人文修养角度跨学科、多层次地研究了书法传统的传承与发扬在当今社会的现实作用。

12月4日 金门、澳门兰亭学校成功挂牌

12月4日上午，台湾省金门县柏村国小校园里洋溢着欢乐的气氛。在一群活泼可爱的小学生们载歌载舞的“开门红”民族舞之后，由中国书法家协会、金门县政府、金门县议会主办，金门县教育局、金门县柏村国民小学、金门县金宁国民中学、金门县书法学会、金门县美术学会、厦门闽台书画院承办的“兰亭学校”正式授牌，首届海峡两岸青少年书法展同时举办。

授予 “兰亭小学”与“兰亭中学”称号的金门县柏村小学和金宁中学，是中国书法家协会在台湾地区的第一批“兰亭学校”。这两所学校将为弘扬中华民族的优秀传统文化，促进海峡两岸书法艺术交流发挥积极的作用。

12月14日，在澳门濠江中学，由中国书法家协会、澳门书法家协会联合举办的“澳门濠江兰亭中学”也成功举行了挂牌仪式。这标志着由中国书法家协会命名的“兰亭学校”正在两岸三地有计划地实施。

据介绍，为了普及书法教育，弘扬书法艺术，推出书法新人，从2006年开始，中国书法家协会启动捐建命名“兰亭小学”、“兰亭中学”活动，并提供师资力量及具体指导。此前全国已有22所学校获此殊荣，为传承中华民族的文化血脉发挥了不可替代的作用。

12月16日 第三届中国西部书法篆刻作品展在安顺开幕

12月16日，由中国书法家协会、安顺市人民政府主办，贵州省书法家协会、贵州龙宫风景名胜区管委会、安顺市文联承办的“第三届中国西部书法篆刻作品展”在贵州省安顺市举行。中国书法家协会分党组书记、驻会副主席赵长青，贵州省文联党组书记李碧川、中共安顺市委书记陈坚、安顺市人民政府副市长王廷恺，贵州省书法家协会主席包俊宜、贵州省书法家协会常务副主席兼秘书长陈加林、西藏自治区书法家协会常务

副主席兼秘书长李运熙、内蒙古自治区书法家协会秘书长李力等出席展览开幕仪式。西部12省、自治区、直辖市广大书法篆刻爱好者相聚安顺，参观展览，交流书艺。

赵长青在讲话中说，新中国成立以来，在党中央和国务院的亲切关怀下，西部地区经济发展、社会进步、文化繁荣，尤其是改革开放和西部大开发战略的实施，为西部地区文化事业注入了新的活力，更带来了新的发展机遇。设立西部书法篆刻展，是中国书协坚持科学发展观，推进书法事业全面协调发展的一项创新性重要举措，目的在于以此为载体，提升西部整体书法创作水平，逐步缩小与东部和中部的差距，推动西部书法事业的全面繁荣和发展。

中共安顺市委常委、宣传部部长杨晓曼主持开幕式。王廷恺致欢迎辞。包俊宜代表承办单位介绍本次展览的筹备情况。据介绍，在安顺市委、市人民政府的大力支持下，在西部书法家与书法爱好者的广泛关注与积极参与下，本届西部书法篆刻展览共收到参评作品9100余件。经评委会和监委会认真评审，共评出入展作品311件。这些作品风格多样、异彩纷呈，既能从中看到全国书法发展的脉络，又具有独特的地域特色，展现了当前西部地区的书法创作水平。

李碧川在讲话中指出，第三届中国西部书法篆刻作品展在多彩美丽的安顺隆重举行，是在党中央提出文化大发展大繁荣的背景下，贵州省乃至西部书法界的又一盛会，是中国书法家协会响应党中央“西部大开发”号召，为扶持西部、推动西部两个文明建设做的好事、实事。

12月18日　中国文联中国书协赴河南“送欢乐下基层”暨“中国书法家创作培训基地”揭牌

为深入贯彻落实党的十七届六中全会精神和中国文联第九次文代会精神，由中国文联、中国书协、河南省委宣传部、河南省文联共同主办的“送欢乐、下基层”慰问河南农业职业学院暨“中国书法家创作培训基地”揭牌仪式于12月18日上午在河南农业职业学院隆重举行。

中国书协副主席张业法、聂成文，中国书协分党组成员、副秘书长戴志祺，中国书协组联部主任张陆一，研究部主任刘恒，外联部副主任段军，河南省人大常委会副主任、党组副书记王菊梅，河南省政协副主席靳绥东，河南省文联副主席、省书协主席宋华平以及来自全国各地的书法家20余人和河南农业职业学院师生、农民朋友近300余人参加了此次慰问活动。

戴志祺代表中国书协发表了讲话。他说，“送欢乐、下基层”是中国文联、中国书协长期坚持开展的一项文化惠民活动，是广大书法工作者发挥自身作用，服务基层群众的重要载体。近年来，中国书协以回报社会、奉献人民为宗旨，以弘扬传统书法艺术为目的，在全国范围内开展了“送欢乐、下基层”——中国书法进万家活动，通过进社区、进乡村、进企业、进军营，为干部群众送去高雅的书法艺术，不仅满足了丰富了人民群众的精神文化生活，进一步加深了文艺工作者与人民群众的感情，更重要的是通过这一活动形式，把党和政府的关怀送到社会基层、送到千家万户。同时，他对河南省农业职业学院被命名为“中国书法家创作培训基地”表示热烈的祝贺。

张业法、聂成文分别向学院代表和农民代表赠送了春联，王菊梅、靳绥东、张业法、聂成文共同为“中国书法家河南农业职业学院创作培训基地”揭牌。宋华平代表河南省文联、省书协发表了讲话。

此次活动书法家们共书写了春联和书法作品近300幅。

12月21日　“送欢乐、下基层”中国书法进万家——走进玉溪活动

12月21日至24日，“送欢乐、下基层”中国书法进万家——走进玉溪活动在“聂耳故乡”云南省玉溪市举行。此活动由中国文联、中国书

协、中共云南省委宣传部、云南省文联、中共玉溪市委、市政府联合主办，玉溪市委宣传部、云南书协协办，云南画院、玉溪市文联承办。

中国书协分党组书记、驻会副主席赵长青，中国文联国内联络部主任罗成琰，中国书协副主席吴东民、张改琴，中国书协分党组成员、副秘书长潘文海，云南省文联副主席、省书协主席郭伟，辽宁省文联主席、党组副书记郭兴文，中国书协理事张志和、王志安、唐云来、李木教、张陆一、陈秀卿、吴行等，云南省委宣传部常务副部长尹欣，玉溪市委副书记张玲等领导，以及中国书协刻字研究会部分委员、特邀的全国著名书法家、新闻媒体记者共计70余人参加了慰问农村部队笔会和采风等活动。

12月23日　海南文昌荣获“中国书法之乡”称号

12月23日，文昌市举行“中国书法之乡”命名授牌仪式，成为海南省第一个荣获“中国书法之乡”称号的市县。

中国书协分党组书记、驻会副主席赵长青，中国书协副主席聂成文、张改琴，中国书协分党组成员、副秘书长戴志祺，海南省副省长陈成、省政协副主席王应际、省文联主席朱寒松等省市领导出席仪式。

赵长青在讲话时说，文昌市文脉源远流长、书法积淀深厚，被授予“中国书法之乡”是实至名归。他希望文昌能够成为海南省大力发展文化事业的代表和典型，通过书法之乡的辐射，推动海南国际旅游岛的建设。

近年来，在加快经济发展的同时，文昌市委、市政府坚持把发展文化事业摆在突出位置，在财力和物力上对传承中华艺术给予了大力支持，各级文化部门每年都组织举办各种形式的书法作品展览和惠民活动，营造了良好的群众书法氛围。

12月24日　中国书法家协会维权工作座谈会在京举行

12月24日，由中国书法家协会主办的维权工作座谈会在北京召开。与会专家学者就如何更好地维护广大书法家及书法爱好者的权益，提高维权意识展开了深入的座谈、探讨。中国书法家协会维权鉴定工作委员会主任韩亨林主持座谈会。

座谈会上，与会专家们围绕现存侵害书法家知识产权的现象及事件、如何维护书法家权益等方面提出了建议和意见，就如何建立维护广大书法家、书法爱好者权益的机制等问题进行了发言。

与会者普遍认为，书法家们首先要增强维权意识，要自觉捍卫知识产权，维护中国书法家协会的荣誉。在遭受到侵权时，要紧密依靠中国书协维权机构，通过正当的法律途径维护合法权益。与会专家们建议，应进一步拟定、完善中国书法家协会有关维权的章程和措施，明确维权的范围、侵权的概念、处罚的措施等，通过相关程序审议后予以公布，使之具有权威性和可操作性，由维权专家组成的鉴定和工作委员会监督实施，从根本上遏制当前某些地区、某些领域内对中国书法家协会及广大书法家的侵权行为。

专家们建议，应不定期地举办维权知识讲座，新闻媒体应加大对书法家维权事件、案例的宣传报道，以引起全社会的关注，号召人们自觉抵制侵害书法家权益的行为。

中国书法家协会顾问张飙、林岫，中国书法家协会分党组成员、副秘书长潘文海出席会议。与会的还有中国文联办公厅档案处处长、中国书法家协会维权鉴定工作委员会秘书长邵志军，中国文联办公厅权保处处长暴淑艳，中国书法家协会办公室主任张艺群、中国书法家协会维权鉴定工作委员会副秘书长侯锡瑜，中国书法家协会维权鉴定工作委员会委员章巧珍，以及维权专家杨炳延、张坤山、胡忠、金运昌等。

人民日报、光明日报、新华网、人民网、中国艺术报等媒体进行了重点报道。

12月26日　中国书协慰问未成年犯管教所

12月26日，北京市未成年犯管教所礼堂里，“知荣明耻、立志图新”的标语依旧鲜明，《论语》、《孟子》、《晏子春秋》中关于自强、修身、仁义的语句镌刻在墙上。中国书协组织20余名书法家来到此地慰问干警并帮教服刑人员。

中国书协顾问张飙，中国书协分党组书记、副主席赵长青，中国书协理事、中纪委驻司法部纪检组组长韩亨林等书法家为干警和未成年服刑人员写下“自知者善、 自胜者强”、“心纳百川”、“室雅兰香”后，现场响起热烈的掌声。活动组织方还展示了中国书协顾问李铎特地为未成年服刑人员写下的作品“大爱无疆”。随后，书法家们向服刑人员赠送了文具和字帖，并鼓励他们好好学习。赵长青表示，这是一次令书法家们印象深刻的活动。未成年人是祖国的未来，对他们的教育是我们社会关注的热点和焦点，我们把书法作品带给他们，也是把党和政府的温暖送到高墙内，希望能奉献一片爱心，贡献自己微薄的力量。

未成年服刑人员还组织了一场小型演出，演唱了《没有共产党就没有新中国》、《歌唱祖国》、《母亲》等歌曲，并表演了摇滚组曲联唱。陈洪武、白煦、张艺群、刘文华、高庆春、章巧珍、李斌权、郭建勋等十几位书法家还现场书写了“法德并举　行知合一”、“博爱”、“学海无涯”、“幸福人生”、“纯心化灵”、“以文教化”等作品，送给服刑人员以作勉励。

12月31日　把2012年第一缕阳光迎进祖国

为了深入贯彻党的十七届六中全会精神和胡锦涛总书记在第九次全国文代会、第八次全国作代会上的重要讲话精神，落实中宣部关于深入开展“走基层、转作风、改文风”活动要求，12月31日至1月3日，中国文联组织了这次“送欢乐、下基层”赴黑龙江边防线慰问演出采风活动。在为期3天的活动中，采风团艺术家分别赴“东方第一哨”抚远镇乌苏镇哨所和黑瞎子岛等地慰问边防守备部队，赴同江市赫哲族民族村慰问采风。通过慰问演出、创作采风、书画笔会等形式，为边防守备部队和基层群众送来了欢声笑语、真诚祝福和深情厚谊。

本次慰问演出采风活动由中国文联、中国书协等共同主办，由中国文联党组书记、副主席赵实带队，中国文联党组成员、书记处书记、中国摄协分党组书记李前光，中国文联副主席、中国曲协主席刘兰芳，黑龙江省委常委、宣传部部长张效廉，黑龙江省军区政治部主任夏中国，中国美协分党组书记吴长江、中国书协分党组书记赵长青、中国杂协分党组书记邵学敏、中国文联国内联络部主任罗成琰、副主任徐里、中国文联办公厅副主任金宁宁，黑龙江省委宣传部副部长赵德信、省文联主席傅道彬等领导以及来自全国各地的50余位音乐、书法、美术、摄影、曲艺、杂技、戏剧、舞蹈等门类的著名文艺家和文艺工作者参加了此次慰问演出采风活动。

演出过程中，慰问演出采风团中的书画家和摄影家们将自己精心创作的美术、书法、摄影作品赠送给在场的战士们。著名画家吴长江、吴团良、韩敬伟、徐里、丁杰、何加林特意集体创作了大幅美术作品《祖国屏障》　，以表达对戍边战士们的敬意。赵长青、李洪海、于恩东、张戈等书法家们则激情挥毫，为战士们创作了《保边卫国》　、《英雄哨所》等书法精品。赵长青专门为此次活动创作了一首诗《东极抒怀》　：“一日两年唱抚远，两国一岛铸边关。踏雪千里送温暖，泼墨三尺聚云烟。寒风砺骨英雄路，树挂飞花大家欢。举杯畅怀联气象，文韵东极舞翩跹。”表达了一名艺术家对本次慰问活动的切身感受和真挚情怀。

对于参加中国文联“送欢乐、下基层”赴黑龙江边防线慰问演出采风活动的艺术家们来说，这是一次慰问演出之旅，更是一次受教育之旅。魏金栋、郭碧川、王平等艺术家表示，这些第一

个把太阳迎进祖国的战士，年复一年、日复一日地坚守在祖国的北方小镇，此时此刻我才体会到作为一名文艺工作者能够来到这里慰问演出，向官兵们学习是多么幸运。”

12月31日　全国第十届书法篆刻作品展览在中国美术馆举行

12月31日至1月8日，全国第十届书法篆刻作品展览（北京展区）在中国美术馆隆重举行，共展出上海和广西两个展区的优秀、部分优秀提名作品68件。中国书协高度重视此次展览，中国书协分党组书记、驻会副主席赵长青，中国书协分党组成员、副秘书长戴志祺亲自到中国美术馆视察布展情况，强调要“办出特色、办出水平”。

开幕式当天，大批观众冒着严寒早早聚集于美术馆前等待先睹为快，在展厅入口处摆放的巨型签名板格外引人注目。在京的数十位中国书协理事、书法家，在签名墙上用毛笔写下了自己的名字，并钤印留念。多功能放映厅滚动播放的十届国展专题记录片，让观众能够更加全面地了解十届国展。更具人性化的阅读区为参观者提供了《全国第十届书法篆刻作品展览作品集》以及今年其他展赛作品集等读物，让观众们在休息中也能领略书法艺术的魅力。长15米的中国书法史展墙以图文并茂的形式生动地介绍了中国书法史的发展和演变。深灰色的展墙使得展厅显得更加简洁高雅，作品在布局上突出节奏感、视觉冲击力。此举旨在普及书法艺术，让更多的人了解书法，认识书法，激发他们对于书法艺术的兴趣。

中国书协副主席陈振濂、上海书协主席周志高、广西跨世纪文化传播有限公司董事长黄冠杰等嘉宾以及来自全国各地的会员与爱好者、中国书协各部室负责同志参观了展览。此次十届国展北京展区的展览也为十届国展画上了圆满的句号。

北京书法家协会工作大事记

1．1月11日，北京书协慰问团一行由中国书协顾问、北京书协主席林岫带队，赴解放军总后勤部干部轮训大队进行慰问。书法家们共同创作了一幅气势恢弘的30米长卷和50余幅书法作品，充分体现了军民之间的鱼水深情。

2．1月18日，北京书协、北京曲协慰问团一行，由黎晶带队来到武警北京市总队第二师11支队送上新春祝福。书法家们共创作了百余幅书法作品当场相赠。此次活动中，北京书协与武警北京市总队政部结成共建单位。

3．1月27日，北京书法家协会2011年新春联谊会在市文联小剧场举行，200余位书友欢聚一堂，互贺兔年新春。

4．2月1日，首都国际机场T3航站楼大厅，由北京首都国际机场股份有限公司和北京市文联联合主办的“文化国门——我的北京我的家”春节慰问活动的开幕。书法家、画家、民间艺术家大展技艺，展台前等待书法作品、画作、民间手工艺品的中外旅客排成长队。北京书协驻会副主席兼秘书长田伯平，副主席孟繁禧有求必应。他们一共书写了近百副春联和大量“福”字，让中外旅客高兴而来，满意而归。

5．2月28日，北京书协一行由北京书协主席林岫带队走进解放军某部进行慰问。中国书协分党组副书记、秘书长陈洪武，北京书协驻会副主席兼秘书长田伯平，北京书协副主席龙开胜、叶培贵、刘俊京、杨广馨、孟繁禧、彭利铭等参加了此次活动。 笔会上，书法家们创作了鼓舞作战士气，歌颂部队建设等方面内容的作品50余幅和两个30米的长卷。

6．3月15日，北京书协五届四次理事会在北京市文联召开。朱明德、黎晶、林岫、田伯平、龙开胜、刘守安、刘俊京、李有来、杨广馨、孟繁禧、彭利铭等共59位理事出席了此次会议。田伯平作了题为《方向明确 重点突出 亮点纷呈》的北京书协2010年工作总结及2011年工作设想的报告。林岫归纳了15位理事提出的13条建议。会议通过了增补丁嘉耕、胡滨为北京书协副主席的决议，增补肖宇航为北京书协第五届理事会兼职副秘书长。

7．4月4日，北京书法家协会在北京文联小剧场举行“第二届‘永远的清明’追思先贤书法诗歌吟诵会”，书法家们通过挥毫泼墨、吟诗诵词等方式表达着对先贤的追思、逝者的凭吊、故人的怀念。北京市委副秘书长李福祥，中国书协副主席、北京书协主席林岫，北京书协副主席兼秘书长田伯平，中国书协展览部主任吴震启以及200余人出席此次活动。吟诵会上，嘉宾首先挥毫泼墨，写一幅书法作品，然后再吟诵有关追忆先贤、父母、亲人的诗词。林岫特为此次活动创作了《喝火令•清明酹祭京华书坛十老》表达了对先贤的缅怀。

8．4月6日—7日，北京书协应邀组织书法家参加了安徽省文化厅、宿州市人民政府主办，砀山县委、县政府承办的“2011中国 • 砀山梨花旅游暨民俗文化节”。朱明德、杨广馨、孟繁禧，北京书协副秘书长弓超、贾伟，北京书协理事马俊明、曹海波等参加活动。书法家们现场创作书法作品近60幅，其中“梨都雅韵”、“澄怀古道”等作品讴歌了砀山人民建设梨都、发展梨

都的奋斗精神。

9．5月24日，北京书协在田伯平的带领下走进北京市城南丰台区实验小学，参加了“书香溢满校园、国学伴我成长”活动。副主席杨广馨、胡滨，书法家杨春燕、方放、杜维钧等参加此次活动。田伯平为该校师生作了一场书法讲座

10．6月21日—23日，北京书协在北京书法学校举办备战全国第十届书法篆刻展高级研修班。共有30余位创作实力较强的作者参加了此次培训。朱明德、林岫、田伯平、李有来、刘俊京、胡滨等出席培训班。林岫、吴震启、田伯平、刘俊京、李有来、郑培亮先后作讲座。

11．6月27日上午，由北京书法家协会与通州区文联主办、通州书法家协会承办的“翰墨凝香•北京女书法家代表作提名展”在北京市文联文艺中心展览厅开幕。朱明德、林岫、田伯平、丁嘉耕、龙开胜、刘俊京、李有来、杨广馨、孟繁禧、彭利铭等以及200余人参加了展览开幕式。这次展览共展出北京女性书法家精心创作的精品力作90余件，体现了女性书法富有翰墨韵律的精神世界和奋发向上的精神风貌。

12．6月27日下午，为纪念中国共产党成立90周年，北京书法家协会在北京市文联举行理事座谈会。朱明德、林岫、田伯平、丁嘉耕、龙开胜、刘俊京、李有来、杨广馨、孟繁禧、彭利铭以及近40位理事参加了此次座谈会。各位领导和理事大致从6个方面做了发言。一是忆党史。二是学党章。三是忆先烈。四是颂党恩。五是唱红歌。六是书党风。

13．7月28日，林岫、龙开胜、刘俊京、李有来、孟繁禧，北京书协副秘书长贾伟，理事马俊明、刘楣洪、邢光辉等10人，赶赴北京门头沟区斋堂镇马栏村冀热察抗日展馆进行慰问笔会。书法家们首先参观了冀热察抗日展馆，参观后大家进行了座谈。林岫率先为冀热察展馆题写了“奇节长钦”四个大字，随后各位书家分别书写“碧血丹忱”、“丹心向党”、“盛世和谐”等心声。大家共同完成了一幅20米的书法长卷、2本册页，以及近80幅书法作品。

14．7月29日，北京书协驻会副主席兼秘书长田伯平的带领下，北京书协慰问团一行6人赴朝阳区孙河慰问北京武警总队官兵。龙开胜、刘俊京、孟繁禧等参加此次活动。书法家们共为官兵们创作了60余幅高质量的书法作品，谱写了警民沟通了解、双拥共建的和谐篇章。

15．9月2日，在林岫的带领下，田伯平、龙开胜、刘俊京、李有来、杨广馨、孟繁禧、彭利铭、丁嘉耕、胡滨等一行10余人，近日来到通州潞城镇前北营村采风。市文联党组书记陈启刚，通州区宣传部部长张秀余等领导看望了参加活动的书法家和村民。书法家们参观了村里的文化活动室、文化长廊，并分别走进村民家中采访，有针对性地为村委会和村民们创作了很多书法作品。

16．9月15日，“翰墨凝香 • 北京女书法家代表作提名展”研讨会在北京市文联召开。女书家们分别就妇女书法的过去、现在、进行深刻的剖析和有价值的学术性讨论。北京书协也想借此次展览的东风，进一步研究妇女书法的特点和特性，继续抓好妇女书法工作。

17．9月17日—21日，由北京书法家协会与清华大学美术学院联合主办的“中国书法艺术高级研究课程进修班暨中国书法艺术名家工作室专项书体高级研修班”在清华美院开班。田伯平作书法讲座。高研班还聘请有丰富教学经验和创作实力的著名书法家卜希旸、颜振卿授课。

18．9月30日—10月4日，由北京市文联、北京书协联合主办的“笔墨当随时代• 北京第十五届书法篆刻精品展”在北京民族文化宫隆重开幕。此次大展以纪念建党90周年，庆祝建国62周年暨纪念辛亥革命100周年为主题。中国书协分党组书记、驻会副主席赵长青，朱明德、市文联党组副书记程惠民、林岫、田伯平、韩国书画协会会长禹国鼎，刘俊京、杨广馨、丁嘉耕等以及600余人出席开幕式。林岫、朱明德、禹国鼎、

赵长青、程惠民先后致辞。此次大展组委会共收到来稿2459件，遴选出350件精品参展，特邀了北京书协名誉主席、顾问、主席团部分成员的17件精品力作为大展增光添彩。

19．10月16日，由北京市文联、北京书协、中国国际台电视中心、央视数字书画频道联合主办的第六届北京电视书法大赛决赛在煤矿文工团演播厅落下帷幕。青少组、成人组各有12位选手进入决赛展开金、银、铜、优秀奖的角逐和竞争。最终王宁、万子昱分获成人组和青少组金奖。北京市文联党组书记陈启刚，中央数字书画频道董事局主席王平，中央数字书画频道艺术总监陈维德出席颁奖晚会。本次大赛特设“禾苗奖”。该奖项是奖励6名4至5岁的小选手在复赛时出色的表现，特意为他们提供了走上电视屏幕的机会，也为大赛增加一个新的看点。

20．10月19日，市文联组织北京书协书法家一行7人“送书法到基层、传文化到农村”，深入大兴区黄村镇后辛店村体验社会生活，传授书法技艺。田伯平、刘俊京、杨广馨、孟繁禧、彭利铭、丁嘉耕、胡滨，大兴区副区长王荣彬、区文联主席王庆海出席了此次活动。书法家们深入4户村民家中写字，以农村文化精神为主题的书法作品91幅。

21．10月21日—25日，由北京书协举办的“云南边疆行•文化进警营”活动在云南蒙自武警某部举行。在林岫亲自率领下，由刘俊京、彭利铭、丁嘉耕、马俊明、冷万里、周持、高宝玉、耿军、弓超等书法家组成的强大阵容。书法家们联手合作为部队官兵创作了两幅长达20米的书法长卷。

22．11月18日，“第二届北京•美丽乡村书法艺术展”在通州区台湖国画院拉开序幕。北京市文联党组副书记刘开阳致词。通州区政协副主席杜少勋，市农工委相关领导，龙开胜、刘俊京、杨广馨、孟繁禧等300余名出席开幕式。此次展览是大型书法艺术的公益性活动，共甄选出170余幅作品参展，均以自撰诗词联赋等艺术形式从各个不同视角反映“三农”新气象、展现京郊新面貌。

23．12月23日，由北京书协、中共通州区委宣传部、通州区文联和通州书协联合举办的“践行北京精神——向贾后疃村村民贺新年送文化”活动。书家们写春联为村民送去新年的祝福，为书法家践行“北京精神——下基层写春联”拉开了序幕。

上海市书法家协会工作大事记

1．3月22日，上海书协老年专业委员会2011年年会下午在文艺活动中心会堂举行。

2．3月28日至4月7日，以刘海粟美术馆馆长张坚为团长的上海书画篆刻艺术家代表团一行13人，应澳大利亚澳中交流机构、澳大利亚上海世博宣传组委会邀请，对澳大利亚进行了访问。

3．4月12日，受徐汇区书法家协会邀请，金冬云、徐秋林、盛庆庆、彭烨峰在徐家汇文化活动中心举办了“松江四友”春季书法联展。

4．4月25日，全国第十届书法篆刻展筹备工作正式启动，上海成功申办了全国第十届书法篆刻展，承担大赛楷书、隶书、草书三种书体的展评工作。

5．4月26日，由重庆市书法家协会主办、重庆书法艺术中心承办的上海书法篆刻重庆邀请展在重庆书法艺术中心隆重开幕。

6．5月2日，中国书协副主席、草书委员会主任聂成文，中国书协理事、隶书委员会秘书长张继，上海书协主席周志高，副主席丁申阳，宣家鑫参加了上海书协十届国展培训班开班仪式。，来自全市的书法骨干100多人参加了培训。

7．5月9日，上海书协在文联会议室召集纪念沈尹默系列活动工作会议。本市文广局、虹口区文化局、上海美术馆、上海文史研究馆、上海书画出版社各相关单位领导出席了会议。

8．6月24日，上海航天系统书法家协会成立暨首届书法展开幕式在上海图书馆展厅举行。

9．6月28日，上海书协刻字专业委员会成立揭牌暨首届上海刻字艺术作品展在浦东新区金桥文体中心开幕。

10．6月29日，上海书协主办、上海书协老年专业委员会承办的“庆祝中国共产党成立90周年——上海老书法家作品邀请展”在本市文隆艺术馆开幕。

11．7月7日，上海书协召开主席团会议，迟志刚宣布了文联党组任命李俊担任书协兼职副秘书长的决定。

12．7月8日，庆祝建党90周年全国第二届硬笔书法家“十杰百强”作品展暨上海书协硬笔书法家联谊会揭牌仪式在上海图书馆举行。

13．7月9日，迎十届国展驻沪部队书法讲座在上海警备区礼堂举行开学典礼。

14．7月19日，由上海市文联、上海市书法家协会主办的“不朽的丰碑——庆祝中国共产党成立90周年上海书法篆刻展”在上海图书馆开幕。

15．7月27日,由上海文联、上海文广局和中共上海市普陀区委、普陀区政府联合主办的“光辉的历程•永远的丰碑——纪念中国共产党成立90周年全国书法名家作品邀请展”在上海展出后，移至江苏昆山和浙江嘉兴巡展。

16．8月13日,首届“沈尹默杯”全国青少年书法大赛在明圆文化艺术中心开幕。《全国首届“沈尹默杯”青少年书法大赛作品集》在现场首发。上海书协青少年书法委员会同时挂牌。

17．8月25日，上海赛区共收到各书体稿件30938件，经过初评、复评，上海赛区共评选出394件书法佳作，包括28件优秀作品和30件优秀提名作品，其中上海地区25名作者入展。11月3日，全国第十届书法篆刻作品展览（上海展区）在上海展览中心隆重开幕，两万余人出席了开幕式。配合十届国展的“海派书法百年百家作品展”同场亮相，展出一百年来在上海生活、工作过的历史名人和当代海上书法作者的代表作品共134件。

18．9月2日，“上海市书法家协会美兰湖创研基地”、“上海市文艺培训指导中心美兰湖基地”揭牌仪式在美兰湖国际会议中心举行。

19．9月6日，全国行草书名家作品邀请展暨上海书协行书专业委员会揭牌仪式在上海图书馆举行。

20．9月8日，上海市书法家协会主办的“纪念辛亥革命100周年全国书法名家作品展”（湖北巡展）在武汉图书馆开幕。

21．10月15日-16日，2011年上海书协各级别书法考级举行，中心考场在上海群众艺术馆，分布于虹口、闸北、黄浦、宝山、静安、徐汇、青浦、金山、奉贤、闵行、嘉定、松江、杨浦、浦东新区的23个考点同时开考，全部考生达8366人。

22．9月19日，由上海市委宣传部、上海市对口支援新疆工作前方指挥部、喀什地区行政公署指导，上海市文联、上海市文广局、喀什地区文联主办，上海书协、上海美协、上海摄协承办的“丝路明珠美丽喀什”美术书法摄影展在上海图书馆开幕。

23．9月27日，由上海文联和上海书协主办的“纪念辛亥革命100周年——上海书法篆刻展”在上海图书馆开幕。《纪念辛亥革命100周年——上海书法篆刻作品集》在展览现场首发。

24．9月29日，上海书协楷书专业委员会成立仪式在静安区文化馆举行。庆祝建国62周年静安区书画作品展同时开幕，到场嘉宾参观了展览。

25．10月12日，为弘扬草书艺术，提高上海书法作者的草书创作水平，由上海书协草书专业委员会组织的“草书创作研讨会”在小主人报社大礼堂举行。《上海书协草书专业委员会委员作品集》在现场首发。

26．10月22日，“墨韵苏州河——沪苏十二区、市书画邀请展”在刘海粟美术馆分馆开幕。

27．11月7日，“重庆书法篆刻上海邀请展”在上海图书馆开幕。

28．11月22日至26日，“纪念辛亥革命百年两岸书法名家作品邀请展”（台湾巡展），先后在台湾艺术大学和国父纪念馆隆重举行。

展览期间，两地书法家和专家学者还参加了“纪念辛亥革命百年——书法名家笔会暨座谈会”，就书法创作、书法教育、繁简字体等问题展开了交流和讨论。

29．10月23日，第十届“觉群杯”青少年书法大赛在玉佛寺举行，来自本市各区百余名青少年书法选手参加了比赛。

30．12月7日，“浙•沪女书法家书法篆刻交流展”在杭州中国印学博物馆开幕。

31．12月23日，上海书协在福利会少年宫多功能厅召开理事扩大会议。会议通报了拟对14个先进集体、20个先进个人进行表彰并奖励的决定。

32．本年，上海市青年书法家协会根据市青年文联的提议，召开换届会议，讨论了上海青年书协新一届领导班子成员名单，确定了张卫东等25人作为上海青年书协新一届领导班子。会议已将名单上报团市委和市青年文联，并得到了批复，同意张卫东等25人担任新一届青年书协领导班子成员。

天津市书法家协会工作大事记

1．1月14日，天津书协第三届主席团第五次会议在重庆道笔墨养怡馆召开。主席唐云来主持会议，会议通过了常务副主席张建会所做的2010年书协会务工作总结，以及2011年工作安排。

2．1月22日，天津书协举办的津南区举书画义卖捐赠活动，书协主席唐云来，常务副主席张建会，顾问王全聚，副主席李锋、李泽润、顾志新，驻会副主席邵佩英，名誉理事陈启智、陈传武、赵士英，秘书长冉繁英、副秘书长刘彦明，理事赵桂中，会员赵克琪、邓英彪、宁厚圃等参加。

3．1月23日，张建会书法展在重庆道“笔墨养怡会馆”举办。同时召开了座谈会。

4．1月26日，天津书画家“迎新春、进校园、颂滨海”采风活动在天津海运职业学院举行。出席活动的书法家有：唐云来、孙宝发、王全聚、张建会、李锋、李泽润、况瑞峰、顾志新、邵佩英、冉繁英、陈启智、陈传武、赵士英、刘彦明、赵克琪等。

5．2月16日（正月十四），书协2011年新春联谊会暨2010年先进集体表彰大会在天津市美术展览馆举行。唐云来、张建会、李锋、李泽润、况瑞峰、顾志新、喻建十、邵佩英出席，会议由秘书长冉繁英主持，书协所属二级委员会负责人、各区县书协负责人50余人参加。宝坻区书协、河西区书协被评为进万家先进集体，赵桂中、李建华、赵克琪为先进个人。2010年先进集体是东丽区书协、河东区书协、塘沽书协和刻字委员会、硬笔专业委员会、妇女书法委员会同时受到表彰。

6．3月8日，“天津书协备战国展妇女作品观摩会”在天津市美术展览馆举办。

7．4月9日，天津市书协刻字委员会在天津文联会议室召开专业会议，书协主席唐云来、副主席李锋、秘书长冉繁英参加了会议。

8．4月15日，东丽区书法家协会华明分会成立，副秘书长刘彦明出席成立大会并讲话。

9．4月27日，天津书协书法创作工作会议在曹禺剧院召开。书协主席唐云来，常务副主席张建会，副主席李锋、邵佩英，秘书长冉繁英、副秘书长刘彦明出席。各专业委员会、各区县书协参加。

10．5月7日，上午由中国书法家协会、天津市文学艺术界联合会主办，天津市书法家协会承办的庆贺孙伯翔从艺七十周年书法系列活动——孙伯翔书画展开幕式暨《孙伯翔书画作品集》《论孙伯翔书法艺术》首发式在天津美术学院美术馆隆重举行。天津市政协主席邢元敏、中国书法家协会主席张海为庆贺活动发来贺信，孙伯翔的恩师——著名书画家王学仲、孙其峰为此展题写贺词贺信，中国书协顾问林岫特意打来电话表示祝贺。全国二十余个省级书协发来贺信、贺函和贺电，对庆贺活动举办表示祝贺。出席开幕式的领导和嘉宾有：南开大学校长龚克、常务副校长陈洪，天津市文联党组书记秘书长孙福海，中国书法家协会副主席胡抗美，分党组副书记秘书长陈洪武，中国书法院院长王镛，常务副院长李胜洪，博士生导师张荣庆，办公室主任曾翔，著名书法家石开、邱振中、刘正成、蔡祥麟、崔志强、刘彦湖，以及天津有关区县领导同志等出席。中国书会分党组副书记秘书长陈洪武、中国书法院院长王镛分别讲话，天津书协主席唐云来代表主办单位做主旨讲话。庆贺活动由天津市文联副秘书长、天津市书协常务副主席张建会主持。

11．5月18日，中国书法家协会授予天津静海县“中国书法之乡”，并举行隆重的授牌仪式。中共天津市委常委、宣传部长成启圣与中国书协副主席聂成文共同为“中国书法之乡——静海”揭牌。

12．6月26日，天津书协首次“迎接十届国展点评会”在天津市美术展览馆举行。唐云来、张建会、李锋、邵佩英、冉繁英、刘彦明、董士林、郝金宝、崔寒柏、刘洪洋、李占会、王树秋、王朝晖、王正通等参加点评。

13．6月29日，在市文联党组书记、秘书长孙福海的带领下，部分美术家、书法家赴滨海新区天津港采风。参加采风的书法家有唐云来、孙宝发、张建会、况瑞峰、李泽润、顾志新、邵佩英、冉繁英、刘彦明。

14．7月16日，天津书协第二次“迎接十届国展点评会”举行。参加点评的书法家有：唐云来、张建会、李锋、邵佩英、冉繁英、刘彦明、董士林、郝金宝、崔寒柏、刘洪洋、李占会、王树秋、王朝晖、王正通、薛卫林、马俊达、杨国欣。

15．9月20日，“鲜于璜碑”全国书法名家作品邀请展在武清体育馆隆重开幕。

16．10月13日，由天津市容园林委、天津市文联、今晚报集团主办的“盛世龙潭”—水上公园楹联大赛作品评审工作在水上公园龙潭书画院举行，唐云来、张建会、李泽润、王辛铭、刘彦明参加评审。

17．10月18日，天津河东—陕西南郑书法交流展在河东区桥园公园展览馆举行，唐云来主席出席开幕式并讲话，出席开幕式的有天津书协张建会、邵佩英、冉繁英、刘彦明、河东区和南郑县有关领导和书法家等200余人。

18．10月27日，首届青年书法展评审。评委有唐云来、张建会、李锋、邵佩英、冉繁英、董士林、任云程、郝军、刘彦明。共评出入展作品92件，其中获奖作品10件、获奖提名作品10件。

19．11月5日，盛世龙潭—水上公园楹联大赛颁奖暨书法名家作品展，在水上公园展览馆举行，唐云来主席出席并讲话，张建会、李泽润、李锋、况瑞峰、冉繁英、刘彦明、陈启智、王辛铭、韩征尘等出席。

20．11月9日，唐云来、李锋出席汉沽举办的全国刻字艺术精品展开幕式。

21．12月8日，天津市首届青年书法篆刻展在天津美术展览馆开幕，展览到十四日闭幕。

22．12月18日，为庆贺天津文化产权交易所成立，主席唐云来、常务副主席张建会，副主席李锋、喻建十、顾志新、邵佩英，秘书长冉繁英、副秘书长刘彦明，名誉理事何俊田、理事杨凤仪等参加“百名书法家写百‘龙’”长卷的现场创作。

23．12月21日，天津港文联成立，书协创作百米长卷献给大会。书法家张建会、李锋、况瑞峰、喻建十、邵佩英、冉繁英、刘彦明、韩征尘、孙荣刚、杨凤仪等出席成立大会。

重庆市书法家协会工作大事记

1．1月，在市委宣传部倡议的写春联、送春联、贴春联活动中，协会精心组织全市各区县开展丰富多彩的送春联活动；承担了数千件宣传部和文联布置的书写任务。近一个月的时间里，分别在观音桥步行街，九龙坡区巴国城，大渡口区旅游学校，荣昌畜牧科学院，北碚区北温泉新石坑农转非安置小区，渝中区七星岗城墙公园广场，綦江县永城镇中华村农家文化广场现场书写近万件作品。

2．3月22日，由重庆市书法家协会、重庆市沙坪坝区文联联合主办，沙坪坝区书法家协会承办的重庆市首届篆书篆刻展在沙坪坝区文化馆开展。本次展览共收到来自各区县报送的篆书、篆刻作品200余件，经过筛选共展出代表性作品近百件。

3．3月29日，重庆市书法家协会第三次代表大会换届选举顺利召开。同时，位于上清寺美专校街的重庆书法艺术中心正式启用，该中心占地面积1800平方米，内设展厅、培训室等硬件设施，集展览、交流、培训和推介于一体。

4．4月7日，重庆市第二届中小学书法教学论坛、重庆市第三届中小学教师书法作品展在北碚区实验小学隆重举行。活动由重庆市书协、重庆市教科院主办，市书协教委会、北碚区教委承办，北碚区实验小学为实施单位。

5．4月26日，上海书法篆刻重庆邀请展亮相重庆书法艺术中心。该项展览集中了周慧珺、韩天衡、周志高等110位上海著名书法篆刻艺术家的110件作品在重庆书法艺术中心进行集中展出。

6．6月21日，为纪念中国书法家协会成立30周年，协会于在重庆书法艺术中心举办“中国书法家协会在渝会员展在渝会员优秀作品展”。展览共展出80多位中国书协在渝会员的作品。

7．6月27日，为庆祝中国共产党建党90周年。协会与万盛区委共同主办，重庆黑山谷旅游投资有限公司和重庆书法艺术中心承办，举行“书写红色经典•庆祝党的生日”现场活动。来自我市17个区县的45名老中青书法家齐聚在重庆书法艺术中心，共同在90米的长卷上挥毫泼墨，以书法家特有的方式书写红色经典长卷，隆重庆祝中国共产党成立90周年。

8．7月15日，第五届中国（重庆渝中）中小学生书法节在重庆中国三峡博物馆前人民广场拉开帷幕。在为期三天的书法节上，全国30个省市（直辖市）的500多位中小学师生代表汇聚一堂，挥毫泼墨，展现书法魅力。中国书法家协会分党组书记、驻会副主席赵长青，国家教育部语委司司长王登峰，中国教育学会常务副会长郭振有，重庆市人大副主任余远牧，重庆市政协副主席彭永辉，重庆市委宣传部副部长樊伟，中国书协理事、展览部主任吴震启，重庆市教委副主任牟延龄及书协主席刘庆渝等领导出席了开幕式。重庆市文联副主席陈若渝主持了开幕式。本届书法节共收到全国中小学生书法作品1.5万余件，数量为历届之最。在参加书法节系列比赛的选手中，年龄最大的18岁，最小的5岁。本届书法节还举行不了全国中小学生书法作品和中小学教师书法作品展览、书法名家作品展览等多项活动。《第五届中国（重庆渝中）中小学生书法节作品集》、《第五届中国（重庆渝中）中小学生书法节书法教育论坛论文集》、《宁夏吴忠、河北秦皇岛、重庆三地联展作品集》也同时发行。

9．7月23日至24日，在重庆市书法艺术中心举办了“全国第十届书法篆刻作品展览创作培训班”。协会特邀中国书法家协会理事、江西省书法家协会主席毛国典，中史美院博士、广西书法家协会副主席张羽翔来渝授课。23日毛国典先生就近年来国展现状及书法创作形式、色彩、后期加工等方面进行了详细的讲解，同时就参会者带来的近期书作进行了精彩点评。24日张羽翔先生就“书法形式构成五要素”及结字与章法等内容作了深入浅出的讲解。通过两天的学习，从全市各地参加培训的150余名书法骨干感触良多、收获颇大，对两位老师独到、新颖的授课方式给予高度评价。

10．9月29日上午10时，由重庆市书协、市教科院联合主办，渝北区新牌坊小学承办的墨坊杯•重庆市第二届青少年书法优秀作品展开幕仪式在新牌坊小学举行。

11．11月7日，重庆书法篆刻上海邀请展在上海图书馆隆重开幕。上海市文联党组副书记迟志刚，上海书协顾问钱茂生，书协主席周志高，副主席张淳、戴小京、徐正濂、李静、宣家鑫等200余人出席开幕式。

12．11月19日，由住房和城乡建设部和市政府共同主办的第八届中国（重庆）国际园林博览会在重庆园博园隆重开幕。之前，为丰富重庆园博园的文化内涵，用中华传统楹联、匾额装点园博园景观建筑，7月以来，协会根据组委会安排，积极组织园博园全国书法名家邀请展。同时，还根据组委会意见，组织部分书法家为园博园书写了部分匾额、楹联等作品，充分发挥了书法艺术的社会作用。

13．11月20日,为纪念第19个“国际消除贫困日”，我会积极组织协会书家参加由重庆市政协、中国扶贫开发协会主办，重庆市扶贫开发协会和重庆集成拍卖有限责任公司共同承办的“扶贫济困、共富家园”的书画拍卖活动。在该次拍卖中，我会组织的作品总计拍出130余万元。这笔善款与中国扶贫开发协会所组织作品拍出的款项将汇总到市扶贫办后交付给我市18个贫困区县开展扶贫工作。

河北省书法家协会工作大事记

1. 1月12日，由省文联、省书法家协会、北京市书画研究会、南宫市委市政府、邢台市文联五家单位联合主办的第五届全国张裕钊流派书法展在南宫市举行。本次书画展共展出来自全国26个省市的130名张派书画家的作品，来自全国各地的近3000名书画爱好者参观了书画展。

2. 2月14日，中国书协“书法进万家”活动先进集体荣誉证书颁发仪式在宁晋县大陆村镇隆重举行。由宁晋县大陆村镇书法家协会举办的“大陆村镇第五届书法展”暨“三赵第七届书法展”，也同时在该镇隆重开幕。河北省书协副主席孙学东、河北省书协秘书长褚大伟、邢台市书协代主席赵灵均 、宁晋县文联主席张秀峰、宁晋县书协主席马保群、大陆村镇书记蔡同江，大陆村镇镇长马建平等应邀出席上述活动。

3. 3月1日上午，“笔墨惊蛰”——陈茂才书法艺术展在石家庄美术馆隆重启幕。省政府副省长孙士彬、原河北省委书记叶连松、原河北省政协主席吕传赞，以及河北省委宣传部、河北省文联、中国书法家协会的领导，省、市各有关单位的同志等上千人出席了开幕式。

4. 3月3日，为期八天的“游目骋怀• 陈文增自作诗词书法展”在中国美术馆隆重开幕。此次活动由中国书法家协会、河北省文化厅、河北省文学艺术界联合会主办。中国工艺美术大师陈文增先生的百余幅书法作品以及自作诗词呈现在观众面前。其作品内容均为陈文增历年来创作的自作诗词。开幕式上同时推出了由河北美术出版社出版的《陈文增书法作品集》及《陈文增诗词》等著述。

5. 3月28日，根据中国书法家协会《全国第十届书法篆刻作品展览征稿启事》文件，省书协积极投入并组织各市书协为十届国展筹备作品，充分发动有实力的书法家创作精品再创佳绩，国展中3人荣获优秀作品奖，3人荣获获奖提名，入展人数达29人，这是历年来的最好成绩。

6. 5月12日，由河北省文联、省书法家协会命名的河北省第一个社区“书法之乡”在保定市徐水县馨园社区挂牌。河北省书法家协会秘书长褚大伟、保定市文联党组书记郭树林、徐水县田副县长、徐水县宣传部刘部长、徐水县文联主席王艳芳、上谷书社社长刘晓民等出席了挂牌仪式。

7. 6月16日上午，由河北省委宣传部、省文联主办，省摄影家协会、省美术家协会、省书法家协会承办的大型摄影书法美术展在石家庄美术馆开幕，此次展览也标志着河北省“党旗飘扬•希望河北”庆祝建党90周年系列活动正式拉开序幕。在此项活动中，省书协组织作品两百多件，并在布展艺术上精益求精，使书法展区受到参观者的广泛关注，产生了积极的社会影响，受到领导的一致好评。

8. 7月19日，徐水县上谷书社隆重举办第三届临书大展，此次展览共展出临帖作品200余件。来自保定、涿州、容城、安新、雄县、白沟等市县的文联领导、书法艺术家及爱好者近百人参加了开幕式。省书协秘书长褚大伟、市文联党组书记郭树林、市书协主席杨学德、徐水县委常委、宣传部长刘惠聚共同为开幕式剪彩。

9. 9月25日，由河北省书法家协会隶书委员会主办、大名人书画院承办的“燕赵风骨”当代河北隶书十人邀请展，在石家庄市大名人书画院隆重开幕。中国书协顾问、河北省书协主席旭宇、中国书协隶书委员会副主任、培训中心主任刘文华、河北省民族宗教厅厅长陈会新、河北省委宣传部副部长戴长江、河北省作协副主席李延青、河北省书协副主席刘金凯、郎岗峰、鉴克等领导和嘉宾出席开幕式。此次参展书法家有：郭永利、王增军、王志平、傅殿川、鉴克、李吟亭、关建洲、王羲吾、庞顺东、刘斌、唐思远。

10．11月5日，由河北省文联、省书法家协会命名的河北省第五个、邢台市第二家 “河北省书法之乡”在沙河市白塔镇挂牌，授予由旭宇主席题字的“河北省书法之乡”的牌匾。河北省文联副主席潘学聪、河北省书协副主席陈茂才、郎岗峰、郭永利，河北省书协秘书长褚大伟、邢台市委宣传部、邢台市文联、邢台市书协，沙河市委、市政府有关领导，沙河市文联、书协及白塔镇领导和该镇农民书法家数百人隆重聚会，举行“河北省书法家走基层暨沙河市白塔镇‘河北省书法之乡’命名授牌仪式”。

2011年承德市隆化县经过中国书协《中国书法之乡》考察组严格考察，已经顺利完成《中国书法之乡》的申报工作，11月正式被批准为河北第二家中国书法之乡。

山西省书法家协会工作大事记

1．1月7日——25日， 山西省书协共组织了五次150余人次的书法家，对工作在各条战线的工作者进行慰问活动。先后赴人民解放军66211部队，与子弟兵共庆新春佳节，开展“送书法，进军营”慰问活动，为部队官兵书写春联、书法作品300余幅；赴古交市，走进古交市金信公司，为建筑工人写春联200余幅；，赴西山西铭煤矿，为矿工家属写春联200余幅，为矿工们送去翰墨的馨香；赴汾阳市贾家庄村，为村民书写春联200余幅；走进中北大学，为学校和教职工写春联200余幅。

2．1月21日，山西省书协主办的书法新人展开幕式在山西省民俗博物馆举行。展览共收到非省书协会员的书法作品1000多件。经评审评选出入展作品220件，其中获奖作品20件。

3．3月8日，由省书协、省美协与中共蒲县县委、蒲县人民政府联合主办的全国书画大展评审结束，展览共收到投稿作品3000余件，经评审，书法和美术作品分别评出一等奖5名，二等奖10名，三等奖15名，入展170名。

4．3月18日，山西省首届“晋阳杯”篆刻艺术展在太原视觉空间美术馆开幕。展出特邀作品、评委作品和获奖、入展作品近百幅。

5．5月18日，由山西省委宣传部、省文联主办，省书协、省美协承办的山西省庆祝中国共产党成立90周年“黄河魂•太行情”书法美术大展开幕式在山西美术馆举行，展出书法作品280件，评出一等奖10名，二等奖20名，三等奖30名。

6．6月3——5日，应韩国济州特别自治道书艺学会邀请，山西省书协应韩国济州特别自治道书艺学会邀请，一行27人赴韩国进行书法文化交流活动。活动期间，展出山西省书法作品45件，韩方书法作品64件。通过文化交流活动，加强友好关系，提高书艺水平。

7．6月28日，山西省书协在太原召开山西省书协五届二次主席团（扩大）会议，研究省书协全年的工作情况及规划。会议通过关于增补胡金来为副主席的决定；通报王国柱、袁筠、任功名、韩永康、吕林健、樊丽红、张星亮为副秘书长；讨论通过山西书协2011—2015发展纲要；研究了关于成立省书协各专业委员会的事宜；传达中国书协2011组联工作会议精神；研究备战国展相关活动；研究举办中部六省书法联展等有关事宜。

8．8月4——5日， 全省备战十届国展作品点评会举行，邀请中国书协展览部主任、楷书委员会秘书长吴震启，草书委员会秘书长刘洪彪，隶书委员会秘书长张继3位导师分别以专题讲座、分区点评、集中讲评三种形式，集中对全省准备投稿的书法家进行辅导，有近300位书法家参加点评培训。

9．9月27日，由中国书协与山西、河南、安徽、江西、湖南、湖北六省文联主办，六省书法家协会承办的书法联展在山西美术馆开幕。联展的主题是“文化中部、互融共赢、促进崛起”。展出的300件书法作品，出自中部六省书法名家之手，书体兼具、风格多样，基本反映了中部地区的书法艺术风貌，展现了中部地区书法艺术创作的最新成果。

10．9月28日，由省文化厅、省书协主办，开幕式在山西师大莳英园美术馆举行。大赛共收到

今后一个时期书法工作提出了明确要求。内蒙古书法家协会主席何奇耶徒代表第四届理事会向大会作题为《坚持尊重艺术规律，促进全面提高，推动内蒙古书法事业蓬勃发展》的工作报告。会议审议通过了《内蒙自治区书法家协会第四届理事会工作报告的决议》和《关于修改内蒙自治区书法家协会章程的决议》。选举产生了由55人组成的新一届理事会和新一届主席团。

13．6月末，内蒙古书协组织协会优秀书家，无偿为香港中央联络办公室创作作品22件。得到香港中联办的高度赞赏，并向自治区党委宣传部、自治区党委统战部发来感谢信，对内蒙古书法家协会及内蒙古书家表示衷心感谢。

14．6月，秘书处开始着手对协会20余年来举办的各类展览所积存下来的作品千余件，进行认真的登记清理，并按照盟市进行了分类。待全面清理完毕后，将以盟市为单位逐步退还作者。

15．7月10日上午，由中国•内蒙古草原文化节组委会主办、内蒙古书法家协会承办的“伊泰情”第八届中国•内蒙古草原文化节全国书法名家内蒙古题材展在内蒙古美术馆开幕。展出的142余件作品，都是由中国书法家协会主席、副主席，各省市书法家协会主席和中国书法家协会理事以及自治区内的优秀书法家作品精心的。

16．8月11日，内蒙古书法家协会新浪博客开通。及时发布各类通知展览活动消息，加强了协会与全区和全国各地书法爱好者的联系与沟通。

17．8月29日上午，由内蒙古自治区文联主办，内蒙古自治区书法家协会承办的庆祝中国共产党成立90周年“颂歌献给党”内蒙古自治区书法篆刻作品展在内蒙古美术馆开展。本次展出的218余件作品，是从全自治区900多件来稿中评选出来的。表达了作者的真实情感，反映了时代精神，体现了当今内蒙古书法的创作水平。

18．9月4日，由内蒙古书法家协会和伊利集团共同主办的迎中秋颂国庆“走进伊利”书画名家笔会在伊利集团总部举行。内蒙古书法家协会组织的14位书画家为伊利集团精心创作书画作品40余件。

19．9月9日，由全国政协教科文卫体委员会、全国政协书画室、自治区政协主办，鄂尔多斯市委、市政府、市政协、自治区书法家协会、中国书画收藏家协会承办的“天骄故里　笔墨抒情——苏士澍金石书法内蒙古展”　开幕式在康巴什新区举行。

20．9月18日上午，庆祝中国共产党党成立90周年呼和浩特市中小学生书画展在内蒙古美术馆举行。

21．9月24日上午，由内蒙古自治区书法家协会、内蒙古自治区收藏家协会主办的杨鲁安先生书画展在内蒙古美术馆举行。

22．9月29日，由内蒙古书法家协会、北京市书法家协会共同主办，内蒙古民族集团承办的“京华墨韵——北京六人书法展”展览共展出贾学武、张书范、孟繁禧、周持、田伯平、龙开胜六位书家的近作82幅。

23．10月14日上午，由内蒙古自治区党委统战部主办、民进内蒙古自治区委员会、内蒙古自治区书法家协会承办的“盛世嘤鸣—郑福田何奇耶徒诗词书法作品展”在内蒙古美术馆开幕。

24．10月21—22日，全国政协委员、中国书法家协会副主席、内蒙古书法家协会主席何奇耶徒先生深入到锡林郭勒盟进行书法工作实地调研、检查指导工作，并举办书法艺术讲座。

25．11月11日，由清华大学美术学院、中国书法家协会刻字研究会、内蒙古自治区书法家协会主办，由内蒙古美术馆、内蒙古大学艺术学院承办的清华大学美术学院王志安书法刻字艺术工作室作品展暨内蒙古名家书法作品展在呼和浩特市隆重开幕。11月18日，内蒙古公安书协成立书法展在内蒙古美术馆开幕。全国政协委员、中国书法家协会副主席、内蒙古书法家协会主席何奇耶徒，内蒙古公安书协主席颜炳强、副主席郝官正等参加开幕式并致辞。

26．12月3日，内蒙古书法家协会五届二次理事会暨走进鄂尔多斯全区书法篆刻观摩展在鄂尔多斯举行。

辽宁省书法家协会工作大事记

1．1月17日，召开辽宁省书法家协会第五届主席团第二次全体会议，省书协主席王丹主持，省书协副主席、秘书长胡崇炜作了关于协会工作的报告。此次会议总结了2011年省书协工作的相关情况，同时确定了2012年省书协的工作规划。

2．3月26日，为迎接全国第十届书法篆刻展，省书法家协会举办备战十届国展骨干培训班。省文联党组书记李春晓，省文联主席郭兴文，省文联党组成员、副主席伊忱，中国书协副主席、省文联副主席、省书协名誉主席聂成文等领导出席会议。省文联主席郭兴文、省书协名誉主席聂成文、省书协主席王丹讲话。省书协副主席、秘书长胡崇炜作2011年工作部署。刘宏卫、李洋、朱占华、冷恒宇代表我省书法骨干作者发言。对全省近200名书法创作骨干进行集中培训辅导。通过名家点评、作品观摩，积极引导创作思路及方向。辽宁省“新友杯”首届临帖大赛作品评审工作在辽宁美术馆展开。分为少儿、中青、老年三组分别进行评审并出版作品集。

3．4月29日，省书协主办庆祝中国共产党成立九十周年红诗书法大赛。大赛评审工作在抚顺市举行，共收到书法作品2000余件，由王丹、伦杰贤、宋慧莹、胡崇炜、董文广等评委经过初评、复评、终评三个阶段，共评选出获奖作品20余件，入展作品300件。

4．5月7日，由省书协主办的杨宝林书法展在鲁迅美术学院美术馆举行。开幕式由省书协副主席、秘书长胡崇炜主持，省书协主席王丹代表省书协主席团致辞。杨宝林，笔名杨抱朴，沈阳师范大学教授，文学院教育研究所所长，古代文学、书法文献学硕士生导师。

5．5月15日，由中国书协、辽宁省文联、抚顺市委市政府联合主办的庆祝中国共产党成立九十周年红诗书法大赛暨中国书法进万家雷锋精神发祥地抚顺行活动启动仪式开幕。参加启动仪式的主要领导有中国书法家协会分党组书记、驻会副主席赵长青、辽宁省文联党组书记李春晓、辽宁省文联主席郭兴文、抚顺市市长王桂芬、抚顺市委副书记俞国伟，辽宁省文联党组成员副主席伊忱、抚顺市委常宣传部部长刘国强等。启动仪式结束后，领导及到场嘉宾共计500余人参观展览。展览期间举办了三场中国书法进万家创作笔会。

6．5月17日，中国书法家协会领导为我省大石桥市授予“中国书法之乡”牌匾。

7．5月28日，六一前夕，“辽宁省首届‘新友杯’少儿临帖大赛获奖作品展”在沈阳书画院开幕，展期7天。开幕式由省书协副主席、秘书长胡崇炜主持。省文联副主席崔凯、省文联副厅级巡视员万海亭、省书协顾问朱成国、省书协副主席卢林、省书协少儿工作委员会委员张威、张军、赵博海等为展览剪彩。开幕式上小作者分别发表获奖感言，到场领导为获奖作者颁发获奖证书。

8．6月17日，庆祝中国共产党成立九十周年系列活动之红诗书法大赛优秀作品展在辽宁省美术馆开幕。展览开幕式由省书协副主席、秘书长胡崇炜主持，省文联党组书记李春晓到会并发表讲话，省文联党组成员、副主席伊忱主席授牌，抚顺市喻国伟书记、刘国强部长等领导参加开幕式。

9．7月16日，青年书法家王毅书法展在鲁迅美术学院美术馆开幕，省书协主席王丹、副主席秘书长胡崇炜等参加开幕式。驻沈书法家、书法作者及广大书法爱好者共计400余人参观展览。开幕式结束后召开“王毅书法作品研讨会”，研讨会由胡崇炜秘书长主持。

10. 7月30日，为庆祝中国人民解放军建军84周年，省书协组织省内书法名家到沈阳军区空军某部开展书法进军营活动。由省文联党组成员副主席伊忱带队，此次参加活动的有省书协顾问姚哲成、朱成国，省书协副主席李世俊、胡崇炜、卢林、李琳，省书协理事夏秋、赵博海。活动开始前，伊忱代表省文联党组向部队官兵致以节日祝贺并发表慰问讲话。

11. 8月18日，盘锦市被中国书法家协会评为“中国书法城”并举行授牌仪式。参加活动的有中国书协：赵长青、邵秉仁、王丹、胡崇炜、李木教、吴行、蔡劲松、蒙建军；辽宁省文联：李春晓、郭兴文、伊忱、金芳；盘锦市：孙国相、李素芳、夏令奎、刘民等出席授牌仪式。仪式上中国书协分党组书记、驻会副主席赵长青讲话。中国书协顾问邵秉仁代表中国书协向盘锦市委书记孙国相授予“中国书法城”牌匾。

12. 11月9日，“恒源祥”书画同源展在沈阳大学美术馆开幕，省书协主席王丹主持开幕式，中国书协分党组书记驻会副主席赵长青、“恒源祥”董事长刘瑞琪、省文联主席郭兴文参加开幕式并讲话。

13. 11月12日，陶尔圣书法展开幕，省书法家协会副主席、秘书长胡崇炜主持开幕式，省文联党组书记李春晓、省文联党组成员副主席伊忱等出席开幕式。伊忱副主席讲话。

14. 11月27日——29日，27日辽宁省2011年度临帖系列活动第二十六届书法临帖班暨骨干培训班在本溪召开。下午启动仪式开始并举行骨干作者创作研讨会。郭兴文、伊忱、盖成立、于凌波等领导出席研讨会。28日召开省书协主席团扩大会议，研究2012年工作计划，布置《中国书法》杂志订阅工作相关事宜。王丹、齐作声、王宏、孙勇、董文广、卢林、王荐、白金明、胡崇炜、李琳、曲平、苏德永、李世俊、王梅芳等同志参加会议。主席团工作会议由王丹主席主持，胡崇炜秘书长就办好本届临帖班和做好省书协工作进行具体安排。29日下午临帖班结束，中国书协副主席、省书协名誉主席聂成文先生点评作品并发表讲话。

15. 11月30日，“辽宁省首届临帖书法大赛获奖作品展”在辽宁美术馆开幕。此次展览与以往不同的是没有开幕仪式，取而代之的是举办了空前盛大的“辽宁省首届临帖大赛获奖作品展览开幕式暨学术报告会”。研讨会上鲁迅美术学院教授马新宇、沈阳师范大学教授杨宝林、辽宁工业大学教授韩忠浩分别做了精彩的学术报告。中国书协副主席、省书协名誉主席聂成文，省书协主席团全体成员出席报告会。

吉林省书法家协会工作大事记

1．4月24日，为加强军地文化交流，进一步推动东北地区书法事业共同发展，由沈阳军区政治部，吉林、辽宁、黑龙江三省文联共同主办的纪念中国共产党建党90周年“东北三省军地书法巡回展”在吉林省博物院举行长春首展开幕式。中国文联副主席、中国书协顾问段成桂，吉林省军区副政治委员刘伯和、吉林省政府副秘长、办公厅主任吴玉珩、中共吉林省委宣传部副部长许云鹏、吉林省文联党组书记尹爱群、黑龙江省书协常务副主席张戈、辽宁省书协副主席卢林等相关领导出席了开幕式。开幕式由吉林省文联主席、省书协副主席毕政主持，吉林省书协主席周维杰，黑龙江省书协常务副主席张戈，辽宁省书协副主席卢林分别代表三省讲话。

中国书协分党组书记，驻会副主席赵长青还专为此次展览题写了“翰墨声自远，军地一家人”的贺词。

此次展览共展出军地书法家书法作品240余件，是1979年首次东北三省联展32年后的又一次相聚，展示了东北地区书法事业最新成果。

2．5月29日，为备战第十届全国书法篆刻展，省书协于5月29日、7月2日举办两次书法创作短训班，短训班由中国文联副主席、中国书协顾问段成桂，吉林大学博士生导师丛文俊，中国书协展览部主任吴震启，吉林文学博士生导师张金梁主讲，100多名书法创作骨干作者参加了短训班。

3．7有7日，吉林省书协与吉林省新文化报共同策划举办的“首地杯”全国书画，雕塑设计公益大赛在长春“首地•首城”园区隆重开幕，入展作品将在园区永久展出。为推动艺术进社区，拓宽书协工作领域走出了探索性的一步。赋予书法艺术新的社会担当。

4．8月4日，段成桂先生书法展在北京中国美术馆开幕，展览全面展示了先生从艺以来不断求新的艺术成果。展览由中国文联，中国书协，吉林省文联，吉林省书协共同主办，全国人大，全国政协，中国文联，中国书协主要领导及来自全国各地的书法家1000余人出席了开幕式。

5．8月14日——8月25日，吉林省书协组织100多件书法精品参加长春国际农业博览会“非物质文化遗产吉林省书法精品”展示活动，吸引了众多中外游客前往参观。该博览会每年一次，为宣传统文化开辟了新的窗口。

6．8月26日，中国•通化松花石砚文化节暨中国书法名家作品邀请展在吉林省通化市开幕，中国书协分党组书记、驻会副主席赵长青、中国书协副主席张政琴、中国书协组联部主任张陆一，吉林省文联党组书记、副主席尹爱群、吉林省文联主席毕政、吉林省政府副秘书长、11月28日。经过两年多的积极建设和精心筹备，经中国书协“书法名城、书法之乡”以中国书协组联部主任张陆一为首的考察组多次光临指导，吉林省吉林市申报的“中国书法城”、集安市申报的“中国书法之乡”、集安市实验小学申报的“中国书法兰亭小学”获验收合格，获得中国书协正式命名批准。

7．9月28日，吉林省书协完成了吉林省“长白山文艺奖”书法初评工作，该奖是由吉林省委、省政府批准设立的吉林省文艺最高奖，每三年评选一次，全省书法家有10数人获作品奖，成就奖，新星奖等不同奖项。

黑龙江省书法家协会工作大事记

1．1月25日，2011年黑龙江省书法工作会议于在安达市召开。中国书协理事、省书协主席、原省政协主席马国良、中国书协理事、省书协常务副主席兼秘书长张戈、省书协副主席王立民、王凯霞、胡志平、赵学礼、魏锁亭、省书法活动中心副主任王斌、绥化市政协主席宋德新、绥化市常务副市长聂耕寰及来自全省13个地市和省直各系统书协负责人70余人出席了会议。会上，马国良发表讲话。张戈代表主席团作了题为《创新有为 和谐发展 努力推进我省书法事业再上新台阶》的工作报告。赵学礼、魏锁亭被增补为省书协第三届副主席。本年度在中国书协举办的各项展览中获奖的10位作者受到表彰奖励。

2．1月25日，“黑龙江省书法家协会安达创作培训基地”授牌仪式在安达市工会培训中心举行。

3．1月25日，黑龙江省书协在安达市举行”送书法下基层”笔会活动。马国良、张戈、王立民、王凯霞、胡志平、魏锁亭、省书法活动中心副主任王斌和各地市书协主席、获奖作者50余人参加笔会活动。

4．3月8日，由黑龙江省文联、省妇联主办，省书协、省书法活动中心、省妇女书协承办的黑龙江省妇女书法作品展在哈尔滨开幕。

5．3月15日，省书协机关召开全体会议，学习和讨论马国良主席在全省书法工作会议上的讲话。

6．3月19日，由省文联、省书协主办的魏锁亭书法作品展在省美术馆开幕。开幕式后举行了魏锁亭书法展的学术研讨会。

7．4月15日，由省书协等单位共同主办的“利化先生《留痕集》网络研讨会”在省文化厅会议室举行。研讨会由省书协常务副主席兼秘书长张戈主持， 40余人参加了会议。《留痕集•书法卷》收录了利化先生60岁以后创作的百余幅书法作品。

8．6月3日，由黑龙江省书协和广东省书协共同主办的黑龙江•广东书法联展，在黑龙江省美术馆开幕。马国良、李继纯、潘春良、索久林，广东省书协主席张桂光，中国书协理事纪光明、张戈、陈钦硕，黑龙江省书协副主席王凯霞、胡志平、赵学礼、魏锁亭等百余人出席开幕式。马国良、张桂光分别在开幕式上讲话，张戈主持开幕式。

9．6月19日，为庆祝建党90周年，黑龙江省书协、哈尔滨市公务员书协在哈尔滨市南岗区果戈里阿列克谢耶夫教堂广场联合举办了为社区群众便民利民党员服务日笔会活动。

10．6月24日，黑龙江省第三届书法精品展在省报美术馆开幕。展览共评出精品奖作品 30件，优秀作品 20件，共展出作品153件。

11．6月25日，黑龙江省书协主席、省政协原主席马国良，省书协常务副主席兼秘书长张戈分别为孙吴县文化中心题写“黑龙江省书法家协会孙吴创作培训基地”、“ 孙吴文化中心”匾额。

12．6月29日，黑龙江省书协召开主席团会议，马国良、张戈、王立民、王凯霞、胡志平、洪铁军、魏锁亭出席。马国良主持会议。张戈秘书长总结了省书协上半年工作，通报了中国书协“林口书法之乡”挂牌、纪念萧红诞辰百年活动、省十四届篆刻展、迎国展培训班等项工作的进展情况；审议并确定了中国书协17个专业委员会我省的委员推荐人选。

13．7月1日至2日，黑龙江省书法家协会在孙吴县举办了迎接“全国十届国展”创作培训

班。培训班聘请了中国书协副主席聂成文、中国书协创作培训中心主任刘文华担任主讲。省书协副主席魏锁亭、孙吴县县长王锋及全省各地市学员共60余人参加了学习。

14．7月2日，“黑龙江省书法家协会孙吴创作培训基地”揭牌仪式在孙吴文化中心举行。

15．7月20日，由省书协、省书法活动中心主办的“黑龙江省第三届硬笔书法展”在黑龙江书法馆开幕。

16．7月27日，由中共省委宣传部、省文联主办，《大公报》驻黑龙江办事处、省书协承办的“纪念萧红诞辰百年全国百位著名书法家精品邀请展”在黑龙江日报美术馆开幕。中国书协分党组书记、驻会副主席赵长青，中国书协分党组成员、副秘书长戴志祺，省人大常务副主任刘东辉，省书协主席、省政协原主席马国良，中国书协理事张陆一、李木教、吴行、张戈，香港海峡两岸文化艺术交流协会会长郭嘉，台湾中华书法教育学会前理事长蔡明瓒、台湾中华书法教育学会理事长施伯松等书法界人士及书法爱好者二百余人出席开幕式。赵长青、赵德信在开幕式上致辞，本次展览展出全国名家百余件书法作品。

17．7月28日，由中国书协和省书协联合主办的“中国书法进万家—走进黑龙江•林口”活动在林口县兴林广场启动。启动仪式上,林口县荣获我省首个“中国书法之乡”和首个“兰亭小学”两项殊荣。赵长青、马国良分别讲话。赵长青为林口县“中国书法之乡”授牌,戴志祺为林口县第四小学授“兰亭学”牌，张陆一为林口县第四小学发放50万元专项建设资金。张戈向林口县授“黑龙江省书法创作培训基地”牌。启动仪式的同时，上,林口县举办了“林口县第二届千人书法大赛”。

18．7月29日，由省书协、省书法活动中心主办的“印象穆棱”黑龙江省第十四届篆刻艺术展和黑龙江省书法名家作品邀请展，在穆棱市隆重开幕。赵长青、戴志祺、马国良、张陆一及来自全省各地的书家和爱好者百余人出席了开幕式。

19．8月20日，黑龙江省书协主席马国良在“纪念中国书协成立三十周年”表彰活动中被授予特殊贡献奖，八十以上高龄的老书家利化、胡梅生、崔志、王新民被授予荣誉奖。

20．9月11日，黑龙江省书协等主办的“王洪庆、王劲松父女书法作品展”9月日在黑龙江书法馆举行。

21．9月，全国第十届书法篆刻展览评审揭晓，黑龙江省共有32人入展，获奖5人，获奖提名2人。

22．9月14日，受马国良主席委托，黑龙江省书协常务副主席兼秘书长张戈、省书协展览部主任秦嘉彬、组联部主任王晓凤赴巴彦县考察书法之乡筹备情况。

23．10月28日，由山东省文联、黑龙江省文联主办、山东省书协、黑龙江省书协承办的 “山东•黑龙江妇女书法刻字交流展”在山东开幕。

24．11月28日至12月1日，由黑龙江省书协、省书法活动中心主办，省书协刻字委员会、黑河市书协承办的“黑龙江省迎接全国九届刻字艺术展培训班”在黑河市举行。

25．12月20日，“黑龙江省书法家协会大庆师范学院创作培训基地”授牌仪式在大庆师范学院举行。“大庆师范学院艺术学院书法专业方向师生教学成果汇报展”同时举行。

26．12月20日，“ 黑龙江省书法家协会大庆油田创作培训基地”授牌仪式在采油四厂作业大队举行。马国良主席为大庆油田创作培训基地授牌。张戈、张超致辞。马国良为创作基地题词留念。

27．12月28日，为了纪念著名书法篆刻家邢衍先生逝世20周年，由省书协、省书法活动中心和飔风印社共同主办的邢衍书法篆刻作品展览暨学术理论研讨会在省书法馆举行。

28．12月29日，为迎接全国九届刻字展，由黑龙江省书协、阿城书协主办的“迎全国九届刻字展阿城刻字培训班”在阿城举行。阿城新老刻字爱好者30多人参加。

29．12月31日，中国文联“送欢乐、下基层”

赴黑龙江边防线慰问演出采风活动在我省举办。活动由中国文联、中共省委宣传部、省文联、省军区政治部主办。中国文联党组书记、副主席赵实亲自带队。书法界参加采风团的有中国书法家协会分党组书记、驻会副主席赵长青，中国人民革命军事博物馆书画研究院常务副院长李洪海、中国石油书法家协会执行副主席兼秘书长于恩东、黑龙江省书协常务副主席兼秘书长张戈。

浙江省书法家协会工作大事记

1．1月8日，浙江省书协六届二次主席团（扩大）会议在海盐召开。书协主席团成员、秘书处、各专业委员会及各地市书协负责人40余人参加会议。会议由鲍贤伦主席主持。赵雁君就第六届书协各专业委员会组织机构的分工安排等情况作了说明。另外会议对2010年工作作了回顾，讨论了2011年工作计划。审议通过发展了一批新会员。

2．1月9日，由浙江省文明办、省文联主办，省书协、海盐县委宣传部承办的“农村种文化”——2011浙江书协“书法进万家”启动仪式暨浙江书法名家走进海盐在于城镇举行。省书协名誉主席朱关田、书协主席鲍贤伦、书协主席团成员、秘书处及全省各地市书协主席等40余人和百余位当地群众参加活动。

3．2月18日，根据浙江省书协六届二次主席团扩大会议精神要求，为隆重庆祝中国共产党成立90周年，“万山红遍•浙江书法篆刻系列大展工作会议”在杭州之江饭店召开。书协决定，4月开始举办为期一年、每月一次的“全省书法篆刻创作、学术研究骨干培训班”。

4．3月29日，第二届兰亭雅集42人展第一阶段作品评审工作在浙江绍兴进行。朱关田、高克明任评审总监，言恭达、聂成文、张传凯、宋华平、刘文华、鲍贤伦、林剑丹、祝遂之、赵雁君应组委会之邀出任评委，鲍贤伦任评审主持。

5．4月17日，第二届兰亭雅集42人展评审，朱关田担任评审总监；鲍贤伦担任评审主持；何应辉、刘恒、邱振中、李刚田、丛文俊、鲍贤伦、金鉴才、王冬龄、赵雁君等九名专家出任评委。对从第一阶段评审产生的“兰亭雅集42人展”入选作品，重新编号，并由本次评审委员会再次对“兰亭七子”入围候选作者作品进行评审。

6．4月18日，10位“兰亭七子”候选人在绍兴进行最后的学术答辩。最终确定了王义军、龙开胜、刘洪彪、许雄志、吴行、梁文斌、管峻为“兰亭七子”。当日下午，由浙江省委宣传部、浙江省文联、绍兴市委、绍兴市政府联合主办，浙江省书协、绍兴市委宣传部、绍兴市旅游集团、绍兴市文联承办的“第二届兰亭书法双年展”在绍兴博物馆越王城馆隆重举行。中国书协主席张海，中国书协副主席何应辉、聂成文，浙江省书协名誉主席朱关田等300余人参加开幕式。

7．4月19日上午，“第二届兰亭雅集42人展”及“兰亭7子”颁奖仪式在兰亭景区王右军祠隆重举行。兰亭雅集42人作者，新闻界代表等500余人参加了开幕式。

8．5月14日至15日，浙江省书法家协会特别举办的“万山红遍•浙江书法篆刻系列活动”，包括“浙江书法大展”和“第三届浙江篆刻大展”。两大展览的作品评审工作在杭州之江饭店举行。其中“浙江书法大展”，是从3000余名会员作品中，择优选出629名代表性书家的精品进行展出，并从中评出90件优秀作品。“浙江篆刻大展”系浙江省书协举办的“第三届浙江篆刻展览”，通过面向全省篆刻家、篆刻爱好者公开征稿，择优选出273件作品展出，从中还评出一等奖5名、二等奖10名、三等奖20名。“浙江刻字大展”展示的是浙江当代最具刻字创作实力与影响的六十位作者的精心之作，书刻结合，极具时

代气息。

9．5月24日，浙江省书法家协会“2011年度创作、书学骨干研修班”开班仪式暨备战“十届国展”创作动员大会，在浙大西溪校区举行。200余名创作、书学骨干参加了开办仪式及动员大会。会议由浙江省书协副主席兼秘书长赵雁君主持，并作“关于书法创作的理念与方法”的专题讲座。

10．5月25日至26日，2011年中国书协组联工作会议在浙江西施故里诸暨召开，中国书协分党组书记、驻会副主席赵长青，分党组副书记兼秘书长陈洪武，副秘书长戴志祺、潘文海，组联部主任张陆一，浙江书协主席鲍贤伦，副主席兼秘书长赵雁君，《中国书法》常务副社长郭志鸿，以及来自全国各省自治区书协负责人出席，中国书协、诸暨市相关同志分别致词、作重要讲话，陈洪武主持会议。

11．5月27日上午，由中国书协、中国书协刻字研究会、浙江省书协主办，浙江省永康市政府、浙江省书协刻字委员会承办的“永康杯”第九届全国刻字艺术展暨第十四届国际刻字艺术展启动仪式在永康市政府会议中心举行。

12．5月28日上午，由浙江省书协主办，金华市书协，满堂书画博物馆承办的“满堂生辉”全国书法名家精品展在浙江省金华市满堂书苑开幕。本次展览展出了106位书法名家的作品。中国书协原副主席、浙江省书协名誉主席朱关田，中国书协组联部主任、刻字研究会秘书长张陆一，浙江省文物局副局长陈官忠，浙江省书协副主席兼秘书长赵雁君，浙江省书协顾问杨西湖，中国书协理事李木教、吴行，金华市副市长傅利常、秘书长刘少非，金华市书协主席李章庸、副主席何斌和张凤明、秘书长张哲民，以及金华市机关各有关单位的领导和书画界人士400余人出席了展览开幕式。本次展览将持续一个月。

13．6月26日，浙江省书协备战“十届国展”全省重点作者第二场作品点评加工会，在浙江大学西溪校区举行。来自该省各地近200名重点作者分别聆听了王冬龄、余正、方爱龙分别作的书法、篆刻、书学讲座，同时还得到了浙江省书协副主席兼秘书长赵雁君，浙江大学人文学院讲师汪永江的现场指导与点评。

14．7月21日，由浙江省委宣传部、浙江省文联主办，浙江省书协承办的庆祝中国共产党成立90周年，浙江文化艺术节“与时代同行”系列展览项目“万山红遍”浙江书法篆刻刻字系列大展——浙江书法大展、浙江篆刻大展、浙江刻字大展隆重开幕。浙江省委书记赵洪祝、省长吕祖善、省委常委陈敏尔等为展览题贺题词。浙江省委宣传部常务副部长胡坚，浙江省文联党组书记吴天行，设计省委宣传部副巡视员何启明，浙江省文联书记处书记黄先刚、柳国平、高克明、张均林，浙江省文化厅副厅长、浙江省书协主席鲍贤伦，中国书协研究部主任刘恒，以及浙江书法界600余人出席开幕式。开幕式由浙江省书协副主席兼秘书长赵雁君主持。

15．8月，中国书法家协会研究，决定组织万民中国书法家协会会员捐赠万件作品建设“绿化长江—万亩中国书法生态林工程”。为充分体现浙江书法家热爱祖国、回报社会的奉献精神与高尚情操，浙江省书法家协会会员高度重视，积极响应，在9月上旬征集到了书法作品共353件，10月8日，捐赠活动在重庆举行。

16．10月，为繁荣创作，获得更多的阅历与认知，感受大自然及广西地区人文精神，浙江省书法家协会组织书协主席团、秘书处部分成员及各地市书协负责人于10月10日—14日赴广西桂林采风。

17．11月5日，为学习贯彻党的十七届六中全会精神，浙江省书法家协会工作会议在杭州召开。省书协秘书长、各地市书协负责人参加会议，会议由浙江省书协副主席兼秘书长赵雁君主持。会议决定编纂《浙江书协三十年（1982-2011）大事记》、《“我与浙江书法三十年”文集》及见证浙江书法三十年老书家影像访谈等系列活动。

18．12月7日，中共浙江省委宣传部、浙江省文联、绍兴市人民政府联合主办，浙江省书法家协会、中共绍兴市委宣传部、绍兴市旅游集团、绍兴市文联组织实施的“第二届兰亭书法双年展暨兰亭雅集42人展、兰亭论坛活动”，在“绍兴第二十七届中国兰亭书法节”期间拉开帷幕，于十二月移师杭州，再度展出。

19．12月7日，在杭召开会期三天的“第二届中国书坛兰亭论坛学术研讨会”。本届论坛以“‘二王’流派与中国书法史序列”为主题，意在提倡更为深入的书史思考与学术论辨，参加本届论坛学术交流的论文，主题明确而学术视野较宽，其中不乏视角新颖而阐述方式多元的佳作，较好地阐释了以“二王”流派为核心的书学问题，也在一定程度上展现了当今中青年学者参与书学研究的热情。42位论文入选作者参加学术研讨，本会还特别邀请了中国书协研究部主任，学术委员会秘书长刘恒、南京艺术学院教授，博士生导师黄惇、广州美术学院教授，中国画学院书法工作室主任祁小春担任学术主持。

20．12月24日，第六届浙江省书协第三次主席团（扩大）会议在武义召开。浙江省文联党组成员、书记处书记高克明、浙江省书协名誉主席朱关田、浙江省书协主席鲍贤伦、金华市文联主席金云平、浙江省书协副主席、主席团委员、秘书处及各地市书协负责人等40余人参加会议，会议由鲍贤伦主席主持。

21．12月25日，由浙江省文联、浙江省书法家协会、金华市书法家协会、武义县书法家协会联合推出的“送欢乐下基层—书法进万家•写福送春联”惠民活动，在武义桐琴隆重举行。

安徽省书法家协会工作大事记

1．1月，组织36人次书法家参加省文联组织的文艺“三下乡”活动，分赴桐城、阜阳、寿县等市县义务为民写春联，送出春联3500余幅。

2．1月，召开“安徽省书法家协会四届三次理事会”，总结2010年工作，研究布置2011年工作，增补理事19人，并由本届省书协主席团聘任协会副秘书长2人，省文联党组书记、书记处第一书记庄保斌出席会议并就如何打造一流安徽书坛发表重要讲话。

3．1月，举办“安徽省书法家协会第二届老书家迎春联谊会”，举行了专场民乐演出，省政协副主席田维谦、省政府副秘书长余焰炉等领导同志出席联谊会并看望了老书家。

4．1月，由安徽省书法家协会主办的“吴雪书法展”在滁州学院艺术院展出，省政协副主席田唯谦、南京艺术学院教授、留学生院副院长徐利明以及来自全省各地的书法家200余人参加开幕式。

5．2月，进一步规范协会内部管理制度，协会内部成立组联部、展览部、宣教部和内务部。研究制定《安徽省书法家协会上下班制度》、《安徽省书法家协会值班制度》、《安徽省书法家协会请销假制度》、《安徽省书法家协会费用管理制度》、《安徽省书法家协会会员管理制度》、《安徽省书法家协会冠名制度》等讨论稿，同时出台了部门职责。

6．2月，全面启动和完善省书协成立30年来的会员档案管理电子化程序。

7．3月，省书协召开机关全体人员鼓劲会。省文联书记处书记、省书协副主席吴雪，省文联办公室主任江枫，省书协主席张学群，省书协副主席、秘书长王亚洲出席会议并讲话。会议就如何打造一流书协、作风建设和以优异的工作成绩推动安徽书法事业繁荣发展等问题展开了讨论。

8．3月，认真组织开展“邓石如奖”全国书法作品展投稿照片的收集、整理、登记工作，来稿总计14000余件，并由中国书法家协会牵头完成展览初评工作，进入终评作品近2000件。

9．4月，认真做好“邓石如奖”全国书法作品展进入终评的近2000件原作的收件、登记、悬挂等工作，并由中国书法家协会牵头完成展览终评工作，入展作品412件，其中优秀作品10件，优秀作品提名20件。

10．4月，由省书协主办的“书法教育下基层”活动在宿松县启动。省书协副主席、秘书长王亚洲，青年书法家王金泉、陈智、方斌以及当地书法爱好者60余人参加活动。

11．5月，由省书协和省青年书协主办的“感恩书法——凌斌、史培刚、石海松书法作品观摩展”在合肥久留米美术馆展出，展出三人近期创作精品60件，同时推出作品集。

12．5月，由中国书协、阜阳市委、阜阳市政府、省文联和省书协共同主办的“中国书法进万家——百名书家走进王家坝”活动在阜阳隆重举行，中国书法家协会副主席张改琴、聂成文，中国书法家协会组联部主任张陆一、研究部主任刘恒，安徽省书协主席张学群以及来自全国各地的百名书家和阜阳市的众多书法爱好者参加了仪式。百名书法家还实地考察了王家坝闸，切身感受王家坝精神和王家坝人民的精神风貌。

13．5月，中国书法家协会考评组莅临阜阳开展对阜阳申报“中国书法名城”实地考评工作。考评组由中国书法家协会副主席张改琴、聂成文以及中国书法家协会研究部主任刘恒，考评领导小组副秘书长、福建省书协副主席李木教，河南省书协副主席吴行，甘肃省书协副主席陈扶军，安徽省书协副主席、秘书长王亚洲等成员组成。

14．6月，由省书协主办，淮北市杜集区委、杜集区人民政府、淮北海容实业有限责任公司承办的“全国书法、现代刻字名家邀请展暨安徽省第二届现代刻字展”在淮北市博物馆隆重开幕。中国书协分党组成员、副秘书长潘文海，中国书协副主席聂成文，中国书协组联部主任、刻字委员会秘书长张陆一，中国书协研究部主任刘恒，中国书协刻字委员会副主任王志安、张之，上海市书协副主席徐正濂，省书协主席张学群，省书协副主席、秘书长王亚洲以及淮北市委市政府和杜集区几大班子领导、来自全国各地的中国书协理事、中国书协刻字委员会委员、历届国展获奖作者代表、淮北市党政机关干部群众千余人参加了开幕式。展览汇集了历届国展获奖作者和安徽省的书法刻字作品400余件，展览作品集同时出版发行。

15．6月，由省书协主办的“书法培训下基层”活动在无为县举办。中国书协理事、省书协副主席吴雪，省书协副主席桂雍、傅爱国，中国书协培训中心书法导师王金泉，知名青年书法家史培刚、陈智及当地书法爱好者60余人参加活动。

16．6月，由省文联、省书协主办的“庆祝中国共产党成立90周年安徽书坛名家90人大型笔会”在合肥隆重举行。

17．7月，为帮助广大会员提高创作水平，增强参加第十届全国书法篆刻展览的竞争力，省书协在合肥举办“备战十届国展”创作培训提高班。来自全省各地170名具有冲击国展潜力的会员参加培训。

18．7月，由中国书协、安徽省文联共同主办的“邓石如奖”全国书法作品展7月12日上午在安徽省省博物馆隆重开幕。中国书协分党组书记、副主席赵长青，中国书协副主席苏士澍、言恭达以及来自全国各地的入展书家和书法爱好者500余人出席开幕式。赵长青讲话，言恭达宣布获奖名单，臧世凯宣布展览开幕，庄保斌代表省文联致辞。张学群主持开幕式，领导和嘉宾为获得优秀作品奖的10位作者颁奖。。

19．7月，首届“中国•中部六省书法联展”暨“皖军书法华夏行（成都站）”活动新闻发布会在合肥举行。

20．8月，由安徽省书法家协会、日本兰亭会共同主办的第十二回中日兰亭书法交流展开幕式在亚明艺术馆隆重举行，省书法家协会副主席方茂鸿、余国松、张兆玉，省书法家协会驻会副主席兼秘书长王亚洲，日本兰亭会会长石川芳云等以及中日双方的百余名书法家和书法爱好者参加了开幕式，本次展览展出中日双方书法家创作的作品近300件。

21．9月，由合肥三洋公司与省书协联合举办的“合肥三洋职工书法培训班”开学典礼在三洋集团培训中心举行。省文联书记处书记、省书协副主席吴雪，省书协副主席桂雍、傅爱国、张兆玉以及合肥三洋公司董事长金友华等出席开学典礼。培训班学制一年。

22．9月，由省文联和省书协主办，合肥三洋公司承办的“皖军书法华夏行（成都站）”在成都拉开帷幕。展览展出安徽书坛60幅书法作品，同时邀请了四川省部分书法名家的20幅佳作进行交流展览。之后开展了西藏行活动。

23．9月，由省书协主办、宿州市书协承办的“皖北书法培训工作座谈会”在宿州举行。宿州、阜阳、淮北三市书协领导、淮北师大和宿州学院的专家代表20余人出席会议。

24．9月，省书协教育专业委员会2011年年会合肥召开。

25．9月，由省书协、芜湖市文联主办，芜湖市书协承办的“皖南书法培训工作座谈会”在芜湖召开。芜湖、马鞍山、铜陵、黄山、宣城、池州等6市书协领导20余人出席会议。

26．9月，第六届中国中部投资贸易博览会隆重开幕之际，由中国书协和山西、河南、安徽、江西、湖南、湖北六省文联主办，六省书协承办的“中国•中部六省书法联展”在山西美术馆拉开帷幕。展出的300件书法作品，出自中部六省书法名家之手，书体兼具、风格多样，较好地反映了中部地区的书法艺术风貌。安徽参展的50幅精品。

27．9月，省书协主办的“书法培训下基层”活动第三站在泗县举办，省书法家协会副主席桂雍、傅爱国，省青年书协副主席史培刚、方斌以及当地书法爱好者60余人参加活动。傅爱国、桂雍、方斌分别做了“艺术学习与创新思维”、“书法学习与鉴赏”和“创作与笔墨纸印”的讲座。

28．10月，由省书法家协会和安徽建工技师学院联合举办的“建工技师学院职工书法培训班”开学典礼在合肥举行。50多名学员参加开学典礼。

29．10月，由省书协和利辛县人民政府联合主办的“安徽省中国书协会员作品展”在利辛县隆重开幕。

30．11月，省书协楷书委员会全体会议在合肥召开。会议确定2012年上半年举办“皖军书法楷书二十家展”，会议推选张宇为楷书委员会主任，胡克勤为楷书委员会副主任，石海松为楷书委员会秘书长，同时增补李哲等5位同志为委员。

31．11月，为贯彻十七届六中全会精神，推动书法产业发展繁荣，中国书协分党组书记赴黄山、合肥考察了书法产业的发展、书法创作、培训及书法品牌建设等。

32．11月，安徽省书协成立30周年庆典大会在合肥隆重召开。老一辈书家代表，省文联机关有关处室及各兄弟协会负责人，省书协全体理事等100多人出席会议。吴雪宣读省书协2011年度表彰决定，陶天月代表老一辈书家讲话；省书协副主席、秘书长王亚洲代表省书协作30年工作回顾报告。。

33．12月，为鼓励全省书法爱好者积极参加中国书协主办的各类展览，激励书法人才脱颖而出，促进安徽书法创作繁荣发展，展示安徽书坛的良好形象，省书协出台了《关于对在中国书协主办的展览中获奖作者实施表彰奖励的暂行办法》，旨在确立以贡献论英雄的正确导向，努力实现创新发展、和谐繁荣、有为有位的安徽书坛发展目标。

34．12月，由省书协发起并主办的“首届皖藉书法家作品展”在合肥开幕。

福建省书法家协会工作大事记

1. 1月，2011年元旦、春节期间，福建书协配合中宣部、文化部、农业部等国家八部委，组织书法家前往平潭综合实验区开展文化下乡、文化惠民活动，为平潭干部群众、实验区建设者书写春联。省书协多次组织书法家赴南安蓉中村、福州台江第三中心小学、罗源、闽侯等地开展书法进万家活动。福建书协还积极配合省文联，组织书家参与全省文艺家走进福清、走进浦城、走进寿宁等采风活动。

2. 4月，福建书协与安溪湖头镇共同主办了“魅力湖头•李光地文化”全国书法大赛。共收到全国各地应征作品近两千件，评选出入展作品200件、获奖作品35件。此外还举办了“闽都撷英•福州青年书法家作品展”、“福建省残疾人书法作品展”等近十场展览。

3. 6月13日，由福建书协、东山县委、县政府共同主办的“首届福建书法兰亭奖作品展”在东山县文博中心隆重举行了开幕式、获奖作者颁奖仪式及作品集首发式。“福建书法兰亭奖”是福建书法专业创作最高奖。本次展览共评出金奖作品5件、银奖作品10件、铜奖作品14件、优秀入展作品133件。

4. 6月20日，为庆祝中国共产党成立九十周年，福建书协联合中国书协，武平县委、县政府共同举办了“中国书法进万家——走进闽西红土地”大型采风活动。来自全国各地著名书法家一行30余人，走进闽西红土地武平、上杭、永定等地，开展创作采风活动。

5. 6月29日，为庆祝中国共产党成立九十周年，福建书协举办了“福建书法家书福建作品展”，本次展览作为福建省庆祝中国共产党成立九十周年系列活动之一，由省委宣传部、省文联主办，福建书协承办。展览共展出福建省中国书法家协会会员作品150余件，作品形式多样，或书法或篆刻，篆隶真行草诸体皆备。福建书协编辑出版了庆祝中国共产党成立九十周年——《福建书法家书福建作品集》。

6. 7月2日，福建书协邀请中国书协副主席聂成文、展览部主任吴震启等专家来福州讲学，来自全省各地的中青年创作骨干70余人参加了创作班的培训学习。

7. 7月6日，福建书协还配合中国书协培训中心在厦门同安举办全国书法培训班。来自全国各地的作者百余人参加培训。

8. 7月11日，为繁荣福建省书法艺术事业、出精品、出人才，总结和展示福建省书法艺术的发展态势和艺术风貌，福建书协主办了“第三届福建书法篆刻作品展”。共评出获奖作品37件、入展作品222件、入选作品203件，其中一等奖5件、二等奖10件、三等奖20件。展览于7月11—14日在福州展出，作品集也同时出版面世。

9. 7月25日，福建书协在泉州举办了“十届国展福建评稿会”，来自全省各地40余名可望入展和冲击奖牌的重点作者带来自己准备应征的作品，在此期间，福建书协主席团成员还多次赴同安、惠安、南平、福鼎、三明、永春、漳浦等地举办学术讲座、评稿会，为基层作者分析当前全国书法创作态势和十届国展有关创作问题，点评作品、完善创作。

10. 8月13日，福建书协与刻字研究会联合举办“第五届福建省刻字大展”，在美丽的东山岛县文博中心举办展览开幕式暨颁奖仪式。

11．9月20日，“福建省首届书坛新人新作展” 在长泰马洋溪生态旅游区展出，展览从近2000件来稿中评出一等奖5件，二等奖10件，三等奖20件，入展作品176件，同时举行作品集首发式及获奖作者颁奖仪式。

12．10月7日，福建书协还与中国书协、厦门书协、国际刻字联盟等联合，在厦门举办由中国、日本、韩国、新加坡、马来西亚、以色列、巴西等七个国家参与的第二届国际刻字艺术大展。从来稿中评出一等奖4名、二等奖8名、三等奖12名，入展作品200余件。作品风格多样，充分展现各国的民族风格和艺术特征，展示了国际刻字进入一个平稳发展的新阶段，彰显中国作为刻字大国、母国的成熟风范。

13．10月22日，为隆重纪念辛亥革命100周年，弘扬中华优秀文化，振兴中华民族，推动两岸关系和平稳定发展，经中共中央“辛亥革命100周年纪念活动筹备办公室”批准，中国书协、台湾中国书法学会、人民画报社在北京居庸关长城举行“海峡两岸百位书法名家百米书法长卷长城笔会”，省书协柯云瀚应邀出席10月23日上午在全国政协礼堂举行“海峡两岸著名书法家作品邀请展”，我省陈奋武、柯云瀚、陈秀卿、李木教的作品应邀参展。

14．11月13日，省书协联合省文化厅、省美术馆，在省美术馆举办已故书画家章友芝先生遗作展，出版《章友芝书画作品集》，为弘扬书法艺术，研究福建书法起着积极的影响。

15．12月，省书协配合中国书协培训中心在漳州举办全省书法临摹与创作培训班，对全省的书法作者作短期培训。

16．12月20日，为规范书协常务理事、理事会的管理工作，发挥其应有的作用，省书协在漳州召开四届四次常务理事会，传达全国文代会精神，总结布署全省书协工作。与此同时，我们还举行福建省书法家走进东南花都全省书家大型采风活动，约60多人参加该活动。

江西省书法家协会工作大事记

1．1月1日至3日，江西省书协在高安市举办第三届全省书法临帖班，邀请中国书协副主席胡抗美讲课，来自全省书法家和书法爱好者100余人参加了培训班。

2．春节期间，省书协邀请知名书法家三十余人先后赴南昌市、高安市、德安县等地农村举办送春联下乡活动，为农民群众书写2000余幅书法作品和春联。

3．5月20日至22日，江西省书协在高安市举办了江西省首届刻字培训班，邀中国书法家协会理事、刻字委员会副主任、清华大学美术学院教授王志安老师，河南省刻字委员会委员李贵阳老师来赣讲学。来自广东、河南、浙江及全省各地书法爱好者110余人参加了培训。

4．6月25至27日，省书协在德安举办了江西省首届篆刻培训班，邀请中国书法篆刻名家古松章先生和李贵阳先生来赣讲学，来自全省各地80余人参加了培训。

5．6月29日，省书协在抚州市博物馆举办第二届“临川之笔”全国书法大赛作品展。大赛自4月启动以来，收到全国1400多位作者的作品，中国书协主席张海等40多位全国著名书法家对大赛予以热情支持，寄来了作品表示祝贺。大赛评出一等奖3名、二等奖5名、三等奖9名，优秀奖158名。这也是江西书法界庆祝建党90周年的重要活动。

6．7月15日至17日，为了迎接第十届全国书法篆刻展，江西省书协举办了迎十届国展冲刺班，邀请中国书法家协会副主席聂成文、河南省书协副主席胡秋萍来赣讲学。15日，聂成文作了题为《关于国展书法创作问题及导向》的讲座；16日，胡秋萍对参加培训的学员的近百副书法篆刻作品进行了逐一的点评。

7．10月18日，省书协与景德镇国际陶瓷博览会组委会、中共景德镇市委宣传部在景德镇联合举办“首届全国陶瓷书法作品展”，共展出全国书法名家200余件作品。展览进一步弘扬了中国陶瓷文化和书法文化，促进了陶瓷书法的创作、交流、研究和发展，拓展了陶瓷书法市场。

8．10月27日，由省书协主办，韶山、井冈山、遵义、延安、石家庄五地书协承办的纪念建党九十周年——韶山、井冈山、遵义、延安、西柏坡五地书法联展首展仪式在井冈山革命博物馆举行。遴选展出的73件书法作品，展现了五地书家在书法领域孜孜以求、奋发向上的新气象、新风采。

9．11月1日，省书协主办的“中华苏维埃共和国成立80周年全国书法作品展”在瑞金中华苏维埃历史博物馆开幕。大赛启动以来，收到全国1100多名作者作品。大赛评出一等奖2名、二等奖4名、三等奖10名，优秀奖30名。活动围绕纪念中华苏维埃共和国成立80周年主题，进一步弘扬了苏区精神，挖掘了红色文化，展示了“红色故都•七彩瑞金”的新形象。

10．11月25日至29日，省书协主办的江西省第五届书法临帖展在省文联艺术展览中心展出。展览共收到来自全省书法爱好者700余件书法作品。共展出400余件。

11．本年，江西省书法家协会特举办“全国百名理事作品邀请展”，邀请百名中国书协理事书写以“禅宗文化”为主的书法作品。本次展览共展出包括中国书协副主席赵长青、张业法、言恭达、吴善璋、吴东民等全国著名书法家作品一百余件。并出版了精美的作品集。

山东省书法家协会工作大事记

1．1月21日，山东省文联组织书画家到邹平好运福利企业有限公司开展“迎新春书画进万家”活动。由省书协常务副主席兼秘书长顾亚龙带队，省文联办公室主任、省美协秘书长王宇鹏及丁宁原、于新生、宋丰光、李勇、李向东、范正红、郑训佐、孟鸿声、吴苓等书画家参加了活动。

2．4月19日，　在山东省文联成立60周年纪念大会上，陈左黄、高小岩、柳志光、张剑萍、郭连贻、于太昌、娄以忠等七位从艺60周年以上的德高望重的老书法家被山东省文联授予“艺术终身成就奖”。

3．4月20日，“中国书法之乡”授牌仪式在山东莱阳市中心文化广场举行。

4．4月，经山东省文联党组提名，中共山东省委研究决定，省书协常务副主席兼秘书长顾亚龙同志任山东省文学艺术届联合会党组成员、副主席。

5．4月29日，山东省书协四届十八次主席团会议在济南召开。会议传达了中国书协六届二次主席团会议、中国书协工作会议和山东省文联工作会议精神，对山东省书协2010年工作进行了全面总结，对2011年重点工作作了安排部署。

6．4月30日，山东省书协2011年度工作会议在济南召开。中国书法家协会副主席、山东省书法家协会主席张业法主持会议。

7．6月18日，由中国书协刻字委员会主办，山东省书协、曲阜师范大学书法系承办的迎接第十届全国书法篆刻展全国刻字培训班开班仪式在曲阜师范大学举行。

8．6月，颂歌•庆祝建党九十周年山东省书法精品展评选。专家评委根据公平、公正的原则进行了严格遴选，投票评选出一等奖5名，二等奖10名，三等奖20名，优秀奖70名。

9．7月20日，山东省书协第五次代表大会在济南隆重召开。来自全省各市、大企业、高校、军区和省直机关的179名代表出席了大会。山东省文联主席潘鲁生、党组书记于钦彦出席大会。大会听取了中国书协副主席、山东省书协第四届主席团主席张业法所作的题为《与时俱进、开拓创新，再创山东书法艺术事业新的辉煌》的工作报告，审议通过了新的《山东省书法家协会章程》，选举产生了山东省书协第五届领导机构。

顾亚龙当选为山东省书协第五届主席团主席，于茂阳、于明诠、龙岩、李向东、范正红、郑训佐、单国防、赵长刚、蒯宪、燕守谷、孟鸿声、黄斌、冯东青、徐华志、张伟、王讯谟16人当选为副主席；赖非、宁兰智、吴苓、孙肖嘉、靳永、范国强、亓汉友7人当选为主席团委员；靳永任秘书长；王克泉、刘玉鼎、纪君、王升峰、曹钰、李虎林、王始钧、刘繁昌、赵卫东、张鹏任副秘书长。

在五届主席团第一次会议上，推举王玉玺、刘国福、林书香、连承敏、国家森、高小岩、张业法、于占德、王凤胜、梁修10人为名誉主席；聘请周坚夫、陈左黄、柳志光、于太昌、娄以忠、陈梗桥、王颜山、张百行、车本杰、岑川、徐超、张弩、陈锡山、张仲亭、贺中祥、段玉鹏、杨炳云、张家纬、袁玉森、朱树松、荆向海、况尉、闫文禄为顾问。

10．8月27日，第四届山东国际大众艺术节暨颂歌•纪念建党90周年全省美术书法摄影大展在山东博物馆隆重开幕。两个月的征稿时间里，共收到来稿11100余件，共评选出一等奖12名，

二等奖30名，三等奖57名，优秀奖201名。其中，书法类一等奖5名，二等奖10名，三等奖20名，优秀奖70名，另有入选者126名。

11．8月30日，刘公岛杯•第二届山东刻字艺术展在山东省图书馆隆重开幕。展览共收到刻字作品391件，经专家评委严格遴选，共评出获奖作品10件，提名奖18件，另有213件作品入展。

12．9月1日，山东省书法家协会官方网站正式开通。

13．9月7日，第四届山东国际大众艺术节——翰墨春秋•纪念山东文联成立60周年美术书法展在山东省图书馆隆重开幕。该展荟萃了山东省文联成立60年来133位书法家的近300幅精品力作。

14．9月9日，纪念中国书协成立三十周年——中国书协优秀会员作品展于在北京中国人民革命军事博物馆举行。共展出作品800件，其中山东省入展作品66件。

15．9月14日，第四届山东国际大众艺术节——“三维杯”第四届国际书法名家作品邀请展在山东省图书馆隆重开幕。展览荟萃了中国、美国、加拿大、法国、印度尼西亚、日本、韩国、马来西亚、新加坡等国家的书法名家作品共206件。

16．10月1日，山东省书协与倪氏海泰集团正式签订协议，共同举办首届王羲之奖全国书法作品展览。举办时间：2012年8月，地点：济南。

17．10月8日至9日,第四届山东国际大众艺术节•第三届山东书学讨论会暨迎接第九届全国书学讨论会论坛在淄博齐盛国际宾馆召开。

18．10月20日，第九届中国临沂书圣文化节在王羲之故居盛大开幕。中国广告协会会长、原国家工商行政管理总局副局长李东生，省文化厅巡视员邢玉斗，省人大常委、中国书协副主席、省书协名誉主席张业法等出席开幕式。

19．10月24日，山东省书协书法考级工作会议在济南召开。省文联党组成员、副主席，省书协主席顾亚龙出席会议并讲话。省书协顾问段玉鹏，省书协副主席龙岩、秘书长靳永、主席团委员亓汉友、副秘书长曹钰等来自全省各市的代表22人参加会议。

20．11月2日，蒋维崧先生塑像落成仪式暨纪念蒋维崧先生诞辰九十六周年座谈会在山东大学中心校区隆重举行。

21．8至10月，山东省文联党组成员、副主席、省书协主席顾亚龙先后在省书协驻会副主席孟鸿声、主席团委员兼秘书长靳永等人的陪同下先后到青岛市城阳区、莱西市、济南市、济宁市、泰安市、昌邑县、淄博市及部分单位、学校进行深入开展书法调研活动。

22．11月12日，中共山东省委宣传部副部长刘为民率队，山东省文联党组成员、副主席、省书协主席顾亚龙，山东省美协主席团成员、一级美术师徐永生，山东艺术学院美术学院副院长韩菊声教授、国画系主任马林春，省书协驻会副主席孟鸿声一行，走进深圳，参加了为期两天的采风活动。

23．11月29日，中国文联副主席段成桂，中国书协副主席、山东省书协名誉主席张业法一行到莱州市就云峰山申报“中国书法名山”进行复评。

24．12月1日，山东省书协与中国书协书法考级中心正式签订协议，设立中国书协书法考级山东省书法考级中心，统筹负责山东省内的书法考级工作。

25．12月10-11日，山东省书协五届二次主席团会议暨2012年全省书法工作会议在莱芜龙园宾馆隆重召开，省书协主席团成员22人，各市、大企业、高校书协主席和秘书长近40人出席会议。

26．12月13日，首届王羲之奖全国书法作品展览启动仪式在山东广电产业大厦举行。省委宣传部副部长、省文化厅党组书记徐向红,省委宣传部副部长刘为民,省文联党组书记于钦彦及大展协办单位倪氏海泰集团负责人共同启动了此次大展。

27．12月20日，临沂洗砚池小学被授予“王羲之书法特色学校”称号，这是山东省书法家协会授予的第一批首个“王羲之书法特色学校”。

28．12月25日，由中宣部、科技部、司法部、农业部、文化部、卫生部、国家人口计生委、国家广电总局、中国科协九部委联合举办的全国文化科技卫生“三下乡”活动启动仪式在革命老区临沂市临沭县举行。山东省文联、省书协承办的书法文化下乡服务站作为本次活动的重要项目之一，受到了广大基层群众的热烈欢迎。

29．12月28日，山东省书法家协会“百县千村”书法文化下乡活动启动仪式在济南市历城区相公村隆重举行，与此同时全省130多个县市区、700多名书法家，也在当地举行活动，为广大农村群众写春联，为书法爱好者传授书法技艺。此项活动是省书协为配合全省“三下乡”活动深入开展，在经过三个月的基层调研、广泛听取基层农村群众意见而组织的具有开创性的文化惠民活动。这也是继“王羲之奖”全国书法作品展落户山东之后的又一项重大文化活动。

河南省书法家协会工作大事记

1．1月6日，由河南省书协、陕西省书协主办，河南省书协刻字委员会、陕西省书协刻字委员会承办的河南•陕西现代刻字联展暨河南省第二届现代刻字展在河南省文联开幕。

2．1月，河南省书协官方网站（www.shufa.hn）几经改版正式上线。设置协会概况、新闻资讯、书坛名家、考级培训、合作共赢、论坛等栏目。网站自改版以后，访问量日益提升，特别是网络论坛，已经逐步走向活跃。

3．2月中旬，河南省书协承办了由中国文联、中国书协、河南省委宣传部、河南省文联主办的“送欢乐下基层中国书法进万家—走进中牟”活动，邀请了包括中书协副主席在内的国内知名书法家为中牟的人民群众书写春联。

4．3月5日，河南省书法家协会五届六次理事扩大会在郑州召开。省文联副主席、省书协主席宋华平出席会议并发表讲话。五届理事会全体理事、各团体会员单位书协、中国书法之乡、中国书法名城、中国书法城负责同志100余人参加了会议。会议对省书协2010年工作进行了全面回顾和总结，对2011年工作进行了安排部署。

5．4月1日，辛卯年黄帝故里拜祖大典中原文化活动周书画摄影展于在河南美术馆开幕。展览展示了河南省书画摄影家的名作、新作，多角度反映炎黄子孙同祖同宗、同根同源的浓浓亲情。

6．4月20日，由中国美协、中国书协、中国摄协、河南省委宣传部、河南省文联、河南省政府驻京办主办，河南省美协、河南省书协、河南省摄协承办的“中原风”河南美术、书法、摄影精品展在北京中国人民革命军事博物馆隆重开幕。曹刚川，孙家正等领导出席开幕式。此次展览汇集了书法作品共86件，内容以歌咏中原大地山川风物、人文历史的诗词歌赋为主，是“中原书风”的一次集体亮相。

7．4月24日，河南省书协主办，省书协妇女书法工作委员会协办的“墨韵芳菲——皖豫甘琼四省女书法家作品联展”在河南省文联开幕。

8．4月和12月，中国文字博物馆、河南农业职业学院先后成功被命名为中国书法家创作培训基地。11月，中国书协先后组织专家对洛阳市洛宁县和孟津县进行“中国书法之乡”创建工作评审。

9．5月7日，河南省书协召开了备战十届国展动员会。会议下发了《关于全力备战十届国展的通知》，对冲刺十届国展做了发动。

10．6月13日至21日，由省文联主办，省摄影家协会、省书法家协会、省美术家协会承办的“庆祝中国共产党建党90周年摄影、书法、美术作品系列展”在省文联展厅举行。

11．6月18日，河南省第二十届群众书法作品展在古都开封中国翰园碑林开幕。一年一度的河南省群众书法作品展，已经成为河南省书协的一个知名品牌，第二十届群众书展共展出作品3300余件。

12．6月22日，由省委省直工委、省文联共同举办的河南省机关庆祝中国共产党成立90周年书法绘画摄影展在省文联开幕。这次书画摄影展，旨在用人民群众喜闻乐见的形式来歌颂党的光辉历史和丰功伟绩，用艺术的语言来表达人民生活和精神面貌的巨大改变。

13．7月1日，由河南省书法家协会主办的河

广东省书法家协会工作大事记

1. 1月8日，由广东省文联、江门市政府主办，广东省书协等单位承办的“白沙茅龙笔”中日韩书法名家邀请展在江门美术馆开幕。展览展出来自全国各省、市、自治区，港澳台地区书法作品约70件，日本、韩国作品各10件。

2. 1月16日，韶关市九龄书画院成立暨首届“张九龄杯”广东省书法篆刻比赛作品展在韶关开幕，共展出获奖入选书法作品400多幅以及中国书协主席张海等名家作品80多幅。

3. 1月18、19日，广东省书法家协会在广州花都召开2011年全省组联工作会议。会议传达中国书协第六次会员代表大会精神、回顾和总结2010年省书协工作，与会的各市书协代表针对广东文化强省建设、岭南书法发展等问题进行了讨论和经验交流。

4. 2月22日，2011年广东省书法家协会新春年会在广东迎宾馆举行。广东省文联领导、省书协主席团及全省各市书法爱好者五百多人共聚一堂。省书协在会上作过去一年的工作小结，并对2009、2010年度在书法方面取得优异成绩的作者和为书法事业、活动作出贡献的单位进行表彰。

5. 6月3日，由广东省和黑龙江省书协共同举办的黑龙江•广东书法联展在哈尔滨开幕，展出230件书法作品。

6. 6月28日，由广东省书协主办、广东书法院承办的“纪念中国书法家协会成立30周年”——广东省中国书法家协会会员优秀作品展在广东书法院隆重开幕。展览共展出270多件广东的中国书协会员作品。

7. 7月8日，由广东省总工会、省文联、省书协、广东书法院联合举办的庆祝中国共产党成立90周年“永远跟党走”全国职工书法艺术大赛作品展在广州市文化公园开幕。省人大常委会副主任、总工会主席邓维龙，中国书协分党组书记赵长青，中国书协副主席吴东民，中国书协顾问陈永正，省委宣传部副部长顾作义等领导嘉宾出席了开幕式。展览共展出来自全国各条战线的399件优秀书法作品。

8. 陈永正、陈景舒、王贵忱、陈光宗、张東、蒋士云获纪念中国书法家协会成立三十周年荣誉奖；王楚材、纪光明、李远东、吴凤彩、陈福坤、董祖文获纪念中国书法家协会成立三十周年贡献奖。

9. 8月22日，由广东省书法家协会、国际书法艺术联合韩国本部湖南支会、惠州市文联联合主办的第八回中韩书法交流展在惠州博物馆开幕。展览共展出中韩两国书法作品200件。

10. 9月22日，由广东省书法家协会主办的广东省纪念辛亥革命100周年 书法展在广州文化公园开幕，共展出书法作品448件。

11. 10月20日，中韩书法交流展在韩国光州市开幕，省书协主席张桂光率团前往参加开幕式。

12. 11月13日，由广东省文联、省书协主办的广东省星河展•第五回书法展在广东文联艺术馆举行。展览展出了2010年在全国各项重要展事中获奖或入选的7位中青年作者的作品68件。

13. 12月15日，由广东省书协、惠州市和惠城区委区政府主办的“走进双拥文化名城惠州——（走马岭南）全国获奖军旅书法家十人作品展暨捐赠活动”开幕式在惠州博物馆举行。

广西壮族自治区书法家协会工作大事记

1．1月22日，组织60名著名书法家在南宁市民族广场开展义务书写赠送春联活动。书法家们当场挥毫泼墨，借吉祥喜庆的春联为人民送上了新春的祝福，深受广大群众的欢迎和称赞。这一系列惠民活动，已成为全区一大文化特色。

2．1月，广西书法网开设“书法擂台”专贴，每月举办一次。成为广西书法网一道风景线，在广西书坛引起积极反响。

3．3月12日，第六届四次理事会暨广西“书法之乡”授牌仪式在鹿寨县举行。

4．4月14日，全国第十届书法篆刻展新闻发布会在南宁跨世纪大酒店举行。

5．5月18日，为备战第十届全国书法篆刻展，在北海市海侨港彩云宾馆举行了“迎十届国展刻字培训班”。

6．6月13日，首届“黄庭坚奖”全国书法大赛在南宁评选揭晓。本次展览吸引了全国各地以及加拿大、日本、新加坡等国家共7000余人投稿。最终有240幅作品从7000余份来稿中脱颖而出。

7．6月14日至16日，为积极备战全国第十届书法篆刻作品展览，广西文联和广西书协在南宁跨世纪大酒店联合主办为期三天的“广西冲刺十届国展培训班”，共有220多名区内外学员参加培训。

全国第十届书法篆刻作品展（广西展区）行书、篆刻、篆书、刻字四种作品的初评、复评、终评工作，9月18日至22日在广西南宁跨世纪大酒店进行。十届国展广西展区投稿件数为20996件，其中行书12418件，篆书4911件，篆刻1949件，刻字1718件。

8．9月24日由广西文联、广西宜州市委、市政府、江西修水县委、县政府联合主办，广西书法家协会、宜州市委宣传部承办的首届“黄庭坚奖”全国书法大赛作品展，在宜州开展。

9．11月8日，全国第十届书法篆刻作品展（广西展区）新闻发布会在南宁跨世纪大酒店举行。中国书法家协会分党组成员、副秘书长戴志祺，广西文联副主席赵如锋，广西书协主席韦克义、广西跨世纪文化传播有限公司董事长黄冠杰、广西书协秘书长刘德宏出席发布会。刘德宏分别做了主题发言和答记者问。记者们还就十届国展入选作品书法风格、评审程序、作品公示等提出问题，戴志祺、赵如锋一一给予了解答。

10．11月12日，广西文联、南宁市委宣传部、广西书协等单位在南宁金湖广场举行“广西首届书法艺术节启动仪式暨千人书法现场表演”活动。为庆贺全国第十届书法篆刻作品展这一书坛盛事在广西开设展区而举办的，旨在提升广西承办“十届国展”的重要意义，普及书法艺术，进一步推动广西书法艺术的繁荣和发展。

11．11月12日，由中国书法家协会、广西文联联合主办，广西书法家协会、广西跨世纪文化传播有限公司承办的全国第十届书法篆刻作品展（广西展区）在广西跨世纪书画艺术馆隆重开幕。

12．11月12日，全国第十届书法篆刻展览论坛在广西跨世纪大酒店三楼多功能厅隆重举行。中国书法家协会副主席吴善璋、苏士澍和朱以撒、吴振锋、叶培贵、李刚田、姜寿田、周俊杰等著名书法家在论坛上作专题发言。与会书法理论家，以及获奖、入展作者代表也进行了研讨。

海南省书法家协会工作大事记

1．1月20至25日，海南省书协组织40多名书家前往文昌市、琼海、万宁、陵水等地开展送文化下乡、义务为群众挥春活动。

2．1月22日，海南省书协在海口市召开五届一次理事扩大会议暨新春联谊会。省书协主席团成员、理事会理事、国展入展（入选）和获奖作者、老书法家、市县书协代表、省文联处室领导以及各界友好人士共100余人出席大会。大会总结回顾2010年工作，展望2011年工作计划，对2010年度国展入展（入选）和获奖的我省7名书法作者进行了表彰和奖励，颁发奖金近两万元。理事会后举行迎新春联谊会。

3．3月17日，在儋州市举办海南省西部五市县书法展，共展出五市县书法作者作品120件。

4．6月28日上午，在这庆祝中国共产党成立90周年的喜庆日子里，举办“红色经典”90书法名家大型现场挥毫活动。90名知名书法家出席。共同书写90米的书法长卷。创作书体多样、章法形式丰富，创作内容均为以描写党的领袖、伟人、革命先烈的革命诗词。传承先辈革命精神，抒发爱国主义情怀以及热爱党、热爱社会主义的高尚情怀。

5．6月27日，海南省书法家协会在海口召开“十届国展” 创作动员大会暨骨干创作研修班开班仪式。出席会议的有部分市县书协负责人及创作骨干40余人。

6．6月29日，文昌市在青少年活动中心广场举行创建“中国书法之乡”启动仪式暨千人挥毫万人签名活动，拉开该市申创“中国书法之乡”工作的帷幕。中国书协副主席、省文联专职副主席、省书协主席吴东民，市委常委唐龙海在启动仪式上讲话，市委常委、宣传部长黎小红主持仪式。

7．9月17日至18日，文昌市迎来了由中国书协副主席申万胜为组长的评估组一行9人，到该市就“中国书法之乡”创建工作进行评估验收。所到之处，评估组对文昌市申请创建“中国书法之乡”一致好评。经过中国书协的严格考核，文昌市条件符合《关于申报命名中国书协之乡若干意见》的相关条件，于11月28日被正式命名为中国书法之乡。

8．10月1日，在庆祝国庆62周年之际，中国当代书法名家作品展在海口隆重开幕。展览由中国书协、海南省文联主办，海南省书协、海南铧纪投资有限公司承办。是中国书协庆祝建党90周年和建国62周年系列活动之一，也是海南省举办的规模最大、层次最高、影响广泛的书法艺术盛会。展出的100余件作品覆盖了全国各省、市、自治区和港澳地区；受邀作者由中国书协主席团成员、理事，各省市书协主席、秘书长，各专业委员会主任，委员和由中国书协举办各类国展的获奖及入展者组成，均是活跃在当代书坛的领军人物，和有代表性、有影响力的实力派书家。国家行政学院副院长周文彰，海南省副省长陈成，省人大常委会副主任陈海波，中国书协分党组书记驻会副主席赵长青，中国书协副主席吴东民、聂成文，海南省军区副司令员杨永海，海南省文联作协党组书记、省文联主席朱寒松等出席开幕式并剪彩。

9．10月3日，海南国际书法名家作品展在三亚钟情国际潜水会所隆重开幕。展出来自巴西、法国、韩国、加拿大、马来西亚、美国、日本、

新加坡、意大利、西班牙、印度尼西亚、越南、文莱、中国内地及港澳台等国家与地区的100余件作品。此次书法作品展名家之多、地域之广，作品风格各异，展现了当代书法风采的艺术与成就，也彰显了中国书法艺术在世界上的地位和影响力。

10．11月11日，省书协组织作品并派出代表团参加第四届韩国釜山国际书法展，和韩国、日本、新加坡等地书法组织进行了艺术交流。

11．12月23日，“中国书法之乡”文昌命名授牌仪式在市青少年活动中心广场隆重举行，至此，文昌市成为海南省第一个荣获“中国书法之乡”称号的市县。

12．12月24日，“心象•墨迹——吴东民书法作品展”在海南省博物馆隆重开幕。

13．12月24日，由海南省政协、中国书协、中共海南省委宣传部、海南省文联主办的“吴东民书法展学术研讨会”在海口举行。此次学术研讨会是针对“心象墨迹——吴东民书法展”举办的。中国文联副主席、中国书协顾问段成桂，中国书协副主席吴善璋、聂成文，中国书协分党组成员、副秘书长戴志祺、中国书协研究部主任刘恒等与周俊杰、李木教、吴行、王志安、刘宗超、胡传海、袁卫平、马奔等理论界、书法界50余人参加了研讨会。

四川省书法家协会工作大事记

1．1月8日，“第三届四川•北京书法双年展”在四川省诗书画院开幕。该展览由四川省委宣传部、四川省文联、中国艺术研究院中国书法院、四川省书法家协会联合主办，来自全国的122位书法家参加了该项展览，共展出作品242件。这一展览作为当代书法界有较大影响的展示活动，吸纳了当代最优秀最具影响的中青年书法名家参展，是近一时期中国当代书法创作发展的缩影。

2．1月26日，四川省书法家协会组织近30位书法家到绵阳梓潼县，参加了“四川省科技、卫生、文化赶场”大型惠民活动。这次活动为老百姓书写春联近2000余幅。

3．2月3日至8日（大年初一至初六），30位书法家在四川省书法家协会组织下积极响应并参加四川省委宣传部、四川省文联、四川省文化厅联合组织的“文化暖冬”活动，先后到彭州、什邡、江油、广元、芦山县、茂县为灾区群众书写春联及书法作品共计4000余幅。

4．备战中国书法家协会举办的《第十届全国书法篆刻作品展》和《第三届西部书法篆刻作品展》，四川省书法家协会狠抓创作指导与培训。先后于4月20日、5月21日、6月27日、7月22日在四川省书法家协会创培中心组织了创作骨干培训班4期，除我省的师资外，先后邀请了省外全国知名专家来川讲座并指导创作，培训骨干作者共计400余人次。

5．5月5日、6月15日，“四川更加美丽——四川美术•书法名家优秀作品展”分别在北京首都军事博物馆、成都新会展中心展出。此次展览由四川省委宣传部、四川省文化厅、四川省文联主办，四川省美协、四川省书法家协会、四川省艺术创作交流促进会共同承办。省内外80位著名书法家，在四川省书法家协会的组织下，精心创作了80件力作参加该展览。

6．6月4日，“四川•大邱中韩书法交流展”在成都市诗书画院开幕，展期3天。这次展览共展出103件作品。其中四川省53件(特邀3件)，韩国大邱50件。同时此次展览将于2012年在韩国大邱展出。

7．6月30日，“四川省纪念中国共产党成立90周年军地美术•书法作品展” 在成都军区开幕。该展由四川省书法家协会、成都军区政治部宣传部、四川省美术家协会共同主办，成都军区政治部承办。四川省书法家协会具体承办了该展的书法部分，组织创作书法作品55件参加该展。

8．7月26日，由四川省书法家协会与安徽省书法家协会主办的 “皖军书法华夏行——书法艺术交流展” 在四川省博物院开幕。安徽省书法界20多位代表性人物在安徽省政协、省文联领导的率领下来川与我会27位作者进行了书艺交流。

9． 8月4日，四川省书法家协会第十四期临帖培训班在四川省书协培训中心举行，来自全省各地的120位书法爱好者参加了这次培训。

10．8月6日，“2011年四川省篆刻研讨会”在遂宁召开，来自全省40余名篆刻名家出席了此次会议。

11．8月17日“四川省第二届临书临印展”在四川省诗书画院开幕。该展共收到全省作者的投稿1652件，收稿量创历次展览之最。共评出获奖作品30件，入展作品209件，入选作品202件。

12．10月23日，四川省书法家协会17名书法艺术家在何应辉主席带领下赴台举办“辛亥百年四川•台湾书法篆刻名家交流展”。该展共展出我会九十件书法精品力作。

13．11月4日，由四川省文联主办，四川省美术家协会、四川省书法家协会、四川省摄影家协会承办的《首届四川省人民公仆美术•书法•摄影作品展》在四川省博物院开幕。共展出作品200余件，其中书法作品61件。

14．11月4日，“中国书法之乡”授牌仪式在金堂县举行。在四川省书法家协会的指导帮助下，金堂县委县政府抓住机遇申请创建中国书法之乡，并由四川省书法家协会向中国书协提出申请，于8月21日通过中国书协考察组的考察。

贵州省书法家协会工作大事记

1．1月，“送欢乐下基层”组织书法家到朱昌镇青龙村义务为群众书写春联。

2．3月，为推动西南地区书法篆刻创作的交流与提高，由中国书协、四川省书协、重庆市书协、云南省书协、贵州省书协主办的“西南四省市优秀中青年书法篆刻提名展”在贵州省贵阳市美术馆隆重开幕。

3．3月，由贵州省书法家协会和小河区人民政府共同主办的贵州省首届“恒安杯”篆刻展在贵阳美术馆隆重开幕。

4．4月，由贵州省书法家、美术家、音乐家、摄影家协会与贵州百里杜鹃风景名胜区管理委员会组织邀请全国著名书法家、画家、音乐家、摄影家走进“百里杜鹃”。

5．4月，贵州省书法名家走进贵州高速（厦蓉贵都段）慰问建设者，书法家现场作诗并创作成书法作品数件。

6．5月8日至10日，中国书协对印江自治县进行实地严格考察，7月18日中国书协下发了《关于命名贵州省印江县为中国书法之乡的决定》（中书发（2011）23号）文件。 11月7日，由中国书法家协会、贵州省文化厅、贵州省文联、贵州省书协、铜仁地委、行署联合主办，印江县委、县政府承办的“中国书法之乡 印江”授牌仪式在印江县举行。中国书协副主席张改琴代表中国书协对印江获得“中国书法之乡”进行了授牌。

7．6月，为备战全国第十届书法篆刻展、第三届中国西部书法展，第四届“茫父杯”书法双年展。召开了贵州省书法创作研讨会。来自全省各地的书法家共100余人参加会议。

8．7月，贵州省文化厅、贵州省书法家协会、黔东南州人民政府主办，黔东南州文化体育局、黔东南夏同龢研究会、麻江县人民政府承办，中共麻江县委宣传部、麻江县文体广电旅游局、麻江县书法协会协办的首届“同龢杯”全国书法展在夏同龢状元故里——麻江县贤昌乡高枧村状元第开幕。省文化厅党组成员、副厅长、省书协名誉主席邓健、黔东南州副州长赵至敏、中共黔东南州委宣传部部长耿生茂等省州领导和县四大班子领导以及书法特等奖、一等奖获得者出席开幕仪式，县直机关、各乡镇代表、书法爱好者以及其他参观者近千余人参加了开幕式。

9．9月初，由中国书法家协会、安顺市人民政府主办，贵州省书法家协会、贵州龙宫风景名胜区管委会、安顺市文学艺术界联合会承办的第三届中国西部书法篆刻作品展，在中国书协副主席何应辉的带领下，由中国书协展览部组织全国20位著名书法家组成评委会和监委会，前来安顺开展工作评审工作。

10．9月，根据中国书协 [2011]25号文件的精神，中国书协决定组织万名中国书法家协会会员捐赠万件作品建设“绿化长江——万亩中国书法生态林工程”。此项活动是中国书协成立三十年来，首次组织、动员所有中国书协会员参与的重大活动，我会组织我省的中国书协会员捐赠书法50余件。

11．10月，赴天柱县开展“四帮四促”活动，赠送名家书法作品，为群众书协对联等。

12．10月25日，全省中小学生“祖国好•家乡美”主题实践活动——革命诗词书法大赛评选在省文联九楼大厅举行。

13．11月7日，由贵州省文化厅、贵州省书协、印江自治县人民政府主办，印江自治县委宣传部、自治县文联、自治县书法协会、自治县西园文化公司共同承办的贵州省第四届“茫父杯”书法双年展，在印江自治县严氏宗祠落下帷幕。

14．11月16日，由中国书法家协会和安顺市政府主办，贵州省书法家协会、贵州龙宫风景区管委会、安顺市文联承办的“第三届中国西部书法篆刻作品展”开幕式在安顺市隆重举行。中国书法家协会党组书记、驻会副主席赵长青，贵州省文联党组书记、副主席李碧川，中共安顺市委书记陈坚，中国书协理事、篆书专业委员会副主任、贵州省书法家协会主席包俊宜，中国书协理事、草书专业委员会秘书长、贵州省书法家协会常务副主席兼秘书长陈加林，西藏书法家协会常务副主席兼秘书长李运熙，内蒙古书法家协会常务秘书长李力，安顺市委常委、宣传部部长杨晓曼，安顺市人民政府副市长王廷恺，原安顺市人民政府常务副市长杨梦龙，安顺市政协副主席贺未泓等出席了展览开幕式。安顺市副市长王廷恺致欢迎词。中国书法家协会分党组书记赵长青，贵州省文联党组书记李碧川在开幕式上作了重要讲话。

15．12月，贵州民族学院人文科技学院提出申请，经我会主席团研究，报省文联党组审批同意将贵州民族学院人文科技学院列为“贵州省书法家协会创作基地”。

云南省书法家协会工作大事记

1. 1月，为支援姚安震后灾区，由中国书法家协会、云南省书法家协会共同捐资兴建的“雅逸小学”授牌仪式在姚安县光禄小学举行。云南省书协向学校捐赠第四届主席团成员书法作品17件，计算机5台，新近出版物200余册的基础上，省书协主席郭伟还以个人出资为学校捐赠电脑5台。

2. 春节前夕，为认真落实“中国书法家进万家” 行动计划，配合云南省文联关于“送欢乐、下基层、促和谐、树新风”文化下乡开展节日慰问活动，云南省书协组织在昆书法家张斌、孔维俊、唐明全、尹宝元一行4人赴禄劝为群众义务书写春联260余幅，通过与人民群众面对面、心连心、零距离的感知，增强了书法家与人民群众的感情。

3. 3月11日至14日，为总结年度工作经验，做好2011年度工作安排，云南省书协组织第四届理事会全体理事一行42人赴红河州弥勒县召开“云南省书法家协会第四届四次理事会”，并对2010年度在全国重大书法展览、书法家进万家活动中获得优异成绩的单位和个人进行表彰、审批通过了47名新增会员。在此期间与会人员还与当地书协举行了创作交流，创作书法作品40余件，参观了当地名胜古迹。在协会争取社会资金的基础上，编辑出版了《云南省书协理事书法作品集》。

4. 3月25日至30日，在当代中国书法艺术创作稳定健康发展的大形势下，为进一步贯彻党的“二为”、“双百”方针，弘扬民族精神，高扬时代精神，促进西部地区书法篆刻艺术的繁荣发展和交流提高，推动更多优秀人才和优秀作品的产生。由中国书法家协会、贵州省书法家协会、四川省书法家协会、云南省书法家协会、重庆市书法家协会共同主办的“西南四省市优秀书法家作品展”在贵阳美术馆隆重举行，朱兴贤、张斌一行2人应邀出席了开幕式。

5. 4月25日至30日，应丽江市人民政府邀请，云南省书协在郭伟主席、段增庆常务副主席的带领下，组织书法家朱兴贤、张斌一行4人赴丽江市场开展书法创作辅导，并为当地有关部门创作书法作品20余件。

6. 6月13日至18日，为隆重庆祝中国共产党成立90周年，讴歌中华民族实现伟大复兴的奋斗历程，由云南省委宣传部、省文联共同主办的《云岭楷模风采录》展览和美术书法摄影作品展览在云南省科技馆举行，云南省书协作为承办单位之一，特邀省内优秀书法家30人创作书法作品30件参与展出。

7. 7月1日至7日，为打造云南书法名家队伍，提升云南书法名家的社会知名度和市场影响力，为广大书法家和书法爱好者提供一个相互学习、相互借鉴、增进交流的平台。经省书协积极筹措，值中国共产党建党90周年及中国书法家协会成立30周年之际，在云南美术馆举办了“庆祝建党90周年暨中国书协成立30周年‘红云红河’杯云南省书法作品邀请展”，共展出书法艺术作品112件。

8. 7月8日至14日，为弘扬优秀传统文化，展示我省篆刻创作的艺术成就，进一步推动我省当代篆刻艺术繁荣与发展，由云南省书协篆刻委员会与云南元佑文化传播有限公联合举办的云南省首届篆刻艺术展在云南省美术馆举行行，共举

出篆刻艺术作品100余件。

9．7月，为纪念中国书法家协会成立30周年，回顾中国书协三十年的发展历程，检阅当代书法家的创作实力，按照中国书协要求，我会征集10件书法作品送交中国书法家协会参加展出。

10．7月份，为迎战全国第十届书法篆刻展，提高我省书法创作创作水平，力争在全国重大书法展中取得较好成绩，我会段增庆、陈鸿翎、张斌一行3 人应邀赴大理举办书法创作点评会，对大理州、楚雄州、保山市60余名书法创作骨干新近创作的100余件书法作品进行了深入细致的点评，并一一提出了针对性创作建议。

11．8月份，为支持万里长江生态保护伟业，展示当代书法家关注时代，回报社会的高度责任感。在全国政协环境资源委员会、国家林业局、重庆市人民政府、中国书法家协会联合启动的“绿化长江，重庆行动——中国书法家协会会员捐赠作品建设工程”的号如下，我会先起进行了广泛的动员的宣传，共征集我省中国书法家协会会员作品70余件送交中国书法家协会。

12．9月21日至26日，为认真落实《中国书法发展纲要》，积极培养云南省书法艺术人才，增强书法艺术的区域活力，经云南省书协多年努力，积极申报并与大理旅游集团协商合作，取得了在大理州创建中国书协创作培训基地的的批示，中国书协领导、专家一行莅临考察选址。

13．为深入贯彻党的十七届六中全会、全国第九次文代会及中国书协第六次书代会议精神，按照中央关于进一步加强基层文化建设，继续开展以“深入基层、服务大众、促进繁荣、推动发展”为主题的“送欢乐、下基层”的文化惠民活动总体要求。由中国文联、中国书家协会、云南省委宣传部、云南省文联、玉溪市委、市政府主办，云南省书协、玉溪市文联承办的“送欢乐、下基层”中国书法进万家——走进玉溪活动在玉溪隆重举行，为使此次大型惠民活动的顺利进行，省书协积极筹措争取资金，精心策划，精心组织，多次召开工作协调会，共接待中国文联组联部主任罗成琰，中国书协分党组书记、副主席赵长青，中国书协副主席吴东民、张改琴以及来自全国各地的书法家一行70余人，在玉溪市通过进社区、到军营，组织开展了丰富多彩，形式多样的文化惠民活动，为当地创作书法作品200余件，书写对联400余副，真正把优秀的文化食粮送到了千家万户，取得了丰硕的成果，深受广大人民群众的拥护和支持，赢得了社会的普遍赞誉。中央电视台《书画频道》、《中国书法》、《云南文艺网》等10余家相关媒体对整个活动情况进行了专题报道。

14．本年度，云南省书协主席郭伟先后赴浙江、河南、广东、福建4省参与中国书协组织的“中国书法进万家”创作采风活动，共创作书法作品50余件。

西藏自治区书法家协会工作大事记

1．3月15日，西藏书协在拉萨举办了藏文书法讲座 。自治区编译局局长曲加先生用了大量的珍贵图片和资料介绍了藏文的产生、演变以及藏文书体的种类。前来听讲座的书法家和书法爱好者认真聆听了曲加先生近四个小时的讲座。

2．6月8日，由西藏自治区党委宣传部、西藏自治区文联主办，西藏书协、美协、摄影家协会承办的“庆祝中国共产党成立90周年、西藏和平解放60周年美术书法摄影作品展”在西藏图书馆隆重开幕，区党委常委、区纪委书记金书波，西藏武警总队政委汪象华，区党委宣传部副部长、区文联党组书记、副主席沈开运等领导及社会各界群众三百余人出席参加了开幕式。书法家们以讴歌西藏60年来的辉煌成就和翻天覆地的巨变自作诗词联赋，作品幅式多样，书体全面，该展览展出了藏汉文书法作品90幅，为中国共产党成立90周年、西藏和平解放60周年献上了一份厚礼。

3．6月13日，西藏书协在西藏文联四楼会议室举办了汉文书法讲座，中国书协理事张铜彦先生以《书法学习与欣赏》为主题，从中国书法汉字的演变和发展，文房四宝知识，学习书法如何选帖、读帖与临帖，以及书法作品幅式、章法、书法欣赏等进行了详细阐述。中国书法培训中心教授侯锡瑜对部分西藏作者的作品进行了现场点评。

4．8月15日上午，西藏书协主办的“爱我中华爱我西藏•张飙歌颂祖国诗词书法展”在西藏群众艺术馆开幕。这是中国书法家协会顾问、著名书法家张飙为纪念西藏和平解放60周年精心献上的一份礼物。西藏自治区党委常委、宣传部长崔玉英，自治区党委常委、区纪检委书记金书波，自治区人大常委会副主任宋善礼，自治区政府副主席董明俊，自治区政协副主席乔元忠，自治区政协副主席白玛朗杰等领导同志参加开幕式并参观展览。中国佛教协会副会长班禅额尔德尼•确吉杰布大师为展览题词“爱我中华，爱我西藏”。

陕西省书法家协会工作大事记

1．1月8日，陕西省书法家协会三届三次理事会在西安建苑大厦召开，雷珍民主席代表省书协总结了2010年工作，并对2011年工作进行了具体安排。

2．5月7日，新疆书法陕西交流展在西安亮宝楼展出，共展出新疆书法作品90幅。雷珍民主席率省书协主席团成员陪新疆书法代表团11人参观了西安碑林、历史博物馆、临潼兵马俑、华清池、华山、宝鸡青铜博物馆，在西安、渭南、临潼、宝鸡等地举行了多次书法交流和现场创作。

3．5月4日至8日，省书协雷珍民、李艳秋、王蒙、王定成、李杰民、史星文、张魁、王冰等参加省文联“感恩父亲山一　走进秦岭”大型文艺采风活动，深入周至、太白等县，为基层群众创作书法作品300余幅。

4．6月份，向中国书协推荐中国书协成立30周年庆典表彰人员，我省老书家李滋宜、叶浓、吴三大、钟明善、薛铸5人或荣誉奖。

5．6月8日至18日，为迎接第十届全国书法篆刻大展，省书协在西安邮电学院举办展前骨干培训班，雷珍民主席、王蒙主席亲临现场指导工作，全省150名骨干参加了培训。培训班上邀请了专家和学者吴震启、吕全光、刘洪洋、魏杰、陈天民等，举办了多场报告会。

6．7月14日至17日，为迎接十届国展，省书协在西安工业大学举办第二期展前强化班，薛养贤、于唯德等为学员进行了现场辅导。

7．7月份，为中国书协优秀会员作品展选送书法作品39幅，入展29幅。

8．8月份，《陕西书法学术论文鑲》进过认真研讨选题组稿，由陕西人民出版社出版发行。论文集入选优秀论文4篇，计50余万字，体现了我省书学研究新的高度。

9．8月28日至29日，省书协组织著名书法家雷珍民、陈建页、魏良、曹科、李艳秋、李杰民，史星文，张魁、遗高亮等赴第四军医大学西京医院和省军区慰问部队官兵，为部队官兵创作书法作品300余幅。

10．9月份，规模宏大的《陕西书法史》，历时三载，由陕西人民出版社出版，该书由雷珍民任编委主任，何炳武任总编撰，分上、中、下三卷，计100余万字，该书图文并茂，论述丰赡，为整理研究陕西书法提供了详实的资料。

11．9月12日，由省书协和省慈善协会主办的第二届“中登杯”书法新人新作选拔赛，200名书法新人脱颖而出。

12．9月17　日，由省书协主办的陕西省首届大学生书法篆刻展览在省美术博物馆展出。此次展览是省书协在本年度的一次重要展事，也是实现陕西书法可持续发展重大步骤。在上下幅投稿作品中选出参展作品236幅，并对一、二、三等奖作品予以嘉奖。

甘肃省书法家协会工作大事记

1．1月18日，甘肃省书协、兰州市城关区文明办共同举办的“爱心集结”甘肃省知名书法家进社区送春联活动在酒泉路街道张家园社区隆重举行，书法家们共为居民送出春联近300余幅。

2．2月23日，由甘肃省委宣传部、省文明办、省教育厅、省卫生厅、省文联等16个部门联合组织的2011年甘肃省文化科技卫生“三下乡”集中示范活动在平凉市静宁县成纪文化城广场隆重举行。近2个小时的时间里，书法家们送出书法作品80多幅。

3．3月7日，甘肃省书法家协会三届二次主席团扩大会议在兰州召开，甘肃省书协主席团成员、各市州书协主席，省属各产业、行业书协负责人共计50余人参加了此次会议。这是甘肃省书协换届以后召开的第一次大型重要会议。马少青主席对省书协今年和今后重大问题作了全面周详的规划，从区分层次抓展览、多种举措抓队伍、拓宽途径抓阵地、多方借力抓推介、挖掘潜力抓品牌、荟萃成果抓出版、深入基层抓基础、强化理论抓学术、健全组织抓规范、端正作风抓班子共十个方面作了系统的论述；省书协专职副主席兼秘书长林涛通报了2010年申报加入甘肃省书协会员的审查情况，大会讨论通过批准张孝先等143名新发展会员。

4．4月24日，墨韵芳菲——皖豫甘琼四省女书法家作品联展在河南拉开帷幕。皖豫甘琼四省女书法家代表、新闻媒体代表以及众多书法爱好者出席了开幕式，观看了展览。

5．5月15日，由甘肃省委宣传部、甘肃省文联主办，甘肃省书法家协会、甘肃省美术家协会承办的“翰墨沉香——张永基书画作品展暨《张永基书画作品集》、《甘肃书法史》首发式”在甘肃省美术馆隆重举行。随后，在甘肃画院举办了“《张永基书画作品集》、《甘肃书法史》研讨会”。

6．5月28日至6月4日，甘肃省第八期书法创作提高班开学典礼暨第一次面授进行，本期学员128人。

7．5月30日，在甘肃省艺术馆举办了甘肃省第七期书法创作提高班结业典礼暨学员作品展，本期结业学员120人，同时编辑出版了《甘肃省第七期书法创作提高班学员作品集》。

8．6月28日，甘肃省文联、甘肃省书法家协会共同主办的“庆祝中国共产党成立90周年——甘肃省首届书法篆刻大展（会员展、新人展）”在甘肃省艺术馆、敦煌风当代艺术馆同时开幕。出席开幕式的领导为在此次展览中的获奖作者颁发奖金24000元。

9．7月4日至5日，甘肃省书协在兰州举办了“备战十届国展中国书协专家教授兰州学术报告会暨甘肃书法精英创作点评会”，邀请多次担任全国书法展览评委的中国书协理事、研究部主任刘恒，中国书协理事李木教、吴行三位专家教授针对十届国展作了学术性报告，并对甘肃80余位书法创作骨干的作品做了细致深入的点评。

10．7月21日，由甘肃省书协、贵州省书协主办的“甘黔书画交流展”在甘肃省艺术馆隆重开幕。甘肃省文联党组书记、副主席，省书协主席马少青，贵州省书法家协会主席包俊宜出席开幕式并讲话，开幕式由甘肃省文联党组成员、副主席、省书协副主席张永基主持。

11．8月16日，甘肃省书法家协会、甘肃省书协教育委员会、甘肃省少儿书法学会共同主办的“甘肃省第五届青少年儿童书法大赛获奖作品

展”在甘肃省艺术馆隆重开幕，并出版发行《甘肃省第五届青少年儿童书法大赛作品集》，出席开幕式的领导为获奖作者及优秀教师颁发了奖品、证书。

12．9月24日，由甘肃省文联、政协甘肃省科教文卫委员会、甘肃省书法家协会主办，中国银行甘肃省分行承办的男女二十家第三届书法作品展在甘肃省艺术馆开幕，并出版发行《男女二十家作品集》。省上相关领导、省文联领导、省书协领导及书法爱好者200余人观看了展览。

13．10月28日至11月5日，甘肃省第八期书法创作提高班进行第二次面授。

14．11月11日，由甘肃省书协、贵州省书协联合主办的黔甘书画交流展在贵阳市美术馆隆重开幕。两省书法家、各大新闻媒体记者、书法爱好者二百余人出席开幕式并参观展览。张永基主席，包俊宜主席先后发表了热情洋溢的讲话。

15．11月20日，由安徽、河南、甘肃、海南四省书协联合举办的“墨韵芳菲--皖豫甘琼四省女书法家作品联展”在海南省博物馆开展。开展当天，吸引了海口上千名市民前来观展。

16．12月２２日，中国文学艺术界联合会第九次全国代表大会在人民大会堂隆重开幕。带着全省书法界的深切嘱托和殷殷厚望，甘肃省文联党组书记、副主席、省书协主席马少青、甘肃省文联党组成员、副主席、省书协副主席张永基、翟万益、甘肃省书协专职副主席兼秘书长林涛4名代表参加了此次文代会。会议期间，甘肃书法界代表积极联络中国书协，商定与中国书法家协会将共同主办“张芝奖”全国书法大赛。

17．12月27 日，甘肃省妇女书法家协会第二次会员代表大会在兰州胜利召开 。甘肃省文联党组书记、副主席，省书协主席马少青，省文联党组成员、副主席、省书协副主席张永基，省文联党组成员、副主席，省书协副主席翟万益，省书协专职副主席兼秘书长林涛等领导同志出席会议。大会选举产生了由38人组成的甘肃省妇女书法家协会新一届理事会和11人组成的新一届主席团。安文丽同志当选为甘肃省妇女书法家协会第二届主席团主席，副主席郭盾骅、张芳、刘淑梅、郭云、王晓黎、贾得梅、王兰香、王小静、熊健婷、于青，秘书长张芳。

18．省书协2011年出版发行了四期《甘肃书法》。

宁夏回族自治区书法家协会工作大事记

1．元旦春节期间，宁夏书协连续组织书法家到石嘴山市神华宁煤太西洗煤厂和宁夏地矿局，永宁县李俊镇、贺兰县等地为工人、农民义务书写春联，送爱心、送祝福。号召各市书协，深入开展“中国书法进万家”活动，走进警营、社区、学校，受到当地高度重视，得到广大群众普遍欢迎。

2．1月6日，宁夏书协召开了六届主席团二次会议，自治区文联党组书记、主席，自治区书协主席郑歌平参加了会议，参加会议的有宁夏书协副主席及主席团成员。会议由宁夏书协常务副主席李洪义主持。会议传达了中国书协第六次全国代表大会会议精神，研究制定了《宁夏书法发展规划》，并对书协各委员会设置及“宁夏书法发展基金”的设立进行了研究。

3．1月18日，宁夏书协2011年新春团拜会在武警总队招待所举行。

4．3月，宁夏书法家协会落实书协主席团制定的《宁夏书法发展规划》的要求，开展了一系列抓基础、促提高的活动。宁夏书协购买了《中国书法名家讲坛》等优秀理论书籍，分发给书协理事及创作骨干，旨在用书法大家的成功经验引导广大会员用科学的方法研究书法。

5．3月，宁夏书协第一轮“经典竞临”活动通知面向全区书法家、会员和书法爱好者。6月4日，在宁夏文化馆举行“经典竞临”交流活动。书协主席团成员和来自全区各市的100多名书协会员、书法爱好者参与了活动。

6．3月11日，“朔方墨韵——宁夏书坛中青年38人作品媒体推介启动仪式”在宁夏文联举行。《朔方墨韵——宁夏书坛中青年38人》系列报道从2011年7月13日起，每期报道两人，分19期，跨时半年，在《书法导报》连载报道。此项工作在资金筹集、人员确定、作品审定，组织文章等方面做到计划严密、实施有序，成建制地向全国书法界推介了宁夏中青年书法家，扩大了宁夏书法的影响力。

7．3月至4月，按照自治区开展对外宣传交流工作的要求，配合自治区党委宣传部、自治区政府新闻办公室，宁夏书协组织书法作品参与台湾“宁夏回乡风情书画摄影展”。展览4月17日在台湾台中市创意文化园开展，向台湾同胞集中展示了宁夏书法家的风采。

8．3月至5月，宁夏书协配合宁夏妇联组织庆祝中国共产党建党90周年妇女发展成就展暨美术、书法、摄影作品展。展览5月24日在银川市文化艺术中心举行，展览共展出宁夏女艺术家近年来创作的艺术作品142件，其中特邀书法作品7件，入展书法作品18件。

9．5月6日，为迎接第十届全国书法篆刻展览，宁夏书协举行了系列活动。宁夏书法家协会召开冲击第十届全国书法篆刻展览动员会。7月22日，在宁夏文化馆举行十届国展第一次看稿会。7月30日，宁夏书协举行第二次看稿点评活动，书协主席团全体成员及来自全区各市的100多名作者参加了活动。并邀请中国书协副主席聂成文、吴善璋，中国书协理事、展览部主任吴震启为所有作品做了逐一点评，对作品的审美取向、创作技巧、作品形式、书写内容等提出了相关意见。

10．4月至7月，宁夏书协联合隆德县委，县政府举办首届六盘山杯中国书法之乡书法大赛，展览于10月18日在隆德县文化城举行。

11．8月23日，宁夏书协组织报送第三届中国西部书法展宁夏书协推荐名单。第三届中国西部书法展投稿9100多件作品，入展311件作品，其中宁夏书家投稿303件，宁夏书家入展22人

12．9月15日至16日，宁夏书协组织书法家魏沁、宋琰、关向阳参与宁夏文联艺术家进农家赴彭阳县采风活动。

13．9月26日，召开宁夏书协第三次主席团会议，会议公布了“浙商杯”宁夏第七届书法篆刻作品展览总体规划。

14．11月14日，根据中书协关于中国书法进万家活动总结材料的通知，经宁夏书协研究推荐申报宁夏石嘴山市、隆德县为中国书法进万家先进集体，马洪春、刘平、石庆璧、张玉为先进个人。

15．11月，宁夏书协为全体书协理事赠订《中国书法》杂志。

16．12月16日，宁夏书协召开第四次主席团会议，会议由宁夏书协常务副主席李洪义主持，宁夏文联副主席宋鸣到会讲话。

17．12月26日，宁夏文联组织“送欢乐、下基层”大型慰问演出活动，来到移民点中宁大战场镇农贸集市，书协组织书法家李洪义、丁波、俞学军、宋琰、王博如、陶毅、陈世远等15人冒严寒为当地群众书写春联600余幅，送去了新春祝福。

青海省书法家协会工作大事记

1. 1月28日，青海省书协举行青海省书法界新春联谊会。班果主席、张民副主席、马有义副主席出席，宣传部领导、新闻界朋友及60多名省书协理事出席。会议对2010年的工作进行了全面的回顾和总结，表彰了2010年度在书法进万家、抗震救灾等活动中涌现出来的先进个人和先进集体，班果主席、马有义副主席分别作了热情洋溢的讲话，高度肯定省书协2010年度的工作并提出了殷切的期望。

2. 1月29日、30日，青海省书法家协会开展新春送春联活动，分别到青海日报社、武警海东支队、省医院、省电视台慰问一线干部职工。

3. 3月19日，青海省书法家协会与乐都县书法家协会举行交流活动，王庆元、陈治元、蔡永峨、王振宇、郭强、刘惠斌、任学军参加。

4. 4月2日，“新玉树•新家园”4•14地震一周年美术书法摄影展在北京中国人民军事博物馆开幕。青海省书法家协会选出的55件作品既包括主席团、理事作品，又有近年新成长起来的创作骨干和新人的作品。

5. 4月22日，省文联前主席樊光明，书协常务副主席王庆元，驻会副主席陈治元及摄影家协会主席蔡征等采风团赴陕西，与陕西省书法家协会、汉中市文联进行了工作交流，并初步达成共识与陕西省书协积极倡导推动举办西部书法节，拟与汉中市文联进行书法交流。

6. 5月8日，“新玉树•新家园”4•14地震一周年美术书法摄影展——西宁展在青海省博物馆开幕。

7. 5月17日，大通县地税局书法交流活动，邀请王云、王庆元、陈治元、樊华、王永洲、高海源、郭强、牛子文、朱元寿等书法家参加，为地税干部职工书写近百幅作品。

8. 6月25日，青海省书法家协会第五次会员代表大会在西宁召开。中共青海省委宣传部长吉狄马加，青海省文联党组书记、主席班果到会并作了重要讲话。班果主席在讲话中充分肯定了省书协四届主席团、理事会在过去五年的工作中取得的成绩并对今后的工作提出了要求，期望新一届领导班子要以优质高效的服务意识、昂扬向上的精神状态、德艺双馨的育人标准、开拓创新的实际行动团结务实的工作作风开创我省书法事业新局面。

大会听取和审议了王庆元同志代表青海省书协第四届理事会所作的题为《团结协作，奋发有为，努力开创青海书法事业新局面》的会务工作报告，审议和修改了《青海省书法家协会章程》，选举产生了青海省书协第五届领导机构。王庆元同志当选为主席，陈治元、石力、姚忠宝、王永洲、蔡永峨、高海源、王振宇、徐小江（女）、德却加（藏族）、陆文运、马树声、郭强等12位同志当选为副主席，陈治元同志任常务副主席，郭强同志兼任秘书长，马国良、杨秀昌、牛库山、张宏山任副秘书长。聘请吉狄马加同志为名誉主席，孟世强、林锡纯、王云、方延年、李明亮、樊华等6位同志为顾问。

9. 7月8日，省书协常务副主席陈治元副主席兼秘书长郭强，主席团委员刘惠斌、李万西赴大通中国铝业青海分公司举办书法进万家——走进中铝青海分公司活动，常务副主席陈治元同志就书法创作及临帖等进行了辅导，四位书家现场创作示范并与书法爱好者进行了广泛的交流。

10．8月6日至7日，省书协常务副主席陈治元，副主席、秘书长郭强应乐都县书协邀请，赴乐都为书法家及书法爱好者进行了为期两天的书法培训与交流活动。

11．9月12日，省书协组织代表团赴韩国进行书法交流活动，省文联副主席马有义同志带队，省书协主席王庆元、常务副主席陈治元、副主席姚忠宝、蔡永峨徐小江、陆文运、马树声，主席团委员刘惠斌等同志赴韩进行了为期十天的文化与艺术交流活动，期间，代表团参加了中韩文化交流书法展览开幕仪式。

12．11月19日至20日，省书协常务副主席陈治元，副主席、秘书长郭强应民和县书法家协会邀请，赴民和县为书法爱好者举办了为期两天的书法培训交流活动。

13．12月3日，省书协常务副主席陈治元，副主席高海源，秘书长郭强赴大通县黑泉水库电厂举办书法进万家活动，为电厂职工书写书法作品70余幅。

14．12月28日，省书法家协会举办的青海省第二届书法作品小品展在青海省博物馆开幕。194件作品入展，评出优秀作品25件，此次展览是省书协对近几年来青海书法创作队伍的一次全面检验，取得了圆满成功。

15．12月29日，省书法家协会主办的第三届书法理论研讨会评出20篇作品入围，7篇论文获奖。研讨会计划于2012年上半年在西宁召开。

16．12月，省书法家协会请中国书法家协会副主席吴善璋来青海举办为期两天的培训活动，省垣书法界70余人参加培训。吴善璋先生就临帖、创作方法和技巧、对书法艺术的再深入认识等问题作了深入浅出的讲解。

新疆维吾尔自治区书法家协会工作大事记

1. 1月2日至6日，由新疆书协主办的“最美的还是我们新疆——全国百名书法名家邀请展”在乌鲁木齐美术馆举办，共展出作品154件。新疆军区副政委王全生、自治区人民政府副秘书长李春阳、自治区党委宣传部副部长施生田、张可让、自治区文联党组书记黄永军、自治区文联主席艾坦木玉赛音、新疆军区创作室主任周涛、自治区文联党组成员、纪检组长刘太海、新疆人民出版社党委书记张新泰、自治区地税局副局长张英俊等领导及300余名书法爱好者参加展览开幕式，自治区文联党组书记黄永军、新疆书协主席于小山分别讲话。《作品集》在当天开幕式上发行。

2. 1月9日至31日，协会组织会员先后前往新疆农业大学、新疆军区总医院、乌鲁木齐市交警支队、乌鲁木齐市政市容管理局、新疆特警总队七支队、乌鲁木齐市沙依巴克区揽秀园社区、乌鲁木齐文庙等地开展写春联、送作品书法慰问活动。

3. 1月16日，2011年新疆书协迎新春联谊会在乌鲁木齐鸿鑫酒店举行，新疆书协主席于小山致新年贺辞，秘书长李志顺做2010年协会工作总结和2011年工作安排。新疆军区30分部演出队、博州文工团和会员为联谊会奉献了精彩的歌舞。

4. 3月26日至30日，由协会承办的“铁木尔达瓦买提爱国主义诗歌书画展”在新疆国际博览中心举行。

5. 5月5日至11日，“新疆书法作品陕西交流展”在陕西省西安市珍宝楼举办，此次交流展展出新疆书法篆刻作品95件，基本反映了目前新疆创作水平。新疆书协于小山、郭际、席时珞、刘建新、李志顺、王如一、李涛、马亚飞、潘蔚林、肖龙、叶尔夏提等参加了在陕西的交流活动。

6. 5月24日至27日，“宏达盐业杯”新疆第十四届临书临印大展在乌鲁木齐美术馆举办，展出入展作品261件，其中获奖作品12件。

7. 6月28日至7月6日，自治区庆祝建党90周年书法、美术、摄影大展在新疆国际博览中心隆重举办。自治区党委书记张春贤及韩勇、胡伟等自治区领导出席开幕式并观看展览，自治区党委常委、宣传部部长胡伟主持开幕式。此次展览共展出书法作品200幅。

8. 7月6日至8日、21日至23日，书协在乌鲁木齐分别举办了两期“国展创作培训班”，来自全疆各地、州（市）的80名重点作者参加了培训。中国书协培训中心刘文华、洪厚甜两位老师授课。

9. 7月28日至29日，书协组织书法家先后前往新疆军区某部、新疆武警昌吉支队慰问部队官兵。

10. 9月24日至28日，由新疆文联主办、新疆书协承办的“和谐新疆　魅力新疆——百名中国书协理事书法邀请展”在乌鲁木齐美术馆展出。自治区文联党组书记黄永军、新疆书协主席于小山分别讲话，书协秘书长李志顺主持展览开幕式。

11. 9月26日至28日，新疆文联第七次代表大会在乌鲁木齐昆仑宾馆召开，书协于小山、李志顺、郭际、张鸿林、马亚飞当选为新疆文联第七届委员。

12. 10月8日至12日，纪念新疆书协成立25周年优秀会员作品展在乌鲁木齐美术馆举行，共展出由地、州（市）书协推荐的优秀会员作品

180幅。自治区文联党组书记黄永军、新疆书协主席于小山分别在开幕式上讲话。新疆人民出版社党委书记张新泰、自治区地税局副局长张英俊、自治区国税局副局长李振宇、新疆军区联勤部副政委李晓明、新疆书协副主席郭际、李方、张沧、尼亚孜·克里木、卡依那木·加帕尔及老艺术家龙清廉、闵荫南、李灼、邹光霖及200余名书法爱好者出席展览开幕式。

13．10月15日至26日，由中国文联、中国书协、自治区党委宣传部、新疆军区政治部、自治区文联、新疆兵团文联联合主办、新疆书协、新疆兵团书协承办的“送欢乐下基层中国书法边疆行——走进新疆”活动如期开展。10月16日上午在乌鲁木齐鸿福大酒店举行启动仪式，中国书协分党组书记、驻会副主席赵长青、自治区党委副秘书长景海燕、新疆兵团党委常委、秘书长成家竹分别讲话。来自全国30余位书法家历时12天，行程5000公里，分别前往新疆兵团农八师、农十四师47团、新疆军区边防12团、南疆军区、塔里木油田、新疆沙湾兰亭小学等地慰问。此次活动点多线长、时间紧，是中国书协开展的书法进万家——走进新疆的一次有影响、高品位的文化活动。

14．12月3日至4日，书协主席于小山、秘书长李志顺前往上海参加全国第十届书法篆刻展（上海展区）开幕式。

15．12月12日至14日，书协秘书长李志顺前往广西参加全国第十届书法篆刻展（广西展区）开幕式。

16．12月18日至20日，自治区文联开展“送欢乐、下基层”走进库车文化活动，书协主席于小山、副主席郭际、尼亚孜•克里木、卡依那木•加帕尔、秘书长李志顺参加。

17．12月20日至26日，书协主席于小山做为新疆代表出席在北京召开的全国第九次文学艺术界代表大会。

中国人民解放军书法工作大事记

1. 2月25日，2011年解放军美术书法研究院工作会议在京举行。中央军委委员、总政治部主任李继耐看望与会代表，总政治部副主任杜金才出席会议并做重要讲话。参加会议的书法创作院副院长申万胜、康成元、夏湘平、军队书协理事丁谦、王学岭、王春新、王志安、卢中南、龙开胜、李洪海、李有来、李尚才、刘洪彪、张继、张坤山、陈扶军、苗培红、杨明臣、倪进祥、高军法、沈一丹、孟世强、郎岗峰、颜振卿等。

2. 3月26日，“共和国将军、部长走进广西梧州大型书法活动”在太阳广场举行。参加活动的领导、嘉宾即席泼墨挥毫，写下一幅幅赞美共和国、赞美人民解放军、赞美梧州的书法作品。

3. 4月11日，全军第二届书法创作培训班于在北京武警森林指挥部香山基地举办，来自全军各大单位和陆、海、空和第二炮兵及武警部队的58名学员参加了这次培训学习。张海、李铎、林岫、申万胜、言恭达、陈振濂、张坤山、丛文俊、宋华平、张旭光、张继、刘洪彪、刘文华、吴震启、苗培红、杨明臣、卢中南、李有来、叶培贵、倪进祥、龙开胜等二十多位名家授课，培训班教学辅导由龙开胜、赵山亭、钟显金、高昆等组成。

4. 4月21日至30日，在第29届中国洛阳牡丹文化节隆重举办和迎来共产党成立90周年之际，“中华军魂-解放军军事家开国上将名诗名句书法欣赏”展在洛阳博物馆举办。第二炮兵原司令员李旭阁将军为这次洛阳书法展题词；总政治部宣传部艺术局副局长李翔发来贺电。

5. 5月6日，内蒙古军区在机关大院举行北疆书画院成立仪式。自治区党委常委、内蒙古军区政委吴合春，内蒙古军区政治部主任高红光，自治区文联主席巴特尔，中国书协副主席、内蒙古书协主席何奇耶徒，自治区文联副主席尚贵荣、荣毅和书法家朝洛蒙、王乃欣、艺如乐图、闫双全、李力、包国庆等出席仪式。成立仪式由内蒙古军区政治部副主任石宝龙主持。

6. 5月30日至6月6日，由中国铁军书画院主办的“庆祝建党90周年第二届铁军精神书画展”在驻豫某集团军大礼堂展厅隆重展出。

7. 2011年6月26日，为庆祝中国共产党成立90周年，中国人民解放军总政治部宣传部与中国书法家协会在中国人民革命军事博物馆联合举办第五届全军书法作品展览。军队广大书法工作者和业余爱好者踊跃参加、潜心创作，共审报作品2288件，经认真评审，共评出一等奖作品12件，二等奖作品19件，三等奖作品54件，入展作品355件。同时，邀请军地书法名家专门创作了105件作品。本次展出作品达到545件。展览于7月15日在京圆满结束。展览期间，中共中央政治局委员、中央军委副主席郭伯雄，中共中央政治局委员、中央军委副主席徐才厚参观了展览。

8. 6月27日，沈阳军区庆祝中国共产党成立90周年美术、书法、摄影作品展在军区八一体育馆和八一剧场隆重举行。本次展览，共收到作品1186幅，经过遴选，共展出作品554幅，其中书法作品326幅，美术作品78幅，摄影作品150幅。

9. 6月27日，为庆祝中国共产党成立90周年暨第二炮兵组建45周年，由二炮政治部主办的《盛世东风·二炮美术书法摄影作品展》在军事博物馆隆重开幕。总政宣传部副部长黎国如，二炮司令员靖志远，中国书法家协会分党组书记、常务副主席赵长青，中国美术家协会分党组成员、秘书长刘健，

中国摄影家协会副主席张桐胜等出席开幕式并为展览剪彩。开幕式由政治部副主任张西南主持，二炮邓天生副政委和中国美术家协会分党组成员、秘书长刘健分别在开幕式上致辞，对此次展览开幕表示热烈祝贺。二炮机关四大部有关领导和驻京部队官兵代表300余人参加了开幕式。

10．7月30日，中国书法家协会、中国人民解放军书法创作院、中国人民革命军事博物馆、北京世纪名人国际书画院在全国政协礼堂举行“我爱我的祖国——李铎诗词书法展”新闻发布会，中国书协分党组书记、驻会副主席赵长青代表主办单位宣布展览将于8月16日至28日在中国人民革命军事博物馆展出。军事博物馆馆长陈士富，著名书法大家李铎分别致辞；全国政协原副秘书长、名人书画院院长张道诚，总政宣传部部长周涛，解放军书法创作院副院长康成元，军事博物馆馆长政委孔令义，中国书协分党组副书记、秘书长陈洪武等出席。军事博物馆副馆长齐忠亮主持新闻发布会。“我爱我的祖国”的诗词书法展，是李铎50多年诗词书法创作的回顾展。本次展览将展出李铎先生的自作诗词(楹联)书法作品82幅，多为巨幅力作，书体多变，风格迥异，形式多样，格调高雅。展览将在军事博物馆东一层展厅展出，展厅面积2000多平方米，配有李铎先生在名山大川采风的巨幅照片，同时循环播出李铎专题片的视频，全方位展示其艺术魅力。

11．“八一”前夕，为庆祝中国人民解放军建军84周年，总政宣传部艺术局专门组织接风军美术书法研究院书画家到总参某部慰问，并共同举办了“水墨诗文颂军魂”笔会活动。本次慰问活动由解放军书法创作院李铎院长带队，康成元，张坤山，卢中南，刘洪彪，杨明臣，王学岭，丁谦，龙开胜，郑小成，郭兴华等军队书画家参加了此次活动。

12．7月31日，由济南军区美术书法研究院、河南将军文化苑，携手爱心企业联合举办的“金戈翰墨情”书法作品展在郑州郑东新区CBD天下收藏街开幕。展览展出王继元、司马武当、刘世清、李保亮、徐树良、张家祥、于庆林、徐华志、杜娟、张鹏等10位当代军旅书法艺术家的100余幅精品力作。

13．8月1日，是中国人民解放军建军84周年的纪念日，军地书法家用书法作品来表达对中国人民解放军的敬意，以这一特殊的方式来纪念这一节日，祝贺建军84周年。北京将星翰墨书画院常务院长黄彬将军、王育华将军、陈学政将军，湖南省军区副司令黄明开将军，湖南省文联副主席、省书法家协会主席何满宗先生，湖南省新闻出版局局长、省企事业书法家协会顾问朱建纲先生，湖南省国资委外派监事会主席、湖南省企事业书法家协会主席王宏先生，米寿老人、省书协欧阳询书法研究会顾问萧屏东先生，省书协主席团成员、省硬笔书法家协会主席崔国强先生，省企事业书法家协会副主席兼秘书长、省书协理事张曙光先生以各自创作的书法作品，热情讴歌中国人民解放军的伟大功绩，隆重庆祝“八一”建军节。

14．8月18日上午，“红旗飘飘”大型书画作品出版及书法家刘建武书法巡展系列活动，在陕西省美术馆隆重举办。活动是由红旗出版社、全国思想政治工作科学家专业委员会、中国长征文化促进会共同主办。

15．8月24日至9月1日，中国书法家协会理事、全国青联委员、总后政治部创作室专业书法家倪进祥被团中央任命为中国青年访日代表团文艺分团团长出访日本，在日本访问期间为日本早稻田大学部分书法爱好者传授了中国草书艺术，并向日本议会众议长赠送书法长卷，受到日本外务省官员的好评

16．9月28日上午，在中国人民革命军事博物馆展览大厅，“中国武警美术书法摄影作品展”拉开了序幕。公安部、解放军总政治部、中国文联、中国美术家协会、中国书法家协会、中国摄影家协会等有关领导和专家出席了开幕式。 这次展览得到武警部队官兵的广泛参与和支持，共收到作品4000多件，经过军内外名家权威组成评审委员会的严格评审，最终遴选出参展作品360件，其中美术

110件、书法120件、摄影130幅。

17．9月28日，82岁高龄的军旅书法家李铎来到奥运村，参加由北京世纪名人国际书画院、朝阳区人民政府奥运村街道办事处举办的“书法大家进社区、进课堂”主题活动，向社区居民和学生送去书籍和书法作品，并走进课堂，为中学生授课。

18．10月18日，由上海市文学艺术界联合会、上海市拥军优属基金会、南京军区政治部上海文化站等单位联合举办的“党在我心中——共和国将军书画艺术展”在上海展览中心开幕。本次展览是上海有史以来规模最大的将军书画艺术作品展，集中展示了400余位新老将军的500余幅书画作品。

19．11月24日，为贯彻落实党的十七届六中全会精神和胡锦涛总书记在中国文联大会上的重要讲话，由总后美术书法创作院和总后直属工作部联合举办的“转作风，走基层，为兵服务，欢送退伍老兵书画笔会”在总后机关通信总站举行，应邀出席笔会的书画名家有：丁嘉耕、倪进祥、王志安、颜振卿、钱建恒、柴京津、赵军安、潘光，50名即将退伍的男女老兵欢聚一堂，书画家们即兴挥毫泼墨，为退伍老兵创作书画作品300多幅。

20．12月18日，由解放军总装备部举办的“高山仰止风范长存——纪念钱学森诞辰100周年美术书法作品展览”，在中国人民革命军事博物馆开幕。中央军委委员、总装备部部长常万全，总政治部副主任杜金才，总装备部政委王洪尧，总装备部副政委黄作兴，总装科技委副主任刘卓明，总政宣传部部长周涛，中国文联副主席，中国美术家协会主席刘大为，中国书法家协会分党组书记，驻会副主席赵长青，解放军书法创作院院长李铎，总政宣传部艺术局副局长李翔，以及各级人士、部队代表等200余人参加了展览开幕式。

21．12月19日，总装备部美术书法研究院揭牌仪式在北京航天城协作楼举行。总装备部政委王洪尧，副政委黄作兴，总政宣传部艺术局副局长李翔，总装司令部参谋长尚宏，总装后勤部政委赵林，中国美术家协会理事、解放军美术创作院副院长崔开玺，中国美术家协会水彩艺委会副主任、解放军美术创作院副院长关维兴，中国书法家协会理事刘洪彪、杨明臣，总装美术书法研究盐创作员以及总装驻京部队代表共100余人参加了揭牌仪式。

22．12月30日，武警书法院、军事博物馆书画院被中国书法家协会评为2011年度“中国书法进万家全国先进单位”。

23．本年，《书法导报》副总编辑黄俊俭的新著《军旅书家访谈录》一书，近日由河南美术出版社出版发行。

中国书法家协会中央国家机关分会工作大事记

1．1月18日，经中国书法家协会批准，中直分会将领导机构予以重新调整，原任名誉会长佟韦、会长张飙、副会长于曙光、罗杨、杨炳延不变，聘请原副会长邹德忠、张虎为顾问，新任命白煦为常务副会长兼秘书长，赵铁信、赵鹏为副会长。

2．3月8日，中直分会召开会长办公会议，讨论并制订了今年的工作计划，对会长、副会长的工作进行了划分，要求各负其责、相互配合。并上报中国书协，会上讨论并确定了将要上报的2011年度中国书协会员名单。

3．4月6日，根据中国书法家协会“关于举办纪念中国书协成立30周年——中国书协会员优秀作品展的通知”，中直分会积极组织，征集了41件作品，张飙、郭子绪、熊伯齐、邹德忠、朱守道、于曙光等19人入展。

4．4月11日，任命邵玉祥为中直分会副秘书长。

5．5月5日，根据中国书法家协会举行纪念中国书协成立30周年表彰大会的通知要求，中直分会积极上报曾经为中国书法事业做出突出贡献的艺术家以及在书法领域等方面成就卓著的书法家和书法工作者的等拟受表彰人员的名单及材料，6月9日，中国书协公布受表彰人员名单，荣获荣誉奖的是：林林、沈鹏、欧阳中石、佟韦、刘艺、谢云、张飙、权希军、张虎、白煦、王景芬、吕如雄、张旭光，杨佐桓荣获贡献奖。

6．5月15日，中直书协与甘肃佑泉斋画廊共同举办了“庆祝中国共产党建党90周年著名书法家大型笔会”，参加笔会的有90余名书法家，每人创作2件四尺整纸作品共计180件，并共同创作完成10余本册页，本次活动得到了中国文联党组副书记覃志刚、中国文联副主席廖奔等领导的热情关注和大力支持，中国书协顾问刘艺、中国书协党组副书记陈洪武、中国书协副主席申万胜、张改琴，中直分会领导佟韦、张虎、邹德忠、张飙、白煦、于曙光、罗杨、杨炳延、赵鹏、赵铁信以及著名书法家刘恒、张旭光、郭子绪、赵学敏、熊伯齐等参加了笔会。

7．8月15日，由中国书协、中国书协中直分会共同主办的“爱我中华，爱我西藏——张飙书歌颂祖国诗词书法展”在拉萨开幕，恰逢西藏自治区和平解放60年喜庆之时，张飙会长为西藏和平解放的盛典献上了一场诗书并茂、珠联璧合的艺术大餐。这也是国内著名书法家首次在西藏举办个人书法展览，成功地成为开西藏个人书法展之先河的第一人，西藏自治区党委第一书记张庆黎参观了展览并给予高度评价。

8．9月10日，根据中国书协《关于为“‘绿化长江’万亩中国书法生态林工程”捐助作品的通知》，中直分会通过认真组织、扎实工作，共计收到210位会员的240余件书法作品，为中国的自然生态事业做出了积极努力。

9．10月18日，由中直分会主办，《中国书法》杂志、《中国书法通讯》报、中国书法家协会网共同协办的“庆祝建党90周年暨中国书法家协会中央国家机关分会成立20周年——全国著名书法家作品邀请展”在中国人民革命军事博物馆举行开幕式。全国人大副委员长热地，中国文联副主席廖奔，中国书协顾问、著名书法大家李铎、张飙会长，中国书协副主席申万胜，陈洪武秘书长和中直分会有关领导、会员和部分作者以及新闻媒体的朋友近500人出席了展览开幕式。开幕式由白煦秘书长主持。本次展览汇集了全国188位书法家的精品力作，展览的举办既是为庆祝建党90周年献礼，也是对中国书协中直分会成立20年历程的一次全面总结。展览作品集也同时印发。

10．12月9日，中直书协与甘肃东煜集团共同举办的“纪念辛亥革命100周年百位书法名家大型笔会”在北京京瑞大厦三层阳光大厅进行，参加本次笔会的领导和书家有：中国文联副主席段成桂，中国作协副主席廖奔，中国书法家协会顾问佟韦，中直分会会长张飙，中国书协分党组书记、驻会副主席赵长青，中国书协副主席苏士澍，中国书协分党组副书长、秘书长陈洪武秘书长，中直分会顾问邹德忠，副会长于曙光、杨炳延和著名书法家郭子绪、王友谊、朱守道、刘恒、刘洪彪、张坤山、高庆春、张铜彦、于恩东、白景峰、郑晓华、王元军、章巧珍、邵玉祥。一百多人参加了此次笔会，活动由白煦主持。

此次“纪念辛亥革命一百周年著名书法家大型笔会”是中国书法家协会中央国家机关分会成立20周年系列活动之一，张飙会长在会上发言，他希望通过书法笔会这种独特的艺术形式，深切缅怀辛亥革命先辈们致力振兴中华、创立民主共和制国家的丰功伟绩，回顾中华民族百年奋斗的艰辛历程，讴歌新中国翻天覆地的伟大变化，激励各族各界人士为实现中华民族伟大复兴和祖国完全统一而团结奋进，具有较深文化底蕴和鲜明的时代气息。这也是中直分会迄今为止所举办的最大规模的笔会。

11．12月17日，由中直分会主办的中国书法进万家迎新春送春联活动在北京通州区霍屯村举行。张飙会长，白煦秘书长，赵铁信，章巧贞、邵玉祥，中国书协在京部分理事朱守道、张铜彦、任平，四川省什邡市书协主席、旅京书法家王昌宁及和中国书协中直分会工作人员20余人参加了此次活动。

新疆生产建设兵团书法家协会工作大事记

1．元月3至10日，兵团书协主席孙峰、秘书长运其瑞参加兵团文联“送欢乐、下基层”慰问团赴伊犁农四师、博乐农五师慰问。

2．2月22日，兵团书协主席孙峰、秘书长运其瑞参加兵团文联召开的各文艺家协会联席会议。

3．2月23日，兵团书协主席孙峰、秘书长运其瑞参加兵团政法系统书法展览作品评审工作。

4．3月14日，上报中国书协兵团书协2011年度工作计划和《中国书法年鉴》文稿及书法作品。

5．4月5日，上报中国书协2010年度兵团申报中国书协会员材料。

6．5月4日，上报中国书协“纪念中国书协成立30周年‘荣誉奖’”推荐受表彰人员材料。

7．5月10日，兵团书协主席孙峰、秘书长运其瑞赴京到中国书协汇报有关“情系兵团”书法援兵团活动事宜。

8．5月13至16日，兵团书协主席孙峰、秘书长运其瑞应邀参加中国书协“中国书法进万家——走进辽宁抚顺”活动。

9．5月21至23日，兵团书协主席孙峰、秘书长运其瑞应邀参加中国书协“中国书法进万家——走进安徽阜阳”活动。

10．5月24至28日，兵团书协秘书长运其瑞参加中国书协在浙江诸暨召开的2011年组联工作会议。

11．6月20日，征集、装裱、上报参加中国书协成立30周年会员优秀作品展作品5件，兵团入展4件。

12．9月26日，兵团书协秘书长运其瑞参加中国书协在北京密云召开的《中国书法》杂志改版发行工作会议。

13．9月，根据中国书协通知精神，征集“绿化长江——万亩中国书法生态林工程”捐赠作品22件。

14．10月14至26日，由中国文学艺术界联合会、中国书法家协会、新疆维吾尔自治区党委宣传部、新疆维吾尔自治区文联、新疆生产建设兵团文联联合主办，新疆书协、兵团书协负责承办的“送欢乐、下基层，中国书法边疆行——走进新疆”活动。参加该活动的书法家及工作人员近40人，先后到兵团农八师石河子市、和田农十四师，慰问47团军垦老战士并赠送书法作品。该活动在中央数字电视书画频道滚动播出后，反响较好。

15．11月30日，上报兵团书协主席团名单及联系方式、理事会名单和兵团中国书协会员名单。

16．12月28日，由兵团文联主办、兵团书协承办的“热爱伟大祖国、建设美好家园”兵团篆刻作品邀请展开幕，展出篆刻作品50件。

要求继承中自觉发挥能动作用。古代伟大书家对我们的启示，首先就是个性原创。颜真卿在王羲之后另立新体，以北碑为启示成就了书坛另一丰碑。有论者称颜秉承王，找不到实据。可能出于习惯性思维，认为“书圣”是必学的。其实颜真卿时代，刻帖未盛行，二王影响不及后来。明代文征明，有一段警辟的话：“自书学不辍，流习成弊……就令学成王羲之，只是他人书耳。按张融自谓‘不恨己无二王法，但恨二王无己法’，则古人固以规模为耻矣。” 文征明引张融语以“规模古人为耻”，哪怕学王羲之学得很像，也只是别人的，失去了自我。文征明小楷以宗法二王著称，能说出这样独立不倚的话，不很值得深思吗？

个性化不是矫揉造作，个性化要求情感的高度升华。艺术中的情感活动不能直接产生，书法家的情感冲破无意识的设防，由无意识上升进入创造。原创性的可贵就在于个性的纯真，起源于无意识。个性与原创具有本质上的一致性。就绝对的意义来说，没有任何相同的个性，不但在无数各别的个体身上，即在同一个体，个性也不重复。书家的作品看起来各有自家面貌，其实在各个书家那里面貌并不“一律”。每件作品，每个阶段都会有或大或小的质变。有创造力的书家，把个性发挥到极高的程度，不断“变法”。王献之向羲之进言“大人宜变体”，凸现了创造的自觉性。米芾自述学书前后师法十余家之多，学习的过程同时是探索求变的过程。大艺术家的作品一生可以分成多个阶段，多种系列，可见个性、创造的天地异常宽广。个人风格，并非固定模式。书法家大可不必因为找到了某些新感觉便不再继续往前探索。我们时代阻碍个性张扬的因素不可谓不多，实际生活中处处设防，学书法定要把某家某派“学像”，然后敢学别家。可是怎样叫“像”？在何等意义上说“像”？“像”了又怎样？学书法的目的意义究竟何在？精神上的自由到哪里去了？这些都毋须追究。对“传统”的错误解释形成压力，堂而皇之阻碍着性情发挥。回看张融语“不恨己无二王法，但恨二王无己法”，离今1500馀年南朝人的境界，我们未必达到。我们不见得都比古人开放。书法最可贵的素质缺失了，与“情性”相对应的“形质”又如何呢？两者虽然以“情性”为主导，由书写技巧支配的“形质”却是基础性的，仍受“情性”影响。发挥不出真性情的艺术，很难设想“形质”之美。没有“形质”之美，“情性”终于落空。上述主张学书法定要“像”某家某派，那个“像”，多半停留在外形，有“形”而无“质”，遑论情性了。

呼唤书法本体，还书法以本性，果真如此，书法必然出现流派纷呈的多元局面。这样考虑问题诚然理想化，书法本体不能不受到许多外来干涉，比如社会文化的低俗之风，也不可能不在书法艺术中折射出来。但是历史上每个朝代不乏执着的追求，包括无名者的书艺，比如竹木简、陶瓦文、刻石等等，都有人自觉从事个性化的劳动。明清两代馆阁体盛行，阻止不了创造性书家出现。清代碑学崛起，冲击了衰微的帖学，注入了新的生气。倘若没有阮元、包世臣、何绍基、邓石如、康有为等大力提倡碑学，书法如何出现“柳暗花明又一村”的气候？每一个新的流派出现，必定受到旧有惯性的阻力，但书坛因此有了继续前进的契机。书法的多元，除了创作，也应当包括理论、教学众多方面。多元，不以一家为准则，才有生气，有竞争，有互补，但仍是围绕书法本体而展开。

米芾《海岳名言》有一段趣话：“海岳以书学博士召对，上问本朝以书名世者凡数人，海岳各以其人对，曰：‘蔡京不得笔，蔡卞得笔而乏逸韵，蔡襄勒字，沈辽排字，黄庭坚描字，苏轼画字。’上复问：‘卿书如何？’对曰：‘臣书刷字。’”

读者可以很容易批评米芾轻率片面。但是一个宋代宣和时的书学博士能如此回答御问，不能不佩服他的率真。米芾不想在皇帝面前诋毁他人，也不想谄媚任何人，只是以自己所见信口道来，最终以“刷字”自谑。不要忘记米芾在皇帝面前说的蔡京、苏轼、黄庭坚当时都在世。没有人以为米芾“告御状”。至少在这一点上，当时的文人懂得幽默，有个性。相传苏轼与黄庭坚互相戏说彼此书法，一如石压蛤蟆，一如死蛇挂树，谈笑中诙谐、大度，丝毫不影响友情，更没有任何人身攻击。而一涉攻击，便失去了学术探讨的本意。

上引《海岳名言》对蔡京七人戏评，从一个侧面反映那个时代的书法因个性而多元化。无论“得笔”、“不得笔”、“勒”、“排”、“描”、“画”、“刷”，最终都归到笔法，笔法为体现个性的根本。虽是同代人，同为书法大家，因笔法而面貌各异。宋代书法在那个时期达到繁荣鼎盛。

我们也乐于谈书法的繁荣。30多年前，当书法被视为“四旧”扫荡之际，为着传统艺术的复兴，为着让更多的人手握毛笔，“繁荣”令人振奋，给人希望，那是一个短暂的值得珍惜的时期。经济发展的大环境，人们很快发现，书法本体在失落，被异化，功利目的抢占上风。书法最可贵的“情性”表现出淡化趋势。作为书法队伍中人，我们不必过多埋怨客观环境，无妨多想一想自身对于从事的那份专业的本质意义是否没有深入理解？我们是否对于自己的个性不敢张扬？或者确切地说，在张扬个性的时候没有认识到需要怎样的思想情感的高度？我们是否也没有懂得尊重他人作品中值得肯定的个性成分？相反，对于那些不值得肯定的因素是否缺少自由评论？我们对书法的价值观是否没有以书法本体为依归？我们对书法本体是否应当多一点敬畏之情？如是，就不能满足于浮泛的“繁荣”。单讲“繁荣”，并不意味着书法语境的拓展，更不能提高书法情感的纯度，而这一点正是艺术之为艺术最为可贵的。书法的繁荣，不能绕过书法本体，不能不为日后作千秋之想。于是我们的思潮不期而然地重新回归2000年前的“心画”，正是这一最单纯、质朴的词语，与“诗言志”（《舜典》），“乐本情性”（《汉书•礼乐志》），“修仪操以显志”（《舞赋》）等达到深层一致，各自在同中有异。

让“心画”传统进入书法家的精神家园！古人经典论述既然已揭示深层本质，就不应当视为“时过境迁”。温故知新，重在理解它的本来意义，在回归中复兴，发扬。

（原载于2011年《中国文化报》2月28日）

关于坚持健康的书法批评为繁荣书法艺术鼓与呼

◎ 张 海

健康的书法批评，对于繁荣艺术创作，推动艺术事业发展，推出经典大家具有重要意义。

一个优秀的批评家，能够毅然排除现实利害的干扰。批评家的认识可以是不正确的，然而他的结论却不能是违心的；他的批评可以是非常尖锐的，却不能是恶意的；他的观点可以是旗帜鲜明的，却不应该是粗暴武断的。批评者和被批评者可以有激烈的争论，但不应该有丝毫的个人恩怨……

当代书法评论界存在着种种不正常的现象，这些现象妨碍书法批评的正常开展和书法艺术的繁荣。书法批评应特别注意：

客观性：应当把评论对象分为若干不同层次或类别，分别施评，这样就会相对准确，不至于太离谱；现实性：书法批评应该立足现实，关注当代；前瞻性：书法批评要关注书家未来的发展；导向性：坚持正确导向，褒美贬丑、抑恶扬善。

批评家要具备冷与热两种品格：对创新成果要满腔热情，对不正之风要横眉冷对。在党的文艺方针指引下，正确处理各种关系，营造良好氛围，为繁荣书法艺术和经典大家鼓与呼，把当代书法批评推向一个更高水平。

胡锦涛同志在中国文联第八次全国代表大会的讲话中指出："要积极推进马克思主义文艺理论研究，充分发挥文艺评论的作用，为繁荣社会主义文艺营造出良好氛围。"书法批评是文艺理论的一个重要方面，坚持正确健康的书法批评，无疑是繁荣当代书法艺术的重要手段之一。

书法艺术从她一开始出现，就伴随着书法批评。古代有深厚的书法创作传统，也有着优良的书法批评传统。纵观书法史，书法新观念的形成、新风气的展开、书法经典和大家的产生，都有批评家不可替代的作用。

今天，古老的书法艺术进入了一个蓬勃发展的新时代，与古代相比，当代书法无论从艺术观念、参与人群、交流方式还是创作规模来说，都发生了极大的变化，因此，当代的书法批评自然也应当随之发生变化，而且，当代书法批评应该以其敏感的品格，开风气之先，走在书法创作的前面，为当代书法艺术的发展指出正确的方向，当代书坛对于健康的书法批评有着很高的期待，在时代呼唤书法艺术繁荣、呼唤书法经典和大家的新形势下尤其如此。

（一）

文学艺术的创造活动从来离不开批评。批评，就是以客观公正的立场、冷静求实的态度、科学合理的方法对被批评的对象作深入的剖析，指出其产生的时代、社会、人文和艺术背景、发展趋势、价值意义及其今后可能的走向和历史定位。因此，批评家不仅要就可见的资料作出准确的判断，而且须对这些资料所蕴含的潜在价值和意义作出理性的分析和合乎逻辑的推导。因此，普希金曾说："批评是揭示文学艺术作品的美和缺点的科学。"（普希金《论批评》）

批评家生活在各种复杂的社会关系中，批评家与被批评对象在现实生活中也许会有千丝万缕的联系，乃至有相当的利害关系。然而，一个优

秀的批评家，能够毅然排除这些现实利害的干扰，只把被批评者作为自己的研究对象，根据自己的思维逻辑作出判断。批评家的认识可以是不正确的，但他的结论却不能是违心的；他的批评可以是非常尖锐的，却不能是稍带恶意的；他的观点可以是旗帜鲜明的，却不应该是粗暴武断的；批评者和被批评者可以有激烈的争论，却不应该有丝毫的个人恩怨；批评者对于他的批评对象来说，应该是朋友、教练或场外指导，而不应该刻意为正反双方。艺术家和批评家是两个不同的各自独立的职业，应该受到同样的尊重。只有建立起客观独立的批评体系，书法生态才是健康的和完整的。

改革开放以来，随着书法热的兴起，书法批评也得到同步的发展。各书法专业报刊的创办，为书法批评提供了广阔的平台。中国书协和各级书协举办的不同层次、不同类型的学术活动，都有关于书法批评的内容；尤其近年来网络的发展，为更多的人参与书法批评提供了便利，从而使书法批评呈现出多元化的良好趋势。30多年来，出版了许多关于书法批评的专著，数量超过了历史上任何一个时期，这无疑都是十分可喜的现象。

然而，在书法批评日益活跃的同时，也存在着不少问题。在数量众多的批评文章中，良莠不齐，瑕瑜互见，甚至一些不健康、不和谐的声音时常见诸网络报端。概括说来，有以下几种：

一曰涂脂抹粉。现在的书法批评文章以粉饰为多，作者碍于情面，或由于其它种种原因，往往是说好话多，中肯的批评少。如果说对成长中的年轻作者以鼓励为主尚且情有可原的话，而对那些尚且徘徊门外的初学者，竟然捧到吓人的高度，那就是不可原谅的。如果我们的书法批评随意地混淆书法艺术和一般写字的界限，不负责任地送出一顶顶廉价的“书法家”的帽子，那么，他最终损害的无疑是书法艺术本身。无原则的吹捧对书法家尤其是书法青年更是有害的。年轻作者都处在探索、攀登的过程中，他们当然需要鼓励，但更需要的是明确自己所处的位置，以及自己探索的方向是否正确，前进路上还有哪些困难需要克服，还有哪些难题需要破解。批评家的责任正是要为他们指出这一点。如果一味粉饰奉承，把他们取得的阶段性成果说成是终极成就，也就等于宣告其探索行程的终结。有一种说法，说赞扬一个女人，如果她不聪明，你就夸她美丽；如果她不美丽，你就夸她有气质；如果她没气质，你就夸她温柔；如果她不温柔，你就夸她有个性。我们有些批评者，也自觉不自觉地变着法子恭维人，这不是一种健康的批评风气。

二曰主观武断。书法批评者充当着教练员、裁判员和场外指导的角色，因而掌握着一定的话语权，具有影响舆论、臧否人物的功能，因而出言当慎之又慎。然而我们有些评论家，却对自己的社会责任认识不足，对话语权不够珍惜。往往出于某种原因去评判作品的优劣而失于偏颇，合其口味者捧之升天，不合其口味者贬之入地。更有一些人，在网络空间里肆意发表不负责任的言论，在网络上使用化名，随心所欲，信口雌黄，大有泄私愤之嫌。这种不负责任的所谓批评，伤害的不仅是书家和书法艺术，而且也包括书法批评这门严肃的科学，同时对批评者自身也是一种伤害。

三曰隔靴搔痒。有些批评者对当代书法艺术研究，或因了解不够，或因水平功力有限，写出来的评论文章总像是雾里看花，隔靴搔痒。评论家应该是行家里手，深谙个中三昧，同时深知作者风格所自、用功深浅，乃至艺术探索中的得意和困惑，赞扬则能抉发作品亮点，批评则能扪准作者的软肋。只有这样，被批评者才能服气，读者也才能受益，批评文章才能发挥其应有的作用。郑板桥云：“隔靴搔痒赞何益，入木三分骂亦精”，不论褒贬弹赞，要说得作者口服心服，别人点头称是，这才是好的批评文章。反之，不但毫无意义，而且是对书法理论环境的污染和对舆论资源的浪费。

四曰以古衡今。我们提倡尊重传统，继承传

统，旨在把前人好的东西继承下来，发扬光大，在传统的基础上有所创新。而有些批评家，在评价今人的创作成就时，无视或忽视当代书法艺术的发展、创新，一概用古人作准绳取舍，看不到书法艺术的时代发展和书家的点滴创新和突破。后人并非不能超越前人，历史已多次证明了这一点。比如说，无论就水平还是成就而言，唐代的颜真卿、褚遂良都超过南朝的羊欣、薄绍之；宋代的苏轼、黄庭坚也超过了唐代的王行满、钟绍京。可见并非前人一定比后人强，那么今人为什么就不能超越前人呢？这个问题很复杂，在论述这个问题的时候，应作具体的分析：要把学书渊源和风格成就区分开来；把继承传统和时代风尚区分开来，不宜笼统地片面地论述，从而得出绝对化的结论。

以上问题的存在，原因是多方面的，有水平问题，也有个人素养品德问题，一些问题与批评者的生存状态有关。正是由于这些因素的存在，使得批评家对当代书法艺术发展的影响力难以达到应有的高度。究其原因，大约有以下几个方面：

一是批评者对书法艺术的当代发展以及书法艺术的发展规律缺乏深入的研究和宏观的把握，换言之，一些评论家缺乏基本的理论素养，没有受过严格的专业训练，仓促捉刀，客串表演，以致写出来的所谓评论缺乏应有的学术水平。书法评论，不是仅仅给被评论者唱几句赞歌抑或是作简单的否定，而是应该首先对被评论者的水平和成就作一个准确的理论定位。这种定位必须建立在评论家对书法发展史、对书法艺术规律的洞彻了解和准确把握的基础之上，没有这个前提和基础，评论家的结论就是盲目的。

二是对当代代表性书家缺乏深入了解和真知灼见。对一个时代书法成就的了解离不开对其代表性书家的深入研究，代表性书家是一个时代书风的标志，往往揭示了一个时代书风演变的方向、特点和规律。而对于当代代表性书家的深入研究，对于其他书家来说，也将起到提纲挈领的作用。因此，评论家的首要任务，应当是对当代代表性书家的深入剖析，从中建立起对于当代书法的基本概念。

三是理论与创作脱节。古人说过：“善书者不鉴，善鉴者不书”，这是说书法创作与品评鉴赏这两门学科各有其自身的规律和特点。但这和理论与实践相结合并不矛盾。书法毕竟具备很强的实践性，从事书法理论的人，如果不勤于实践、勤于思索，且真正有所得，很难想象能把理论搞得很出色。现在一些搞创作的人很少涉足理论，或对理论不感兴趣，更谈不上自觉地用理论来指导自己的创作；这就造成书法理论与实践的严重脱节。创作得不到理论的指导和印证，理论也没有创作的有力支撑，这是一个亟待解决的深层次的问题。

四是一些评论家缺乏社会责任感和应有的学术尊严。平日不是主动地去研究当代书法艺术创作现状，不研究当代代表性书家，不是把对于当代书家的评论作为自己系统研究的一部分，不是完全着眼其艺术水平和成就，而是过多地考虑人情、友情、亲情或其他与书法无关的因素，从而导致严肃的书法评论庸俗化、广告化、游戏化。

（二）

健康正确的书法批评、评论，对于书法家的成长、对于书法艺术的繁荣是不可或缺的。任何一种艺术实践，都离不开创作，也离不开理论。艺术活动往往从实践开始，而以理论的形成为其提高、升华的标志。文艺批评是文艺理论的重要组成部分，在艺术的发展过程中发挥着十分重要的作用。没有正确的文艺批评，文艺创作和生产就要偏离方向，文学艺术就难有健康向上的成长。由此，社会对文艺批评寄予厚望。

正确、健康的书法艺术批评，对于书法家、书法艺术事业的影响是巨大的。首先，它关乎书家探索的成败。古往今来，书家的创新探索无不带有鲜明的时代烙印，问题的关键在于这种探索是否符合艺术的规律和时代的方向。以王羲之为例，王羲之所代表的“今妍”书风是对“古质”书风的背叛和超越，因此，站在不同的立场，认识会截然不同。所以后世有人说“古法被王羲之写坏”。而李世民则认为，“详察古今”，王逸少才是“尽善尽美”的。孙过庭则进一步指出：“夫质以代兴，妍因俗易。虽书契之作，适以记言，而淳醨一迁，质文三变，驰骛沿革，物理常然。贵能古不乖时，今不同弊，所谓‘文质彬彬，然后君子。’”这就从理论上充分肯定了王羲之创新探索的方向和价值。

其次，书法批评关乎书法事业的繁荣和发展。关于这一点，也是有史可鉴的。比如书法在经历了尚法的唐代之后，诸法臻于完备，以后如何发展，当时的人们有找不到方向的感觉。宋初欧阳修曾感叹：“书之盛，莫盛于唐，书之废，莫废于今……盖唐之武夫悍将，暨楷书手辈，字皆可爱。今文儒之盛，其书屈指可数者，无三四人耳。”（元郑杓、刘有定《衍极并注》）然而，正是在这时，一种新的书法理念在悄然兴起。苏轼在《论书》中说：“吾书虽不甚佳，然自出新意，不践古人，是一快也。”这是苏轼对自己书法的评论，也许正是这一评论，为唐代尚法书风之后书法艺术的发展指明了方向，揭开了宋代尚意书风的新篇章。

第三，书法评论关乎书法艺术未来的走向。对此，以往人们关注不多，然而许多事实说明了这一点。元代赵孟頫开创了秀美甜熟的书风，风靡书坛数百年，经由文征明、董其昌等人而发展到极致。这种情况到了明末有了革命性的改变，出现了王铎、傅山、黄道周、倪元璐等一批书家，他们从篆隶、章草等多种途径取法中寻求灵感，书风不再追求流畅甜美，而是致力于表现顿挫、厚重与沧桑感。在谈到这次变革的时候，人们引用较多的是傅山的“四宁四毋”理论，较少提及傅山对赵孟頫等人的批评。然而不可否认，傅山的批评虽措辞严厉，但能一语中的，故而影响很大，以至在二百年后的清晚期持续发酵，酿成了一场尊碑抑帖的浩大书法浪潮。这是评论改变书法潮流走向的典型例子。

正由于书法批评具有以上功能，因此可以说在书法艺术的发展史上，批评是举足轻重、不可忽视的。作为批评家，应该时时感到自己肩负着重大的使命和责任。我认为，批评应该具备如下品格：

客观性。对于批评家来说，客观性应是他的基本立场，换言之，批评家发言的主要依据是作品。别林斯基在谈到文艺批评时曾说过：“批评家应该解决的首要问题是——这篇作品确是优美的吗？这个作者确是诗人吗？”（《别林斯基论文学》）对于书法批评来说，当然也应该首先弄清楚：这篇作品能称得上书法艺术吗？这个作者够得上书家吗？从客观上讲，被批评对象是分为不同层次的：有卓有成就的创新型书家，有功力虽深而创新不足的书家，有入道不深尚在探索的书家，也有仅解操笔尚且徘徊门外的初学者。评论家首先对于不同类型的对象要有一个客观的基本定位，然后分类施评，这样才能做到大体公正，不至离谱。

现实性。书法批评应该立足现实，关注当代，面对创作，着眼引导、评判当下的书法艺术实践。这里所谓的现实性还不仅仅是指当代书家及其创作，而是作为一个评论家，对当代书法的发展态势和发展方向要有宏观的高屋建瓴的把握。看待今天的书法发展，要站在时代的高度、立足当今的实践，特别要关注当代书坛的创新。胡锦涛同志指出：“推进文化发展，基础在继承，关键在创新。继承和创新，是一个民族文化生生不息的两个重要轮子。古今中外，闻名于世的文艺大师，脍炙人口的传世之作，无一不是善于继承、勇于创新的结果。”因此，着眼今天的书法艺术实践，与尊重传统、尊重前人一点也不矛盾。书法批评必须为当代书法创作和事业服务，这应该是批评家的基本立场。

前瞻性。高明的批评者在面对当代书法或面对某一个具体的批评对象的时候，应当把他的昨天、今天、明天综合起来考察，而以前瞻其发展前景为旨归。批评家的前瞻性应该在他对于被评论的对象——包括书家和创作现象、艺术思潮——的选择中就表现出来。对那些具有代表性的对象作深入研究后，提出具有前瞻性的学术创见。作为评论家，他应该具有常人所不具备的学术敏感，善于从纷纭的书法现象和书法艺术活动中发现具有代表性、典型性和普遍性的特质，而进行抉发、倡导和宏扬，或对可能危害事业发展、贻祸未来的苗头及时指明，以引起大家的警惕。总之，批评家的思维应该是超前的、独具慧眼的。

导向性。人们的意见，形诸文字，发表在平面媒体、电视媒体乃至网络媒体上，都会形成导向，批评家的意见尤其如此。人们期盼正确的导向，褒美贬丑，扬善抑恶，使书法艺术健康发展。报刊当然更具有舆论导向的作用。报刊宣传什么样的书家，怎样宣传，应该由报刊自己来主导，从而体现其编辑思想、舆论导向和艺术观念，而不应该由被宣传者来主导。如果被评论者用其它非正常手段换取了评论家的话语权，又换取了媒体的导向权，那么严肃的书法批评就会变成一场由外力导演的丑剧或闹剧，那将是当代书法批评的最大悲哀。

（三）

关于经典大家的话题，书法界经过近年来的讨论，已经达成广泛的共识，可以归结为以下三个方面：

一是经典大家是一个时代书法成就的标志，综观历史上任何一个时期，都有那个时期的书法经典和书坛大家。这个时代的书法艺术成就和高度无疑是通过其经典和大家体现出来的。

二是创造经典、推出大家是当今时代的要求，是书家的社会责任和艺术追求。没有经典和大家的时代是没出息的时代，是令人遗憾的时代。这当然是我们不愿看到的局面。

三是今天的时代没有理由不创造经典、不推出大家。今天的政治、社会、艺术等种种条件都有利于书法的发展，是书法史上最好的时期，因此，我们的时代热切呼唤书法经典和大家。

在创造经典、推出大家的过程中，批评家扮演着重要的角色。在这场为创造经典推出大家的书法远征中，每个创作者都在各自的队列里潜心实践，而评论家们则肩负着瞭望队伍前进的方向，监控和评估整个行程的质量、速度和全貌的责任，他要随时从中发现杰出的优秀个体，适时地给予关注、抉发、揄扬和倡导。在这场书法远征中，评论家无疑起到瞭望者、信息员、教练和场外指导的作用。

为此，批评家要解决好理论和实践的辩证关系。他的理论要建立在实践尤其是当代书法实践的扎实基础上。理论家要有相当的创作实践经验，但不一定都去拼搏国展；事实上，有些评论家本身就是书家，这是很好的。但评论家的理论不完全是建立在个人实践的基础上，而是建立在当代书坛集体实践的基础上。评论家发言和立论的依据绝不是仅仅局限在个人的创作经验和风格偏好，而是对书法艺术发展规律的深入研究以及对当代书坛创作现状的宏观把握。

评论家还需在宏观研究的基础上对书家和创作现象的典型个案进行深入的分析，以从中找出具有普遍指导意义的经验和教训。有些时候，创作者自己做出来了，但他本人不一定完全认识到其价值和意义，而我们的评论家也许比作者自己更清楚这种探索实践的意义和前景。我们期盼经典大家，呼唤经典大家，然而经典大家在哪里？我们怎样才能认识他？也许经典和大家就在我们身边，也许当代书坛已经出现了经典大家的因素和萌芽。而这些都需要有人去发现、去认定、去倡导、去揄扬，这就是评论家的责任。

书法界对评论家有着很高的期许，这就要求评论家应当有较高的素质。他们不但应该对书法史相当熟悉，对书法艺术的发展规律有深入的了解，而且对当代书坛现状了然于胸，同时还应该有相当的美学、哲学方面的知识。只有这样，才能给当代创作以及典型案例以准确的理论定位。

评论家应当有自己的独特个性和独立品格，评论家要敢讲真话，至少做到在任何情况下不讲假话，不讲违心的话。这是评论家应有的操守。

评论家要同时具备热和冷两种品格。所谓

热，就是要对当代书坛，对新生事物，对创新探索，对作者取得的任何成就和有益的创新尝试抱有足够的热情。一个对现实漠不关心的评论家不是好的评论家。所谓冷，就是要时时保持冷静的头脑和冷峻的思考，对书法界那些不正之风和丑恶现象要横眉冷对，而不是为了某种利益而违心附和。总之，评论家要时时不忘自己的社会责任和历史责任：弘扬真善美，抨击假恶丑。我们寄希望于那些真正的评论家，如果评论家也因种种外力而讲违心之言，我们还能相信谁呢？

平心而论，当前评论界出现的种种问题，也不能完全归咎于评论家。文中所提出的一些问题也非评论界所独有，这是在当今转型期社会普遍存在的问题。如何解决好这些矛盾，不但是对评论界智慧、毅力、品格的考验，也是对当今书法界智慧的考验。我们大家应当正视这些问题，在党的文艺方针指引下，在各级领导的关心下，集思广益，正确处理各种关系，化解矛盾，营造出一个有利于书法批评健康发展的合理机制和良好氛围，为繁荣书法艺术鼓与呼，为经典大家鼓与呼，把当代书法批评推向一个新的更高的水平！

（原载于《人民日报》2011年3月31日）

关于书法艺术的宏观思考

——中国书协成立30周年回顾及瞻望

◎ 赵长青

书法艺术历史悠久，源远流长。经过几千年不断地继承与创新，已经成为最具中华文化特色，深受中国人民乃至世界人民所喜爱的传统艺术，是社会主义文艺百花园中的一朵奇葩，在悠久灿烂的中华文明史上具有特殊重要的地位。书法事业是社会主义文艺事业的重要组成部分，广大书法工作者是社会主义文艺队伍的重要组成部分。作为党和政府联系书法界的桥梁和纽带，中国书法家协会团结广大书法工作者发展书法事业，繁荣书法艺术，充分发挥先进文化引导社会、教育人民、推动发展的重要功能，充分发挥书法艺术在构建社会主义和谐社会的独特作用，成为兴起社会主义文化建设高潮，实现中华民族伟大复兴的重要力量。

书法属于历史，更属于时代

书法千年的发展和文化沉淀，涌现出了大量的经典书作，创造了属于不同历史时期的书法经典，形成了独特的审美风貌和风格样式，在新的历史时期，开放的文化氛围和多元化的书法生态，昭示着书法进入了大发展大繁荣的新时期，笔墨当随时代，书法艺术已呈现出全方位的立体图像。

书法属于历史。中国书法艺术的起源很早，最早可以追溯到中国文字的起源。甲骨文笔画为中国书法特有的线的艺术奠定了基调和韵律。从商代到西汉，书法在不断地演化中发展，各种书体相继出现，其中篆书、隶书、行书、草书、楷书等字体在数百种杂体的筛选淘汰中定型，书法艺术开始了有序发展。直至今天，每一个时期都表现出不同的艺术风貌。就书法艺术而言，殷商甲骨文的“简远”，西周铭文的“静穆”，晋人书法的“韵”，唐代书法的“法”和宋代书法的“意”，这些都是时代的总体艺术风貌。这里既有社会、历史变迁所带来的烙印，也是历代书法家智慧和汗水的结晶。作为文化名片的“书法”，可以被分割为隶属各个时代的多个部分，论及书法必然谈到浩瀚的中国书法史。

书法更属于伟大的时代。书法艺术是时代之花。“忽如一夜春风来，千树万树梨花开”，正是波澜壮阔的改革开放的伟大实践，极大地激发了中国书法艺术的生命力、创造力和想象力。在继承中创新，在创新中继承，书法艺术在中国书协发展壮大的同时，也铸就着自身的辉煌。书法艺术发展的专业性、理论性、群众性以及社会影响力从此有了历史性的提升。

新时期的书法艺术获得了比以往任何历史时期都优越的发展环境，书法的展览、理论研究、教育、培训、编辑出版等诸多方面均进入了历史最好的发展时期，可以说中国书协成立的30年，是书法艺术大跃升、大发展、大繁荣的30年。1981年中国书协的成立，标志着书法家有了自己的组织，自己的“家”，确立了以各级书协组织为核心，团结广大书法家和书法工作者的组织模式，建立了国家、省、市、县、乡以及部队和各大行业、企业等不同层次、纵横交错的书法组织网络。30年来，沐浴着改革开放和现代化建设的春风，广大书法工作者努力弘扬传统书法艺术，积极响应时代召唤，充分发挥创造活力，以激情

昂扬的精神状态和异彩纷呈的艺术劳动，热情讴歌改革开放和现代化建设的伟大实践，创造书法艺术新的风貌，使古老而寂寞的书法艺术从衰微走向复兴，从复兴步入繁荣，跃上中国文化艺术史上新的高峰。今天，随着人们思想文化素质的普遍提高，书法艺术作为中华文明的传承载体和精神文明建设的重要组成部分，日益受到全社会的关注和热爱。书法名家之多，书法佳作之盛，参与书法活动的群体之多，张挂在全国各地宾馆、公共场所及千家万户的书法作品之广泛，以及书法艺术的实用性和观赏性的拓展，在中国历史上都是前所未有的。

30年来，中国书协逐步完善自身建设，以人才和精品为核心，以展览评奖和学术研究为两翼，积极推进展览、学术和培训“三位一体”的工作格局，在书法界开展读书年、宣讲年活动，促进书法事业实现可持续发展。在发现人才、培养队伍和繁荣创作、催生精品上狠下功夫，以中国书协为主体、以各团体会员为骨干、以基层书法组织和广大书法家为基础的书法组织的积极推动，使得中国书法艺术进入团结协作、组织有力，活动频繁、队伍壮大，创作繁荣、基础雄厚的黄金发展期，形成了书法界百花齐放的生动局面。

书法展览蓬勃发展，采取多种形式组织全国性各种类别的书法展览及评奖活动，成为新时代大力繁荣书法创作的标志。30年来，我国书法活动从民间走向社会，从单一走向多样，从国内走向国外。特别是书法展览活动系列化、多样化，形成了以“全国展”、“兰亭奖”、“新人展”等展览为主导，各项主题展览和专项展览齐头并进的格局。正书展、行草书展、楹联展、扇面展等单项展，更是各施所长、异彩纷呈。中国书协与中国文联共同主办了三届当代书法艺术的最高奖项——中国书法兰亭奖，除设立书法创作艺术奖外，还增设了学术、教育、出版、终身成就等各类奖项，成为广大书法家心目中至高无上的荣誉和追求。启动了当代名家系统工程，举办了全国千人千作大展和五百人名家展，推出书写经典之作的“三名工程”。

书法理论研究呈现前所未有的繁荣局面，近30年来发表、出版了大量的书法理论研究文章和专著。中国书协已连续举办了八届全国书学讨论会，并经常性地组织专题性学术研讨活动，使得当代书学研究已经成为包括书法史论、书法理论、书法美学、书法批评在内的较为完备的理论体系。2008年，中国书协开创性地设立中国书协学术研究课题，首次举办了中国书法（金陵）论坛，在国家图书馆设立中国书法文津大讲堂，开展书法系列讲座。同时举办了中国（苏州）书法史论坛、海派书法国际研讨会，为引导书坛不断创新书学理论，丰富学术成果，繁荣书法艺术提供了学术和理论支持。

书法教育是书法艺术发展之本，书法人才是书法艺术发展的基石。改革开放以来，书法教育发生了根本的改变，不少高校开展了从本科直到博士后的书法专业教育，培养出的书法人才不仅有实践能力，而且有较高的理论素养和多方面的知识积累，为书法艺术的发展增加了浓厚的学术色彩和丰富的文化内涵。由各级书协以及书法家个人举办的各种形式的书法培训班、工作室，在培养书法人才尤其是创作型人才方面发挥了积极的作用。中国书协成立之初即创办了函授培训中心，连续举办了多期面向全国的书法函授学习班，培养各类学员5万多人。中国书协通过与中国人民大学联合举办书法硕士生课程班，招收学员近百名，这一开历史先河的义举，为培养青年书法人才作出了重要贡献。

书法编辑出版工作突飞猛进，数量、质量达到了新高度，杂志、报刊、网络、电纸书各种媒介的出版物精彩纷呈。《中国书法》从1983年创刊迄今已出刊200多期，《中国书法通讯》报已出版近百期，及时报道书法界的发展状况。《中国书法年鉴》自2006年起已编辑出版4年，这一基础性工作记录了书法事业的发展变化。编辑《当代中国书法论文选（1949——2008）》，展示新中国成立60年来书学研究的成果，在纪念中国书协成立30周年座谈会上，书法界盼望已久的记录当代书法发展历史，彰显书法艺术时代风貌的《中国书坛纪事（1949——2007）》终于面世。引用新技术，传播普及书法艺术的《中国书法通览》电纸书也即将出版发行，以期产生良好反响。

书法属于书法家，更属于人民

改革开放特别是进入新世纪以来，中国书协积极引导广大书法家坚持走“贴近实际、贴近生活、贴近群众”的创作道路，同时坚守“民族化、精品化、大众化”的创作方向，使得书法艺术在创作质量上达到新的高度，在群众性推介影响上达到新的广度，在书法史学、美学和理论研究上达到新的深度。书法艺术从书斋里走向社会，走向大众，融入人民生活之中，为构建书法艺术大厦奠定了广阔深厚的基础。

书法艺术根在民间，茁壮成长于人民之中。广大书法工作者和爱好者积极参与的群众性书法活动，不断拓展和加固书法艺术发展的沃土，使书法艺术得到持续地发展。改革开放的伟大时代，政治稳定，经济发展，使得许多群众有了研习和欣赏书法的时代氛围。特别是第八次文代会以来，中国书协紧密围绕党和政府的中心工作，坚持以科学发展观为统领，进一步解放思想、实事求是、与时俱进，引起了社会的普遍关注。近年来，在纪念中国共产党成立80周年、85周年、90周年，邓小平同志诞辰100周年、抗日战争胜利60周年、红军长征胜利70周年、改革开放30周年、辛亥革命100周年等重大活动中，中国书协举办多次大型书法展览。以书法艺术的形式书写宣传科学发展观、树立社会主义荣辱观，并相继举办了主题性书法展。这些有效的举措，大大增强了书法家的社会责任感，同时也扩大了书法艺术的社会影响力。

书法艺术是属于人民的。简言之，书法是人民的书法，而不是少数人的“专利”。用书法艺术服务人民、回报社会，是近些年来中国书协工作的一大亮点。在1998年抗洪救灾、2003年抗击“非典”以及援助东南亚海啸灾害的过程中，中国书协多次组织书法家捐赠作品、举办义卖，树立了书法家的良好社会形象。2008年，“5·12”汶川特大地震灾害发生后，中国书协迅速向全国书法界发出了积极为抗震救灾奉献爱心的倡议；5月16日中国书协理事抗震救灾义捐大型笔会在海口举行，仅半天时间就收到作品587幅；5月18日在中央电视台“爱的奉献”——2008宣传文化战线抗震救灾大型募捐晚会上，中国书协现场捐款100万元；据不完全统计，中国书协名誉主席、原顾问、顾问、主席团成员、分党组成员及知名书家累计捐款2200多万元，作品2000余件，捐建了一所具有抗震防灾功能的兰亭小学。各团体会员也组织本地广大书法家以不同形式踊跃参加抗震救灾活动，表现出高度的社会责任感和爱心善举。

面对持续高涨的书法艺术发展热潮，创造性地启动“中国书法进万家”行动计划，回报社会，奉献人民，书法艺术之根深深扎入千家万户之中。中国书协积极履行联络、协调、服务、维权和业务指导的职能，在全国范围内参加此项活动的书法家、书法工作者和书法爱好者已达千万人次以上。“书法进万家”正成为中国书协的品牌性活动，依据申报办法，已命名苏州、开封、临沂、杭州、襄阳等9个中国书法名城，乌海等4个中国书法城，广东长安等41个中国书法之乡，大连金州、南京浦口等18个创作培训基地，泰山为中国书法名山，开封翰园碑林为中国书法名园，并在《中国书法》杂志和《中国书法通讯》报进行宣传。开展了“中国书法进万家”——走进周恩来家乡淮安、走进广西边关、走进西藏、走进王家坝、走进军旅、走进雷锋精神发祥地等活动，得到当地党委政府、驻军部队的重视，受到了广大干部群众和官兵的普遍欢迎。

中小学书法教育的繁荣是新时期书法发展的一道靓丽风景，构成了书法艺术发展的基础和未来。通过捐建命名兰亭小学等形式，将书法艺术

的普及向中小学延伸，为书法事业发展积攒后劲，是书法艺术扎根人民的另一种重要方式。为周总理的家乡淮安市捐助命名兰亭中学和兰亭小学，在毛主席家乡湘潭市命名两所兰亭小学，为书法艺术的未来做规划、布新局。到目前为止，中国书协已在西藏、新疆、宁夏、延安、绵阳灾区等地捐建和命名了16所兰亭小学及兰亭中学。通过与中国教育学会、宁夏吴忠、河北秦皇岛、重庆等地联合举办5届全国中小学生书法节，在全国中小学生中广泛开展“从小写好中国字，长大做好中国人”主题系列活动，并积极呼吁着力推进在全国中小学恢复书法课。目前广东、海南、重庆等省市已经和正在全面恢复中小学生书法课，为书法艺术培养源源不断的后备力量奠定了社会基础。

书法属于中国，更属于世界

中国的汉字在书写应用的过程中，逐渐产生了世界各民族文字中独立门类的书法艺术。它不仅是中华民族的文化瑰宝，而且在世界文化艺术宝库中独放异彩。广开交流渠道，推动书法走向世界，把书法热传播到海外，彰显书法艺术的感染力、软实力，以构建书法艺术与世界广泛交流的桥梁。

中国的汉字书写使得中华古文明延绵至今，不绝如缕，依赖汉字的书法艺术在文化的交流中显现了独特的艺术魅力。改革开放30多年来，随着中国国际地位的提高，世界各国人民对博大精深的中华文化的兴趣日益增加。据中国人民大学海外文化调查表明，近年来，中国书法第一次超过京剧成为海外人士辨识中国的文化符号。1998年12月5日，中国书协在巴黎举办了现代中国书法展，江泽民同志为展览题词，时任法国总统希拉克参观了展览，并称赞“书法是中国艺中之艺。”胡锦涛同志指出：“当今时代，文化在综合国力竞争中的地位日益重要。谁占据了文化的制高点，谁就能够更好地在激烈的国际竞争中掌握主动权。”书法艺术作为国家软实力的重要组成部分，正在海外发挥着广泛而重要的影响。

在全球化浪潮的冲击下，继承和发扬中华民族优秀书法文化传统，保护中华民族书法文化遗产显得尤为迫切。在文化部重视支持下，经中国书协与中国书法院、中国篆刻院、西泠印社通力合作，2008年书法艺术被列入《国家非物质文化遗产名录》，2009年9月中国书法和篆刻艺术被列入《人类非物质文化遗产代表作名录》。为扩大“申遗”成果，制定并正在实施《2009——2013中国书法五年保护计划》。这一重大成果，充分体现书法篆刻艺术的独特魅力，为提高国家文化软实力作出了应有贡献。为庆祝中国书法、篆刻艺术“申遗”成功，扩大国际影响，中国书协与中国书法研究院共同在巴黎联合国教科文组织总部举办了“汉字之美”——中国书法展，受到该组织首席官员和30多个国家文化使节的高度赞赏。

积极开展丰富多彩的书法外交活动，广泛传播中华文明和书法艺术是中国书协长期的工作重点。中国书协从2006年开始实施中国书法环球行计划，先后开展了中国书法环球行——走进东南亚、走进澳洲、走进欧洲、走进非洲活动；积极配合外交部为我驻美国、南非、纳米比亚、伊朗、德国等大使馆设计创作书法作品，努力扩大中国书法的国际影响，充分展示中华传统文化的独特魅力。随着中国书法环球行计划的推进，中国书法母国地位不断提升，经中国文联同意，文化部批准，2007年11月11日，国际书法发展联络会由新加坡正式移交中国。新加坡书法家协会主席陈声桂说：“书法是中国人的发明创造，把这一组织交归中国，就等于把孩子交给了亲娘。”现该组织正在制定《章程》，确定最高权力机构和办事机构，使之走向规范有序的发展道路上来。

在书法外交活动中，中国书协以2008年北京奥运会为契机，努力营造良好的文化氛围。当年6月28日，中国文联、中国书协和北京市文联在北京隆重举办第八届国际书法交流大展，以“同一个世界 同一个梦想”为主题，展出了来自日本、美国等18个国家的583件书法作品，通过创作并展示百米书法长卷的形式，构建了中国书法长城；为配合奥运圣火传递活动，与中国楹联学会、沈阳市政府联合举办百城迎圣火联墨大展；组织全国千名书家在鸟巢举办书法精品进奥运场馆捐赠仪式，向世界展示书法艺术的独特魅力。国际奥委会主席罗格和北京奥组委主席刘淇为此联名给中国书协发来感谢信。

中日两国的书法艺术交流历史久远，彼此往来频繁，影响巨大，意义深远。新时期以来，中日举办了20届自作诗书展、5届中日诗书论坛，完成了中国女书法家代表团的访日交流任务。特别是中国书协代表团对全日本书道联盟进行友好访问，已为成田山全日本少年少女竞书大会的获奖学生连续颁发4届“兰亭新星奖”，扩大了中国书协的国际影响。在此基础上，中日双方达成一致，开始建立互访机制，使中日书法交流进入到孩子们中间，为中国书法在国际舞台上后继有人奠定了坚实基础。

书法艺术为联系港澳台书法界提供了平台。书法交流成为彼此沟通的桥梁和纽带。继中国书法家赴香港采风、与香港特别行政区和澳门特别行政区联合举办回归10周年展、在台湾金门举办全国书家邀请展之后，中国书协代表团赴台湾举办首届“鼎盛和安”两岸书法展和“团圆和谐”两岸生态文化交流展，与台湾书法界达成推动两岸书法事业发展的框架协议，得到台湾高层及各界知名人士的广泛关注，为增进政治互信和民族认同感发挥了特殊作用。

坚持“请进来”、“走出去”，积极开展书法对外交流活动，一方面邀请国外名家来我国参会参展；另一方面以“中国书法环球行”品牌为载体，以“国际书法家联合会”秘书处为依托，多次在国外组织中国书法展，先后与20个国家和地区的书法组织建立了长期稳定的友好交流关系，大大扩展了中国书法艺术的国际影响，充分发挥了书法艺术在国际交往中的独特魅力和特殊作用。

书法属于当下，更属于未来

构建创新有为、繁荣和谐的当代书坛，为中国书法发展史翻开了新的一页。中国书协第六次全国代表大会的圆满成功，使书法事业进入了新的历史发展时期。站在新的起点上，我们书法人将不负重托、不辱使命、团结一心、开拓进取，全面开创书法事业的新局面，用新的风貌去展现书法艺术更加辉煌的未来。

站在书法艺术大发展大繁荣新的起点上，展望书法艺术更加广阔的未来，新的书法历史画卷等待我们去描绘。为了这个美好的书法艺术发展前景，在全面贯彻党的十七大和十七届五中全会精神、实施“十二五”规划的重要时期，今后工作的总体要求是：以党的十七大和十七届五中全会精神为指导，以科学发展观为统领，坚持“二为”方向和“双百”方针，坚持“在全局中定位，在大局下行动”的工作理念，按照高举旗帜、围绕大局、改革创新、服务人民的总要求，继续深入开展中国书法进万家和中国书法环球行两项行动计划，进一步提高书法艺术的社会地位及国际影响；实施人才战略，扎实推进当代书坛名家系统工程和展览、学术、培训“三位一体”的工作格局，多出精品、多出人才，弘扬德艺双馨精神；着力推进书法普及，培养源源不断的后备人才；坚持全面协调和可持续发展，逐步缩小地区差距；认真履行协会职能，加强自身建设，加强行业管理和行业自律，提高书法家的社会地位和形象，继续完善繁荣和谐、创新有为的当代书坛。

当前，国际形势正处在大发展、大变革、大调整时期，国内社会思想意识多元，人们的价值取向、文化生活方式和艺术情趣在发生着深刻变化。党的十七届五中全会科学分析了国内外形势的新变化、新特点，审议通过了“十二五”期间国民经济和社会发展规划，明确提出把文化作为塑造民族精神和灵魂，推动国家发展和民族振兴的强大力量。这充分表明党和国家对文化事业的重视，对广大文艺工作者寄予的厚望，为开创

书法事业新局面提供了良好的政治环境和时代条件。为此，我们要从以下4个方面加大推进力度。

一、要进一步提高对书法艺术地位作用的认识，用战略的眼光看待书法。书法是形而上的艺术。书法用简约的笔墨线条来表现丰富的韵律和意境，形成独具特色的抽象美，是中国风格、中国气派的典型代表。书法更是国粹、国书。书法所蕴涵的历史文化积淀和人文精神，在兴起社会主义文化建设新高潮和实现中华民族伟大复兴中，肩负着崇高的使命。书法艺术作为社会主义文艺事业不可或缺的重要内容，在构建社会主义和谐社会中所具有的独特地位和作用，应引起党和政府更高层次的重视，将其作为纳入文化外交，提高国家软实力，建设先进文化，提升广大干部群众思想文化素质的一项战略性工程对待，形成重视书法艺术的新高度、新举措，使书法艺术在党和国家大局中，进一步发挥其独特的历史性作用，使之不断延续中华民族的文化血脉，成为中华文明最基本的代表性元素，自立于世界民族之林。

二、要进一步动员社会各方面力量，为推进全民书法营造良好的社会环境。最广泛地团结书法家和书法工作者，以繁荣书法事业为己任，宣传动员社会各界积极参与各种书法活动。发展体育运动是为了增强人民群众的身体素质，普及繁荣书法艺术能提高人民群众的思想和文化素质。领导干部学习书法，可增强国学修养，培养高雅情趣，提高才能和领导艺术。领导干部参与书法创作和活动是份内的事，应理直气壮地加以倡导。老年人学习书法，可修身养性，健身延年。青少年学习书法，可增长知识，继承传统文化，知道怎样做人。要形成以中青年为骨干，学生为基础，老年、妇女为依托的分布格局。凝聚不同的书法创作群体，体现出各具特色的审美追求，以适应社会各界的多种需要，掀起全民参与书法、学习书法、创作书法的新热潮。

三、要进一步加强书法艺术的传承和保护，书法教育必须从小抓起。在当前信息化社会里，全民普及书法势在必行，但着力点应放在恢复全国中小学书法课上来，并能像日本那样以立法的形式加以确定。中国书协应继续举办全国中小学生书法节、全国中小学书法教师作品展，兰亭学校师资讲习班。不断深化“从小写好中国字、长大做好中国人”主题系列活动，不断巩固扩大书法普及的成果。实践证明，只有大普及，才能大繁荣，大发展。

四、要进一步加强书法事业的基础建设，不断加大推进力度。一是推动中国书法馆建设；全面启动书法考级工作，在全国建成书法考级网络；将《中国书法》杂志、《中国书法通讯》报、中国书法家协会网进行资源整合，建立联合体；成立中国书法事业发展基金会，盘活资金，壮大实力；成立书法媒体联谊会，努力营造良好的社会舆论环境；继续创建中国书协创作基地，为繁荣书法创作、交流展览提供良好条件，营造书法艺术发展的良好环境；成立海峡两岸书法家联谊会，为加强两岸书法交流，推动祖国统一大业作贡献。二是推动建立书法教育的职称评定制度，造就书法人才培养的良好机制，进一步促进书法的学科建设。三是积极响应国家文化产业发展战略，构建中国书协十大战略合作伙伴，与恒源祥集团公司建立长期书法产业合作关系，与雅昌有限公司建立长期出版合作关系等，以促进书法事业的可持续发展。

“雄关漫道真如铁，而今迈步从头越”。在继往开来的新历史起点上，恢弘灿烂的书法艺术发展新篇章需要我们去开创。我们应以高度的政治责任感、良好的精神状态和崭新的形象，满怀信心地向党和人民交一份满意的答卷，不辜负广大书法家和书法工作者的殷切期望。

（原载于《中国书法通讯》报2011年7月）

人才是中国书法发展的第一资源

——写在《当代中青年书家年度创作档案》出版之际

◎ 赵长青

“人才是第一资源，是国家发展的战略资源。”“我们党坚持这个崇高原则，为一切忠于人民、扎根人民、奉献人民的人们提供了施展才华的宽广舞台。”胡锦涛总书记在庆祝中国共产党成立90周年大会上的讲话深刻阐明了人才的重要性和我们的工作方向，对于中国书法艺术的发展也具有重要意义。

由中国书协主编、荣宝斋出版社近日出版的《当代中青年书家年度创作档案》丛书，虽然编辑工作是很早以前就计划的，但在这一时间节点上出版，并结合丛书的出版对当前中国书法艺术的发展进行深入思考，对胡锦涛总书记的讲话精神是一种呼应和贯彻，借着这套丛书的出版，我们书法界要好好思考人才战略对当代书法艺术发展的积极意义。

中国书协始终把培养书法人才，推介优秀书法家作为一项重点工作。第五次书代会以来，中国书协积极实施“当代书坛名家系统工程”：8位书法大家获得中国书法兰亭奖终身成就奖；根据总体安排，举办以推出书坛大家为主体的“翰墨春秋”——百位老书法家作品展；以举办全国千人千作书法大展和五百家书法精品展为载体，推出千名中青年书法名家；举办5届全国中小学生书法节，在全国中小学生中广泛开展“从小写好中国字，长大做好中国人”主题系列活动。这些举措为提高书法队伍整体创作水平搭建了广阔的平台，造就了一支以老书家为龙头、以中青年书家为主体的当代书坛劲旅，为加强书法创作队伍建设搭建了宽广的平台。

工程实施几年来，得到了书法界广大书家的赞誉和支持，取得了良好的效果。《当代中青年书家年度创作档案》（以下简称《创作档案》）丛书就是“当代书坛名家系统工程”又一新的成果。

《创作档案》丛书的作者，均为近年来活跃在书法创作一线且具有扎实创作实力的书法家。他们的书法作品具备深厚的传统功底和鲜明的时代特色，并注入自我审美风格，是思想性、艺术性相融合的精品，集中展示了当代书坛中青年书家的创作实力。丛书在收录作品之外，还记录了作者的创作心得、书写工具、书写材料、风格取向以及创作方法、手段等与创作密切相关的信息，清晰地传达出书法家的审美理念，为当代书法的学习和研究提供了真实生动的资料。

《创作档案》的核心思想是坚持精品意识，坚持创作与理论并重，坚持思想性、艺术性、学术性的统一。《创作档案》的出版，为研究和深入探讨中国书法艺术当前创作和学术方面取得的成绩和存在的问题提供一个良好的契机，为广大书法家的创作、理论研究和艺术批评提供有益的借鉴。

结合《创作档案》反映出来的新情况、新问题，书法界可以共同探讨当代书法创作中的各种问题，把握正确的创作导向，探索一条书法创作可持续发展繁荣的道路。下面我就当前书坛应该面对和把握的几个问题略呈浅见，抛砖引玉，引

导方家之言，便于书法界推动书法艺术进一步繁荣，为中国文化建设作出更大贡献。

坚持正确的文化导向，继承优秀书法，文化传统，创作出无愧于时代的精品力作

书法艺术是传承的艺术，作为当代的书法家应继承优秀的书法文化传统，创造出无愧于这个时代的精品力作。中宣部部长刘云山同志近日在给“李铎诗词书法展”的贺信中讲到：“书法艺术的繁荣进步，一靠传承积累，二靠创新创造。”刘云山同志在很多场合反复强调这一问题。今天的书法创作，必须要深入到优秀的传统文化中去汲取营养，钻研经典，把握精髓，积极借鉴世界各民族的艺术成果，海纳百川，博采众长，大力推进风格流派的创新。以优秀的作品影响人、鼓舞人，充分反映和体现时代精神与人民心声，全面促进书法艺术繁荣发展。

广大书法家应该充分发挥先进文化引导社会、教育人民、推动发展的重要功能，当好人类灵魂的工程师，充分发挥书法艺术在构建社会主义和谐社会中的独特作用。把社会主义核心价值观融入书法教育和书法创作中去，坚持科学发展观，坚持“二为”方向、贯彻“双百”方针，坚持走“贴近实际、贴近生活、贴近群众”的创作道路，坚守“民族化、精品化、大众化”的创作方向，使得书法艺术在创作质量上达到新的高度，在群众性推介影响上达到新的广度，在书法史学、美学和理论研究上达到新的深度。

做植根人民、服务人民的德艺双馨书法家

书法是人民的书法，作为人民的书法家要始终坚持深入生活，深入基层，向人民群众学习。要始终注重个人品格修养，不断提高思想境界，努力做到书品与人品相统一、相促进，以自己的良好言行赢得社会的尊重，树立和维护书法艺术的良好声誉和艺术家的良好形象。树立正确的世界观、人生观、价值观，进一步增强社会责任感、使命感，珍惜党和人民给予的荣誉，弘扬正气，淡泊名利，潜心艺术，讲政治、顾大局，以良好的职业精神和职业道德，努力担负起继往开来的神圣使命。

全球经济一体化的今天推动书法走向世界

广大书法家要有国际眼光，为提高我国的文化软实力，进一步扩大书法艺术的国际影响作贡献。胡锦涛总书记在庆祝建党90周年大会上的讲话中指出，“要着眼于推动中华文化走向世界，形成与我国国际地位相对称的文化软实力，提高中华文化国际影响力。” 作为中华文化瑰宝的书法艺术，充分彰显了中华文化的感染力，是国家软实力的重要组成部分，正在海外发挥着广泛而重要的影响。2009年9月中国书法和篆刻艺术被列入《人类非物质文化遗产代表作名录》，为提高国家文化软实力作出了应有贡献。广大书法家应该积极参与“请进来”、“走出去”的各种形式的书法对外交流活动，紧密联系国外书法界，使书法交流成为彼此沟通的桥梁和纽带，有力提升书法在党和国家“大外交”、“大外宣”战略中的作用，大大扩展中国书法艺术的国际影响，充分发挥书法艺术在国际交往中的独特魅力和特殊作用。

壮大书法人才队伍，把“当代书坛名家系统工程”引向深入

中国书协成立以来，书法艺术创作从以往的个体行为和自由的无序状态，进入团结协作、组织有力，活动频繁、队伍壮大、创作繁荣、基础雄厚的发展期。中国书协现拥有17个专业和工作委员会，36个团体会员，仅中国书协会员就达11000人，再加上省级及其以下各级书协会员和书法爱好者已逾千万人。在这庞大的书法队伍中，既有党政领导、知识分子、干部，也有工人、农民、士兵和私营企业家。也就是说，各条战线、各个领域、各种不同的社会群体中，书法组织与书法家无所不包、无所不有，形成了上下贯通、纵横交错的书法组织网络。书法拥有了雄厚的社会基础和群众基础，在这个基础之上，我们将坚持不懈地一刻都不放松地来实施“当代书坛名家系统工程”，完善当代中国书坛以大家为引领，以名家为主体的有生力量，提高整个书法界的凝聚力、向心力，不断提升中国书法组织的专业性和权威性，为书法艺术进入更高的艺术境界，为书法事业能够持续繁荣发展打下坚实的基础。

希望我们书法界能利用对于《创作档案》出版的思考，进一步统一思想，明确目标，总结经验，集思广益，不断地把“当代书坛名家系统工程”引向深入，推介精品，推出人才，为迎接中国文联第九次代表大会营造良好的人文氛围和工作环境。

（原载于《中国书法通讯》报2011年10月）

当代中国书法审美自觉的核心价值思考

◎ 言恭达

中国书法家协会成立三十多年来，在引领当代书法事业、书法艺术创作、学术研究和社会艺术教育上做了大量的卓有成效的工作，促成了在中国历史上从未有过的群众书法热潮，这是普及与发展当代书法艺术，对传统的继承与开拓，对艺术个性的强化与追求，对当代书风多样化发展的思考与探索，是“书法热”中最富有生气的内涵，反映了改革开放以来中国文化所承载的大众心理与审美理想，表达了当代书法主流文化所内蕴的美性与美质。

在经济高速发展，人们生活形态发生巨大变化的社会转型期，我们这个民族并没有提前或同期去架构文化理想，以至社会价值判断与行为导向异化为“时间就是金钱”的唯一标准，而文化价值与文化创造的终极指向降落为价格指数。三十年的当代“书法热”无疑带来群众文化的繁荣，精神需求的重组。也带来了价值观念的多元，休闲情趣的寻求，以及“民粹文化”的膨胀……表现出某些书法文化民族立场的转移，传统艺术价值体系的颠覆和审美评判标准的缺失。因此，当代书法界最急需的是思想的滋润与审美的纯化，让书法回归心灵！需要书法文化社会身份的重塑与核心价值体系的构建，需要书法艺术现代人文精神的重铸。从而推动书法艺术当代经典的文化创造，以艺术的审美自觉唤起全民族对文化的觉醒，完成书法艺术家书法文化的时代担当！

全面认识现代化的文化内涵，认识现代化进程中的中国传统文化情结和当今中国文化发展的现代价值取向，则是我们亟待解决的课题。

当代社会各种纷然杂陈的文化艺术思潮显示了不同的价值指向。一是以儒、道、释为主流的传统文化在社会发展中仍拥有根深蒂固的影响；二是自西方涌进的后现代主义思潮，所谓崇高非理性，解构真理和理想，追求游戏状态已有它的一定市场；三是以现代化的追求为旨归的艺术思潮，即尊重理性、个性及人格，崇尚平等、民主，倡导科学精神这一现代化的价值导向。

不能否认，这些年来中国文化生态危机与人文精神的失落造成了一个功利欲望泛滥，非常世俗化的社会现象。一个全民为一博眼球甚至可以娱乐至死的年代，无论是极美、极丑或者超级自恋……都可以拿来炒作自己，不惜以最疯狂的形式替代艺术本体的理性思辨。仅仅为了满足虚荣的功利心，“人们将会毁于我们所热爱的东西”（赫胥黎）

当下书坛存在着种种不尽人意的地方：心态的浮躁、艺术的浮华、形式的浮夸、评论的浮浅、交流的浮面，艺术时尚鼓躁、创作精神平庸、经典书道异化、核心价值颠覆。在当下社会多元格局却又如此“同质化”“单一性”的功利主义消费市场的弥漫中，文化的贫困，文化深度的缺失，传统文化命脉似连又断的危险时刻在逼近我们……书法进入大众文艺的另一面出现了摆脱传统文化需要审美静观与理性释义的重负，回归到了游戏状态……君不见这种惊人的热闹已逐步走向惊人的庸俗，势必走向惊人的荒凉！

强烈的社会变革，相应出现了人们的精神需

求的重新组合。价值观念趋于多元，物质上的追求财富的社会心理，必然导致需要消闲娱乐的消费文化的寻求。面对一个浮躁的、不安的时代，尤其需要思想的滋润，美的纯化。时代需要文化人，需要艺术家。——他们是不急功近利，耐得寂寞地思考着社会文化与审美的深层课题，思考现代艺术的基本精神的智者。

中国书法当下文化语境中最缺乏的是什么呢？就是中国改革开放的发展将引导社会确立一种主导价值，即高扬科学理性和现代艺术精神。必须十分清晰地看到当代书法艺术的审美转型，对传统技法与经典的深化理解，对艺术形式构成的新的拓展，这是一种新的文化现象，其要义是艺术审美定位与导向中的科学理性。

书法文化的核心价值有它本体审美价值和社会功能，它将是建立在中华民族精神与美德大厦上的现代化价值导向。弘扬时代主流文化，对国家发展承担历史责任，其根本要义是唤醒人的主体意识，以人的尊严这一具有普遍意义的价值层面，高扬科学理性，把握现代人文精神的深刻内涵。当代书坛需要一种基于价值传承与价值创新的文化自觉，需要文化的光照与引领。

中国历代优秀书法经典显示着中国人借以彰显的生存意义与底色的价值之源、文化道统，也是当今我们应加以珍惜、弘扬与创新的精神之魂、民族血脉。

历史的积淀形成了中国传统的人文精神。作为中国书法，正如杨振宁博士说的是中国文化精髓的核心。因为中国书法包蕴的人格理想是人类的最高理想。艺术创作的心理体验是书法家心灵与人类原始精神的交融，是对宇宙生命和自我生命的双重感悟。中国古代对书法的理解是以人文理念为根本支点，从书法的内在精神到技法体系，都具有深厚的人文内涵。其思想源是老庄的“天人合一”，其审美情趣是“虚静”。因此，当代书法的历史使命是用中国人文艺术的“元语言”融合时代精神去构建当代书法艺术语言与视觉图式。

艺术最基本的意义在于非功利的超越性的价值追求，这是经典的真正含义所在。追求“不朽”而不妥协于市场的消费文化，不屈服于由金钱来显身的不平等的价值体系。要拒绝诱惑，坚守经典艺术的科学理性与审美方向，坚守中华民族的精神家园。我们常说，文学与艺术将给人们的思想以启迪，知识的积累、人格的升华，但同时文艺又是消费性的，尤其当今的时代，社会关注的重点已转移，社会精神空间的扩大，市场经济启动了消费性的通俗文化高潮的兴趣，全球化运作中社会文艺生活多元文化现象的并存……由此可见，清醒地认识当今社会精神生活的变化，尊重文化的多元性与理解文艺的多重角色，我们只能用选择来适应今天的变化与转型，既要宽容，更要选择；既要理解，更要在理解前提下的艺术批评！

当前艺术批评的某种失语与失信，反映了中国书法文化当下批评标准的缺失，呼唤着在全球化语境下中国书坛构建科学审美评判体系的紧迫性。确立当代中国书法的文化立场与文化身份是文化自觉与文化自信的需要，是建构书法核心价值体系的需要。丢失书法的核心价值，那是失魂；摒弃艺术的包容心态，那是落魄。

如何推动书法批评回归本质，坚守人文审美理想，是当代书法界共同关注的焦点。批评是真诚、纯粹的，非一味阿谀、炒作、吹捧、包装。要坚持真理，遵循艺术本体规律，观照时代特质，要具备解剖的勇气和独立思考的精神，这是对批评家的基本要求。

书法批评的文化自觉、文化立场的选择与文化身份的重塑，也是文艺批评的自我觉醒、自我反省与自我蜕变。

我国文化经典历来呼唤崇高，要求文艺走向德性化与人格化。诺贝尔文学奖正是以作品是否具有“观念和生活哲学的真正崇高”，是否体现着“高尚的、健全的理想主义旨趣”为其评判标准。以批评家眼光看当下中国书坛的某些现象：丑侧身于美，正大连接卑俗，畸形扭曲崇高……

对书法艺术崇高美的呼唤，也是对当代史诗性经典的深情呼唤！

时代在变迁，审美在转型，这是客观事实。自八届国展起，中国书法家协会提出了国展评审标准，即书法篆刻作品的创作必须遵循书法艺术规律。一是艺术的历史传承性是艺术发展的规律。二是表达性情是艺术创作的基本特征。三是艺术风格的多样性、统一性是艺术繁荣的标志。四是唤起美感是艺术作品的重要特征之一。从北宋提出“文道两本”以来，“文以载道”是历代文人的历史使命与社会责任；而“技进乎道”是历代文人从事艺术的本体认识，即经技进入艺，从艺升为道的层面，从而完成从自觉文化到文化的自觉的历史进程。中国书法“艺术自觉”的基本特征表现在：一是传承性：文化精神、审美风格、技法程式；二是中和性：敦厚、含蓄、和谐、古雅；三是深约性：精微之处见精神，内质变化显个性。与绘画一样，当代书法创作的形式，技巧的递变，都处在东西方文化、历史与未来的交汇点上，这种“时空差”和它的受众空间，提示我们在当代“散乱”“多元”的各种流派的形式语言与技巧的异化中需要按经典规律不断醇化与锤炼。我们看全人类的文明是一体化的。全人类的利益也是一致的。文化不是谁战胜谁，而是互相补充共进的。现在的世界是互补的世界，象东西方文明互相补充一样，东西方文化艺术将互相渗透、交融。但我们切不能忘记自己是东方的！未来文明的建构应该是人文与科学的结合，是传统与现代的契合。东方文化的价值不仅仅是取决于它的过去，而是未来。取决于它在未来文明建构中的活力。

审美文化的重要职责不在满足人们宣泄感官的消遣娱乐作用上，而在引导人们超越自身的感性存在上，上升到自由的人生境界，净化人的灵魂，培养良好的素质。传统审美向现代形态的转变，首先，它的创作与接受对象都发生了变化，由文人艺术向大众艺术转化。为此，它的内在机制也必须相应转换。就书法而言，改变群众运动状态，强化学科建设，提升艺术作品的学术含量。其次，审美转型带来传播方式的变化。理性与感性的分裂是现代工业社会的主要特征。程式化、平面化的大众娱乐艺术占据了人们的审美心灵，它与在竞争加强社会中的广大市民心态正相契合。因而，书法创作心态的浮躁与浮面，产生了“文化快餐”效应。再次，社会生活节奏变化不仅是文化现象，也是审美演进的重要特征。盛唐文化豪放激越，当时都市生活节奏轻急热烈，车马火热，故出现了书法之“狂草”，舞蹈之“胡旋”，乐曲之“急竹繁丝”。

书法艺术创作的审美自觉，应该具有真诚的灵魂观照，强化艺术的纯粹、真诚、抚慰、自信、通达、尊严，这是我们期待中国书坛新秩序到来的个体条件。文化价值最终体现和作用于国民性上。其核心价值观无疑是一个书家的灵魂。有什么样的价值观就有什么样的人生态度与生活方式，就有什么样的价值选择与实践追求。因此，书坛重视核心价值体系的支撑与引领作用，书坛的新秩序将会到来则不言而喻了。

中国书坛新秩序到来的机制改革与推进——要旨之一是展览机制的改革与完善；二是科学审美评价标准的建立；三是艺术传播机制“云”媒体现代形式的转扩；四是学术支撑机制的有效互动；五是名家推介机制的改革与深化。

现代中国的书法艺术经历着历史上最大的动荡。纵向历史的封闭单一与横向时代的交叉多元形成冲突。不同的文化参照塑造出不同档次的艺术家。古代大师的书法作品是与古人的文化心理相默契，是由历史的情境造成的。审美价值的标准是有时间性的。当代书法家就应在这一点上观照当代文化，建立新的价值标尺。“风神骨气者居上，妍美功用者居下”的审美将强化，因为当今是个“写意”的时代，“造虚”的时代。意随字出，书随意深。大凡高明的书家都是从写形寓意，挖掘深层内涵，到达写神赏心之境地，达其情性，形其哀乐，当下书家追求将是更多的开拓、强烈、抒情。如古人所说：“格调情怀为第

不好看，即使书法家自我感觉再好，大师名家称号满天飞，但观众因为不好看都不会踏进展厅。从这个意义上说，每一个书法展览其实都在接受书法观众的评判而不是书法家在颐指气使地“教育”“引导”观众。写一大堆格式相近书风相同文辞无关痛痒笔墨拖沓重复的毛笔字装裱后挂在展厅墙上，这样的展览不会好看。

但怎样才能好看？

仅仅靠写毛笔字的技术与技法，展览是不可能好看的。过去书法家们都否认书法是视觉艺术，但书法既要自认是艺术，又要跻身展览厅悬挂在墙上给观众看，又做不到“好看”，行为与目的相悖，岂非荒谬？因此，不先从思想上转变认识，不先承认书法是“视觉艺术”，不先认定书法是处于一个“展厅文化”时代，这展览断乎“好看”不起来。

而承认了书法是视觉艺术，形式的丰富多样，当然就有了提出的合理性与合逻辑性。形式的多样并不简单地等同于技法的多样——完全有可能出现技法很好但形式单调的问题；技法针对具体的点画动作，而形式却必须关乎作品整体。书法展览要好看，就必须迫使书法家从过去传统的技术性的关注具体笔法的窠臼中跳出来，转向关注书法作品（扩大为50—100件作品的整个展厅）的整体视觉艺术效果。而为了达到整体的视觉艺术效果，就需要调动包括技法在内的各种塑造手段，无论是空间、色彩、材料、肌理、间距、边框、书体字体、笔法字法、乃至裱式、钤印；甚至还有复合、渐变、对称、放射、叠加、排比……再甚至还有展厅空间、作品体量、文辞内容、灯光处理等等，都应该获得充分的运用——笔法字法、书体字体，只是其中很小的（当然可能是很核心很聚焦的）部份，它并不能代替书法作为艺术的全部。

书法进入展览厅不过百年历史，书法展览这一固定标识形态的出现，更是只有短短几十年，因此，怎样做一个好看的展览，对于美术而言可能早已不是问题甚至构不成一个思考点；但对于书法而言，却是一个至关重要的命题。此无它，书法和美术所面对的文化语境、历史逻辑起点、当下关注、人文需求和审美习惯都不相同；自然遇到的问题也不尽相同，所能选取的答案也不会相同。即以我自己的几十年书法创作实践而论，从提倡“展厅文化”、到自己寻觅多年开始尝试着以自己的理念来办系列展览比如“心游万物”“线条之舞”“意义追寻”“大匠之门”直到这次的“守望西泠”；先追究一个好看的书法展览应该怎样办？再到一个又好看又综合的书法展览应该怎样办？再到一个又好看（复合形式）又好阅读（自撰文辞内容）、有纵深文化历史感的书法展览应该怎样办？三年之间，通过一连串的在思想认识上形成三连环的书法展览实践，终于大致找到了几个可供选择的答案——就一个好看的书法展览而言：第一是笔墨精良技巧精湛；第二是形式新颖令人耳目一新；第三是要有“原创性”即立意构思要带有明显的突破与创意；第四是要可阅读即文字文辞文献文史文学文化的感染力要强、要能把观众引向遥远的历史与悠久的传统；第五要有展厅空间的整体配置节奏，讲究展示与陈列的精致度与完整性和艺术观赏的丰富性与多样性。根据这五个方面的总体要求，又可以分化衍伸出五十个、一百个更细微、更具体、更局部的实施要求。而所有这些要求，都不仅仅是文人多事，而恰恰是因为今天的书法正直面一个“千年未有之变”的展厅时代；而更深层的问题还在于：书法即使进入了展厅时代，还必须保持自己的特色，不被绘画展设计展摄影展所混淆淹没。前者决定了它必须强化视觉形式之美，必须好看，必须为观众所接受；必须与绘画展并驾齐驱，站在同一个平台上立论——这正是书法几千年来最缺乏的新意识新思维；而后者又决定了它必须坚守住自己作为书法展的特征与特色，不与绘画展摄影展趋同，而努力创造出别一样的图式与图像，并辅之以书法所依靠的文字（汉字）语义与它背后所蕴含的历史与文化，从而建构起从文字到文辞、文献、文史、文学的、又是立足于

视觉艺术的种种新的艺术价值观与本体论内容。

——展厅时代决定了今天的书法艺术必须是视觉的；同属于造型艺术大家庭的；

——书法本体决定了今天的书法艺术必须具有文字文辞文献文史的内容优势，它必须与其它视觉艺术在视觉的基础上拉开距离，彰显自己的特色。

——展厅时代的书法首先是审美的；

——书法本体又规定了它不是一般的通用式审美，而应该更多地立足于文化：具体而言：它似乎更是人文式审美的独特类型。

这，就是我在今天所持的书法观。

2011年10月23日初稿，于澳门中国文联两岸四地艺术论坛上，2011年11月3日修改于北京故宫兰亭学术研讨会返杭机上，2011年12月15日定稿于赴香港机上。

（原文发表于＜创作是什么？———陈振濂书法创作思想档案＞。244—267页，杭州出版社。）

十届国展评审七题

◎周俊杰

所谓『国展』，即由中国书法家协会主办、具有当代最高权威的国家级书法展览。从一九八〇年举办『全国首届书法篆刻展览』以来，每三年举办一次，到今年已举办了十届。『书展』不仅展出书法作品，从第一届起，篆刻便作为不可或缺的一门艺术形式被包容其中。到第十届，又将『刻字』列为展项，使国展在艺术种类上更趋完善。

本文题目并不严谨，笔者无意评述整个十届国展的方方面面，而仅限于『第十届』的『评审』一个议题，因为在历届展事过程中，评审的公正与否是整个书法界最为关注的问题，人们的多种议论也大都由此而来。今年的第十届国展评审，笔者有幸先后赴上海、南宁，以监审委员和新闻观察团的身份参与了、或者说观察了整个的评审工作，听取了所有评委、监委的发言，采访了有关人士，看了网上有关评论，加之过去曾担任过包括『兰亭奖』在内的数种大展评审工作，很多问题有所对比，故觉得有话要说。现将所闻、所感分列于下：

一、国展评审中的公平、公正问题

此次评审在给每位评委、监审及工作人员所发的《评审细则》中，头一条便是：『本次展览评审坚持公开、公平、公正，做到阳光评审、和谐评审』，这应该是一个很高的目标。过去也曾如此提过，似乎也较为认真地去做，但只能说是大致上能做到这一点。为什么？存在有种种弊端也，弊端基本有三：一是固定评委班子，数届一直如此，这就造成了投稿者创作上迎合评委，平日里靠近评委，以致于对评委进行笼络的现象不时出现。书坛上大概都知道，有几个省的数位所谓入选、获奖『专业户』就是如此产生的。书坛尽管于此不满，也无可奈何。二是中国书协领导既是组委会，又是评委会成员，且有投票权，这很容易造成大权独揽，出现不公正现象。三是评出后数天不公布名单，其中弊病书坛早有所揭露。对于以上几种情况，由于中国书协主要现任领导有着多年从基层到高层的评选经验，故从九届国展及第二届『兰亭奖』起便一一克服之。首先，不固定评委会，而是在评审前几天才通知评委报到，并三令五申不准透露消息，这就给善于钻营者设了一道墙。我们对比了九、十两届评委名单，重复者甚少。二是包括中国书协进入评委会的主要领导，如主席、副主席、秘书长、副秘书长、展览部主任等，均不再具有投票权，评审、组织两权分离。最后的入选、获奖名额完全由评委投票的结果而定。书协领导说，评审要充分反映评委会的集体意愿，应该对评委给予充分的信任。掌权者如此进行自我约束，主动限制自己的权利，恐怕中国文艺界数十年来仅见于书协吧。第三，狠抓一个不为人注意却容易出大事的环节：入选、获奖名单在评审完统计后及时在网上公布，这样就避免了以往的种种不公平不公正的情况再度发生。

二、关于『两团』的设立

十届国展在上海和南宁均设有监审委员会和新闻观察团。这两个机构有何作用？监审，即要监督评审，包括监督评委、监督评审程序及统计

选票等。在所有评审过程中评委不准交头接耳，不准通风报信，一切按照预定程序进行投票，如需复议，则启动复议程序。如发现评委违规，或程序不对，监审有权提出，并根据《评委守则》，『由组委会和监审委员会集体决定，严肃处理。』监委会成员多为老干部，其特点是工作极其认真，一丝不苟。他们和评委一起，不停地在所挂作品中走动。也许监委起到了一定作用，无论上海或南宁，均未出现评审中令人不快的现象。整个评审要经过数轮才能完成，尽管有计算器的置入，评审数字不会有误，监委们仍一轮轮地看票、审票，对各阶段入选或淘汰数字予以检查，保证了评审机制的正常运行。

新闻观察团的设立，是要坚持从评审一直到正式展出中报道的正确导向。以往多次大展评审和展出前后，均有多种议论，因为每个议论大都站在自己的立场上，很多想法并非不对，但却缺少从宏观的把握到微观的深入调察研究，或者接触不到具体的评审过程，故给人一种片面甚至偏激之感。新闻观察团有责任将整个真实的过程披露，该肯定的肯定，不足之处也不回避，目的是为了书法事业更健康的发展。报道应提倡正气、大气、具有学术性，不要抓住一些无聊的、可能伤害作者和展览工作的一些所谓『花絮』来炒作，这恐怕应是对新闻工作者最起码的要求。

根据以往曾出现记者、工作人员借可以出入评审现场之便，向评委拉票的教训，此次国展不仅评委不能投稿，所有监审、观察团的成员也不允许参加投稿，并要求所有成员『到位不越位』，『帮忙不添乱』，这应是一次阳光、规范的评审。

三、关于评委

历届大展中，人们对评委的关切不亚于其他问题，此次也不例外。由于此届首次分书体在两地评审，故评委总数量要略高于往届。如重复计算，上海评委二十二人，广西评委二十三人，去掉主任、秘书长等重复数字，总人数为四十一人。与以往不同的是，新一届主席团成员分两批全部担任评委会正副主任，而从各省所选评委上海十一人，南宁十二人，应该说基本上都可视为具有创作实力的书坛佼佼者。有的固然以兼具某些重要职务而入围，但也有纯『布衣』者，那是靠真刀真枪真本事而一跃成龙的。我反复观看整个评委的名单，应该相信，他们在整体审美把握上不会有大的偏差。每位评委均有自己独特的艺术观，创作上也都会有强烈的个性追求，但『评委不代表任何省市地区或行业。评委言行必须对组委会负责，对书法事业负责』（《评委守则》），当然也不代表某家某派，这首先要求评委不能有私心，还得在摆脱个人审美偏向上具备识别多种审美趋向的眼力，这不能不说是对评委一个相当高的要求和考验。业务上如此，而其他要求更为严格，如《评委守则》开篇便要求评委『廉洁自律、公正公平、不谋私利，自觉接受监督』等多种限制。我们可以说，评委的一票是庄严的、神圣的，有时仅一票之差便可决定一位投稿者的命运。但每人也只是一票而已。我现在可以十分肯定的说：哪位作者想通过某一位评委而达到入展、获奖的目的，几乎是不可能的，一票起不到大作用，即便位了一两票，如果作品水平差，偶尔过了第一关，那么很可能为之投票的评委便会被他人识破，而再想闯第二第三关以至终评都绝无可能。如果发现哪位评委走了后门，拉了票，那肯定要受处分，今后评委会也将永远给他关上大门。所以，每位评委都十分珍惜这一颇具荣誉的身份，不可能为一人一事而丢掉这项荣誉。张海主席在上海、南宁都反复强调，做评委要有『艺术的良心，做人的良心。』他说：『评委在评作品，而全国书法界在评评委。我们要由此塑造书协的形象和评委的形象。』此语可谓对评委的中肯之言。

还有一项令评委尴尬的事：展出和作品集中，还要评委（包括监委）作品亮相。由于入选、获奖者的作品都是经过精心创作才闯过数道关的，而评委则自送作品，勿须经过检验，这样就出现了评委作品敷衍了事从而与参展作者水平相差甚远的状况。就我见过的各种展览中，真正下功夫创作的评委并非没有，但为数甚少，大多数评委都是随意送上一小张了事。对大展不负责任，实际是对自己不负责任，数届过后，所得虚名与实际水平的差距便为书坛所深知，对此群众心里会有一杆秤，你任再高的职务也不会买你的账。对此，张海主席在总结时特别交待：十届国展中，评委也一定要下功夫拿出自己的代表作，要有危机感，再不要出现让广大书法界对评委不屑一顾的现象了。

四、关于评审程序

为确保评选的公正，需要制定出科学的评选程序。在上海与南宁都提前写出了《评审流程》。此次两地都采取了不看原作而展示以A4纸打印件的『初评』办法，其优点是快，一轮轮的作品小样放在案子上，由评委边走边评，同意进入第二轮者画『√』，这是借鉴了中国美协的评审方式。第二轮则将原作挂出后再投票，两地均总数入选四百件。入选作品的票数需划定一个界限，比如获七票或八票，总数以接近四百为准。选出后再投优秀作品六十件，最后再各评出三十件为获奖作品，一步一步，安排至为得当。如果对某件作品有意见，任何人可提出复议，但最终须经三分之二的评委赞同方可决定取舍。

所有进程确乎很完善，但在总结时，不少评委对以小打印稿的方式进行初评提出较为强烈的看法，普遍认为小稿太模糊，作品原作与缩小后的审美效应相差甚大，而看原作的把握要准确得多。其实依原作进行初评也并不见得慢，即使多个一半天时间而与对作品的优劣能更准确把握二者相较，后者更为可取。美术作品中的油画及裱好的其它画种不易邮寄，由作者拍出清晰照片进行初评是由其特殊需要而采取的方式。而书法全为软片，评审也甚为方便，且大大减轻了承办者对数万件作品的拍摄、制小稿的繁琐过程和劳动。笔者不会上网，而朋友打开多家网站一看，对十届国展评审多为指责以小稿作为初评的方式。下届国展，主办者可多听听大家的意见。

五、科学的介入

中国书协展览部有几位年轻人，他们根据评审需要，请专家设计了一套电脑程序：每位评委一个手机，上面有评委名字，并设出最终所评件数的数字，然后评委依照自己的审美标准打出作品的编号。如评四百件，到四百零一件即不再出数字；如打重复，手机则会提示，重号不进入程序。这一切均由一台总电脑控制，评委评完，电脑上的数字立刻全部现出，如哪些作品在几票以上可作为入选，电脑也有明确的显示。科学的介入评审，一是快捷，二是准确，最终入选、获奖的作品编号、姓名及省份等一切资料，都会毫无差错的呈现给评委会。最后，由组委会、评委会领导及全体评委签字确认后，便可立即通过网络公布最终结果。我记得九届国展由于人工操作不准，不得不对数字进行反复统计，从下午直到天亮才得出最后结果，与当今科学的介入方式相比，简直不可同日而语。我在此做个广告：今后各种级别、各种规模的作品评审都可借用此种艺术与科学结合的方式，如需要，请向中国书协展览部请教。

六、关于作品

在所发『评审细则』中，有一条专对作品审美标准提出的要求：『评审要注重继承与创新的统一。评委在笔法、结字、布局等基本要素基础上，根据作者继承的深度和个性风格的展现两方面进行评判；』这是一个很高的要求，也是我们这个时代作为主流展览对作品所提出的根本标准：第一要传统，即要深深地进入古代经典；第二要有鲜明个性而非对古典的纯模仿，要求在时代精神、个性张扬中化解古代经典。这是一个充满辩证、符合时代审美意识的纲领性标准。故作为国展，就很自然地未能接受那些由于缺乏传统而故作狂怪和依据西方艺术构成原理进行创作的作品。以前我虽数次向中国书协领导提出过，作为国展，是否接纳包括『现代书法』的多种流派，但在评审中，这样的作品在初选中就统统被淘汰，这是一个令人无可奈何却又是明明白白很

自然的时代选择，任何个人左右不了这种大的审美趋势。

在上海所评草书、楷书、隶书，在南宁所评行书、篆书、篆刻、刻字，其结果大抵不出以上所述范围。入选、获奖作品应当说均具较深厚的传统功力，也大致能显示出自家的面目，个别作品做得至为精致，其功力、意趣可谓不让古人。在各书体中，草书以打出『走进二王』的『新帖学』为旗帜，多为以『韵』为主的晋人意味。而前些年成为主流的元明张扬式草书却悄悄地退出，偶尔有之，也缺乏感染力。楷书基本很少见到唐意之作，只有褚还偶占一席之地，倒是各种小楷以其精美到极致的书写使此展楷书显示出令人赞叹不已的光采。隶书入选量较少，但均以汉人为底气，无论隽秀、古拙、豪放，都不失汉法，此乃隶书立足于时代之关捩，当代隶书作者对此很了然于心。行书倒是明人豪放一派占主流，偶有晋唐人意，其中化取颜《三稿》意者颇入眼。篆书以甲骨、散氏盘为多，然以工取胜的小篆入围作品也不少。篆刻整体水平较以往大为提高，各种风格似已走到极致，令人称赞有加。因大部分评委对刻字不熟悉，评选时直呼难以掌握，但其中以枯旧原木进行组合的作品，以其苍古、淳厚之意趣几乎打动了所有评委，我想展览时也会征服观众的。

作为国展，又经过层层评选，从五万多件多作品中选出八百件展出，应当说整体水平还是好的。然评出之后，有些评委认为，整体上较平，缺乏大字，缺乏强烈震撼力的作品，而染色、拼块的作品过多，显得造作、小气。一部分评委并不赞同上述说法，认为一个时代有一个时代的风气，如果统统用白宣纸书写而无任何色彩变化，岂不显得单调？至于缺乏震撼力的作品，其中一个重要原因是作品长度限于六尺，即使写大字联也大不到哪里去；另外，不少已多次入选、获奖的优秀书家已不再投稿，现在国展基本上已成为年轻人的『竞技场』，这也是其中重要原因。投稿者处于主动地位，评委只能被动地在所投范围内进行评选，我们应当接受这一现实。不过如细细观看，不少作品还是具有强烈艺术感染力的。笔者对所入选、获奖作品都一一进行了观摹，为不少作品所显示的创造性才华而感动。一些作品写了自己的诗文，诗书俱佳；不少作品形式上进行大胆探索，新意叠出，应当说，整体上所评结果是令人满意的。

七、评审中的一块净土

在总结会上，张海主席、赵长青书记、陈洪武秘书长均提出：『评审是挑战性的工作』，是对我们的智慧、良心、道德、操守、学术与艺术水平以及整个文化素质的挑战。评委、监委等也提出了一些问题，大致有以下几点：如增加初评时间；调动更多优秀书家尤其是老一代书家的积极性；为了让最优秀者脱颖而出，今后是否一人可入选数种书体；是否扩大作品尺寸，比如最高限八尺；是否接纳扇面、册页、手札等更多的艺术形式；可否在开幕时举办以研究当代书法发展方向为主的学术研讨会；可否减少评委，分书体评审，以避免由于评委集体的平均值将具有强烈个性的佳作给评掉；作为有十三亿人口、数以十万计的书法爱好者的大国，今后每届国展作品入选数是否再适量增加，或设入选、入展、获奖三个层次；是否给评委也评评奖，看谁提名中最后入选、获奖数多等等，这些问题可供领导今后办国展时参考。

张海曾在南宁预备会上动情地说：『让我们的评审在整个书法事业上保持一块净土！让我们的投票不含一点杂质。』

是啊！从我亲身参与的上海、南宁评审中，我深深地感到，这应当是一块净土。

最后，我想借用时下一个句型表达我对第十届国展评审工作的评价：全国第十届书法展评审的机制也许不是最好的，是需要继续改进的，但目前还没有比它更为公正、圆满的！

二〇一一年十月八日急就于中州挥云斋

（原载于《中国书法》2011年第11期）

展，尽其张扬遮天蔽日，却不可脱离土壤，不可脱离土壤的制约。否则，就难以成为有生机的生命体。同理，如果为了全其性而脱离书法的常理常道，任性而作，任情而为，结果离开了书法本体的规定性，异化为他物，也就难以在书法范畴内言说了。社会的文明进展，将越来越关注个性的舒展，给了个性更大的舒展空间。那么，在各自全其性的过程中，也就更应该自觉地警惕那些渐离书法本体的行为。

刘熙载曾提出『适时而变』之说，但是强调：『文之道，时为大』。笔墨应时随时，这是共有的看法。在书法家的创作世界里，一个是现实世界，一个是幻象世界，随着时日推移，这两个世界也在变化着。更多的人把『时』理解为共有的时代、共有的社会时期，因为人是一个社会人，是必须适应这个大时的，也就自然认为笔墨当随时代，这都是从一个大的历史时期来言说。我们不能否定人在一定的社会时间里的时代特征，但是一个书法家，他有个人的书法史，他奉行的就是个人的审美时令、审美节律。这个适时，也就不应是笼统的时代背景，而是自己实践过程中的时间概念，是自己把握的时段、时效。譬如个人史上，前五年效仿何碑何帖，后十年又转向何碑何帖，哪几年是转折点，哪几年又是融合期，纯粹是个人时间表上的反映，是个人艺术生存的历史，也是个人适时的需要。由此可以细微到如何选择方向、范本，如何化解贯通，如何出新，非常具体。一个人只有重视自身的书法时间，才能不违时地实践。自身对『适时』的把握，也就不会俯仰时流、思逐时风，有别于他人，也有别于故我。

苏东坡曾说过一句很有时空感的话：『用舍由时，行藏在我。』他清晰地划分了两个不同的空间，一个是客观的，一个是主观的。客观是可遇不可求的，一个人不可能一厢情愿地让客观空间重用、赏识，也不可避免客观条件的抛离、淡漠。客观环境有自己的运行规律，有一些书法家进入了此时的书坛中心，有一些则被置身于边缘，这是不以个人意愿为转移的。每一个时段都有如此现象，有人显耀，有人落寞；有人此时显耀，在时间流逝中又转为晦暗，而有的人则是身后才为人所识，名声大隆。这就是自然规律。从苏东坡的『由时』说可知一个书法家的存废自身难以把握，他所能作为的，就是尽自己的能力，躬亲履践，别无他途，这才是科学的、唯物的态度。并不是每个书法家都能认识这一点，当代书坛尤其如此，力图为时所举，为时所荣，成为书坛骄子为人瞩目，这就有悖于客观规律之发展。如果不清醒这一点，也就不能持守内倾，不能坚持寂寞的书斋生活而奔竞名利。苏东坡给自己留下了一个很大的心理空间：『行藏在我』。自身是一个主体，有选择的权利，是行藏的主宰，充分发挥人在环境中的主观能动性，而不是任环境支配、利用，如不同容器之水，方圆无常。苏东坡在黄州时写《与子明兄》说道：『吾兄弟俱老矣，当以时自娱。世事万端，皆不足介意。所谓自娱者，亦非世俗之乐，但胸中廓然无一物，即天壤之内，山川草木虫鱼之类，皆是供吾家乐事也』。由此体现他任性逍遥、随缘放旷的个性，是不随世俗转折的。书法家迷恋自己的艺术世界，行于所当行，止于所当止，养成兀傲磊落之气，在一个越发现实世俗的社会，实属必要。

那么，如何『行藏在我』呢？有什么样的空间适宜书法家的心灵养护呢？与大环境有别的就是小环境—个人的书斋、画室、山居、园林，它们是书法家个人情绪的安宁居所，养心游艺，抒情写意，都在此萌生伸长。人在大环境和小环境中，最大的不同就是公务和私情的分野。在小环境中，解脱了公务气味的案牍劳形，暂时摒弃无聊的投谒应酬，还原自身作为一名文人应有的姿态、心态、神态，由此更默契于艺术行为的松弛、从容、优雅。许多构思、创作就是在这样的小环境中完成的。黄庭坚有诗云：『万里风帆水著天，麝煤鼠尾过年年。沧江静夜虹贯月，定是米家书画船。』米芾的『书画船』，就是有别于他物质谋生的空间的氛围、气息的。每个书法家

都需要营造一个属于自己心灵漫游的小环境，并且珍视、依赖这个小环境。这个小环境犹如晋太元年间捕鱼者所遇之桃花源，是与外部的大环境有着相当大的区别的，它主要是作用于书法家私有精神的。只有显示了环境间的差别，显示出小环境的不同作用、不同功能，书法家才可能更符合艺术的生长态、创作态。

南宋理学家朱熹提出了问学的功夫见解，即『旋磨』，此说十分形象。旋磨是纯粹个人对于时间的运用。人不是匆匆追赶时间的无主性生物，在对时间的运用中是有精神目的在内的，尤其是作为书法家的创作主体，在个人时间的捉控上是十分明显的—通过个体的努力，运用属于自己的时间，其长度就是个体生命的过程，逐步达到合目的性的审美要求。传统书法产生的环境是与慢人生有关的，人类与自己创造的文化永远处于一种微妙的关系，一方面，不同时段的人们都接受着文化传统的恩惠，而另一方面又不满足其审美的老旧，力图改造之创新之。每个人就处于这种旋磨之中，年与时驰，意与日去，没有尽头。旋磨工夫的深浅，与个人生命的短长有关，而旋磨之事之功的比例，又联系着个人的各种素养、能力。通常认为，一个书法家的生理时间短长决定其功夫的高下，如高寿的文徵明与早逝的王宠，一个经历了人生的青年、中年、晚年各个阶段，另一个则无法在中年、晚年继续锤炼，差距是可以比较的。如同一朵花全然绽放了，而另一朵花则在含苞中坠落，未能历经整个过程。整个完整的个人时空是如此重要，不同的时段，不同的表现，不同的理解，逐渐螺旋式递进，行使着天然的分解、聚合作用，个人的时空在艺术进程中不断消失、过往，个人的感受、体验在不断生长、显著，不同的时段呈现不同的情调、笔调，少年笔下的稚嫩、童真甚至不合法度的趣味；青年笔下的火气躁气、纵横争折；中年笔下的沉雄雍容、深沉凝重；老年笔下的超脱安和、朴素明白。这就是自然而然的时空之变。但是，在当代书坛的个人时空感却常有错位之举，年少操觚，笔下却要显示老学究的古板规整；青年下笔，却追返璞归真超凡脱俗之韵。如果在个人的年龄段上出现不符，那就违背了个人时空过程中的秩序，那么就是不真实的、混乱的、不应对具体时空的。《二十四孝》中有『老莱子娱亲』，他的不真实处就是有目的刻意表现，终不似少年意趣。

书法家无法脱离生存的时空，与大时代同呼吸共进退，是具有共性的社会人生。书法家又是生活在小时空里的，其审美情趣个人化地卷舒开合、动静藏露，与众不同，最终构成独特的个人书法史。

（原载于《中国书法》2011年第3期）

高等师范院校书法教育史考察

◎张　韬

中国文化价值体系构筑，以汉字为基石。由汉字演变而生成的书法艺术，被誉为中国国粹之一，它昭示着民族精神，国民素养，社会文明高度发展与国家意识形态相向融合。作为民族文化发展战略轴心——汉字书法，直接推动着社会文化和文明的进程。从《周礼•天官》中『六艺』之『书』，到汉代『鸿都门学』及隋唐仿晋设『书学博士』、『弘文馆』，清代科举制中『以试帖楷法试士』关于写字、书法教育政策法令内容，可以看到，书法教育从古至今都融入国家意识形态的大政方针之中。

一、高等师范书法教育史发展、演变轨迹

我国古代书法教育，是以实用写字为目的，以朝纲文化属性为轴心展开。如此文化属性构成了中国书法泛文化语境中的核心地位，承载着中华民族文化史发展、演进轨迹的整体性原则。二十世纪文化转型对书法教育的冲击，一是发生在二十世纪初西学东渐文化转型期——『五四』新文化运动，以『全盘西化』、『打倒孔家店』否定儒家文化为纲领。书法教育所遭到的直接冲击是关于文学革命内容中『废除汉字』[1]。『五四』新文化运动领袖陈独秀、胡适、钱玄同、瞿秋白等提出了最具先进性的『六项主张』[2]和赛先生（science科学）与德先生（democracy民主）思想，及废除汉字，采用罗马字母，清算『汉字的罪恶』等。二是二十世纪中后叶『文革』运动，以儒学说为轴心的中国文化，遭到灭顶之灾。书法教育所遭受的直接灾难，是初步建立的高等师范书法教育规范被冲垮并沉寂。

（一）新式师范学堂对书法教育的影响与作用

二十世纪高等师范书法教育是以新式师范学堂和艺术专科学校为中心传播地，其发轫契机在『三江师范学堂』。

废除科举，兴办学堂，对近代中国社会政治经济文化教育产生了史无前例的影响。这一惊世骇俗的伟大壮举，铸造了二十世纪百年中国高等师范教育史的辉煌。至此，从隋唐至清末一千三百余年的科举制度被废除，代之而兴的是新式师范学堂——『两江师范学堂』，两江总督周馥任命李瑞清为学堂监督。一九〇六年，李瑞清即在『两江师范学堂』中设立图画、手工科，并亲自教授书法课。高等师范书法教育，在『两江师范学堂』新式学堂首创中，即获得了课程资格，这正是新式师范学堂对二十世纪高等师范书法教育的影响与作用。在此之前的『壬寅学制』[3]『癸卯学制』[4]中，亦有写字、图画、手工课程内容规定。

从『两江师范学堂』书法课程始，高等师范书法教育在二十世纪初文化转型期中，以新式师范学堂为契机，书法公共选修、必修课程，在全国师范学堂中呈良好发展态势。从二十世纪初至新中国成立，全国有二十余所师范、艺术专科学校开设书法公共选修、必修课程。另外有一些与高等师范书法教育有关的重要活动及社团，比如一九一七年北京大学、清华大学成立书法研究会；一九三四年胡小石为金陵大学开设书学课，

讲授《中国书学史》和《程瑶田金石学》等。

抗战时期重庆书法教育的有关活动，有力地促进了高等师范书法教育的发展。比如，一九四三年，『中国书学研究会』在重庆中央图书馆成立，创办《书学》杂志，倡议举办全国师范学生书法竞赛，有二十余所学校参加，极大地推动了全国中、高等师范书法教育的发展。《书学》以弘扬中国书学、推动书法教育为宗旨，于右任、沈尹默、张宗祥、马宗霍、商承祚、胡小石、祝嘉、潘伯鹰、宗白华等都纷纷撰文，祝嘉的《书学之高等教育问题》，胡小石的《中国书学史绪论》，宗白华的《中国艺术境界之诞生》等，可窥见书法教育在近现代文化转型期中痛遭失落厄运之后，重新复活、发展的新态势。『中国书学研究会』的成立及《书学》杂志对书法教育的提携、倡导；各类大学、师范、美术专科院校的教授、学生的书法篆刻展览，构成了抗战时期高等师范书法、艺术教育的主流态势。

新式师范学堂的『图画手工科』、高等师范、美术专科的书法教育及抗战时期重庆的书法教育等活动，构成了二十世纪上半叶高等师范书法教育发展的总体格局。从中可以看出二十世纪我国高等师范书法教育初创时期的发展轨迹。

（二）高等师范书法教育的低谷期

一九四九年至一九七九年，由于中国社会一系列政治、文化运动的剧烈变革，高等师范书法教育沉入低谷期，但低谷期中高等师范书法教育未曾间断。一九五八年后南京师范学院开设书法公选课；南京艺术学院在国画专业开设书法课；华东师范大学在中文系每届新生入学之后统测书法水平；南京师范学院在美术系设书法课。一九六三年浙江美术学院招收书法本科生。一九六四年之后，北京师范学院开设书法选修课；南京师范学院开设书法课；香港中文大学开设基础书道系列；安徽阜阳师范学院在全校开设书法公选课和必修课。一九七八年，南京师范大学在美术系本科开设书法必修课；华东师范大学在中文系开设书法课；四川宜宾师范高等专科学校开设书法公选课；杭州师范学院开设书法必修课。一九七九年，浙江美术学院招收书法硕士研究生；浙江师范大学开设书法选修课。低谷期高等师范书法教育态势，尽管发展缓慢，但却为『新时期』高等师范书法教育奠定了可持续发展的坚实基础。

（三）高等师范书法教育的复兴与繁荣期

『新时期』高等师范书法教育的复兴与繁荣，以一九七七年全国恢复高考制度为契机。一九七八年党的十一届三中全会关于高等教育宏观发展大政方针，为当代高等师范书法教育注入大发展的动因，高等师范书法教育迎来了复兴与繁荣大发展时期。据抽样调查结果，全国现有师范类院校一百四十余所，三十余所开设书法课程。如此复兴与繁荣的标志，可以从三个层面认知，一是广泛性。大陆及港、澳、台地区师范院校，开设了不同层次的书法教育课程。二是专业化。其表现为：一是教师队伍专业化程度呈上升趋势，具有书法专业博士、硕士、本科学历的教师增多；二是课程设置与培养目标专业化，开设了书法专业课程，公共选修书法课程。三是学科化，本科、硕士、博士教育学科体系完善，凸显出规范性原则和现代化性格。

二、高等师范书法教育结构类型

当代高等师范书法教育结构类型，主要以课程结构、教材结构、师资结构和学科结构为重点展开。

课程结构。理论课有书法史、书法批评史、二十世纪中国高等书法教育史、大学书法论文写作、艺术概论、文字学、文献学、论语、文学史、古代汉语等。技法实践课程，五种书体临摹、篆刻临摹、书法创作、中国画基础等。教材结构与课程结构相匹配。

师资结构现状以学位结构构成为框架，呈学士、硕士、博士三种梯度，分三种形态：即有设置书法本科学士学位教育师范院校；设置本科学士、硕士学位教育师范院校；设置硕士、博士学位、博士后教育的师范院校。

学科结构。当下高等师范教育书法专业学科结构比较混乱，有美术学、艺术学、文学、教育学、文献学书法专业方向等。如此现状，对本科、硕士、博士书法专业人才培养，注重文史知识结构、文化素养综合素质具有高瞻远瞩、前行发展有提升意义，但对于书法专业本体学科发展来说，无序的『多元』，会丧失本体而沦为『泛书法教育』之途。高等师范书法教育，如果丧失了学科化、专业化属性，就失去了它高等教育的学科性格。

三、『新时期』高等师范书法教育问题现状及应对策略

勿庸置疑，『新时期』高等师范书法教育的确取得了世人瞩目的成就，构成当代高等师范书法教育最有价值的成果集群。然而，从高等师范教育的属性和书法专业学科定位考察，还存在着亟待解决的问题。

从书法专业学科立场认知，当下，全国师范院校本科、硕士、博士生书法教育学科化、专业化培养目标规范逐步建立。然而值得关注的问题，存在于培养目标、课程设置和课堂教学重要环节中。

培养目标。当下高等师范院校书法教育培养目标不清晰，轻书法公共课教学是最值得关注的问题。近年，伴随我国高等教育大发展，全国师范院校整合资源，向综合型大学发展趋势日渐明显，高等师范院校为中小学培养教师的教育属性被淡化，师范学生写好『三笔字』的基本技能、素质教育目标薄弱。我国现有本科师范院校一百四十余所，根据抽样调查，开设书法课的院校三十余所，『三笔字』教学全部开设的院校不到十所，四种类型：（一）作为文化素质公共选修课。（二）中文课程讲授中加入书法课内容。（三）书法单项必修课、选修课。（四）钢笔、粉笔自修课。究其原因，是对书法作为国民文化素质基础教育的重要意义认识不足；多数中小学未开设书法课；部分师范生毕业不做中小学教师；师范院校课程体系变革，书法课程被淡化；书法课程教师短缺，缺乏教材；缺乏课程设置体系及评价标准；计算机普遍运用对书写功能的冲击。

从高等师范教育的属性和提高全民文化素养的高度认知，高等师范书法公共课程设置意义重大。温总理曾强调『百年大计教育为本，教育大计师范为本。』并指出『教育是心灵与心灵的沟通，灵魂与灵魂的交融，人格与人格的对话。』良好品行养成，技能掌握，审美情操培养，是中小学生阶段书法艺术素质教育的重要内容。高等师范毕业生是我国中小学师资队伍构成的主体，他们书法水平、文化素养提高关键阶段在大学，其书法水平、文化素养又直接作用于中小学生品德、智能、技能、审美情操、创新思维的培养和人文素质提升。

师范院校书法专业本科课程设置相对稳定，五种书体临摹与创作，书法史论，是其课程结构基本框架，问题在于：课程结构难易梯度递进不清晰，五种书体课时量不均衡，技法与理论课程课时比例关系失调，重技法轻理论现象普遍。院校之间专业技法、理论课课时相差巨大，周课时技法课有二十、十六、十二课时以上不等，最少者只有四课时，后者失缺了书法专业的学科本位价值。与课程设置相对应、具有学科、专业、体系化的书法专业教材匮乏。

相对师范院校书法专业本科教学，硕士、博士生教育同样存在着一些问题，其中值得关注的问题是课程设置、课堂教学、毕业论文与毕业创作缺乏相应评价机制和标准。

课堂教学，是教育最基础、最本质、最重要的部位，犹若人的心脏。课堂教学最直接环节是教与学两个层次。教，指教师的道德品格、文化知识、专业技能、理论素养诸方面综合结构。当下师范院校书法教学艺术观念淡薄，方法单一，随意性大，甚至缺乏高校教师应有的基本素质，责任心不强者亦存在，制约了教学水平的提高。课堂教学主要对象是学生。近年书法专业扩招人数俱增，每年最少者二十人左右，最多者

一百三十人左右，学生文化课最好者五百分左右，最差者不到三百分，学生文化、专业知识基础差，不学习，厌学习，混文凭情况普遍，直接影响、制约课堂教学水平的提升。

面对上述要关注的问题，应对策略分为两层：第一，高等师范书法专业化教育。教育行政部门宏观调配学科结构给予高等书法教育的重视应进一步加强；书法学科构建的意义；建立高等书法教育师范，艺术、综合三种形态独立共存、资源共享、互惠互利发展的有效机制；建立、完善高等师范书法教育管理、评价机制；倡导以人为本，无私奉献的人文主义思想情操、教育理念。

第二，高等师范书法公共课教育。应大力加强对高等师范院校书法艺术公共课程开设与教学评价现状调查研究；关注高等师范院校书法艺术公共课程开设的当代价值、师范生书写水平现状等方面的研究；尽快制订高等师范院校书法艺术公共课程设置结构体系、教学评价标准草案等。教育部门对高等师范书法公共课程开设应给予政策支持，保证高等师范书法公共课教育规范、有序、健康发展。

高等师范院校书法专业教育与书法公共课教育，构成高等师范院校书法教育史发展的两翼。提高层面的学科化、专业化教育之根基，要依靠普及层面的中小学书法教育的支撑，失缺了中小学书法教育的根基，学科化、专业化教育将会走向穷途末路。高等师范书法艺术公共课教育，正是为中小学书法培养人才的有效途径。中国传统文化价值体系的构筑原则，决定了书法所具有的中华民族独特文化价值体系——书法是民族文化之根，书法教育是全民性的文化教育策略，国民文化素养由此而得到提升和彰显。

注释：

[1]胡适认为古文是『半死的文字』。钱玄同在教育部国语统一筹备会第四次年会上，提出了《废除汉字采用新拼音文字案》，提倡采用『罗马字母式的字母』，并要清算『汉字的罪恶』。瞿秋白提出了完整的汉字拉丁化文字方案，采用罗马字母。

[2]参见陈独秀《新青年》(发刊辞)。

[3] [4]引文见《中国近代学制史料》第二辑上册113—114页。

本论文为全国教育科学规划教育部重点课题《高等师范院校书法艺术公共课程开设与教学评价研究》（课题批准号：GLA102066）最终课题成果部分。

（原载于《中国书法》2011年第4期）

书协组织

中国书协及团体会员通讯录

协会名称	通信地址	邮政编码	负责人	电话	传真
中国书协	北京市朝阳区北沙滩1号院32号楼B座9层	100083	赵长青		
北京	北京市西城区前门西大街95号	100031	田伯平	010-66415600	010-66415607
上海	上海市延安西路238号上海书协	200040	戴小京	021-62494921	021-62488547
天津	天津市和平区新华路237号天津市书协	300040	张建会	022-23305234	022-23305234
重庆	重庆市江北区建新西路4号拓展大厦26楼	400020	漆　钢	023-67725832	
河北	石家庄市中华大街市庄路66号河北书协	050000	褚大伟	0311-87974027	0311-87041406
山西	太原市迎泽大街378号山西书协	030001	韩清波	0351-4047750	0351-4042525
内蒙古	呼和浩特市飞机场南辅路5.5公里处内蒙古书协	010010	李　力	0471-4915341	0471-4925404
辽宁	沈阳市和平区八经街74号辽宁书协	110003	胡崇炜	024-22863306	024-22863306
吉林	长春市人民街6255号吉林省科技馆吉林书协	130012	李济时	0431-85261434	0431-85684950
黑龙江	哈尔滨市香坊区文府街6-1号省书协	150040	张　戈	0451-86037099	0451-86037099
江苏	南京市梦都路50号省文联402室	210024	李　啸	025-83716356	025-83724311
浙江	杭州市建德路9号	310006	赵雁君	0571-87020393	0571-87020301
安徽	合肥市芜湖路168号610、609省书协	230001	王亚洲	0551-2860971	0551-2888192
福建	福州市黎明街11号省文联大楼	350002	柯云翰	0591-83712800	0591-83719203
江西	南昌市八一大道371号	330046	毛国典	0791-6269826	0791-6264593
山东	济南市马鞍山路58号9号楼山东书协	250002	顾亚龙	0531-82068527	0531-82902624
河南	郑州市经七路34号省书协	450003	谢安钧	0371-63613688	
湖北	武汉市武昌区东湖路翠柳街1号	430077	铸　公	027-68880702	027-68880703
湖南	长沙市八一路227号省文联	410001	陈羲明	0731-4582633	0731-4582633
广东	广州市龙口西路550号广东文艺中心1207室	510635	纪光明	020-38486557	020-38486558
广西	南宁市建政路28号	530023	刘德宏	0771-5624176	0771-5623613
海南	海口市白龙南路38号琼苑宾馆八角楼	570203	陈　洪	0898-65367476	0898-65379498
四川	成都市红星中路二段85号	610012	戴　跃	028-86781746	028-86781746
贵州	贵阳市科学路66号省书协	550002	陈加林	0851-5815288	
云南	昆明市翠湖北路25号云南书协	650031	朱兴贤	0871-5155881	0871-5155881
西藏	拉萨市北京西路85号西藏自治区文联书协	850000	李运熙	0891-6825164	0891-6933802
陕西	西安市小寨东路3号文联大楼4层	710061	史星文	029-87907030	029-87907030
甘肃	兰州市东岗西路586号	730000	林　涛	0931-8866627	0931-8412966
宁夏	银川市文化东街668号省书协	750004	李洪义	0951-3971025	0951-4011903
青海	西宁市西关大街58号北门	810001	郭　强	0971-6128962	0971-6128962
新疆	乌鲁木齐市友好南路22号	830000	李志顺	0991-4514539	0991-4514539
总政	北京市旃坛寺1号总政艺术局	100034	李　翔	010-66736315	010-66738264
中直	北京市南新华街41号清秘阁	100009	白　煦	010-83169799	010-83169399
兵团	新疆乌鲁木齐市光明路196号	830002	运其瑞	0991-2890601	
石油	北京市西城区六铺炕中国石油书协	100724	于恩东	010-62095826	
金融	北京市宣武区康乐里小区3号楼1404室	100053	张铜彦	010-83103398	
铁路	北京市海淀区北峰窝路5号院7-3-1701	100844	潘传贤	010-51844478	
煤矿	安徽省淮北市孟山路3号	235000	盛　军	13905611581	
电力	北京市宣武区白广路二条1号电力书协	100053	高　冉	010-63414843	010-63416422

各省、市、自治区书法家协会主席团成员名单

北京

主　席：林　岫

副主席：丁嘉耕　王家新　龙开胜　叶培贵　刘守安　刘俊京　李有来　汪　良　杨广馨　孟繁禧　胡　滨　彭利铭　黎　晶　田伯平

秘书长：田伯平（兼）

上海市

主　席：周志高

副主席：丁申阳　刘一闻　孙慰祖　李　静　张　淳　张伟生　宣家鑫　徐正濂　童衍方　戴小京

秘书长：戴小京（兼）

天津市

主　席：唐云来

副主席：李　锋　李泽润　况瑞峰　顾志新　曹柏昆　喻建十　霍　然　张建会

秘书长：张建会（兼）

重庆市

主　席：刘庆渝

副主席：夏昌谦　缪经纶　安为年　毛锡雄　邹鲁滨　郑永松　李文岗　史若飞　刘　阳　曹　建　漆　钢（驻会）

秘书长：张裕纲

河北省

主　席：旭　宇

副主席：刘月卯　刘金凯　任桂子　孙学东　李尚才　陈茂才　张　之　鉴　克　范　硕　郭永利　郎岗峰　韩玉臣

秘书长：褚大伟

山西省

主　席：石跃峰

第一副主席：张铁锁

副主席：韩清波　韩少辉　武　磊　赵国柱　张明智　颉　林　徐树文　赵社英　姚国瑾　黄进明　赵长秋　郭新民　沈晓英　王　亚　刘锁祥　张根虎　岳福豹

内蒙古自治区

主　席：何奇耶徒

副主席：王乃欣　艺如乐图　包国庆　吴银成　宋永江　哈森高娃　梁能伟　朝洛蒙　靳秉岩　鞠闻天

副秘书长：李力（驻会）

辽宁省

主　席：王　丹

副主席：李世俊　白金明　卢　林　王　宏　张世刚　董文广　李　琳　施恩波　孙　勇　王　荐　齐作声　胡崇炜

秘书长：胡崇炜（兼）

吉林省

主　席：毕　政

副主席：吴玉珩（常务）　王恩祥　刘　成　刘伯和　江　水　张志灵　张金梁　张焕秋　李　壮　杨俊文　苏延军　夏光江　钱万成　高洪贤　景喜猷

韩少武　韩戾军　薛　军

秘书长： 李济时（驻会）

黑龙江省

主　席： 马国良

副主席： 马顺强　王立民　王凯霞　李继纯　何昌贵　胡志平　赵学礼　洪铁军　赵隽明　魏锁亭　张　戈

秘书长： 张　戈（兼）

江苏省

主　席： 尉天池

副主席： 言恭达　王冰石　孙晓云　李大鹏　徐利明　阙长山

副秘书长： 李　啸

浙江省

主　席： 鲍贤伦

副主席： 陈振濂　王冬龄　祝遂之　赵雁君　朱元更　吴　莹　白　砥　张　索

秘书长： 赵雁君（兼）

安徽省

主　席： 张学群

副主席： 方茂鸿　王亚洲　韦斯琴　许云瑞　余国松　吴　雪　张兆玉　桂　雍　傅爱国

秘书长： 王亚洲（兼）

福建省

主　席： 陈奋武

副主席： 方松峰　朱以撒　李木教　吴乃光　陈　吉　陈　朱　陈　远　陈秀卿　柯云瀚　蒋平畴　傅永强　谢钦铭

江西省

主　席： 毛国典

副主席： 王维汉　毛　毅　张鉴瑞　陈胜华　范　坚　钟健华　黄四德　韩顺任　雷轼生　熊　峰

山东省

主　席： 顾亚龙

副主席： 于茂阳　于明诠　龙　岩　李向东　范正红　郑训佐　单国防　赵长刚　蒯　宪　燕守谷　孟鸿声　黄　斌　冯东青　徐华志　张　伟　王讯谟　赖　非　宁兰智

河南省

主　席： 宋华平

副主席： 谢安钧　王　鸣　王宝贵　王荣生　云　平　计承江　米　闹　刘安成　许雄志　李　强　杨　杰　吴　行　张建才　张剑锋　张高山　赵振乾　胡秋萍　司马武当

秘书长： 谢安钧（兼）

湖北省

主　席： 梁清章

副主席： 张明明（驻会）　金伯兴　饶兴成　涂廷多　黄德琳　刘欣耕　夏奇星　张天弓

秘书长： 葛昌永

湖南省

主　席： 何满宗

副主席： 陈羲明（驻会）　王　集　孔小平　刘广文　刘晓斌　张　敏　胡立伟　盛景华　鄢福初　谭秉炎

秘书长： 杨远征

广东省

主　席： 张桂光

副主席： 纪光明　丘仕坤　吕伯涛　许鸿基　李小如　李远东　陈钦硕　周国城　周树坚

秘书长： 纪光明（兼）

广西壮族自治区

主　席： 韦克义

副主席： 林建勋　石　锋　陆远怀　黄文勇　黄家城　张羽翔　刘炳清

副秘书长： 刘德宏

海南省

主　席： 吴东民

副主席： 江寿男　张文瑞　黄承利　吴永雄　陈　洪　林尤葵　苏文股　欧阳飞　黄荣生

秘书长： 陈　洪（兼）

四川省

主　席： 何应辉

副主席： 戴　跃　徐德松　舒　炯　郭　强　刘新德

秘书长： 戴　跃（兼）

贵州省

主　席： 包俊宜

副主席： 周运真　陈加林　刘宝静　陈　弘　李维力　倪祖林　杨昌刚

秘书长： 陈加林（兼）

云南省

主　席： 郭　伟

副主席： 段增庆（常务）　孙　源　陈鸿翎　沈　健　罗　江　王献生　杜建民　王绍尧　王子荣　朱从凯

秘书长： 朱兴贤

西藏自治区

主　席： 巴　珠

副主席： 李运熙　次仁顿珠　魏富绪　刘成俊　肖茂光　乌金群培　洛　嘎

秘书长： 李运熙

陕西省

主　席： 雷珍民

副主席： 王　蒙　王改民　邱宗康　李成海　李杰民　李艳秋　王定成　陈建贡　赵大山　张　山　赵　熊　张红春　高　峡　路毓贤　薛养贤　魏　良　曹　科

秘书长： 王改民（兼）　邱宗康（兼）　魏　杰　史星文（驻会）　于唯德　石瑞芳

甘肃省

主　席： 马少青

副主席： 张永基　翟万益　陈扶军　林　涛　秦理斌　马国俊　李恒滨　尚　墨　申晓君　赵雁龙　陈永革　王亚军　丁兆庆　张慧中　朱明山　王林宝　安文丽　何胜江

秘书长： 林　涛（兼）

宁夏回族自治区

主　席： 郑歌平

副主席： 丁　波　乔　华　朱建设　俞学军　李洪义　唐宏雄　郭佳荣　黄朝克　傅　宁　魏　沁

秘书长： 宋　琰

青海省

主　席： 王庆元

副主席： 陈治元　石　力　姚忠宝　王永洲　蔡永峨　高海源　王振宇　徐小江　陆文运　德却加　马树声　郭　强

秘书长： 郭　强（兼）

新疆维吾尔自治区

主　席： 于小山

副主席：尼亚孜·克里木　卡依纳木·加帕尔
李　方　郭　际　刘建新　张　沧
张鸿林

秘书长：李志顺

中直分会

会　长：张　飙

副会长：张　虎　于曙光　邹德忠　苏士澍
罗　杨　白　煦

秘书长：白　煦（兼）

新疆生产建设兵团

主　席：孙　峰

副主席：王怡平　李鲁豫　周　静　王涌伟

秘书长：运其瑞

中国石油

主　席：樊胜利

常务副主席：贾光生

执行副主席：于恩东

副主席：上官建新　石　力　冯尚存　白智勇
齐治欣　曲鲁军　李向阳　李德仁
张二林　何能祯　郑丽芳　周　旭
赵益红　段世民　郭仲军　高栋平
崔北林　梅祥华

秘书长：于恩东（兼）

中国金融

主　席：张铜彦

副主席：郭永琰（常务）　陈　炜　韩启超
丁永康　李相国　王子忠　肖　丽
计承江　崔宝堂　江寿男　白秋晨
马　奔

秘书长：韩启超（兼）

中国铁路

主　席：王勇平

副主席：潘传贤　吕广梁　刘新科　程智勇

秘书长：潘传贤（兼）

中国煤矿

主　席：张　宇

副主席：李士杰　盛　军　李　炜　阎接囤
吕洪冰　马　銘　李海宗　刘云达
闫文生　王俊昌　胡定放　张生赋

秘书长：盛　军（兼）

中国电力

主　席：贺　恭

副主席：肖　鹏（常务）　祝新民　王永干

秘书长：魏俊芝

年度获奖作品选

將軍魏武之子孫於今為庶為清門英雄割據今已矣文彩風流今尚存學書初學衛夫人但恨無過王右軍丹青不知
老將至富貴於我如浮雲開元之中常引見承恩數上南薰殿凌煙功臣少顏色將軍下筆開生面良相頭上進賢
冠猛將腰間大羽箭褒公鄂公毛髮動英姿颯爽來酣戰先帝天馬玉花驄畫工如山貌不同是日牽來赤墀下迥立
閶闔生長風詔謂將軍拂絹素意匠慘淡經營中斯須九重真龍出一洗萬古凡馬空玉花卻在御榻上榻上
庭前屹相向至尊含笑催賜金圉人太僕皆惆悵弟子韓幹早入室亦能畫馬窮殊相幹惟畫肉不畫骨忍使驊
騮氣凋喪將軍畫善蓋有神必逢佳士亦寫真即今飄泊干戈際屢貌尋常行路人途窮反遭俗眼白世上
未有如公貧但看古來盛名下終日坎壈纏其身 昔有佳人公孫氏一舞劍器動四方觀者如山色沮喪天
地為之久低昂㸌如羿射九日落矯如群帝驂龍翔來如雷霆收震怒罷如江海凝清光絳唇珠袖兩寂寞
晚有弟子傳芬芳臨潁美人在白帝妙舞此曲神揚揚與余問答既有以感時撫事增惋傷先帝侍女八千人公孫劍
器初第一五十年間似反掌風塵澒洞昏王室梨園子弟散如煙女樂餘姿映寒日金粟堆南木已拱瞿塘石城
草蕭瑟玳筵急管曲復終樂極哀來月東出老夫不知其所往足繭荒山轉愁疾 今朝郡齋冷忽念山中客澗
底束荊薪歸來煮白石欲持一瓢酒遠慰風雨夕落葉滿空山何處尋行跡 時在辛卯仲夏理民於莒縣城南

全国第十届书法篆刻作品展获奖作品选登　赵理民

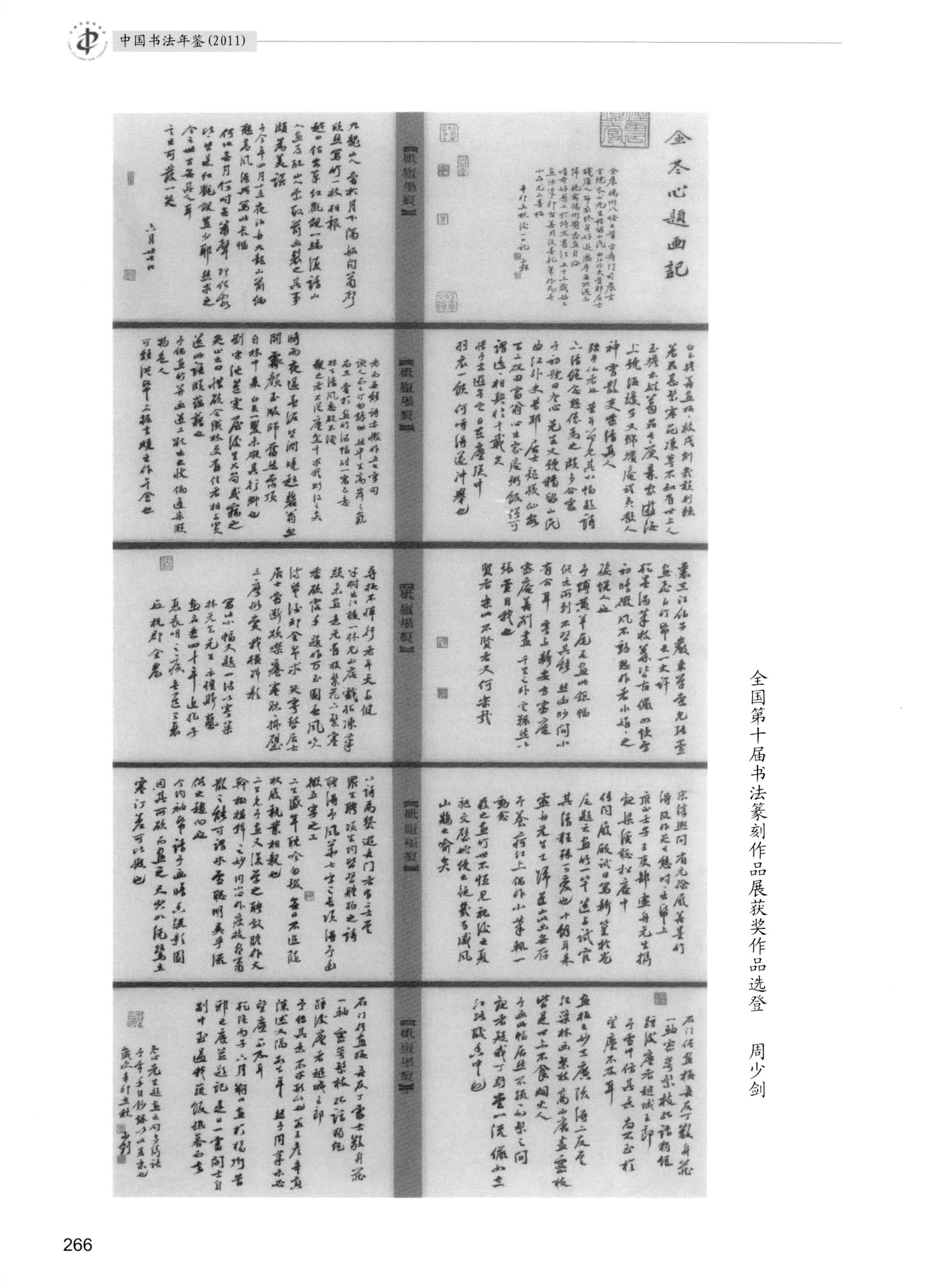

全国第十届书法篆刻作品展获奖作品选登　周少剑

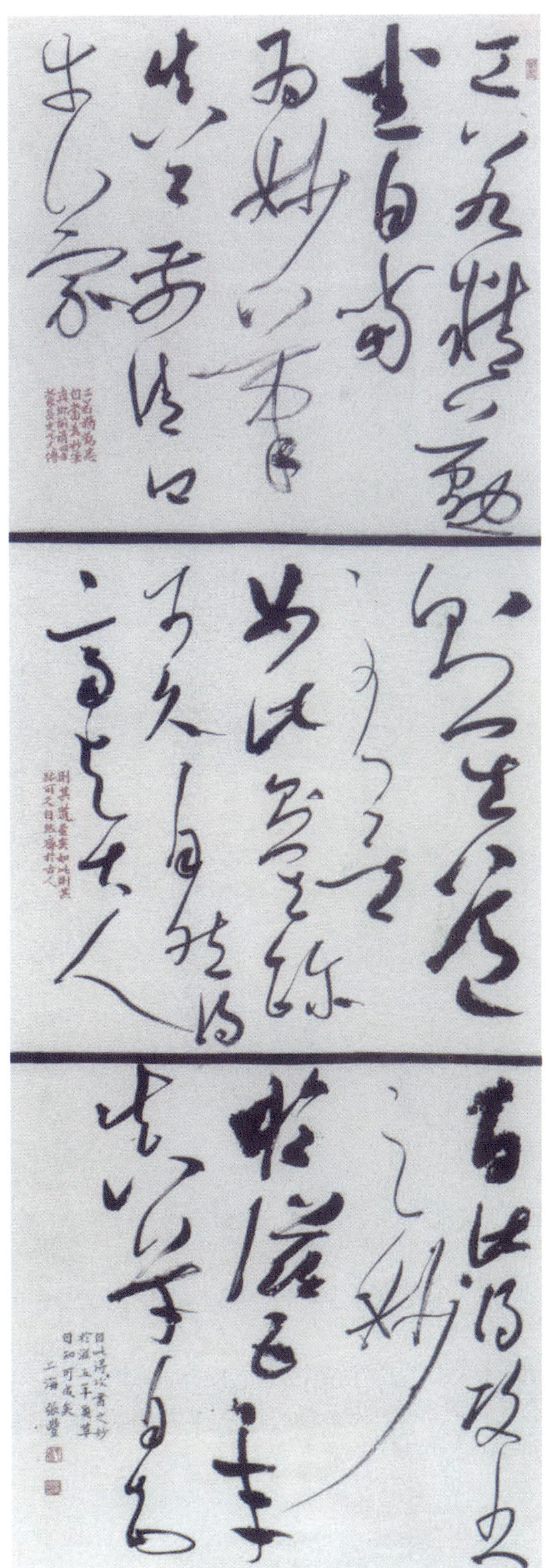

全国第十届书法篆刻作品展获奖作品选登　赵丰

全国第十届书法篆刻作品展获奖作品选登　程　度

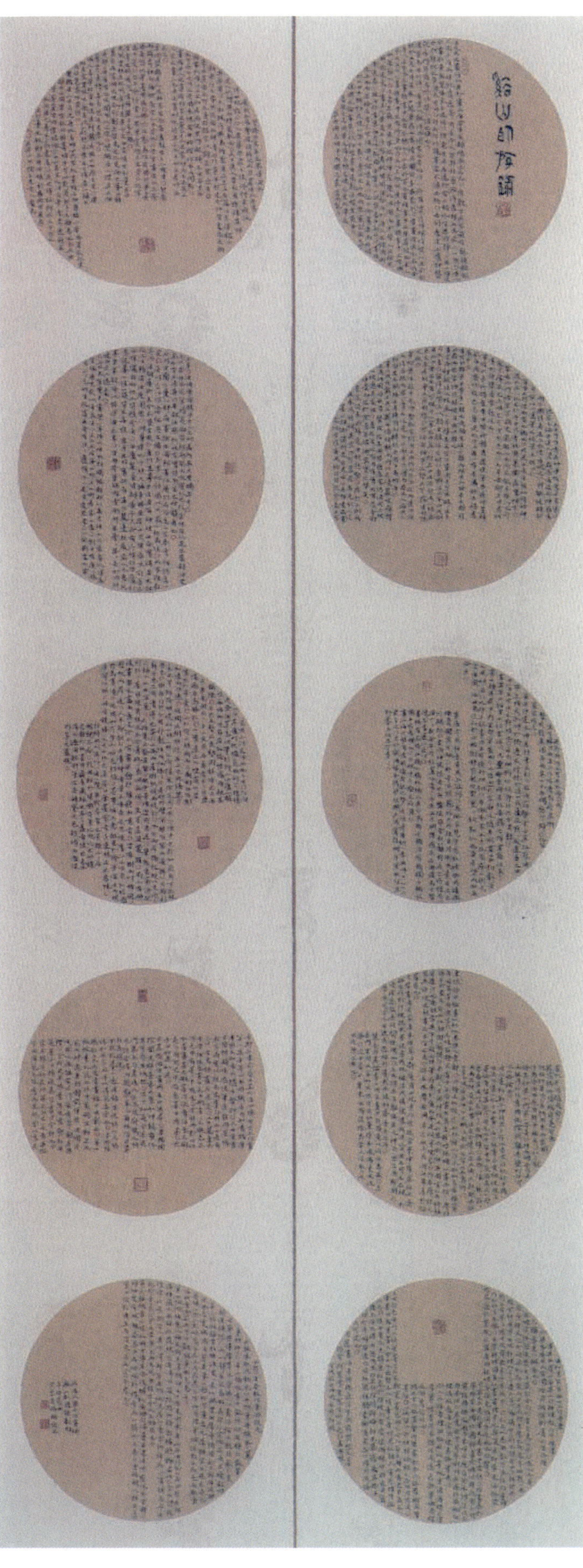

全国第十届书法篆刻作品展获奖作品选登　曹端阳

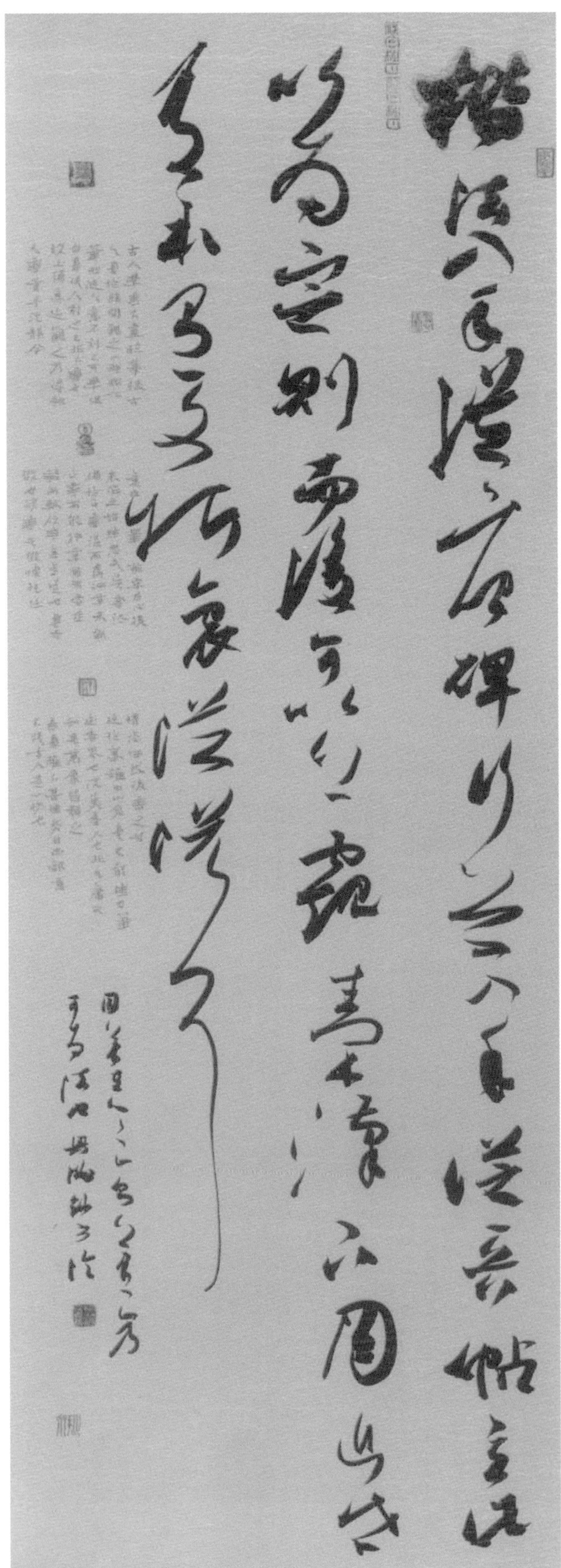

全国第十届书法篆刻作品展获奖作品选登　蔡兴洲

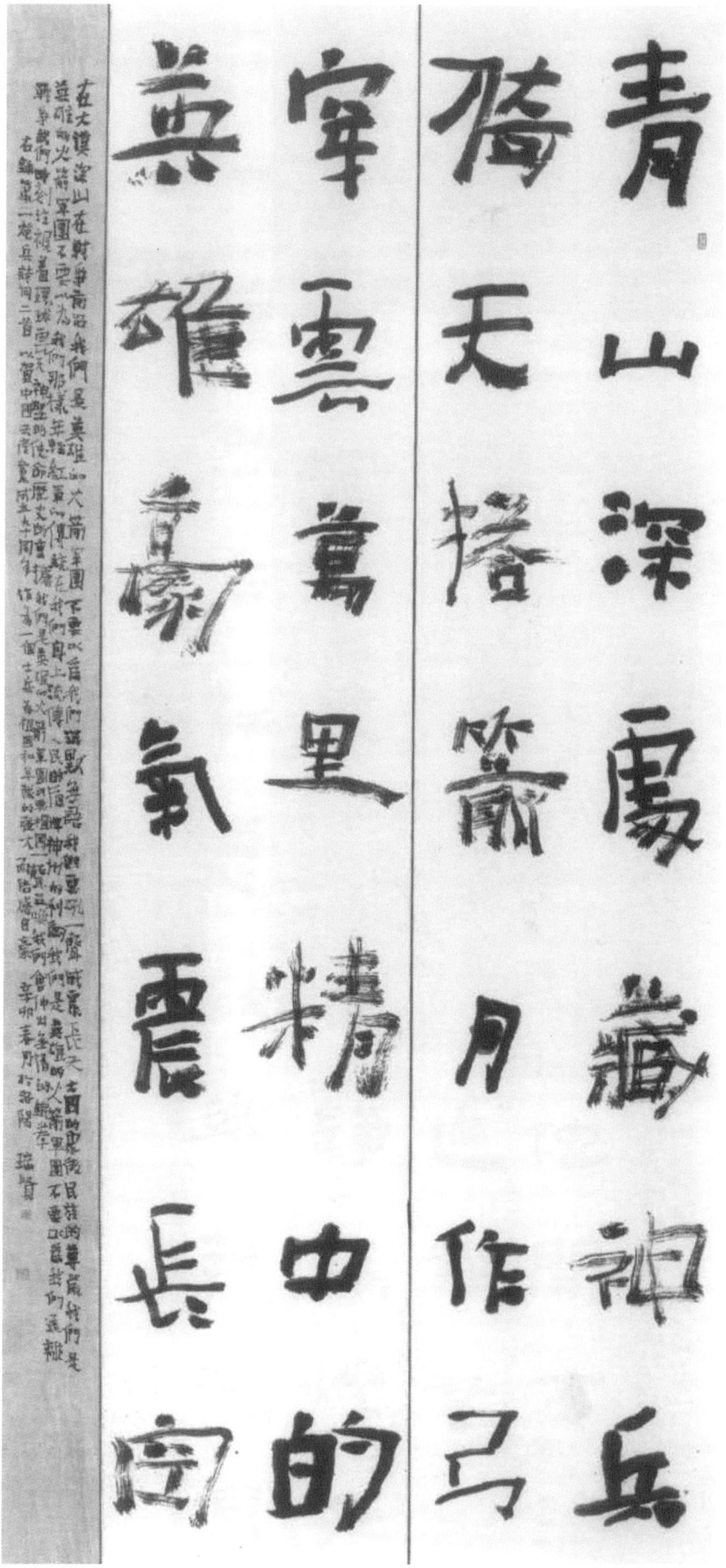

青山深處藏神兵
騰天搭箭月作弓
穿雲萬里精中的
英雄豪氣震長空

第五届全军书法展获奖作品选登　郭瑞贤

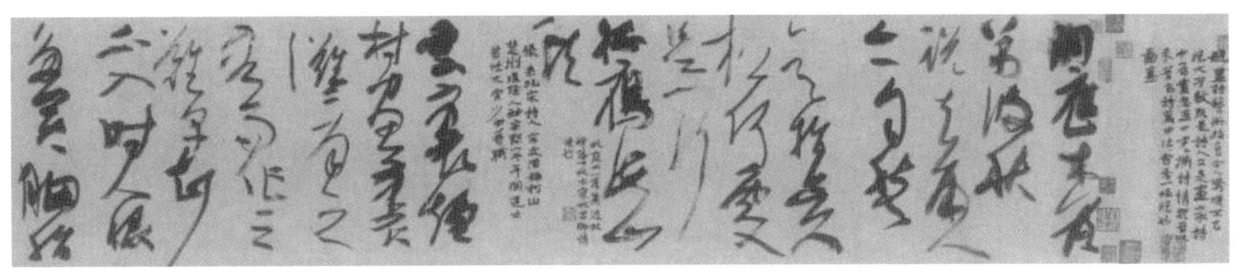

全国首届手卷书法作品展获奖作品选登　金泽珊

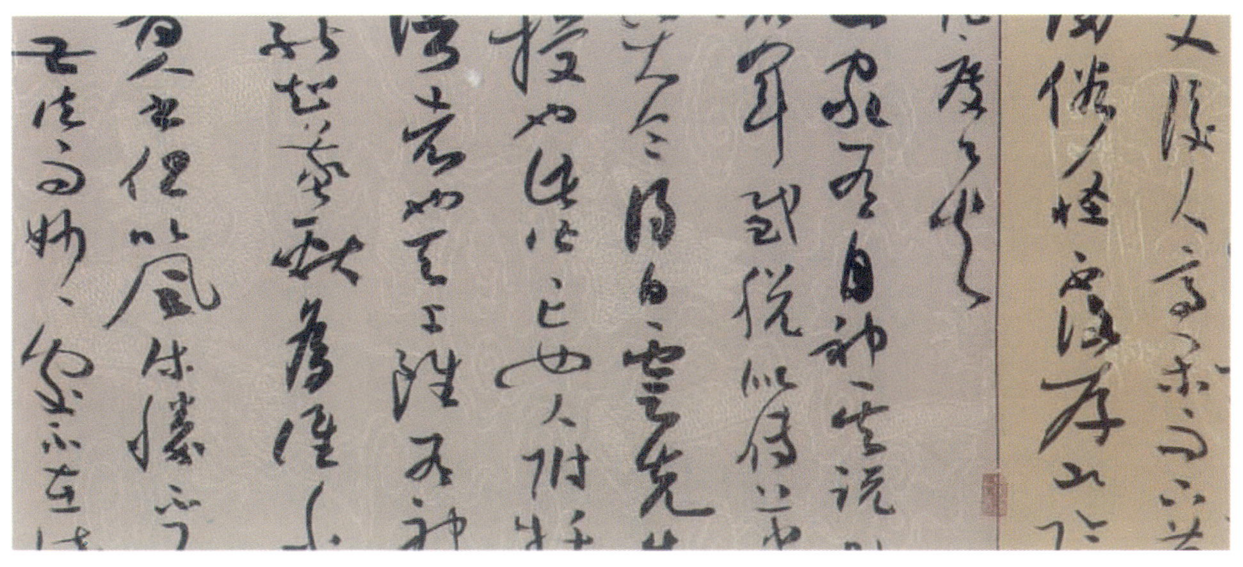

全国首届手卷书法作品展获奖作品选登　陈红善

全国首届手卷书法作品展获奖作品选登　　金泽珊

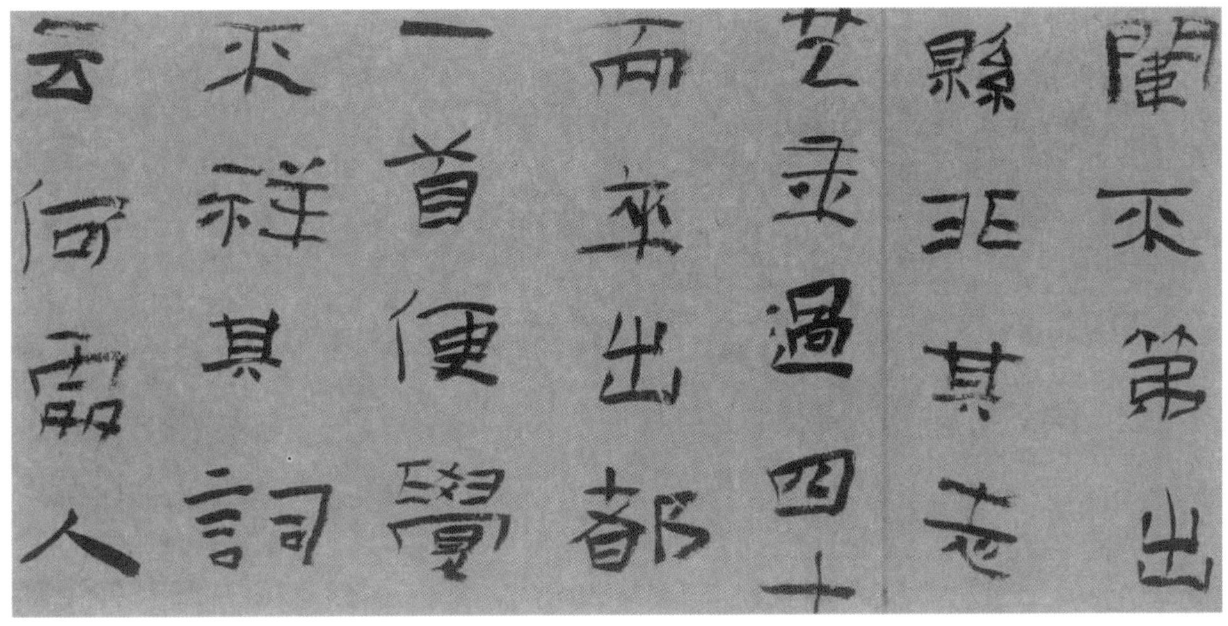

全国首届手卷书法作品展获奖作品选登　　范士华

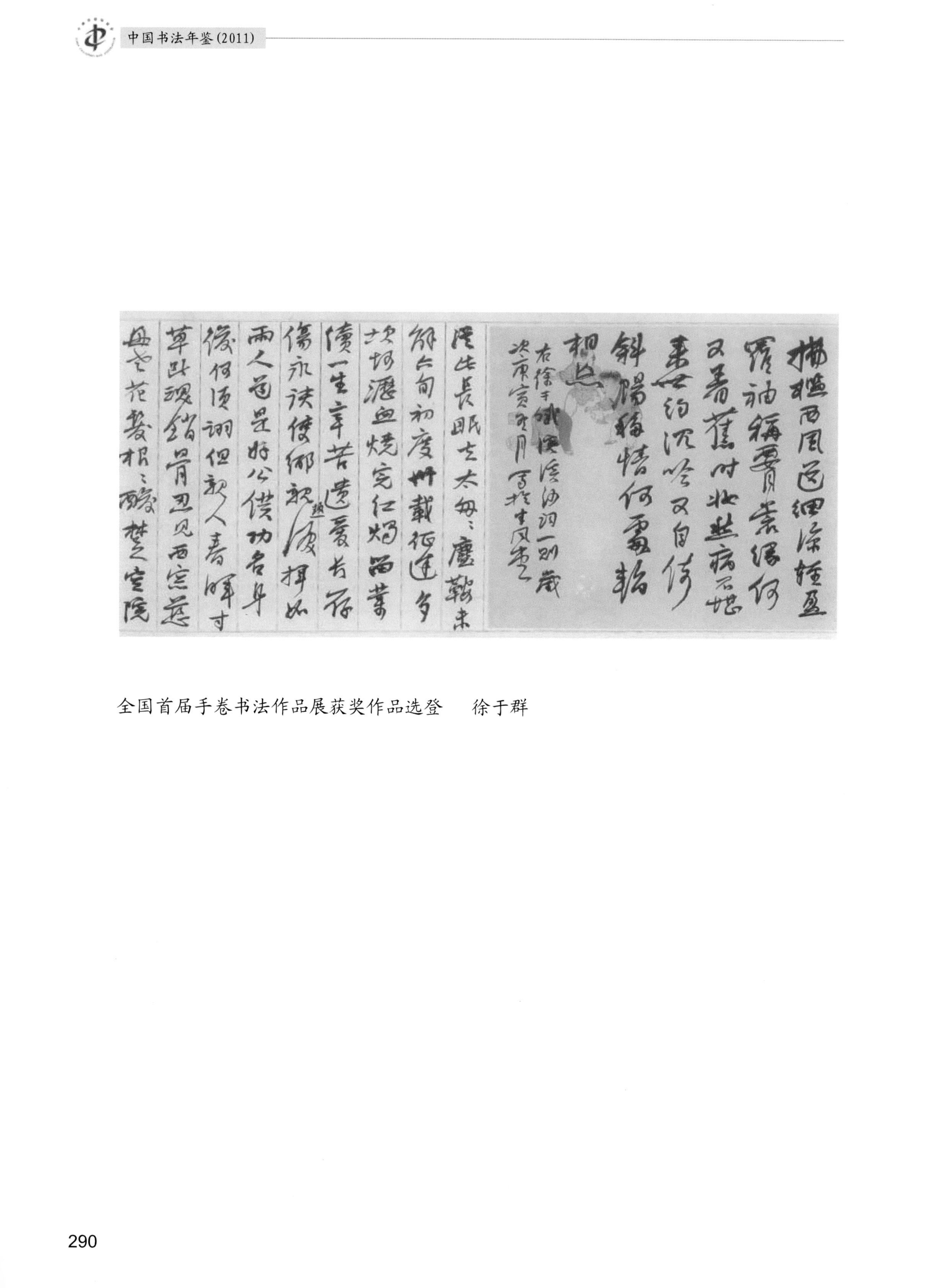

全国首届手卷书法作品展获奖作品选登　　徐于群

年度名家新作

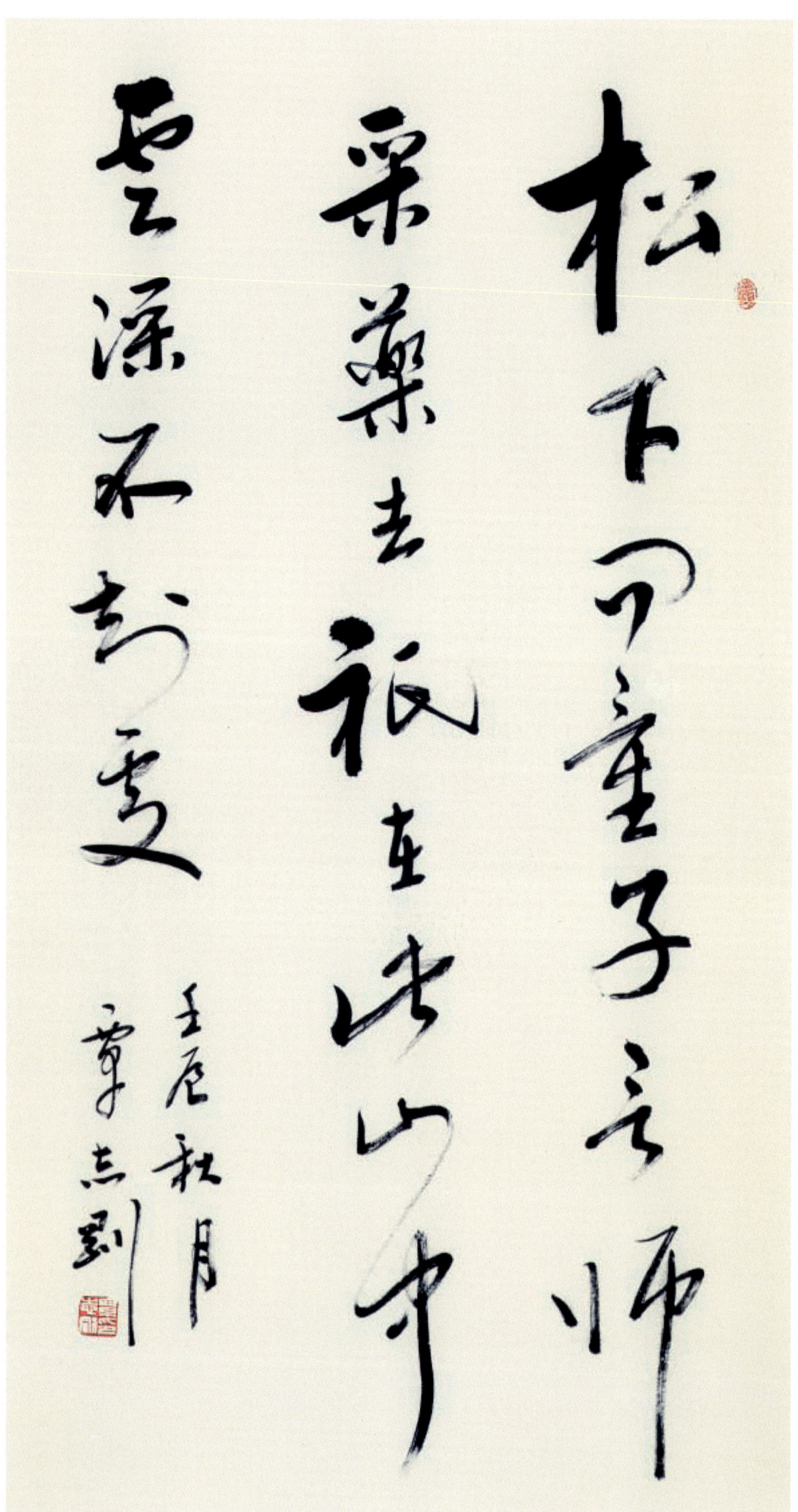

覃志刚 中国文联党组副书记、副主席

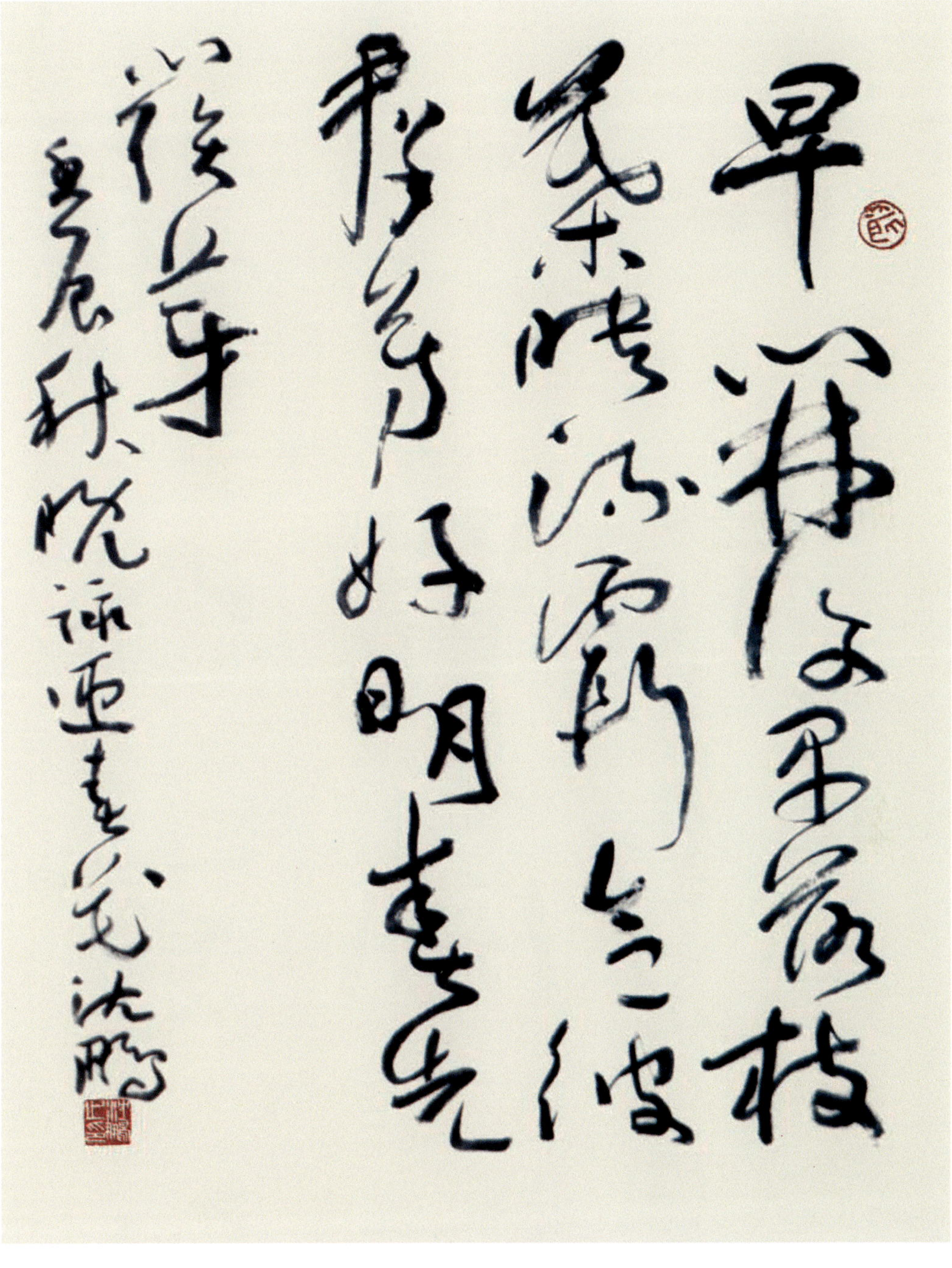

沈 鹏　中国书法家协会名誉主席

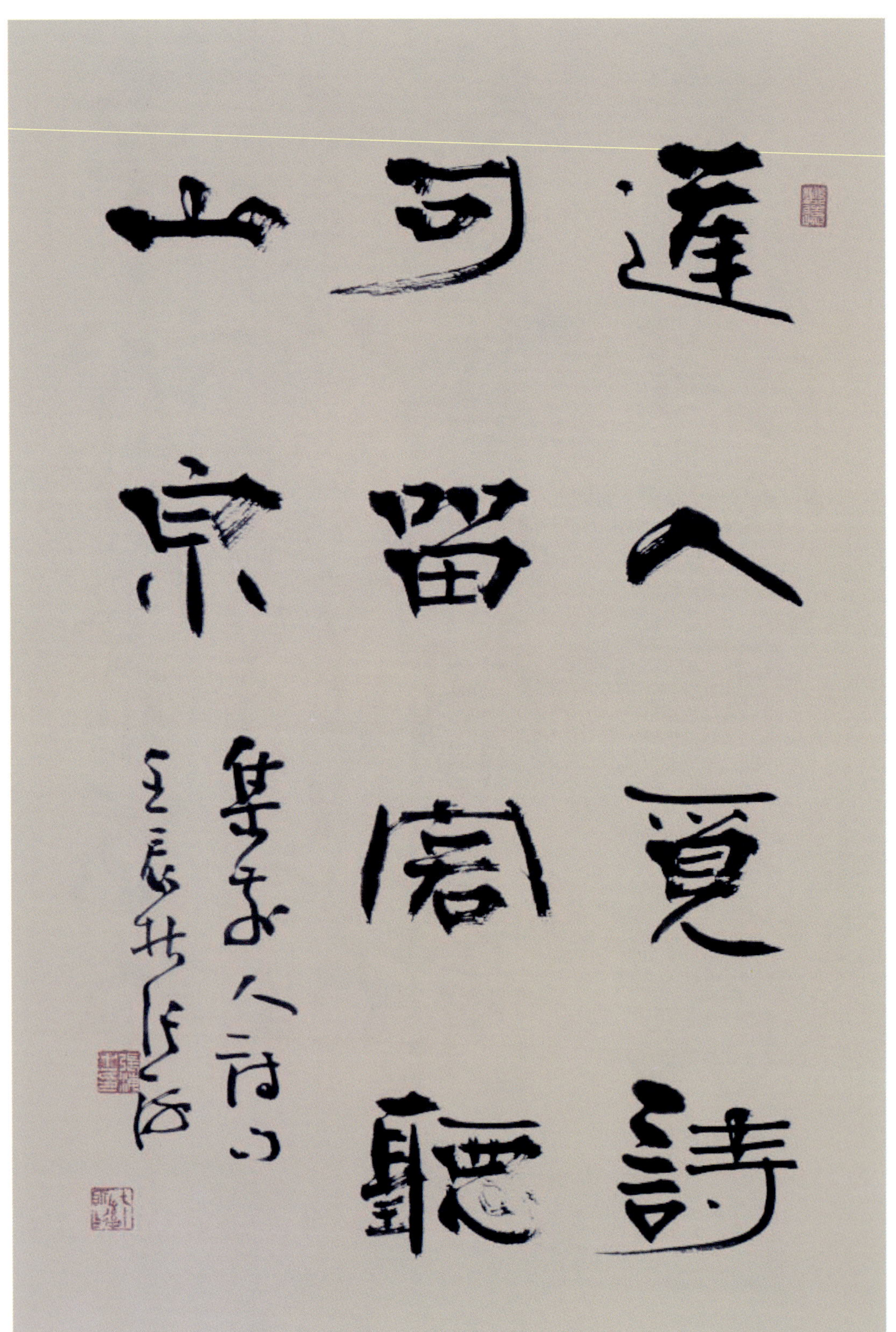

张海 中国书法家协会主席

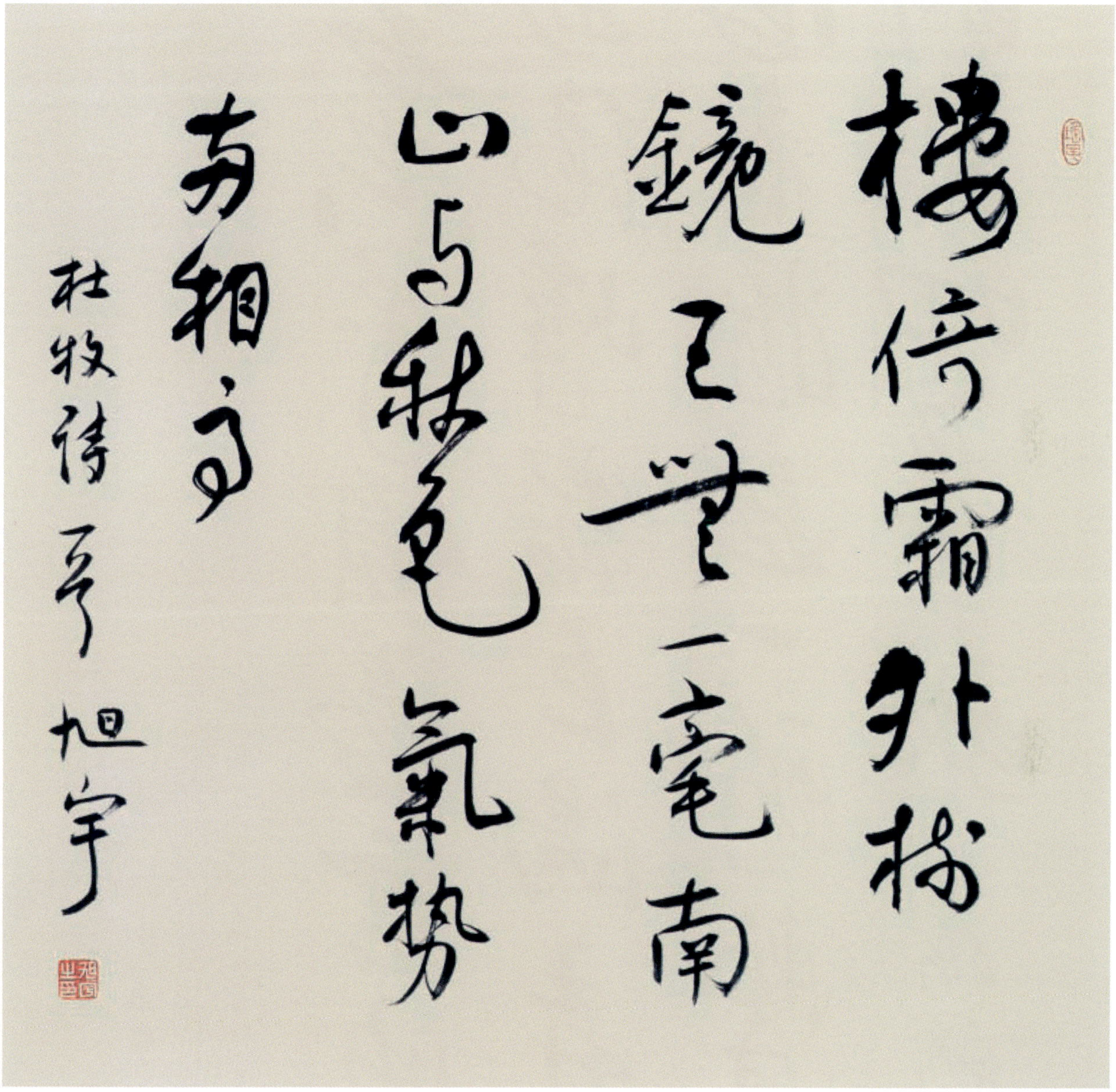

楼倚霜树外镜天无一毫南山与秋色气势两相高

杜牧诗 旭宇

旭 宇 中国书法家协会顾问

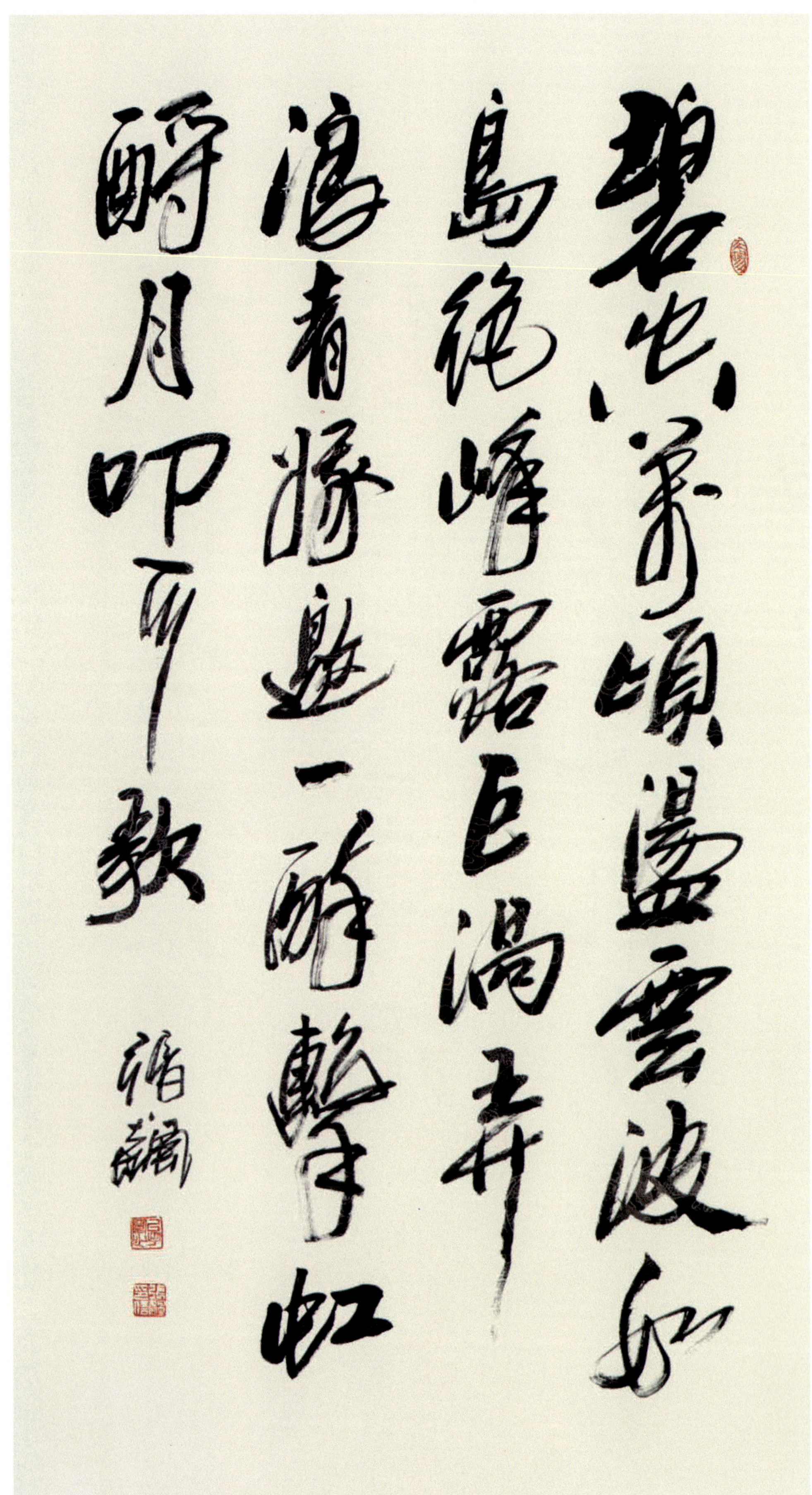

张飙
中国书法家协会顾问

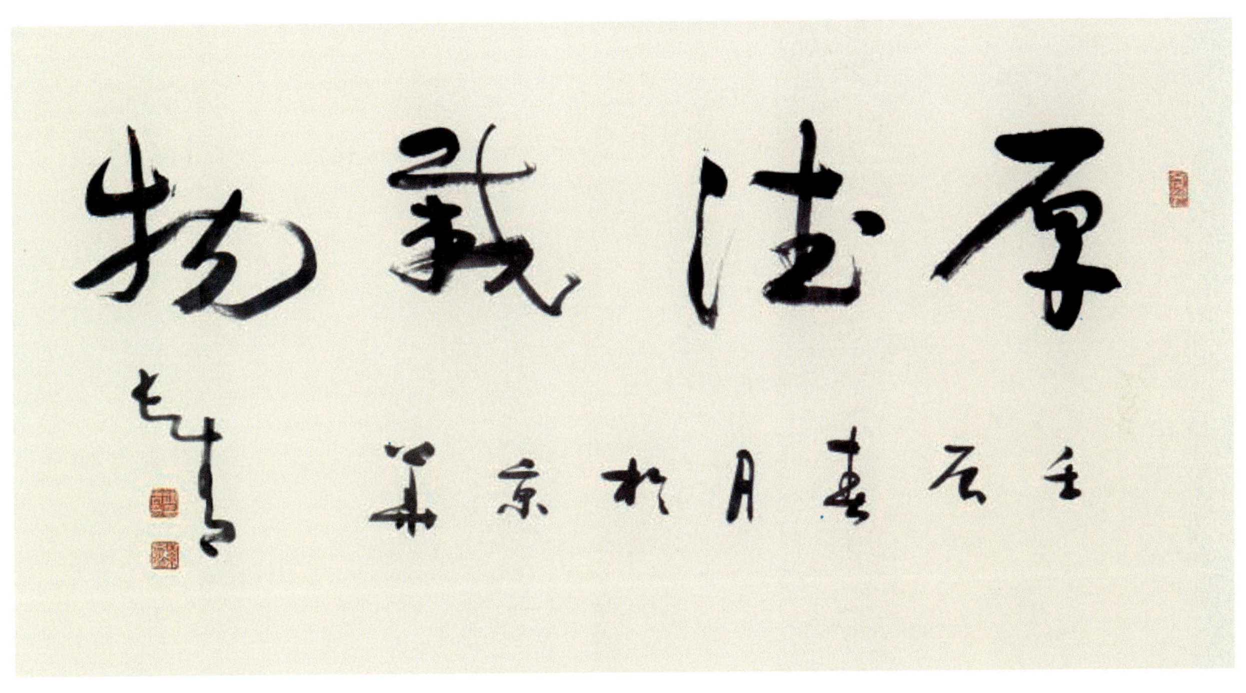

赵长青　中国书法家协会分党组书记、驻会副主席

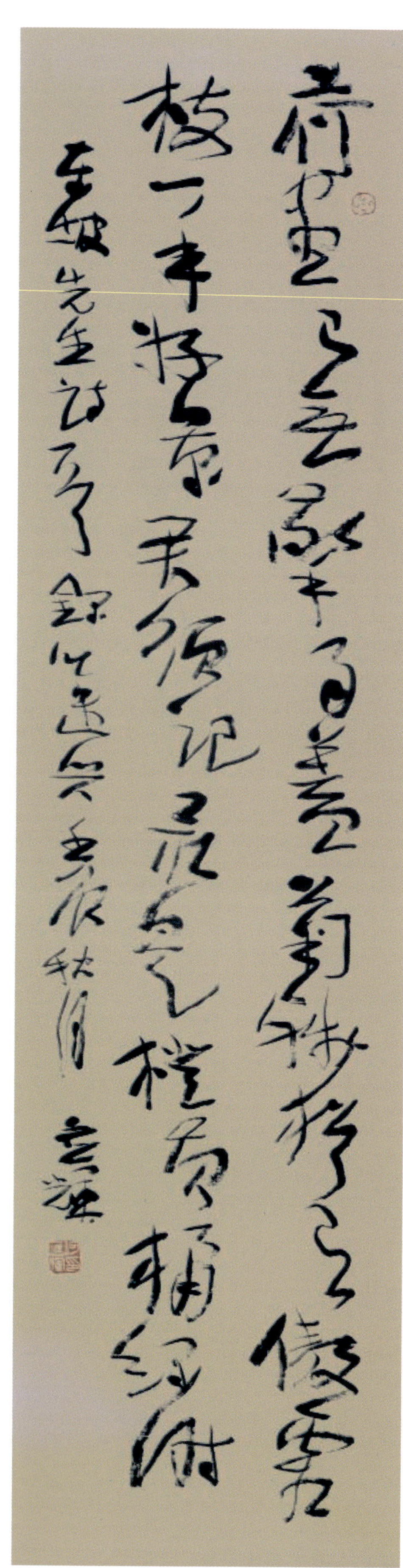

何应辉

中国书法家协会副主席、四川省书法家协会主席

何奇耶徒 中国书法家协会副主席、内蒙古书法家协会主席

言恭达

中国书法家协会副主席、江苏省书法家协会副主席

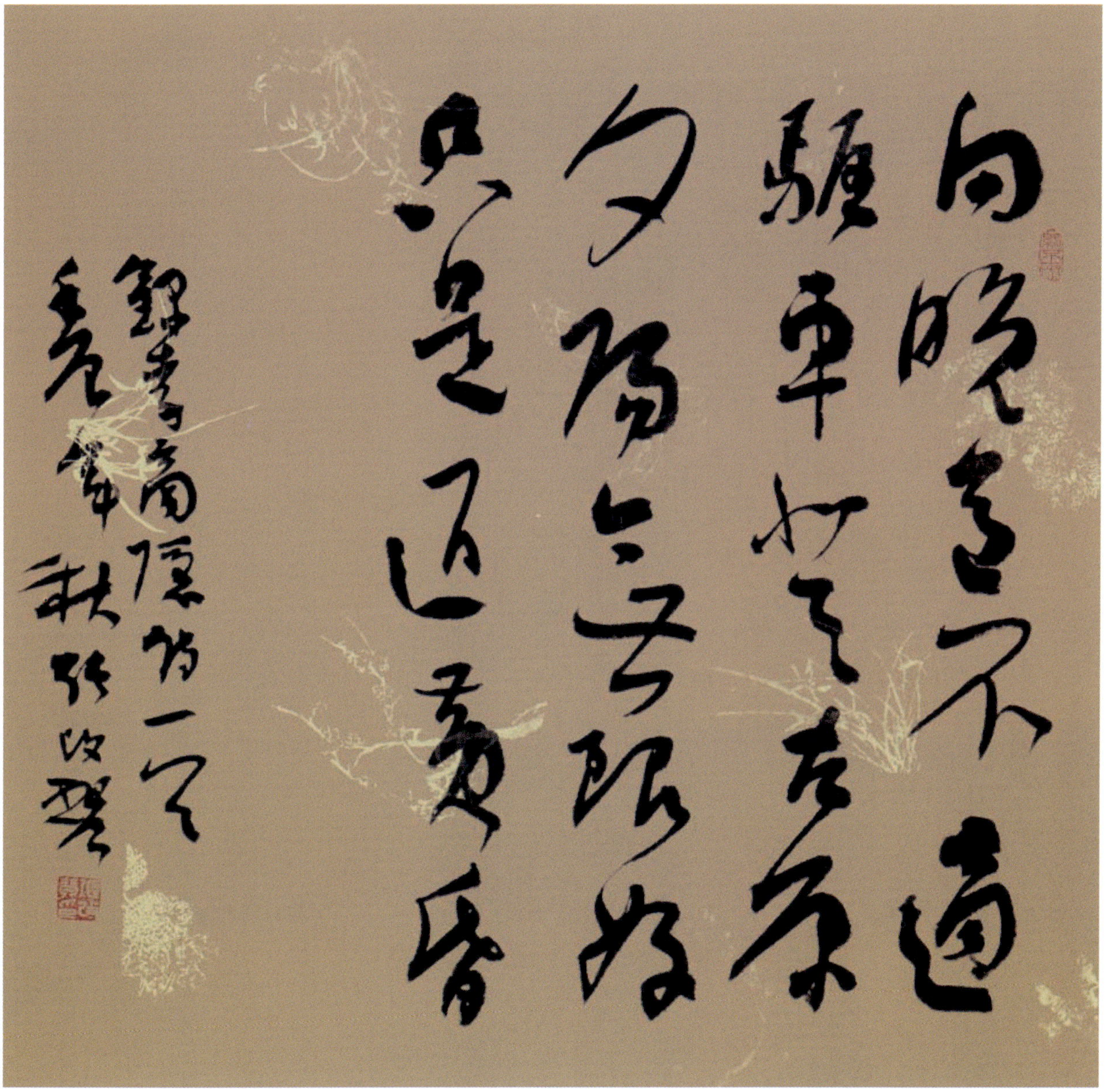

张改琴 中国书法家协会副主席、甘肃省书法家协会主席

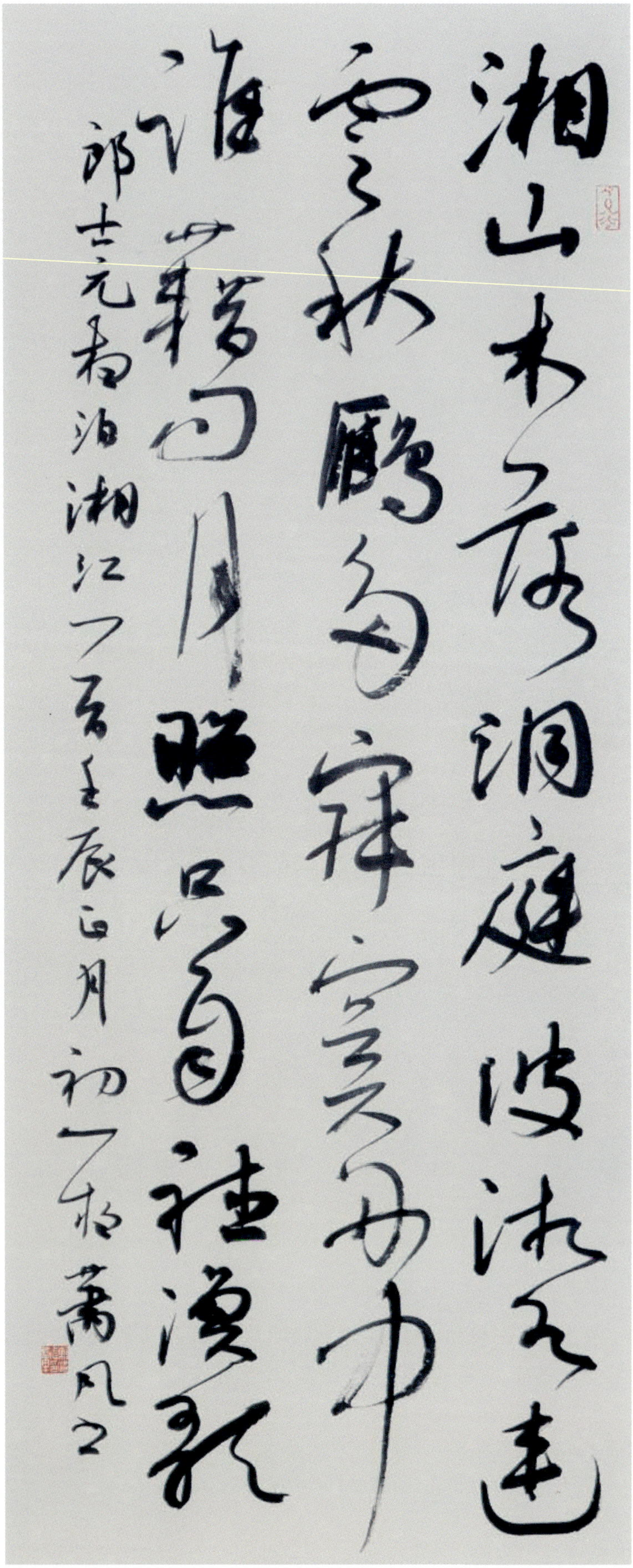

陈洪武

中国书法家协会分党组副书记、秘书长

周用金　中国书法家协会理事、《中国书法年鉴》副主编

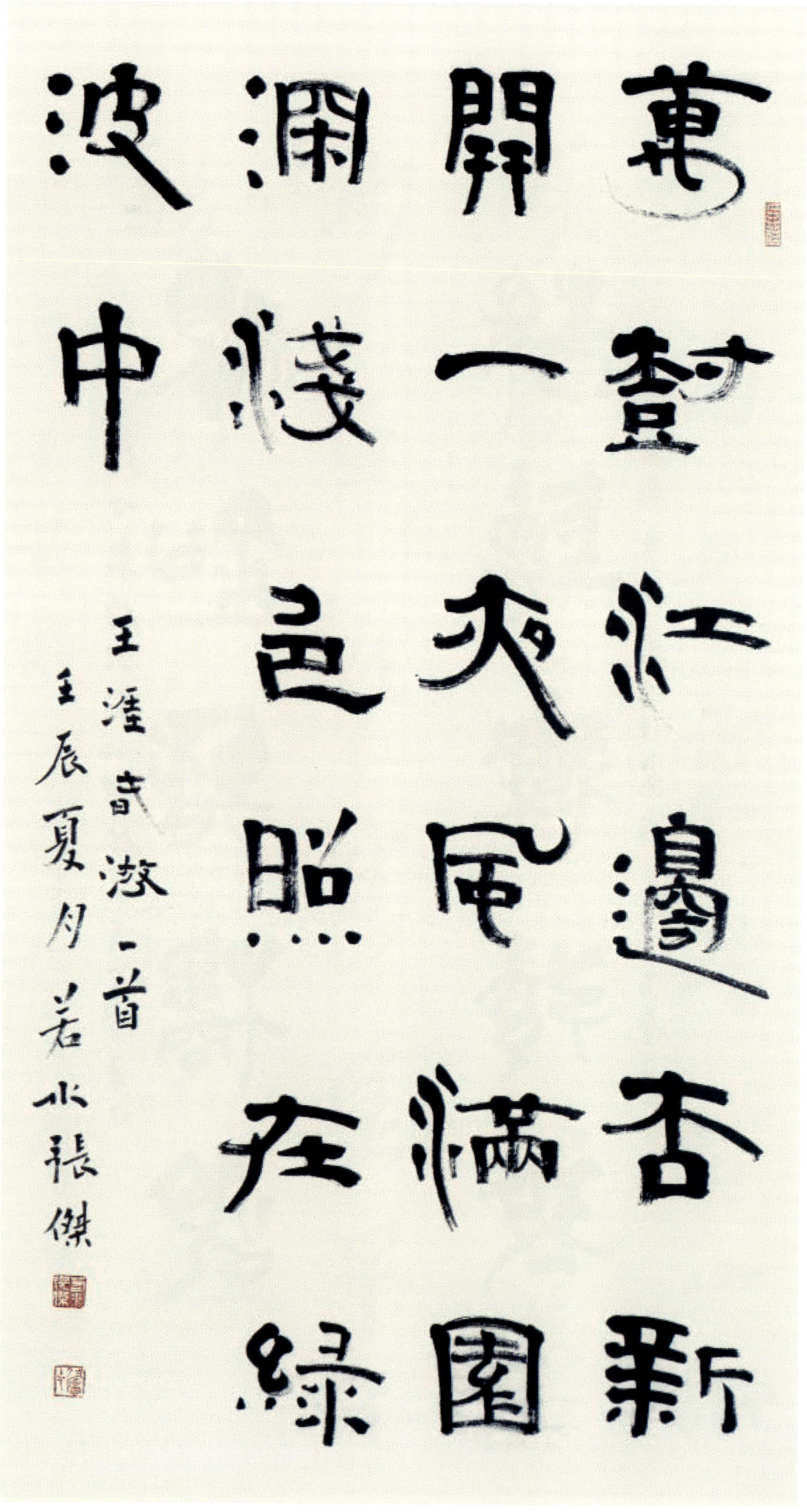

萬樹江邊杏
新開一夜風
滿園深淺色
照在綠波中

王涯春游一首
壬辰夏月若水張傑

张杰
中国书法家协会理事

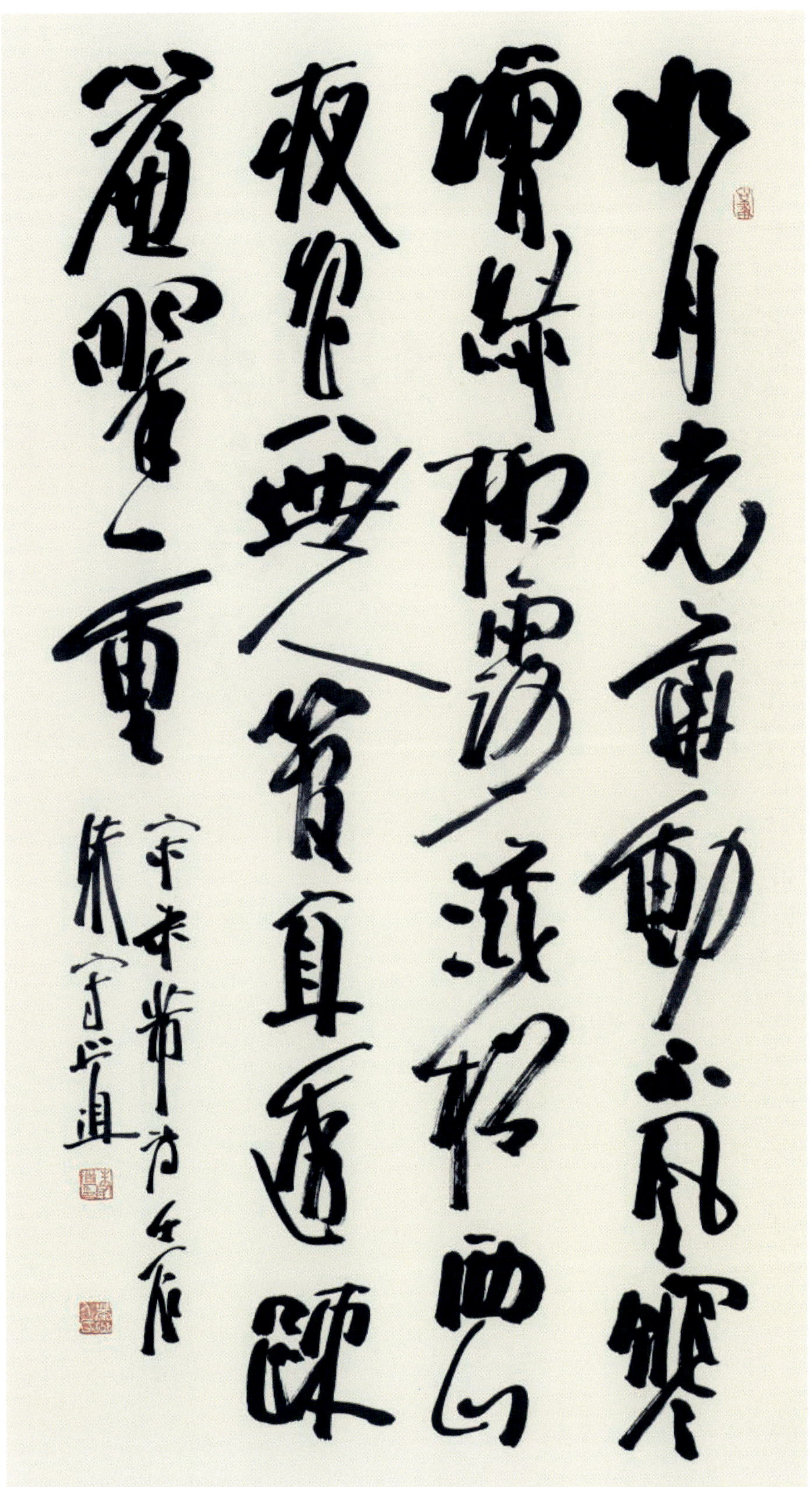

朱守道
中国书法家协会理事

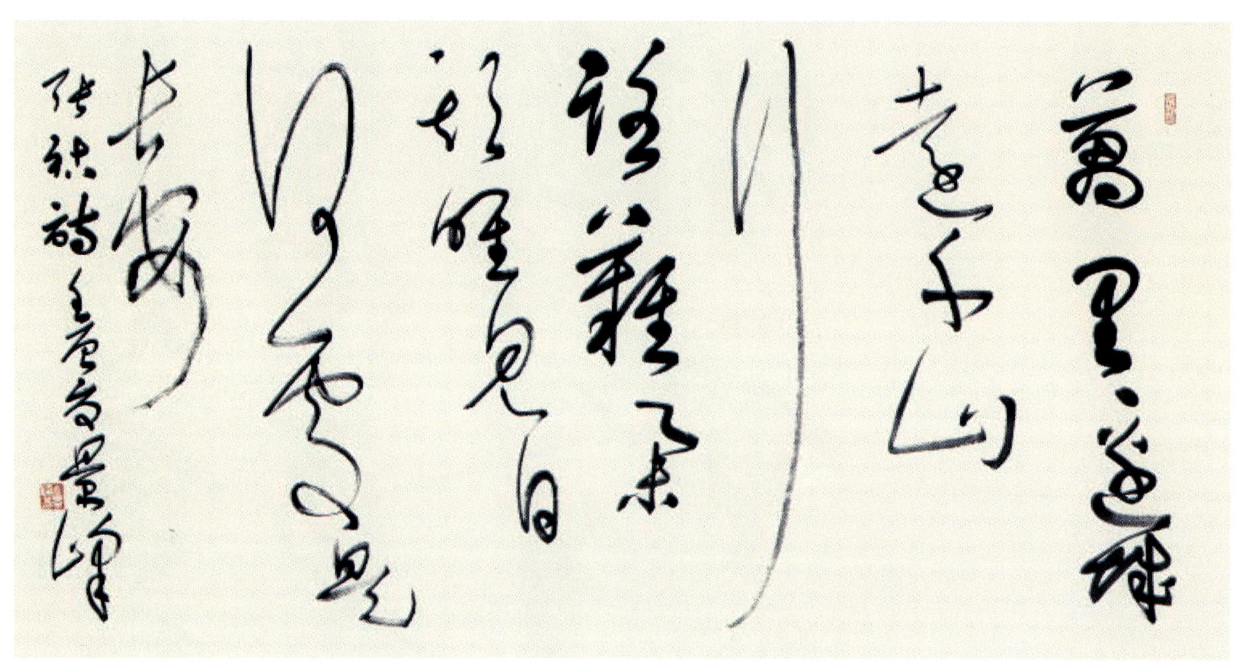

白景峰 中国书法家协会理事

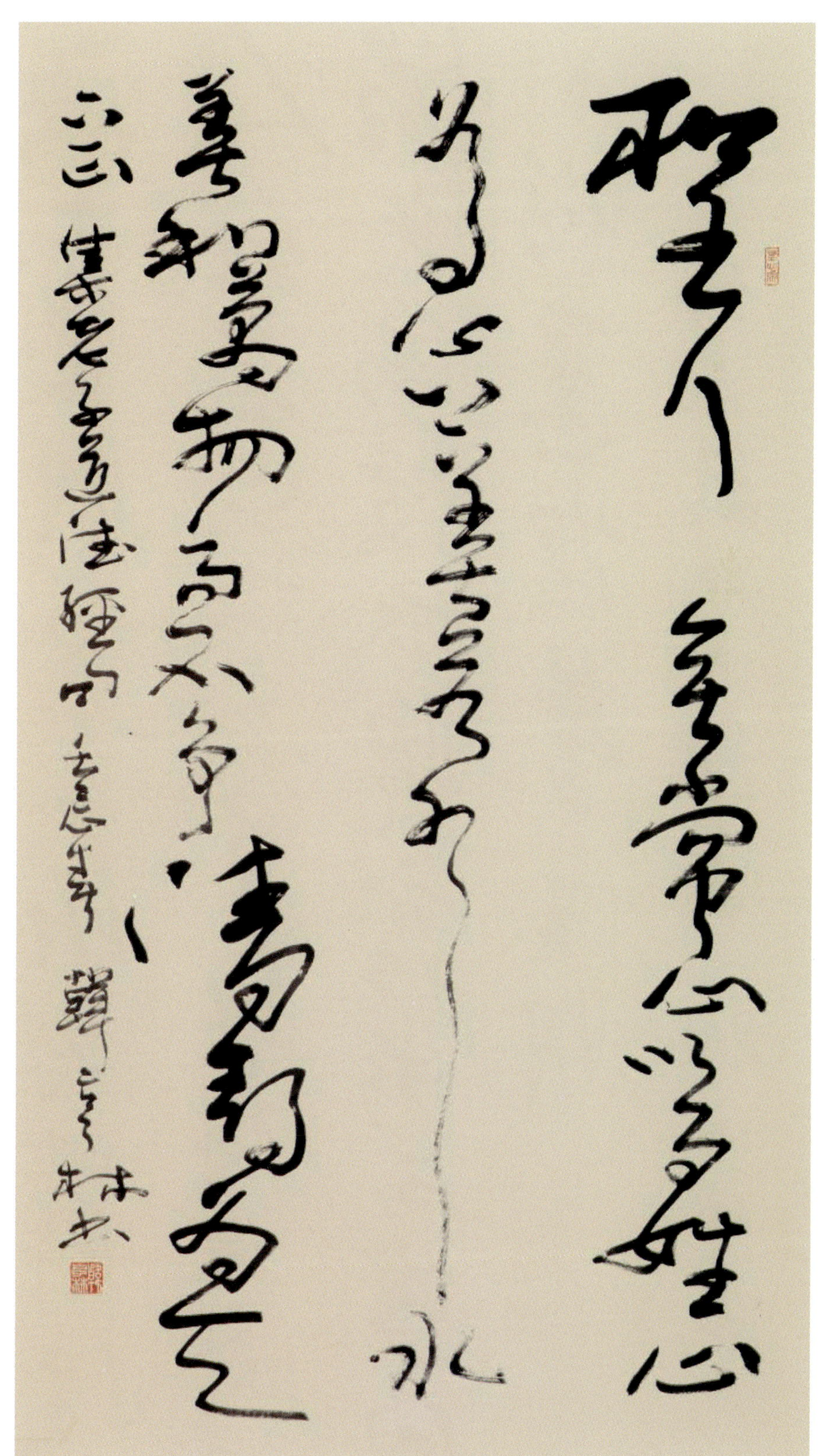

韩亨林

中国书法家协会理事

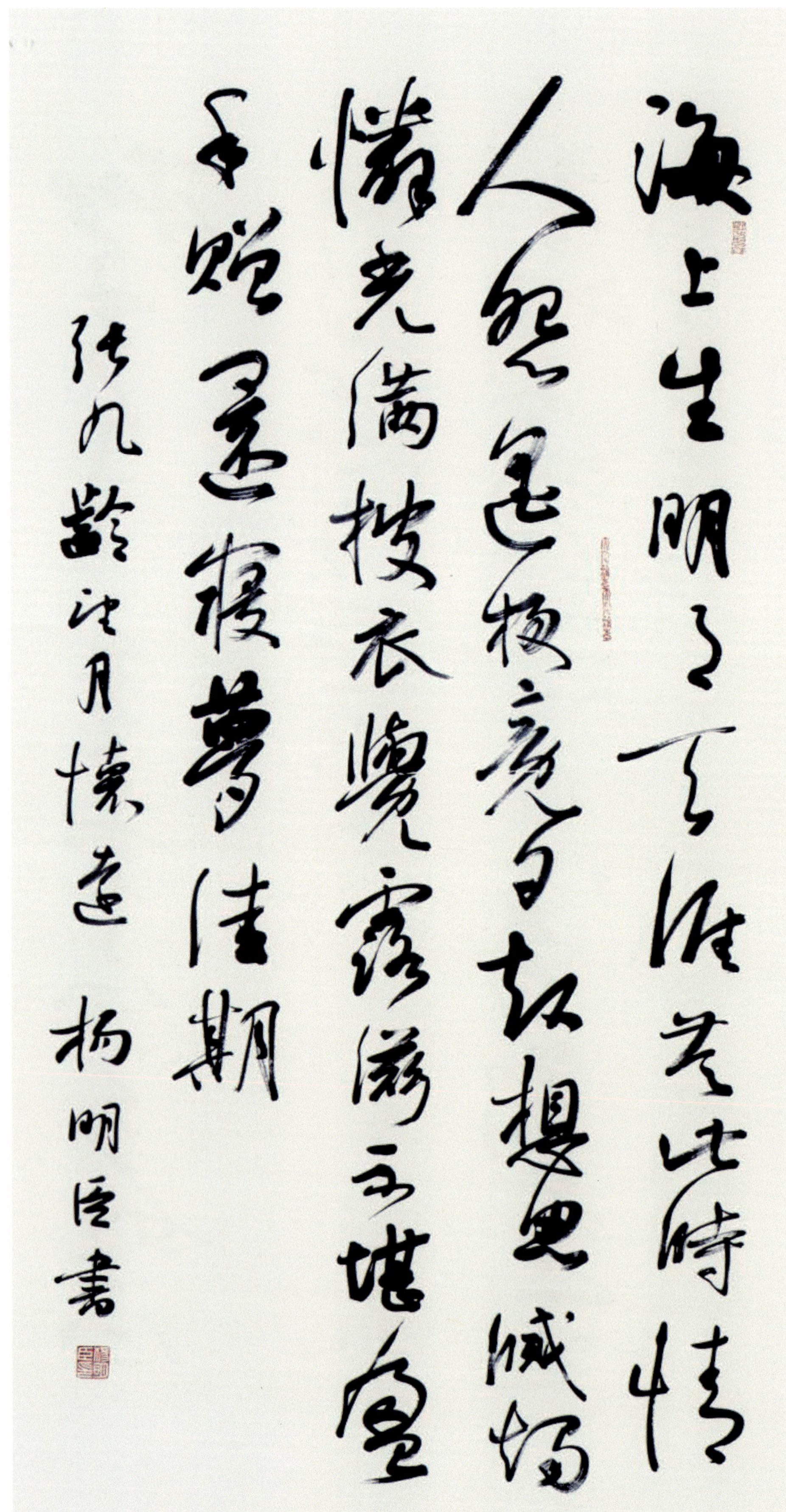

杨明臣

中国书法家协会理事

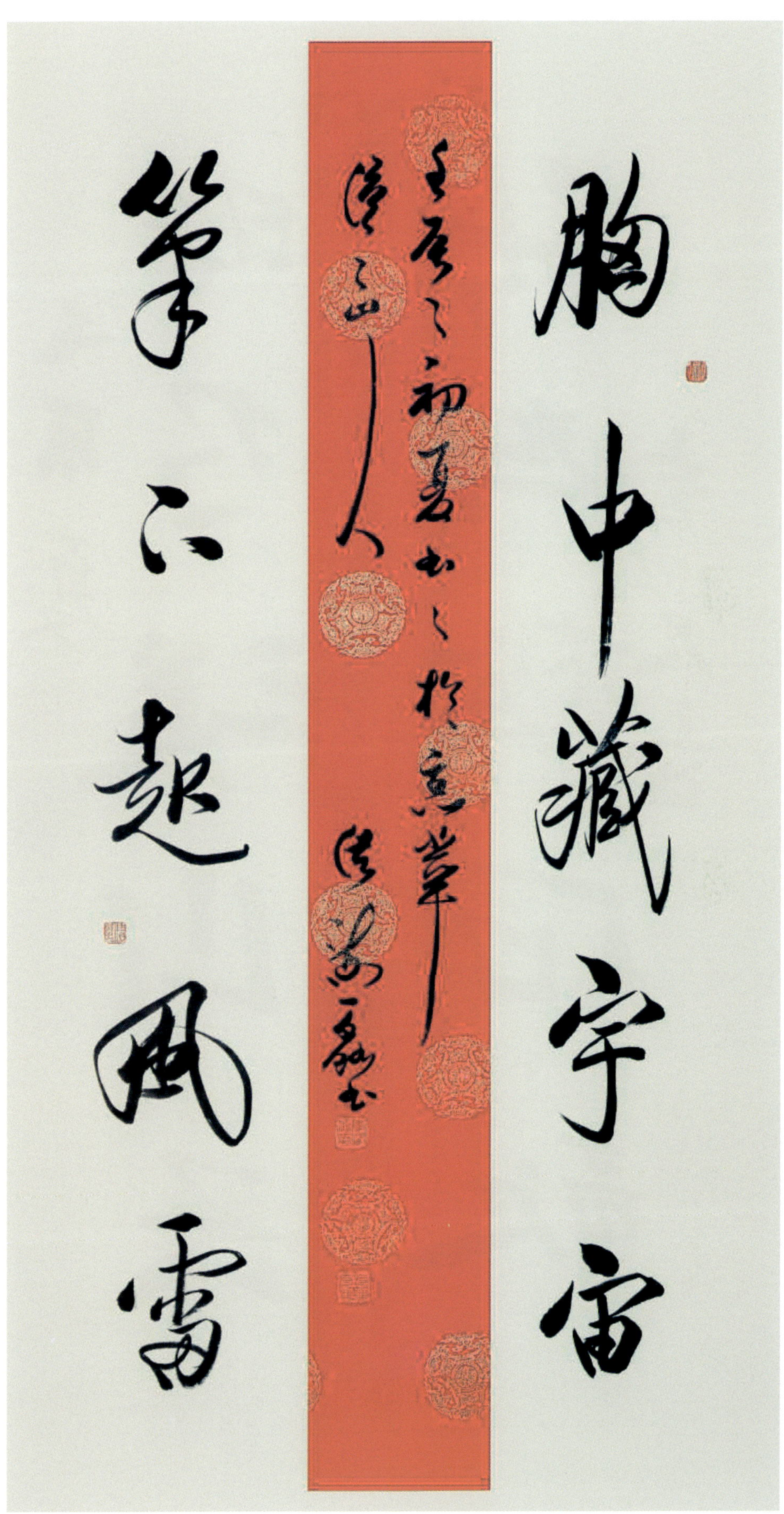

李洪海

中国书法家协会理事

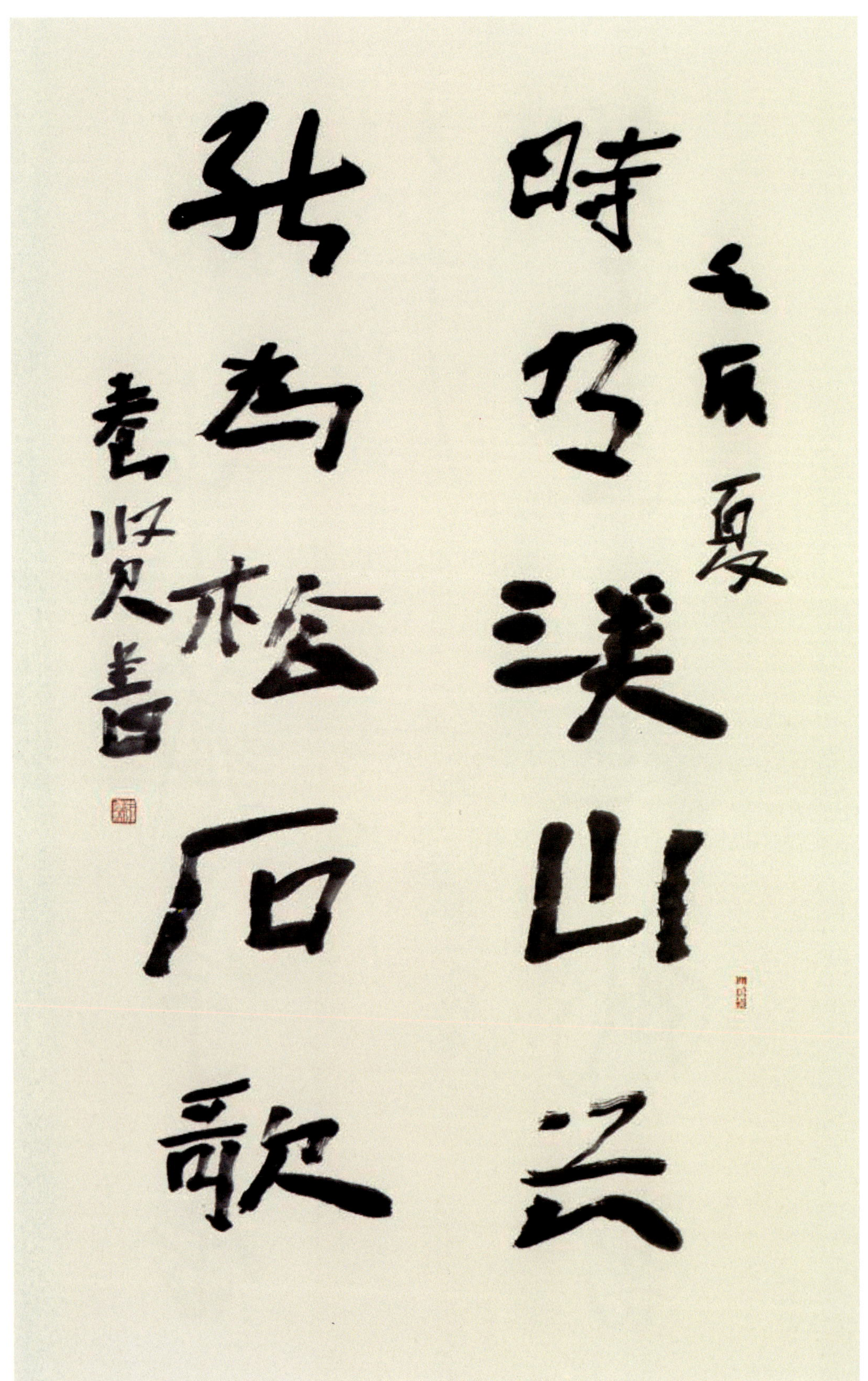

薛养贤

中国书法家协会理事

梁永琳

中国书法家协会理事

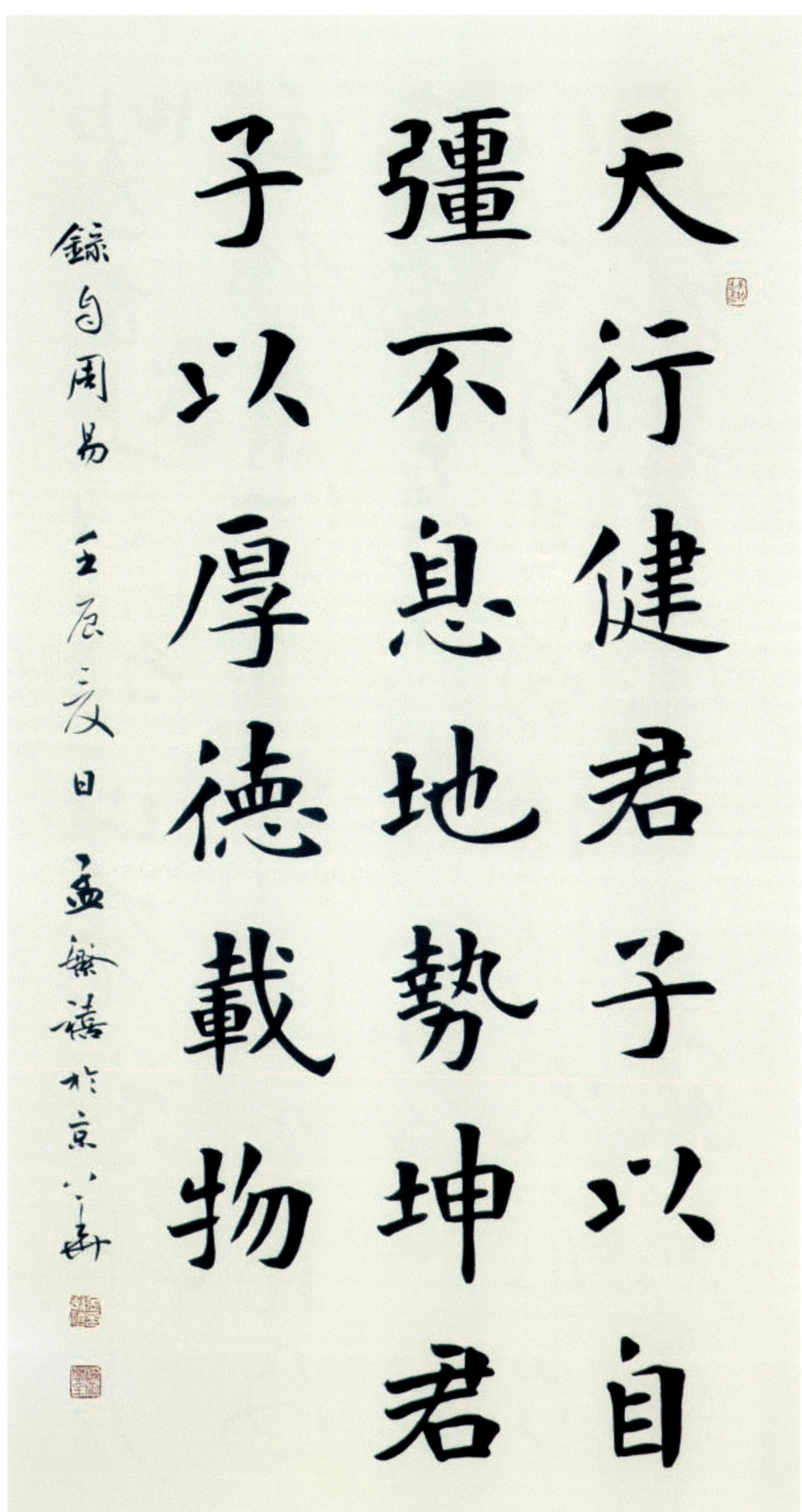

孟繁禧 中国书法家协会理事

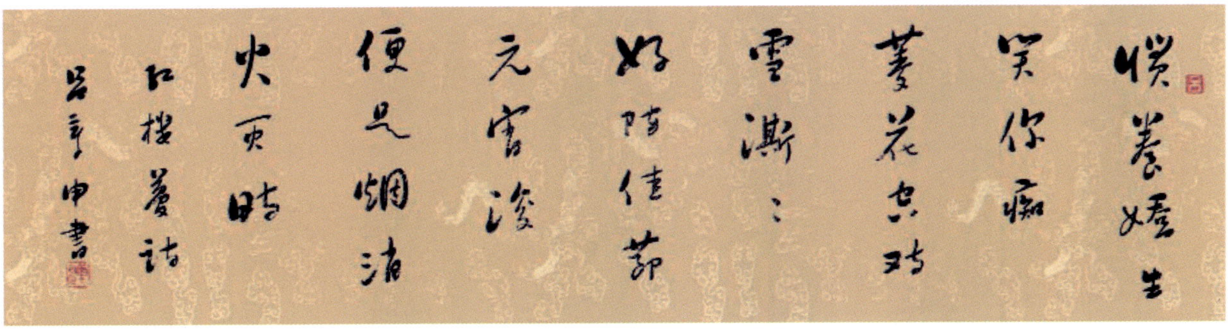

吕章申　中国书法家协会理事

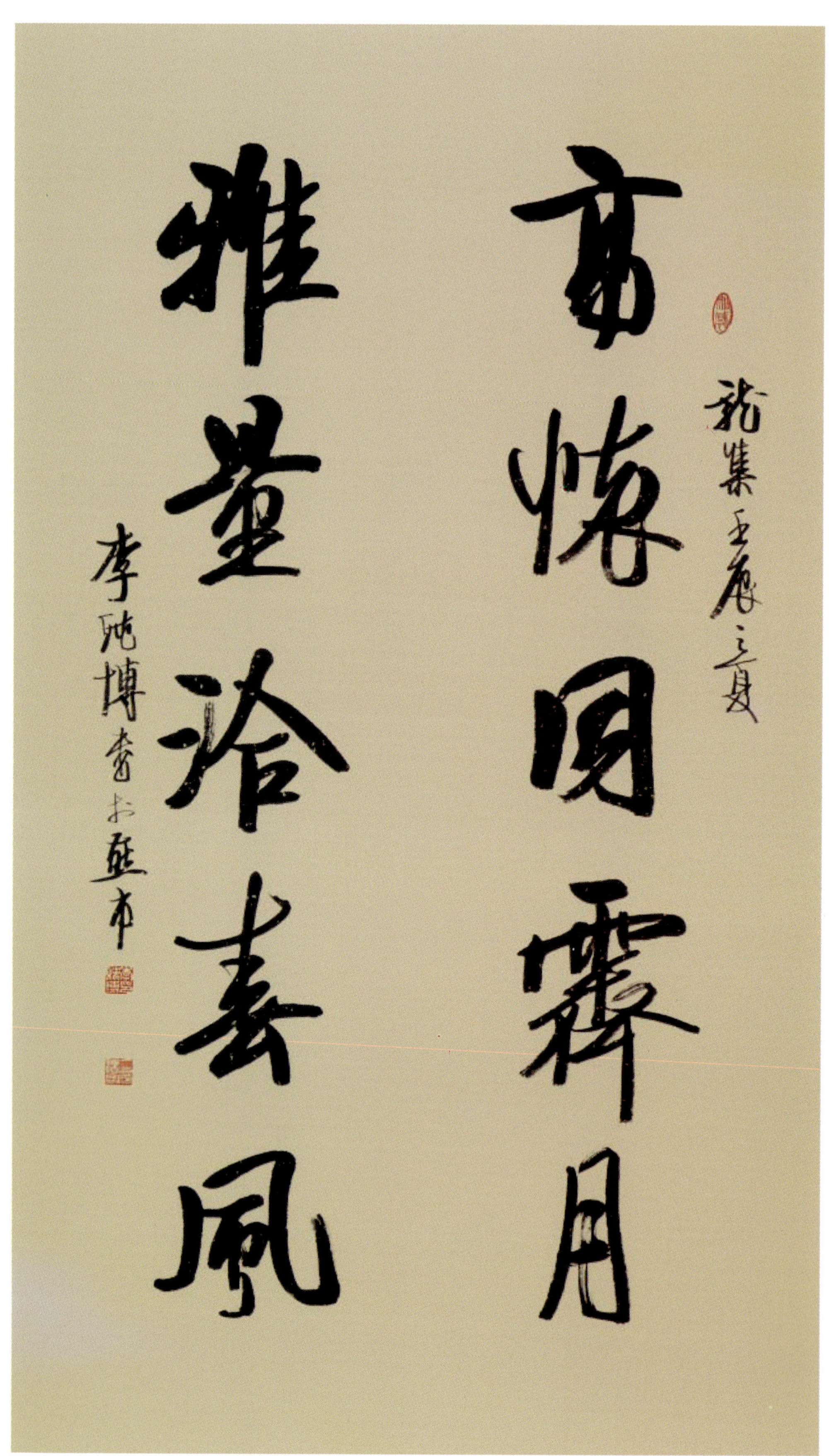

李纯博

中国书法家协会理事

陈中浙

中国书法家协会理事

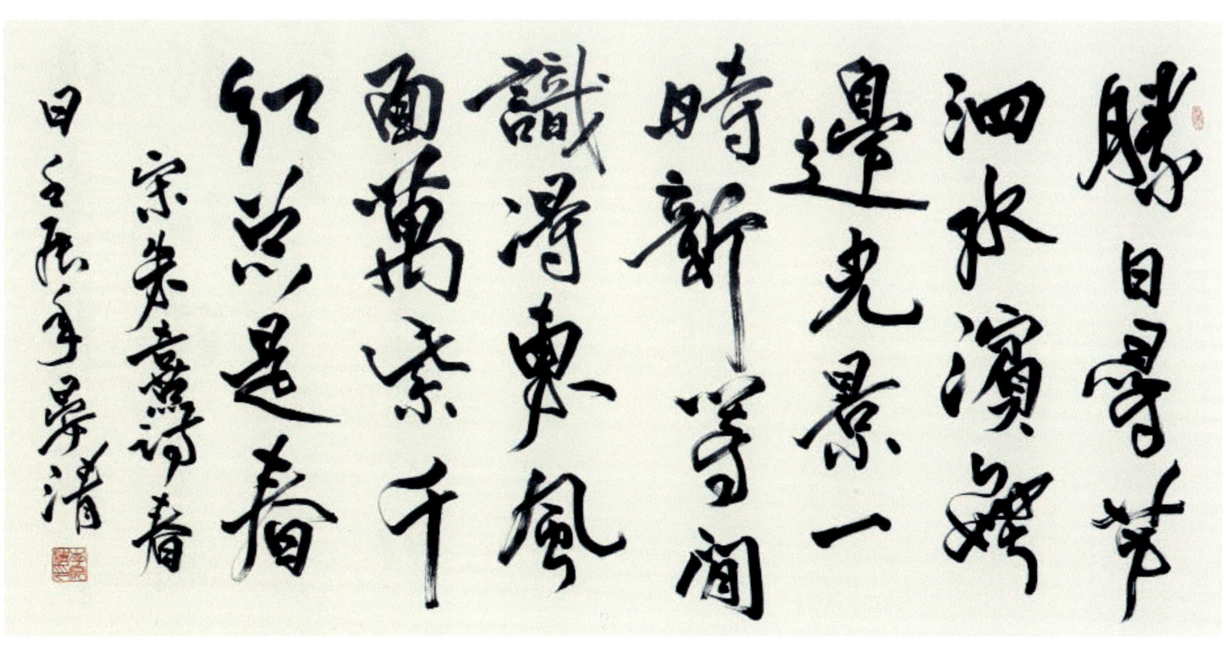

李宴清　中国书法家协会理事

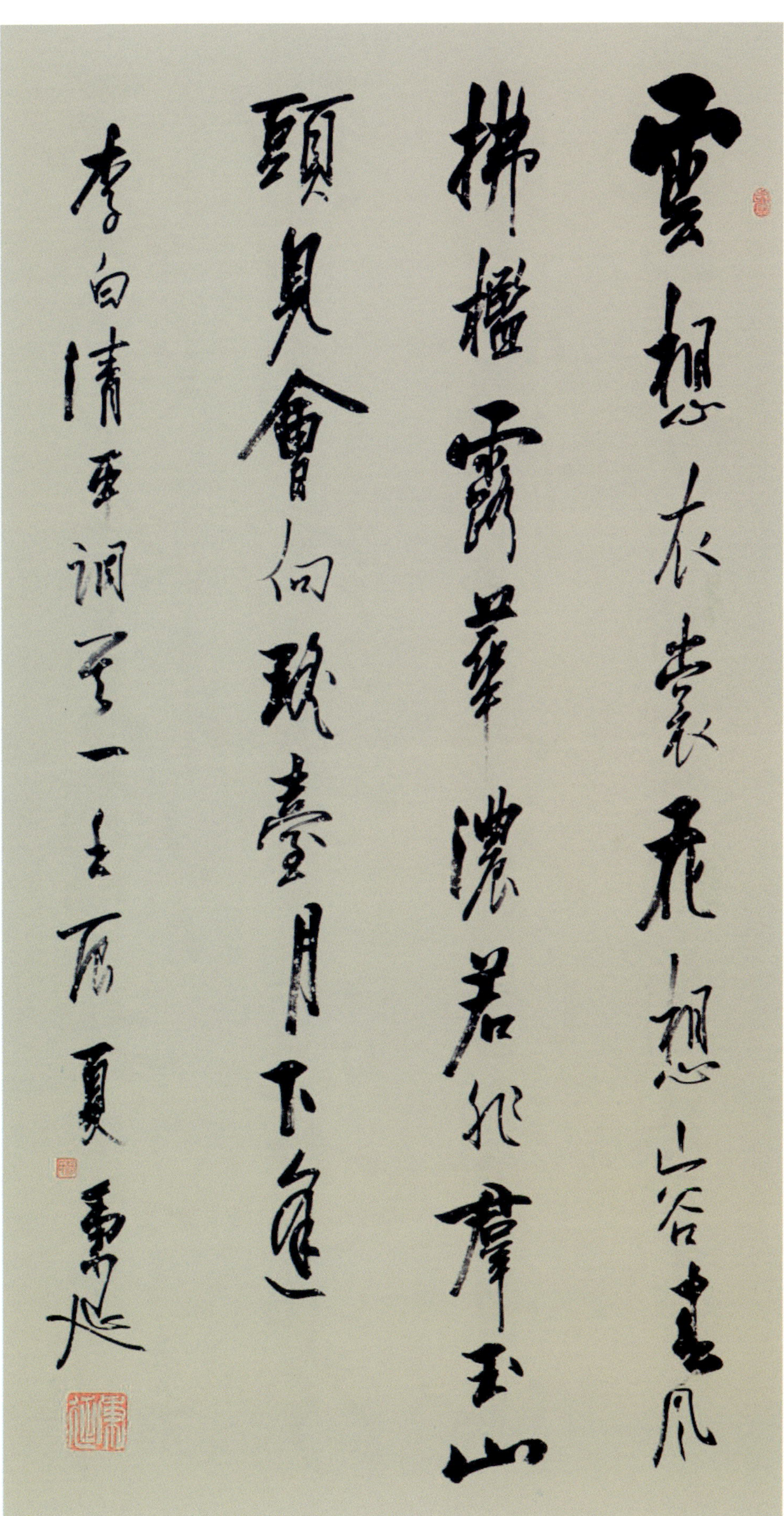

杨炳延

中国书法家协会理事

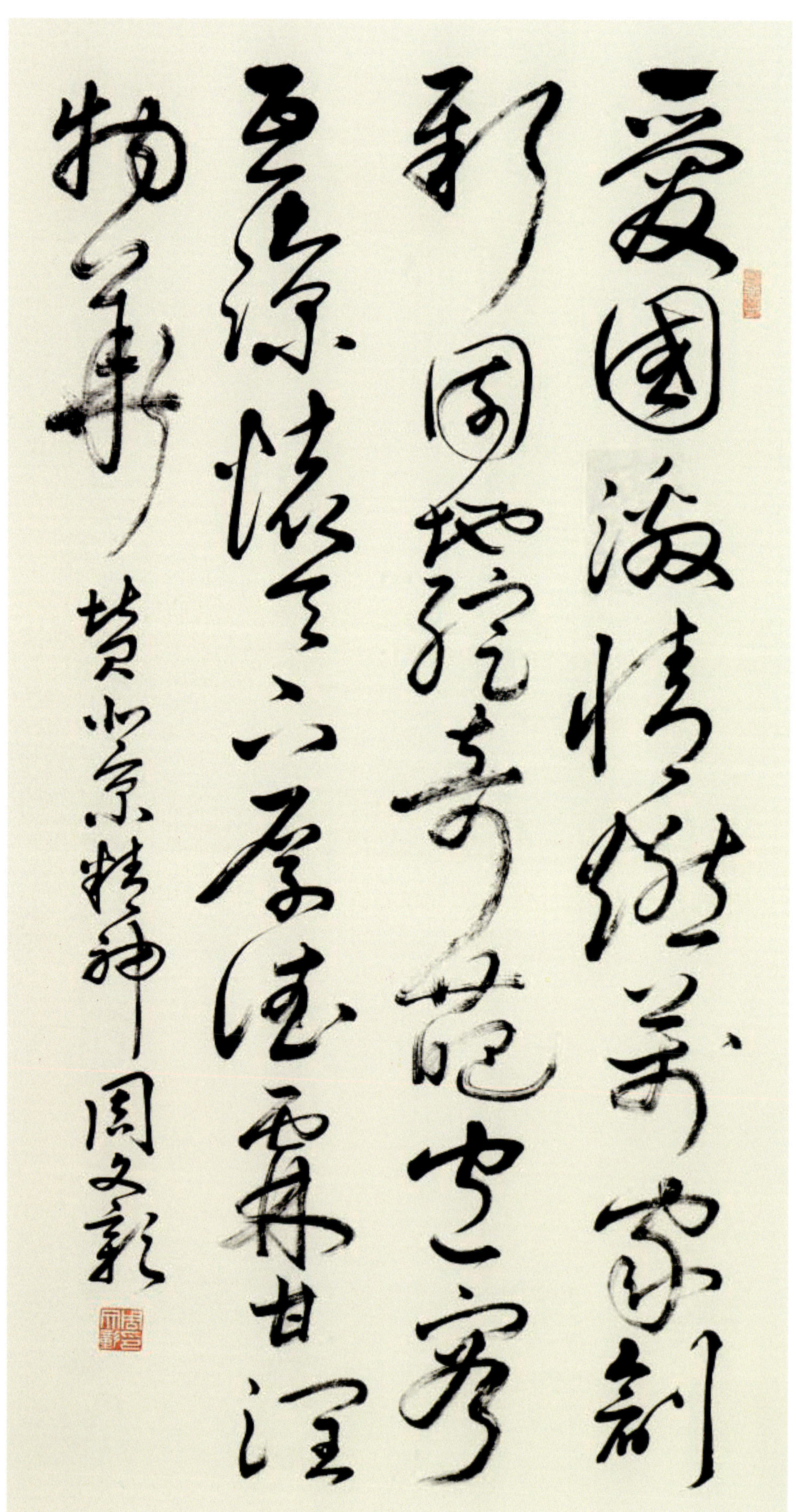

周文彰

中国书法家协会理事

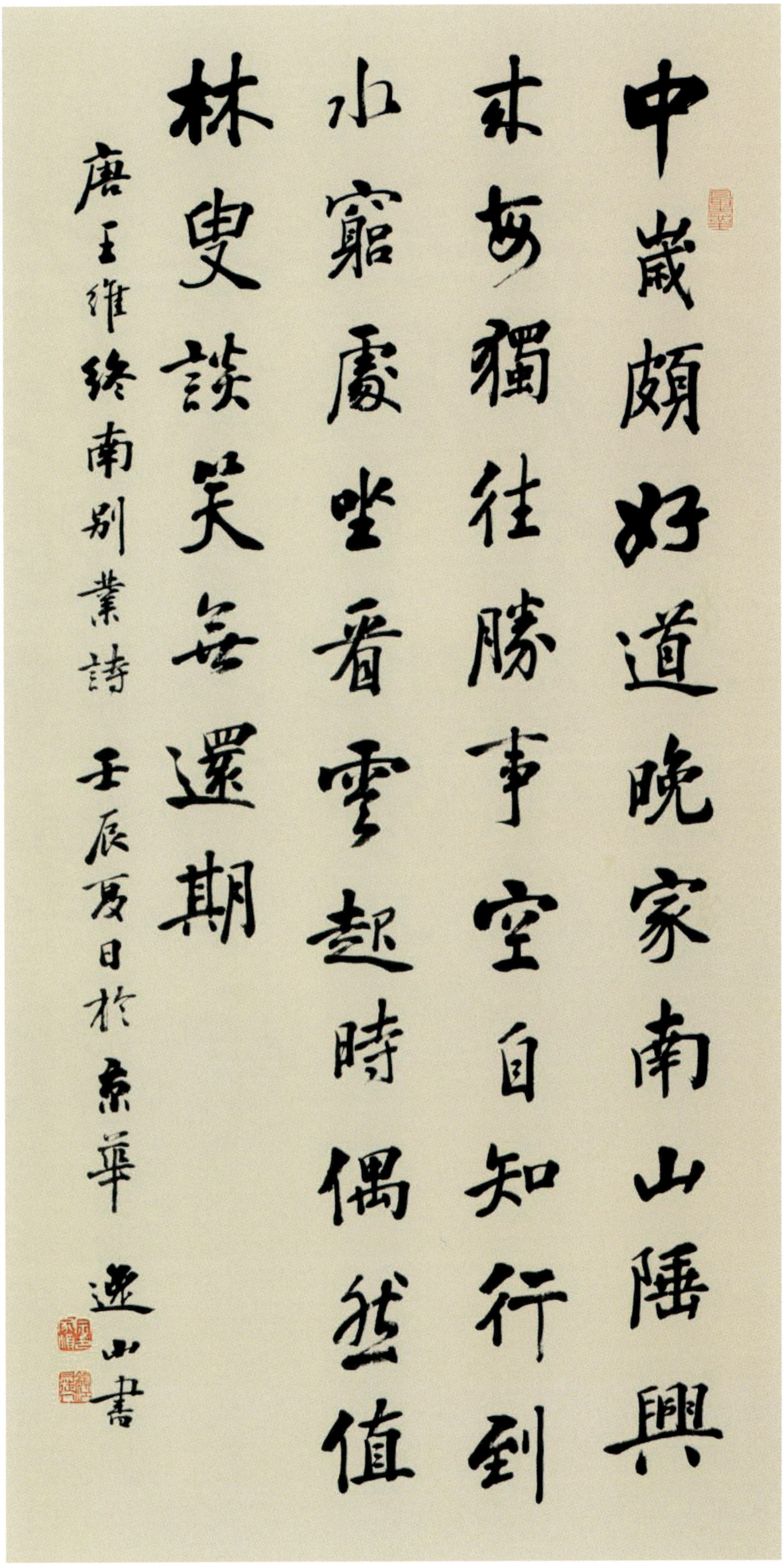

中歲頗好道，晚家南山陲。興來每獨往，勝事空自知。行到水窮處，坐看雲起時。偶然值林叟，談笑無還期。

唐王維終南別業詩 壬辰夏日於京華 逸山書

宗家顺

中国书法家协会理事

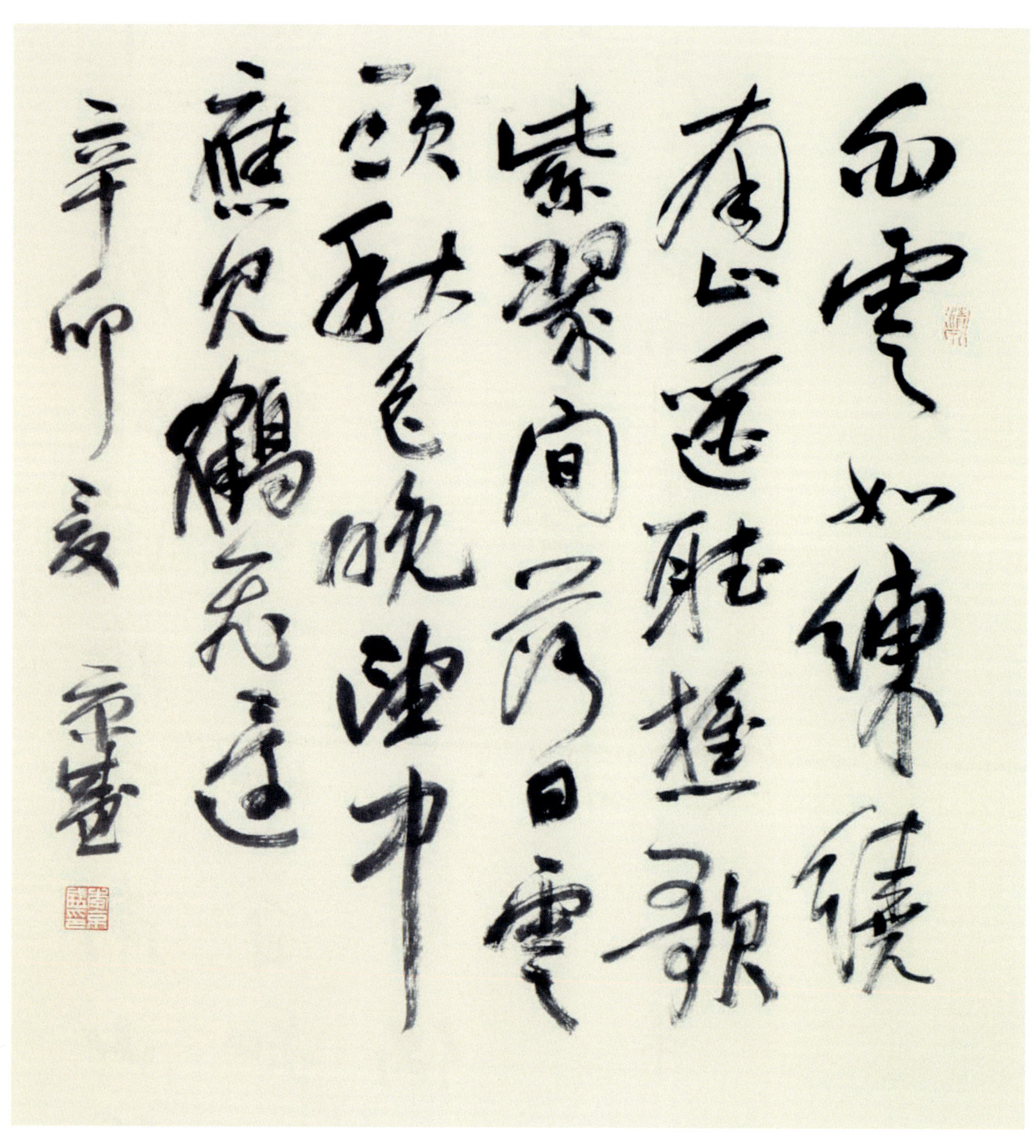

李京盛　中国书法家协会理事

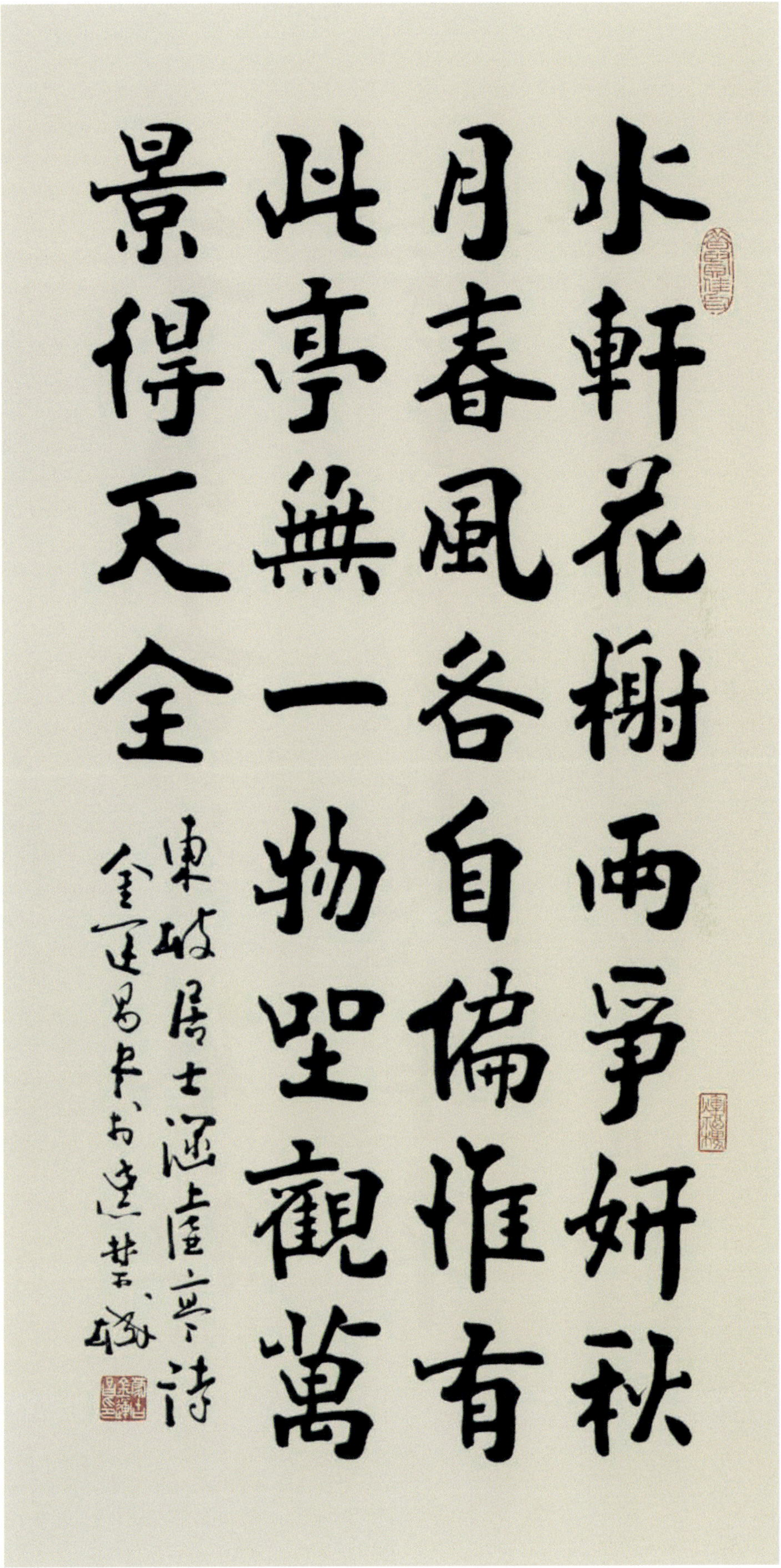
水軒花榭兩爭妍秋
月春風各自偏惟有
此亭無一物坐觀萬
景得天全
東坡居士涵虛亭詩

金运昌

中国书法家协会理事

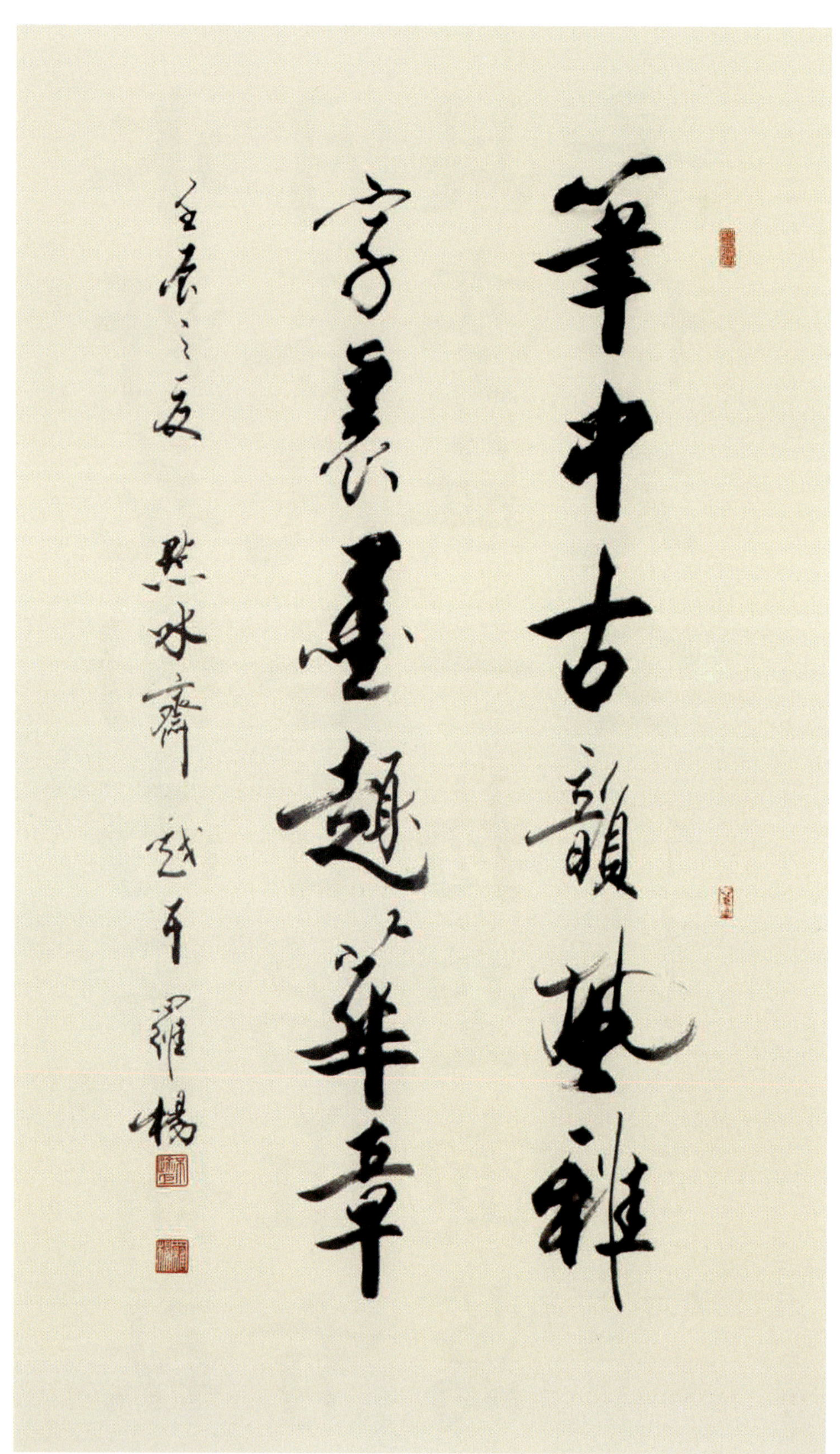

罗杨

中国书法家协会理事

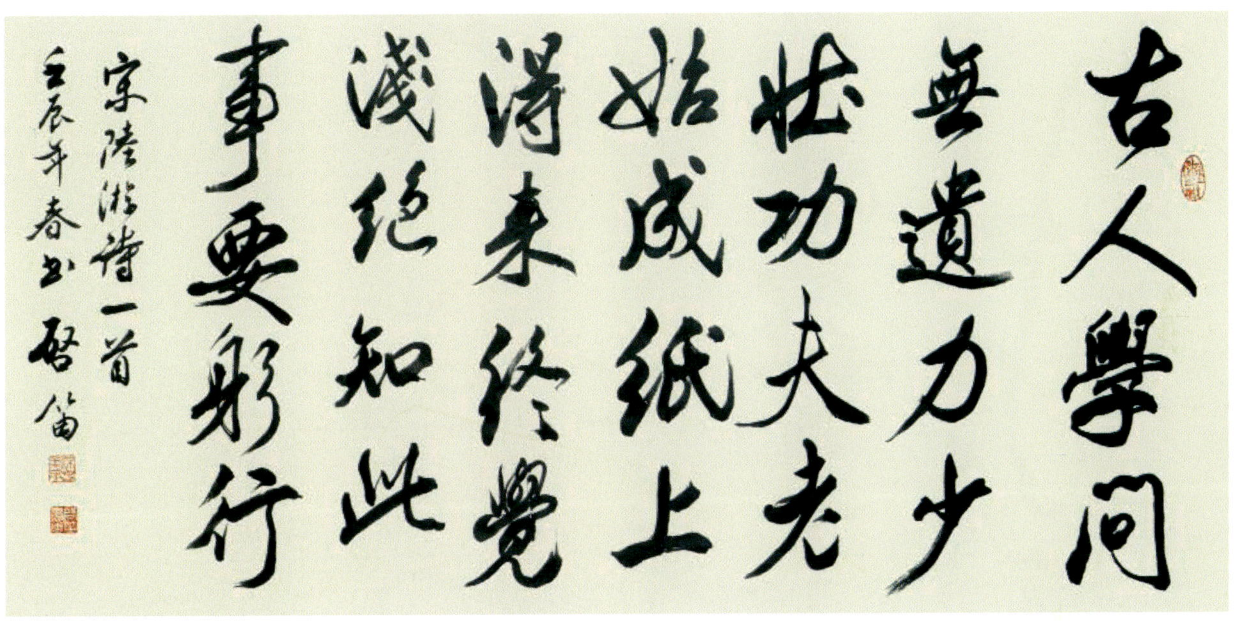

袁守启　中国书法家协会理事

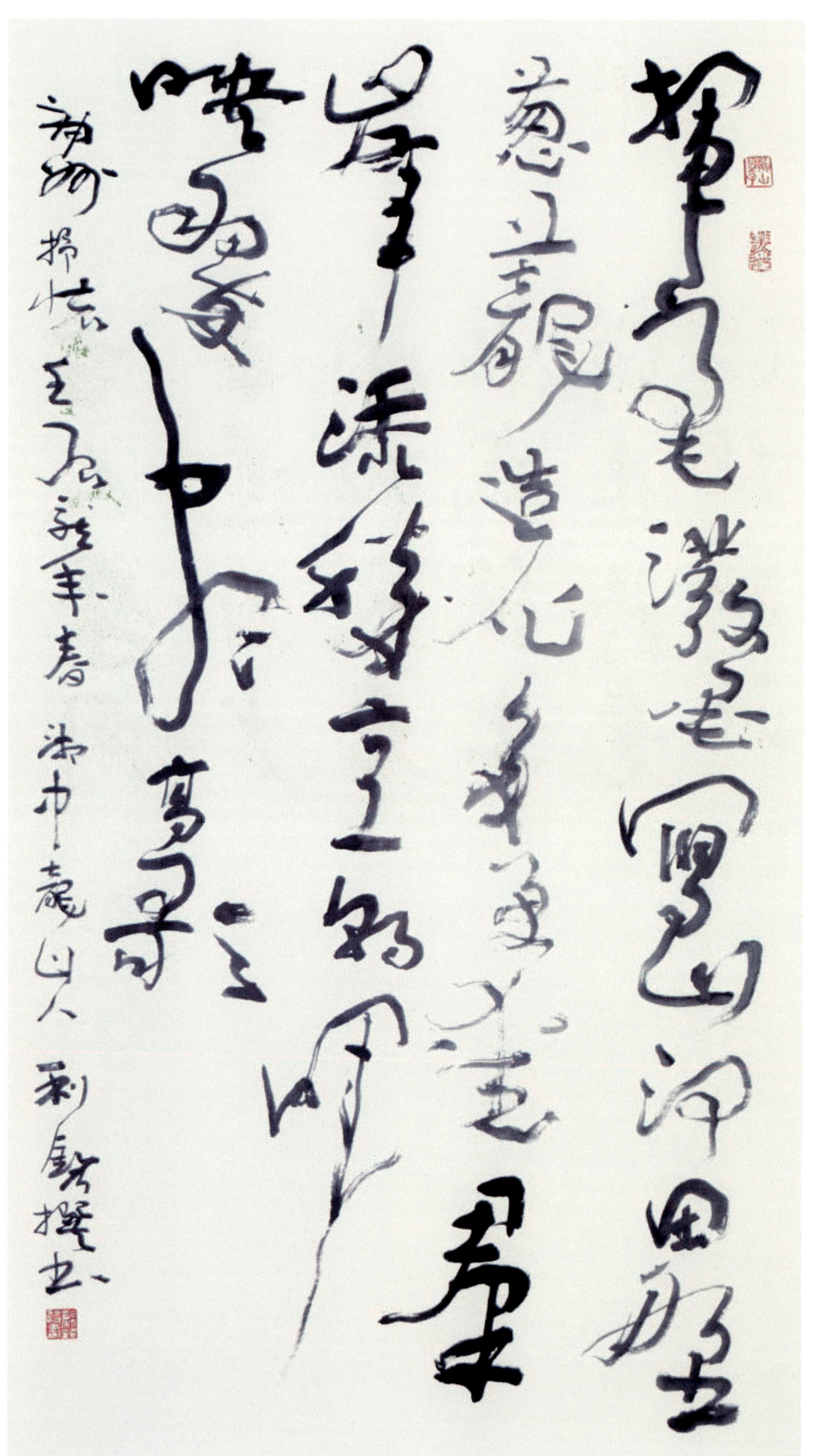

彭利铭

中国书法家协会原理事

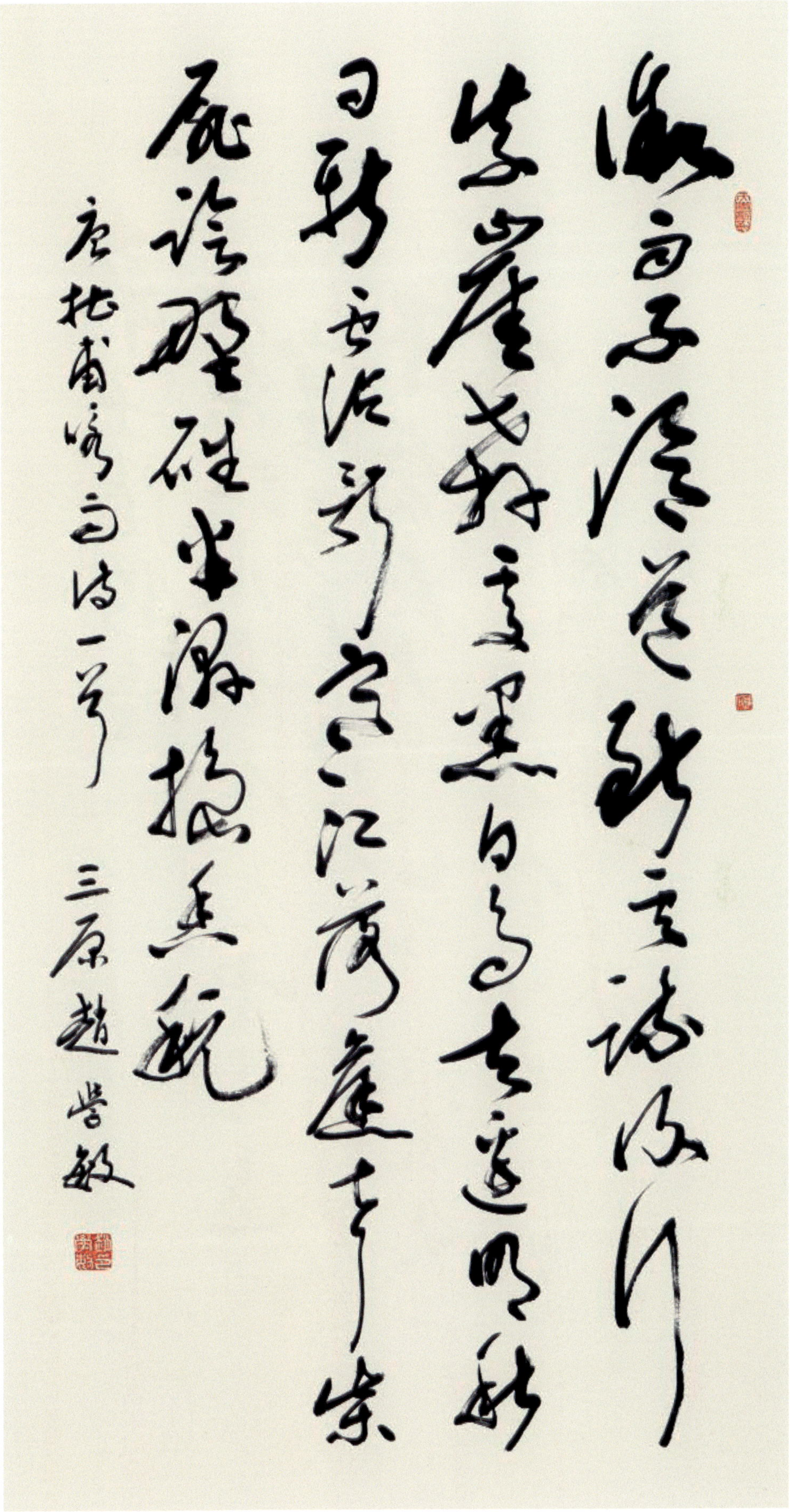

赵学敏

中国书法家协会理事

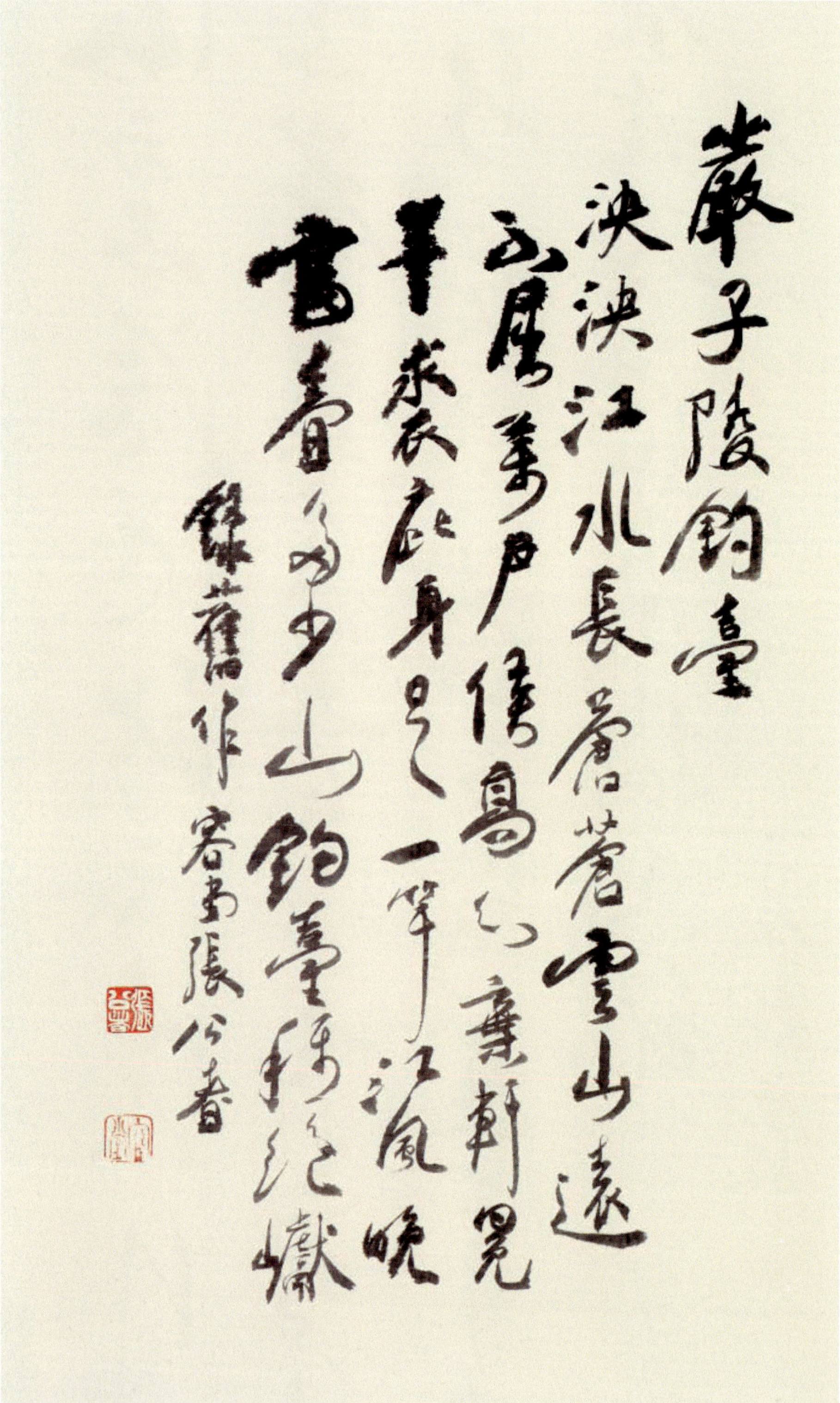

张公者

中国书法家协会理事

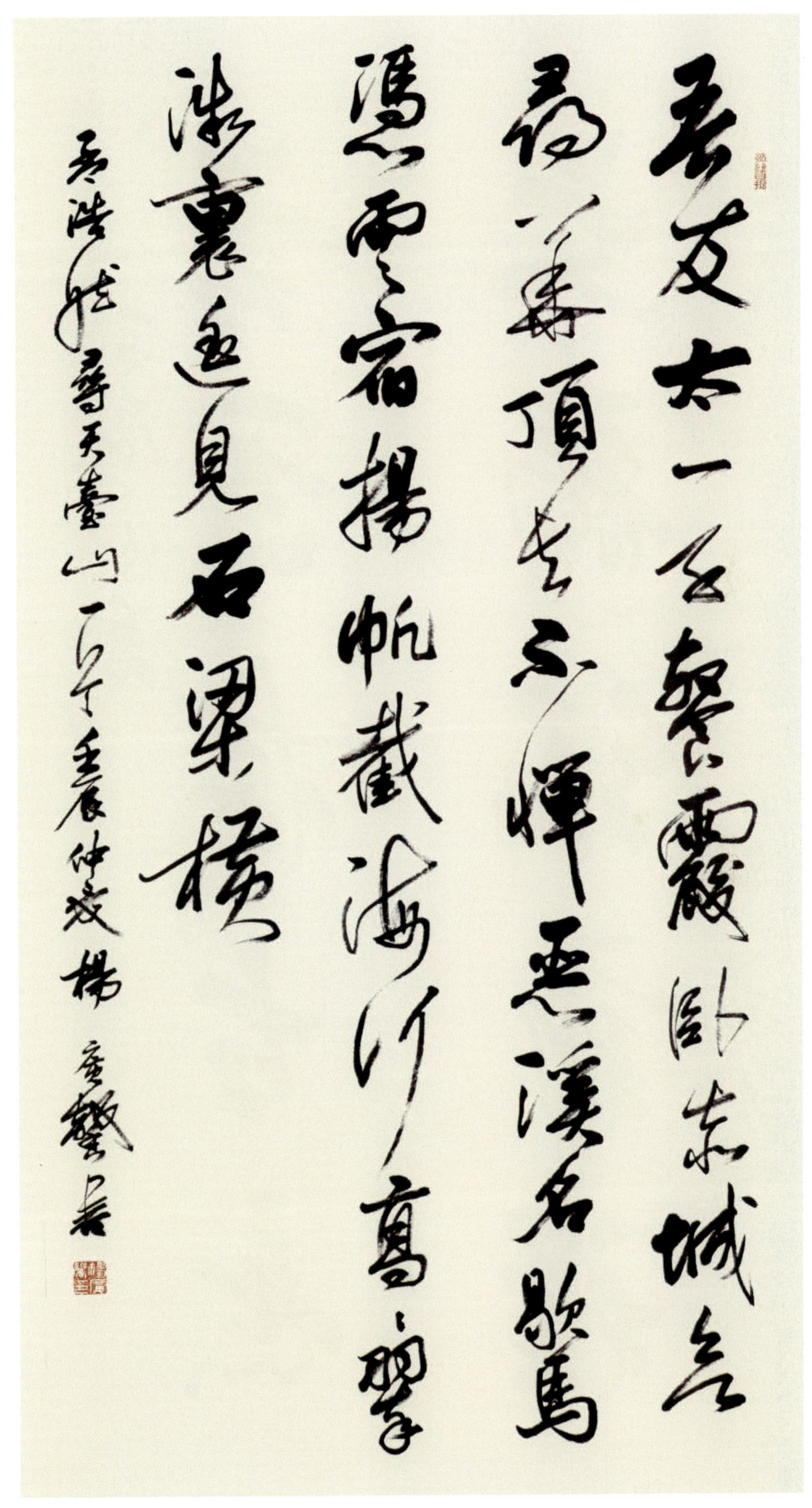

杨广馨

中国书法家协会理事

叶培贵 中国书法家协会理事

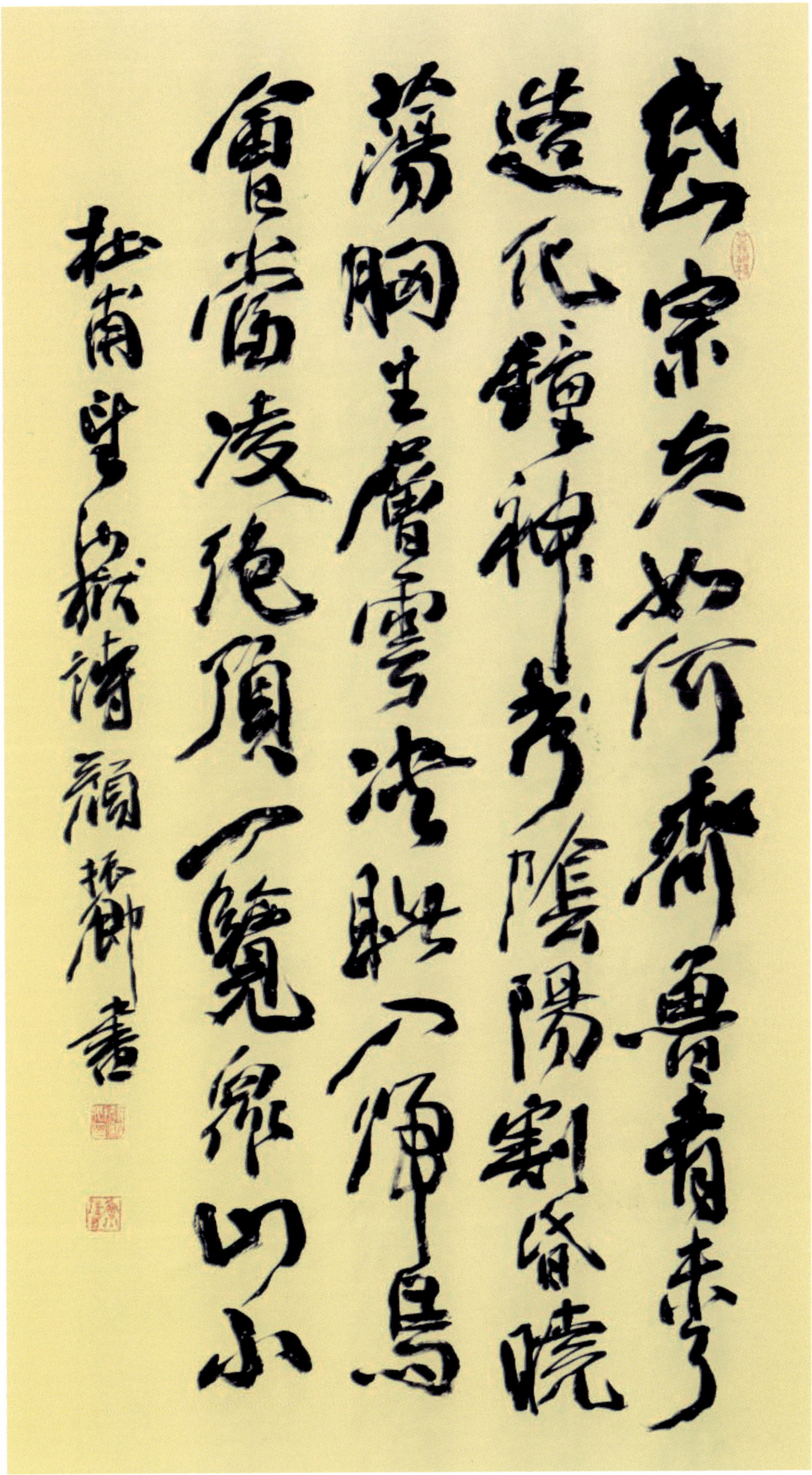

岱宗夫如何齊魯青未了
造化鐘神秀陰陽割昏曉
蕩胸生層雲決眥入歸鳥
會當凌絕頂一覽衆山小
杜甫望嶽詩 顏振卿書

颜振卿

中国书法家协会理事

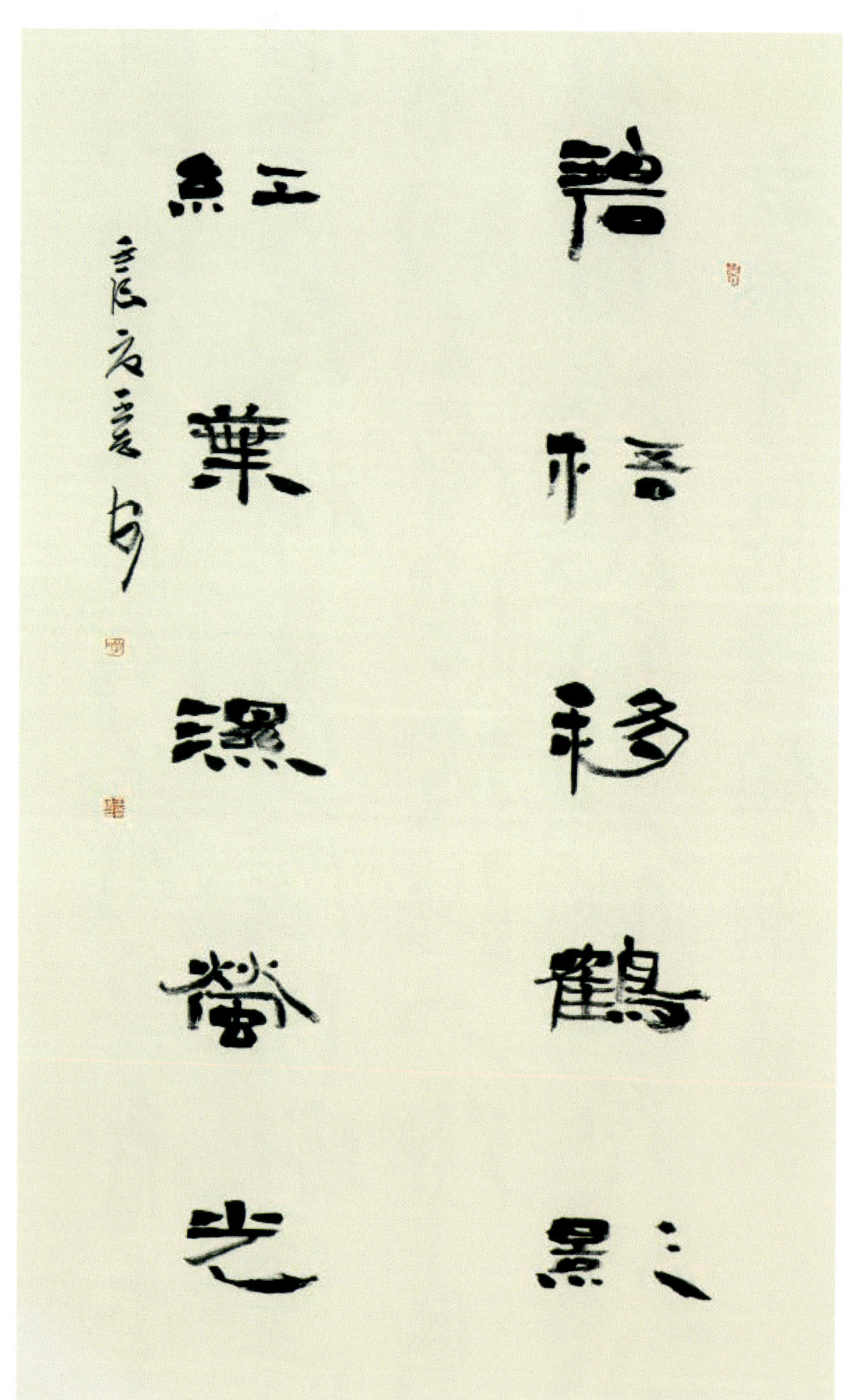

王志安 中国书法家协会理事

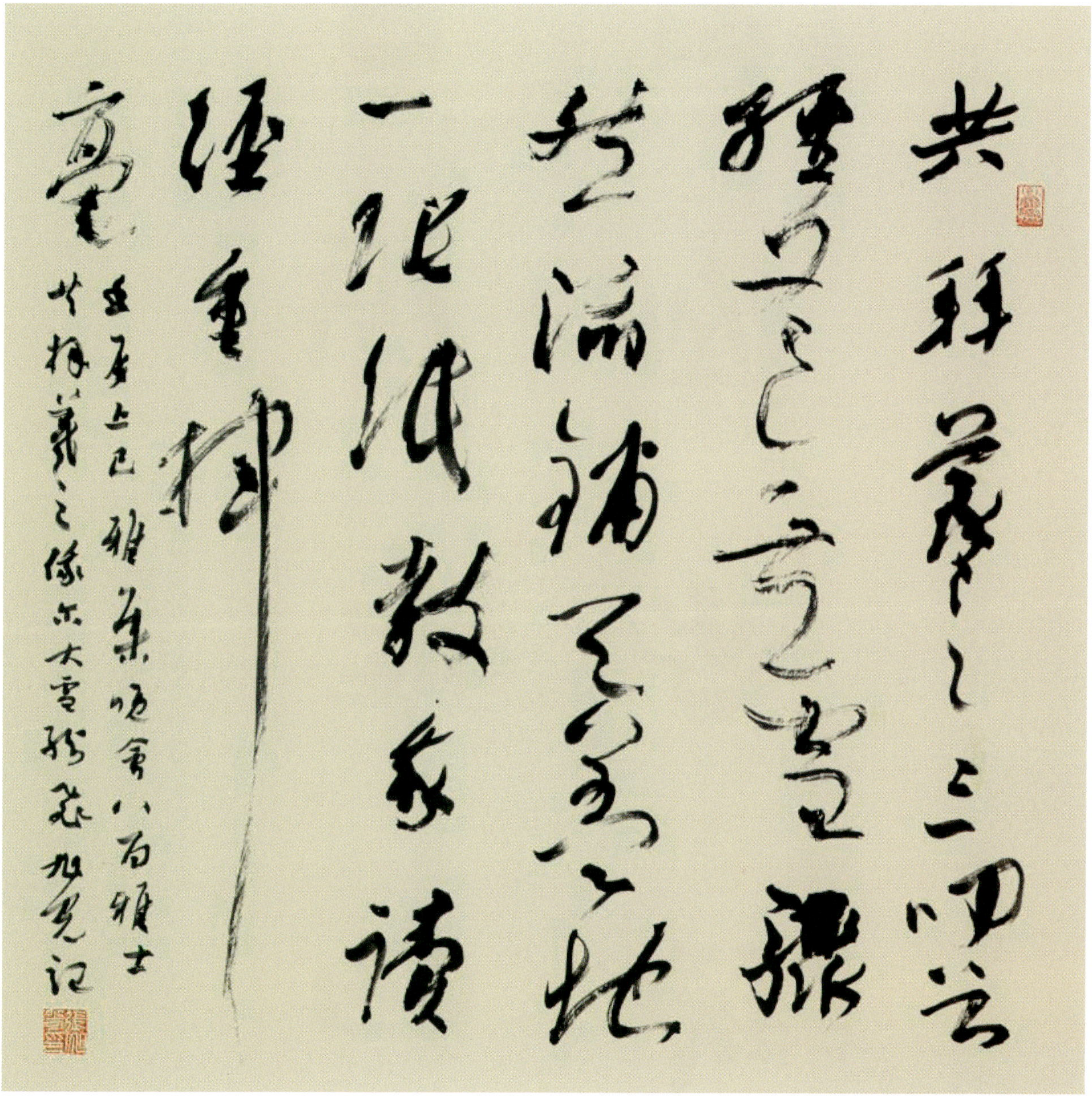

张旭光　中国书法家协会理事

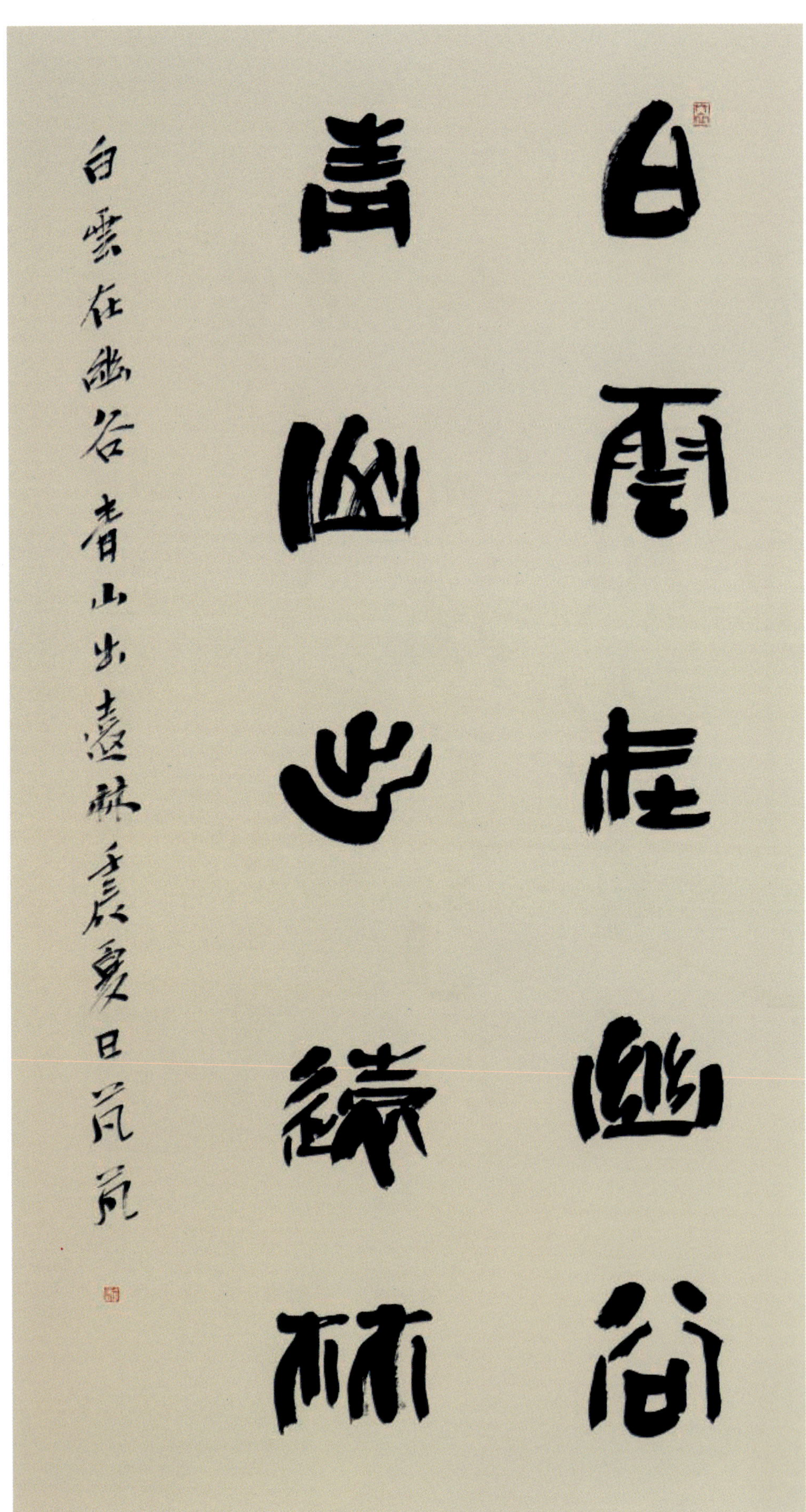

骆芃芃 中国书法家协会理事

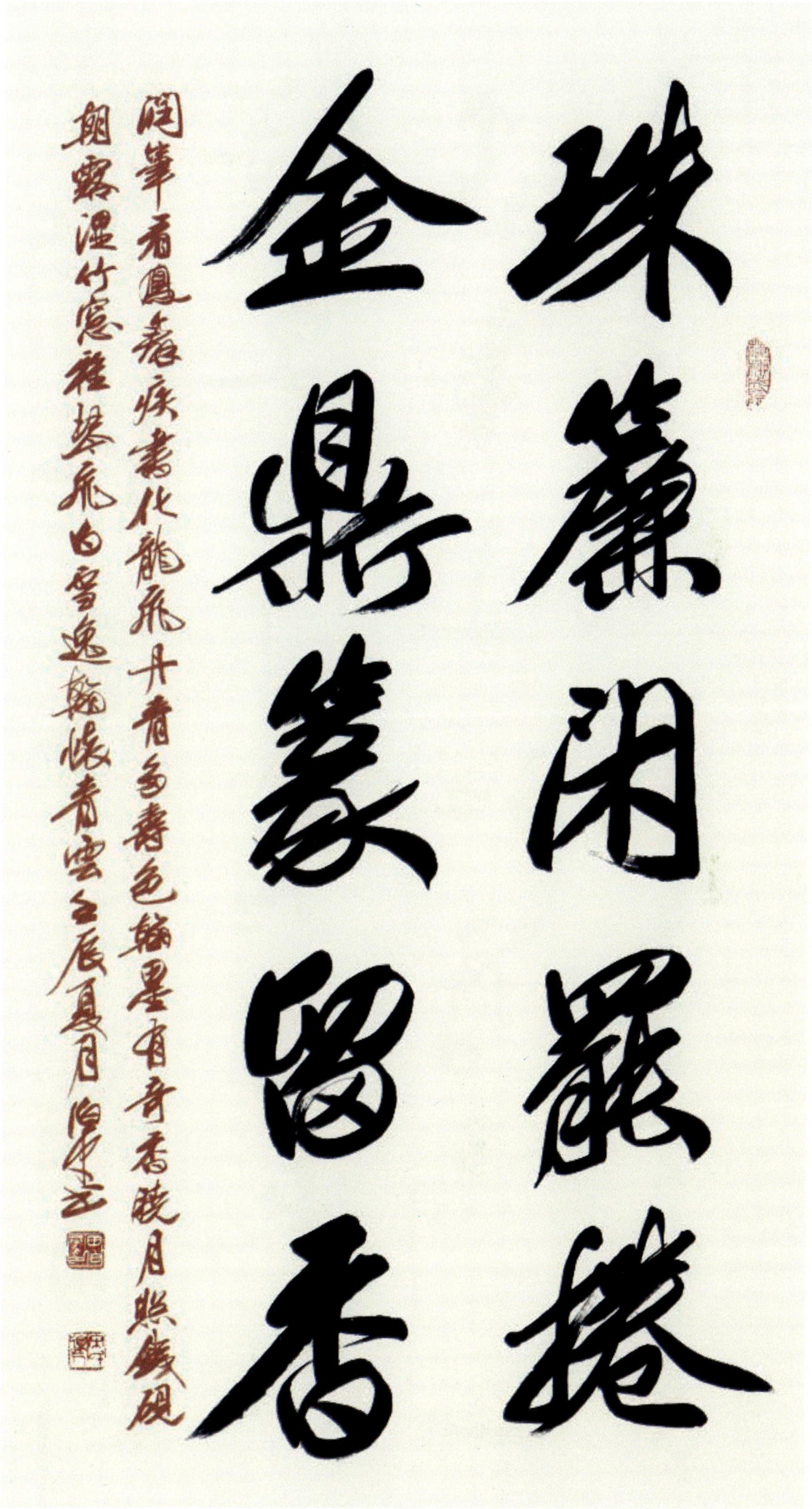

田伯平

中国书法家协会理事、北京书法家协会驻会副主席

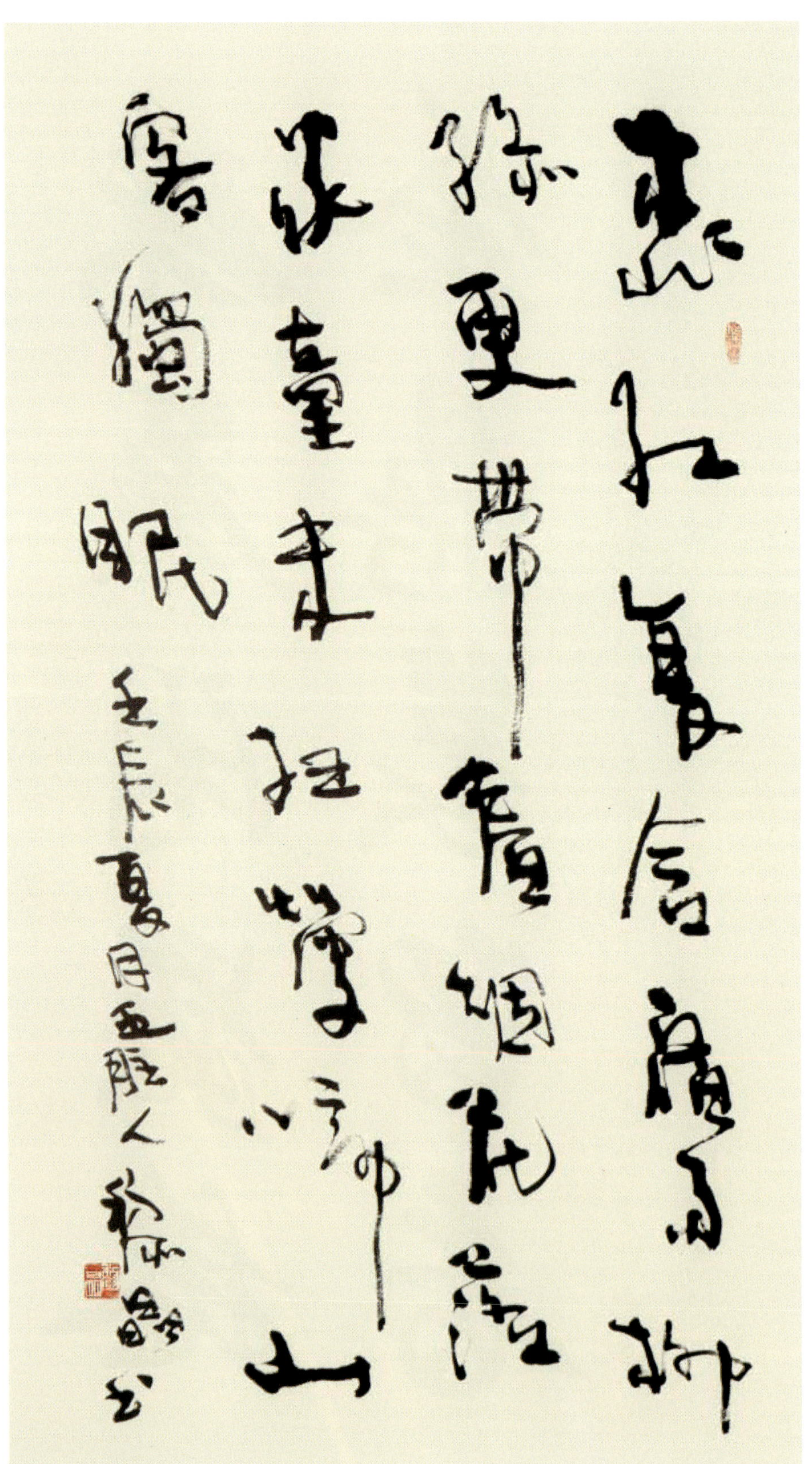

黎晶

中国书法家协会理事、北京书法家协会副主席

聖人者處天地之和從八風之理適嗜欲於世俗之間無恚嗔之心行不欲離於世舉不欲觀於俗外則不勞形於事內無思想於患以恬愉為務自得為功

形體不敝。精神不散。亦可以百數。其聖人養生之法。時下人們浮躁宜依此而為。照之而行。方能延年也。壬辰俊京筆談養生

刘俊京

中国书法家协会理事、北京书法家协会副主席

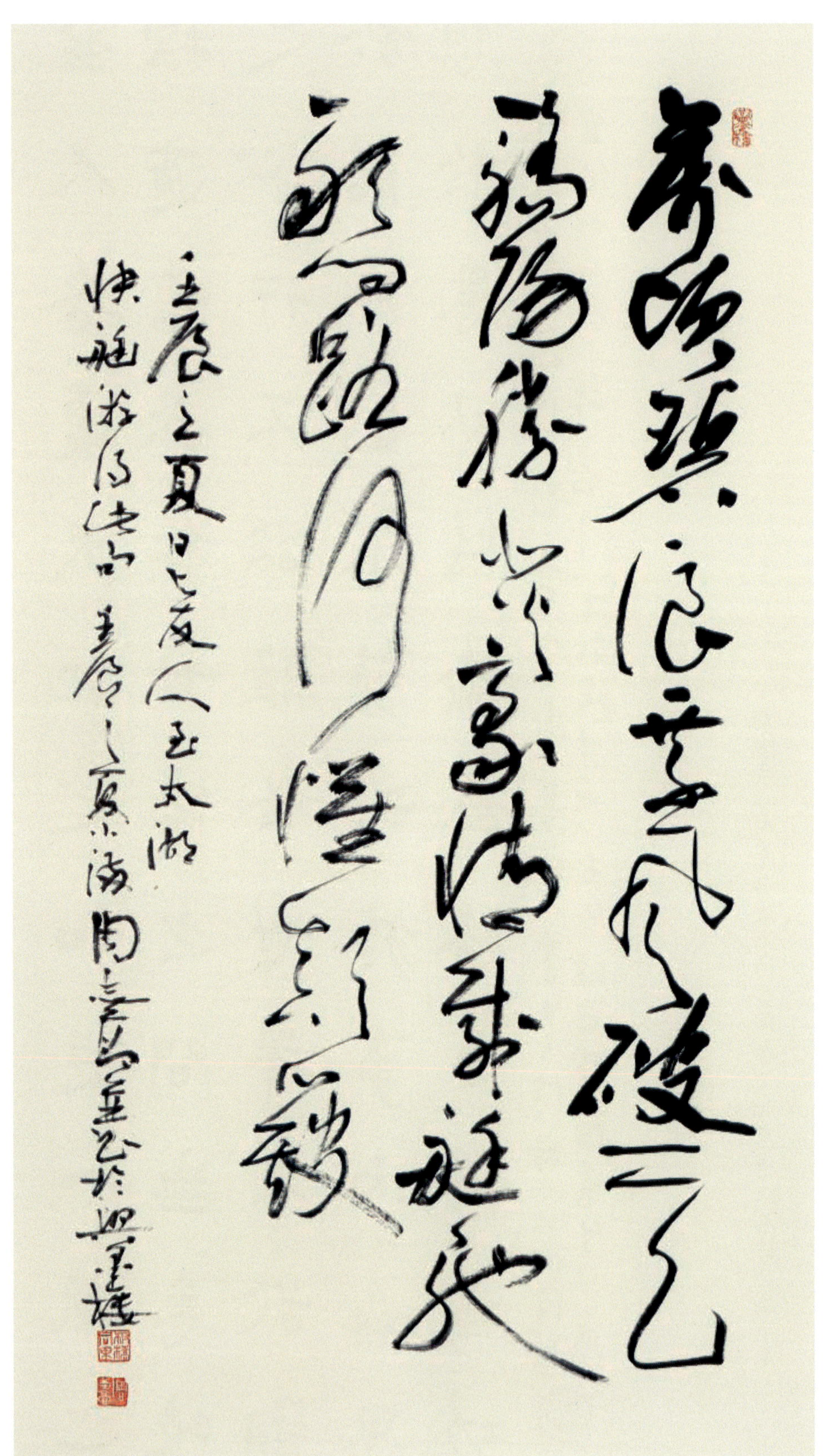

周志高

中国书法家协会理事、上海市书法家协会主席

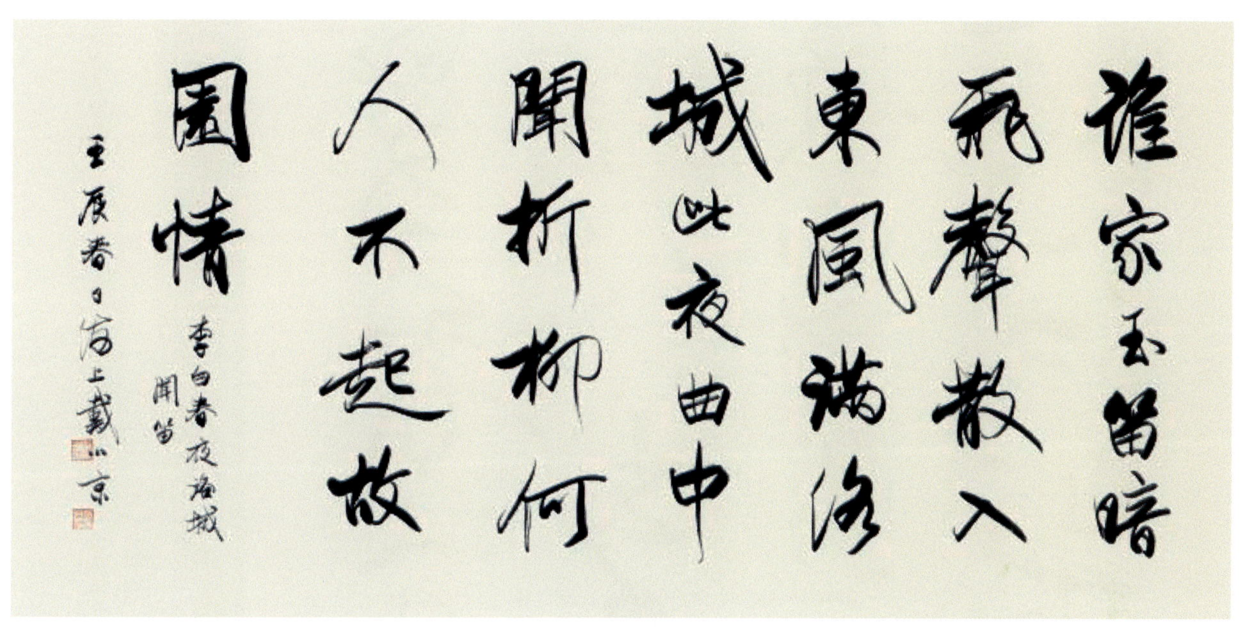

戴小京　中国书法家协会理事、上海市书法家协会驻会副主席

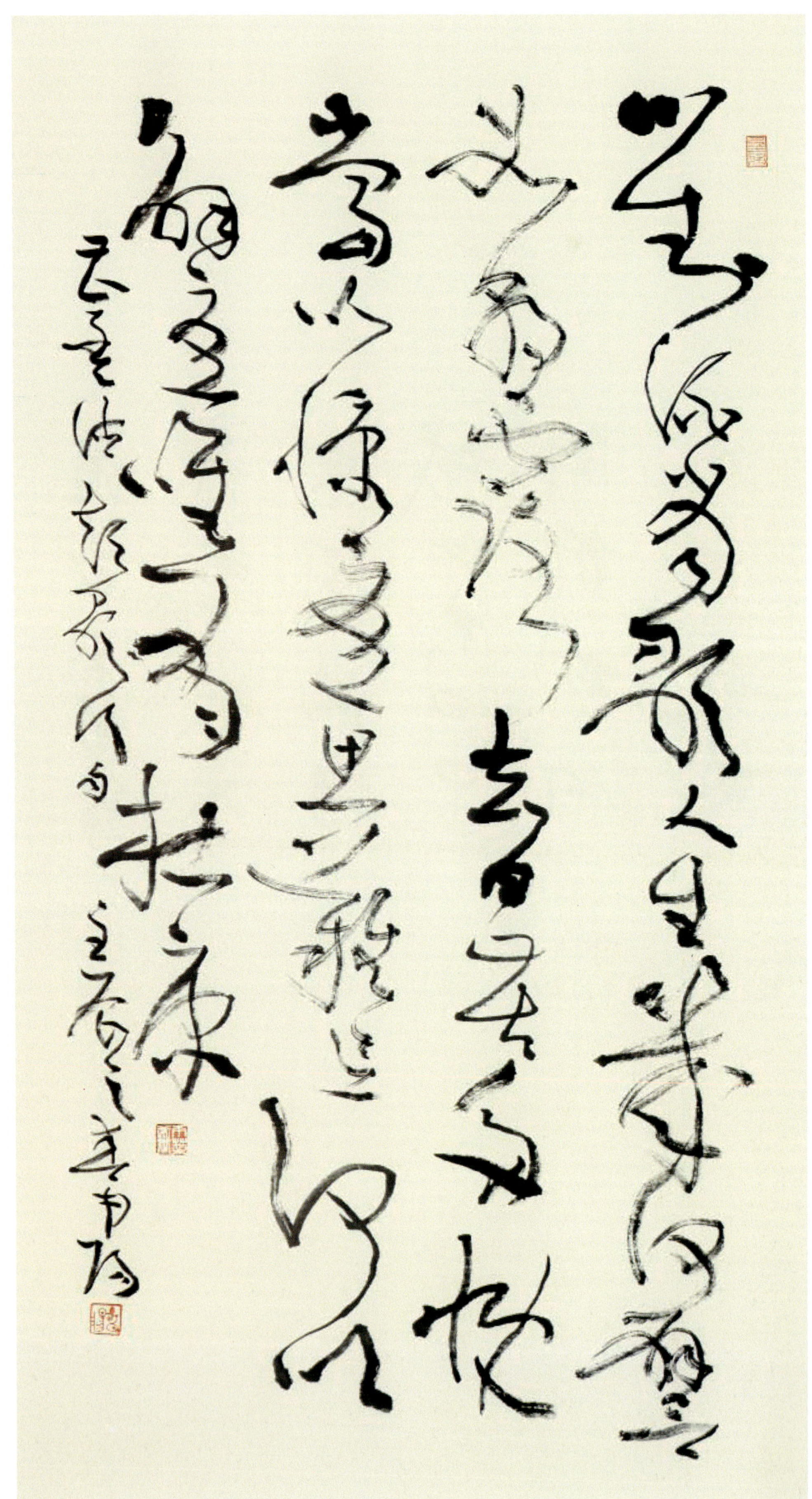

丁申阳

中国书法家协会理事、上海市书法家协会副主席

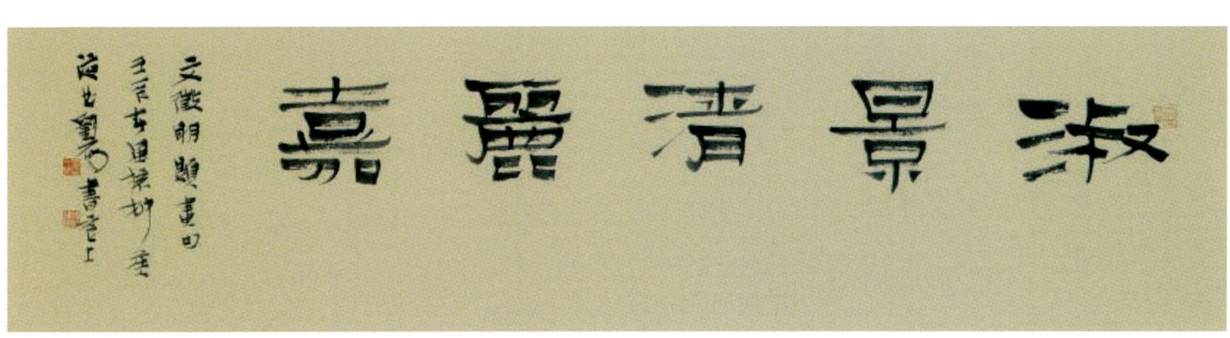

刘一闻　中国书法家协会理事、上海市书法家协会副主席

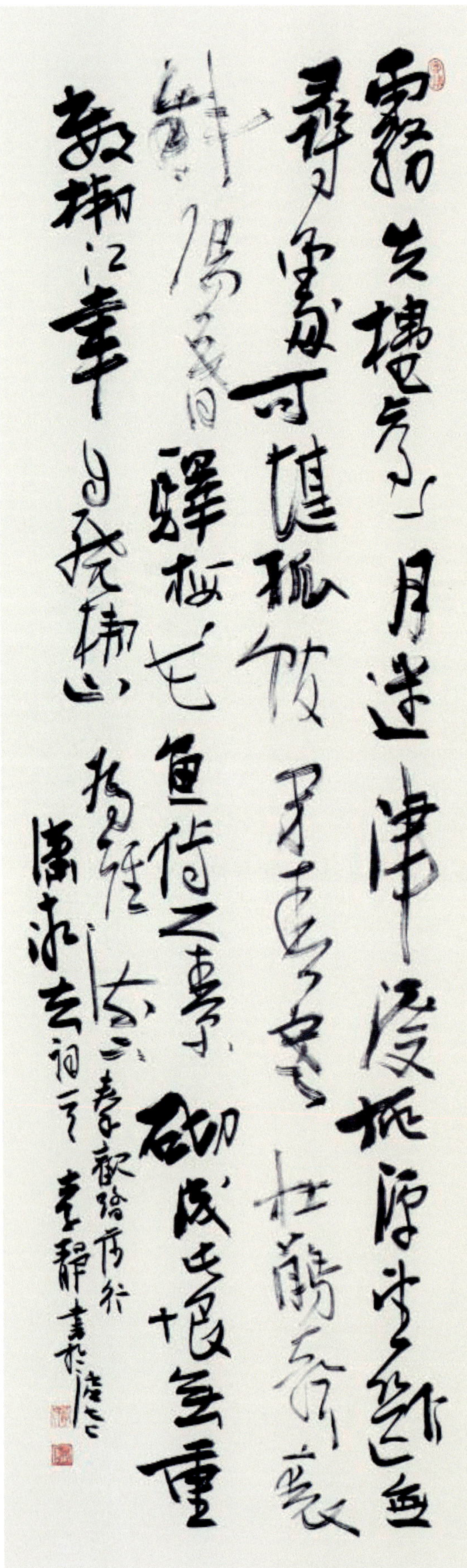

李静

中国书法家协会理事、上海市书法家协会副主席

徐正濂

中国书法家协会理事、上海市书法家协会副主席

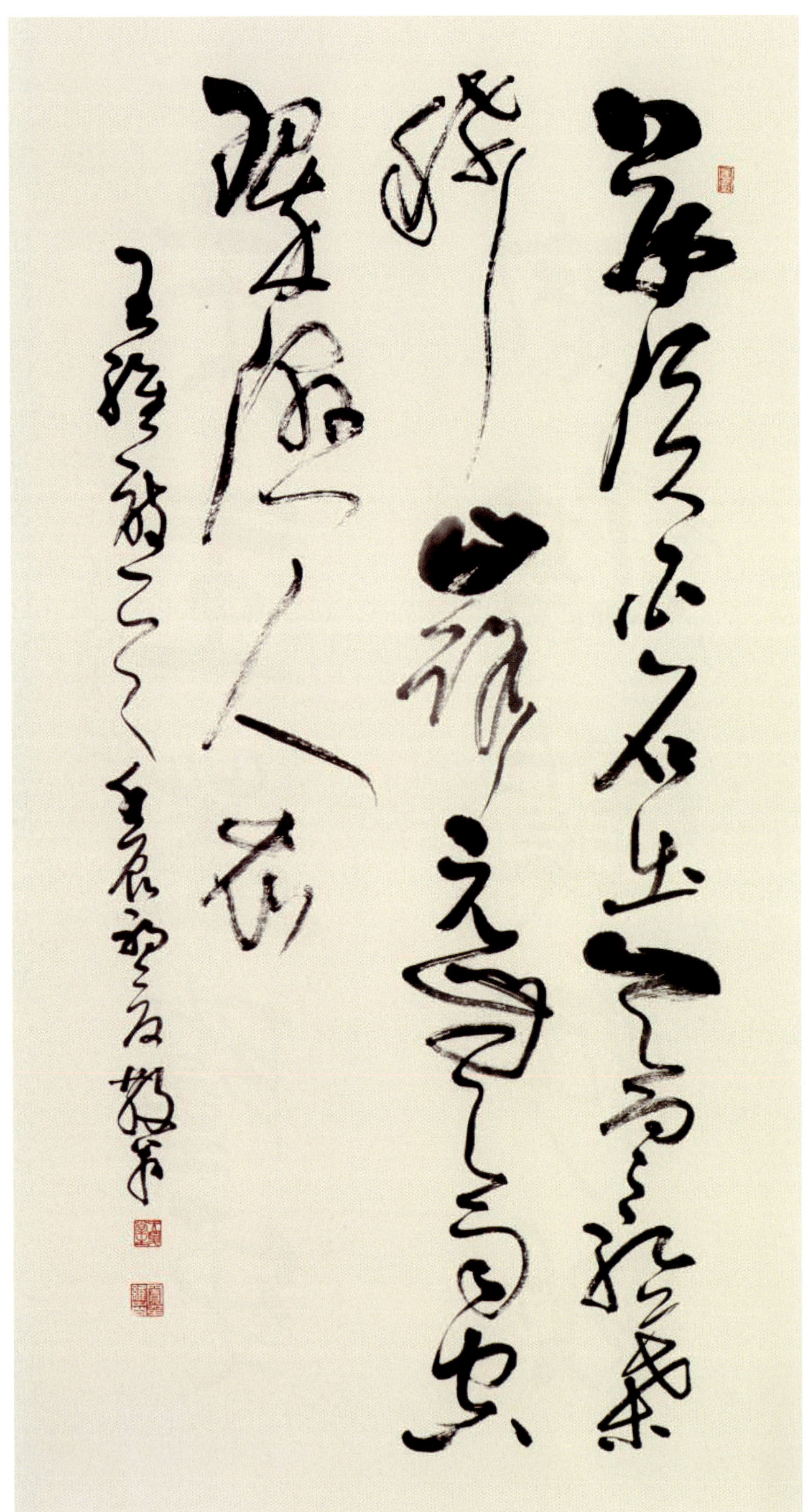

窦维春

中国书法家协会理事、上海市书法家协会常务理事

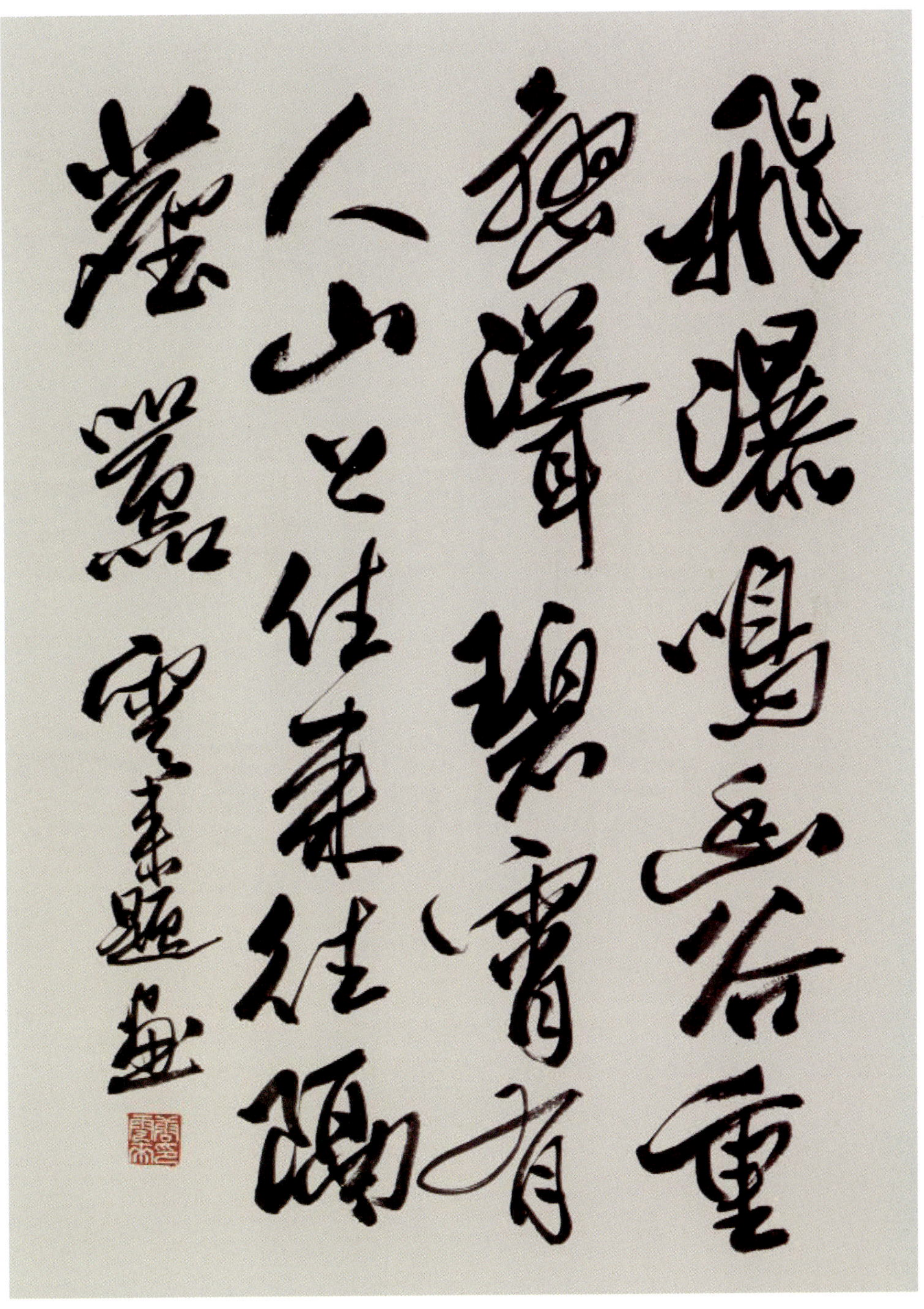

唐云来

中国书法家协会理事、天津市书法家协会主席

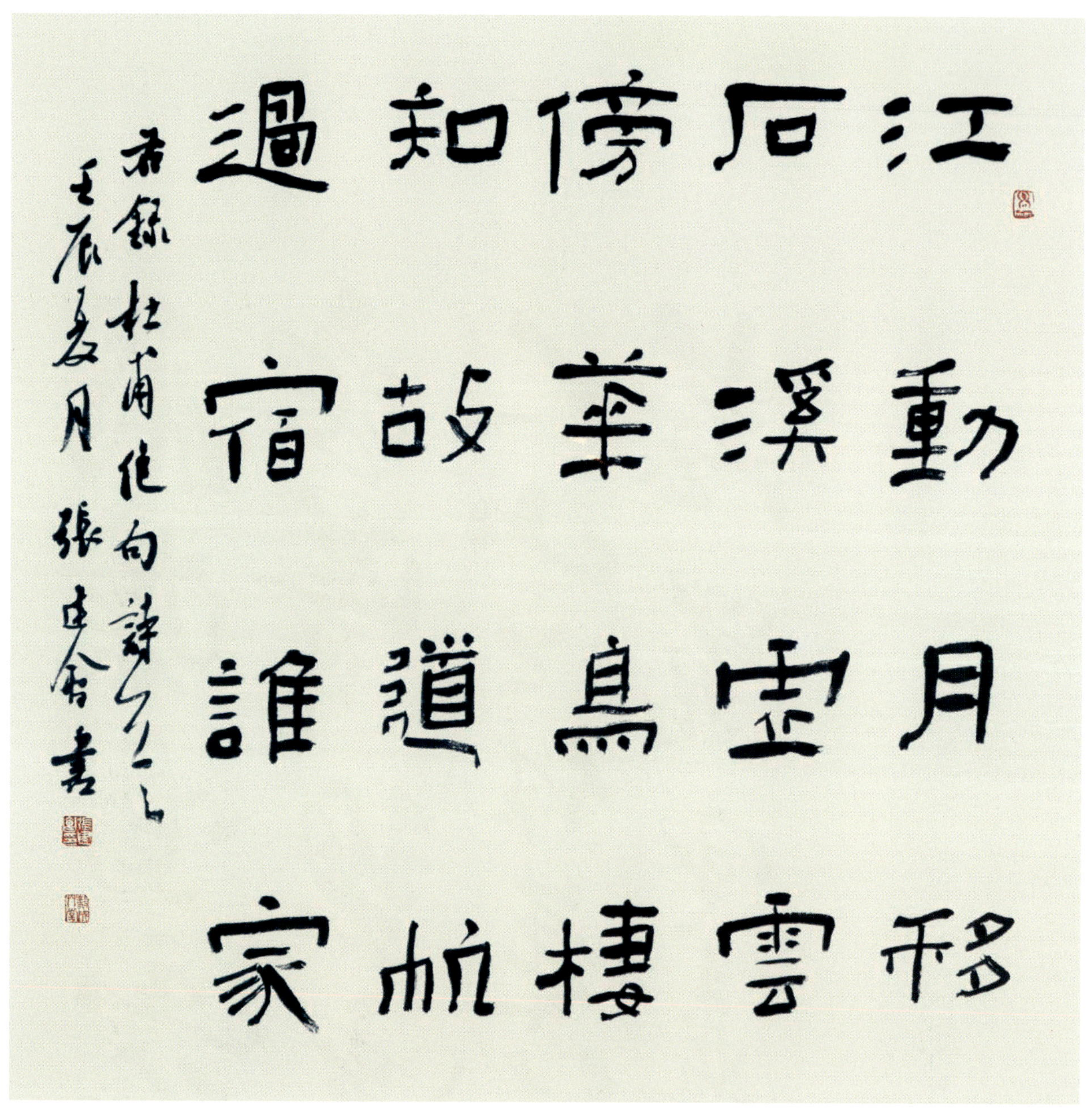

张建会　中国书法家协会理事、天津市书法家协会驻会副主席

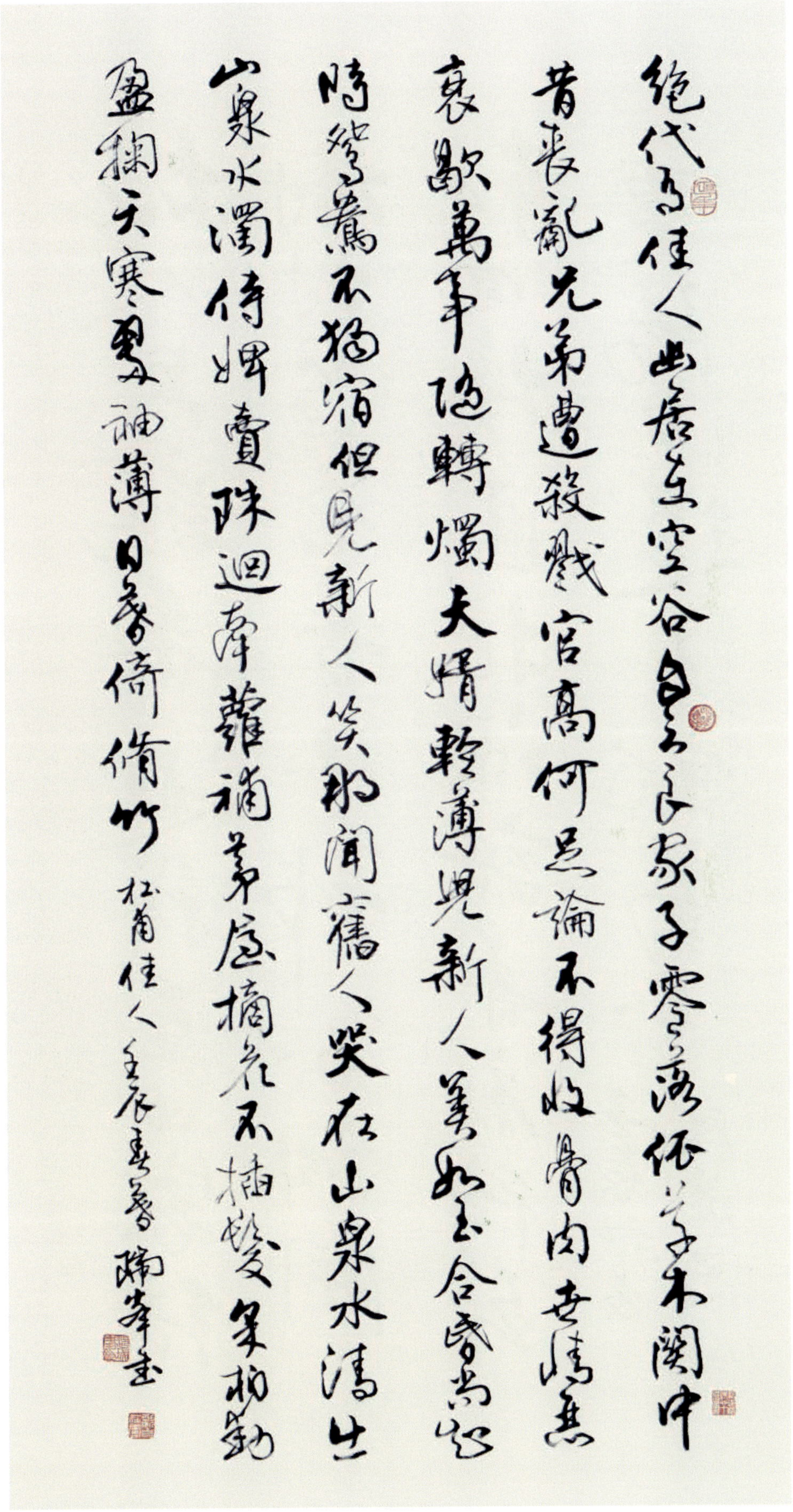

絕代有佳人 幽居在空谷 自云良家子 零落依草木 關中昔喪亂 兄弟遭殺戮 官高何足論 不得收骨肉 世情惡衰歇 萬事隨轉燭 夫婿輕薄兒 新人美如玉 合昏尚知時 鴛鴦不獨宿 但見新人笑 那聞舊人哭 在山泉水清 出山泉水濁 侍婢賣珠迴 牽蘿補茅屋 摘花不插髮 採柏動盈掬 天寒翠袖薄 日暮倚脩竹

杜甫佳人 壬辰春暮 瑞峰書

况瑞峰

中国书法家协会理事、天津市书法家协会副主席

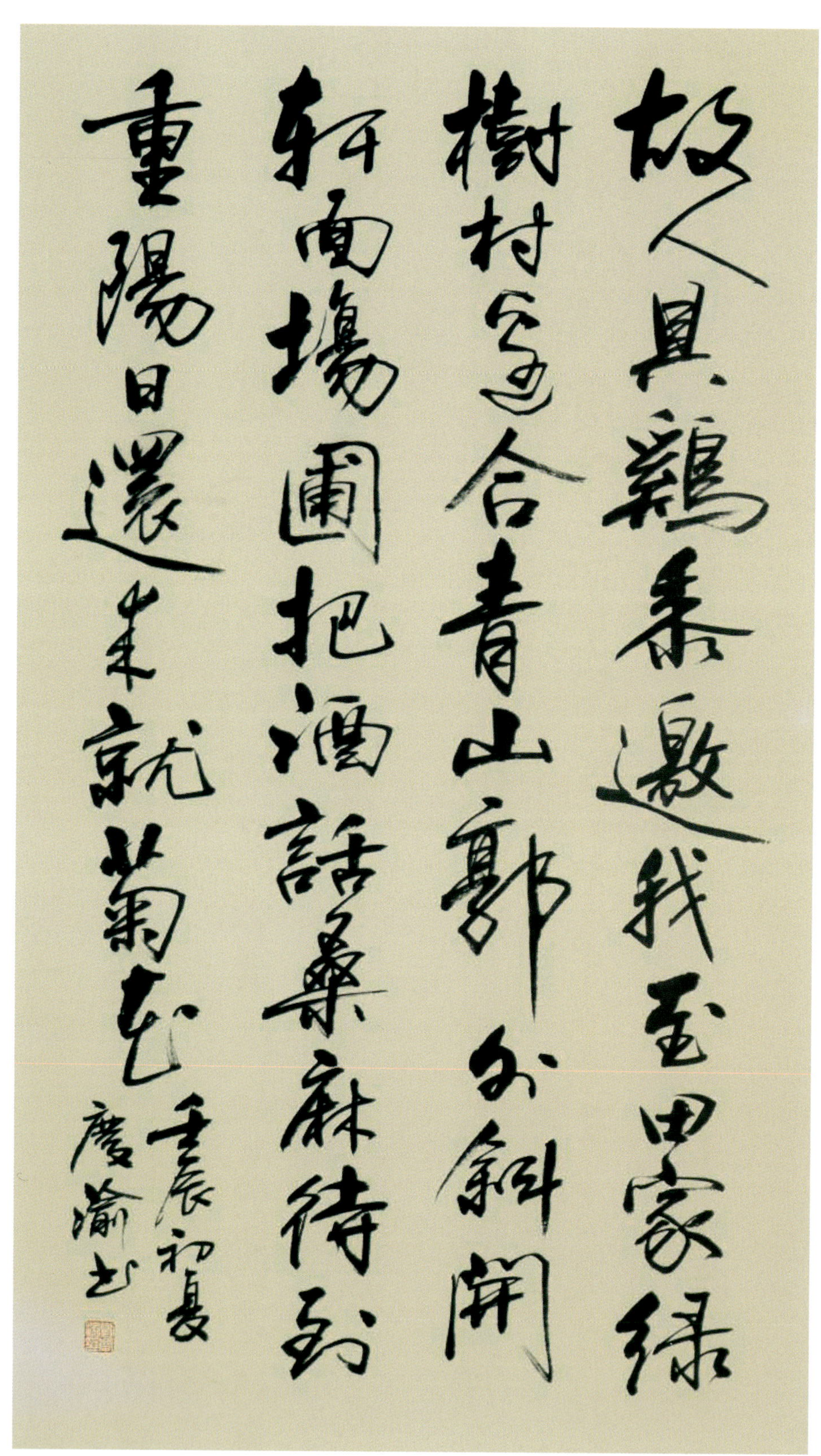

刘庆渝

中国书法家协会理事、重庆市书法家协会主席

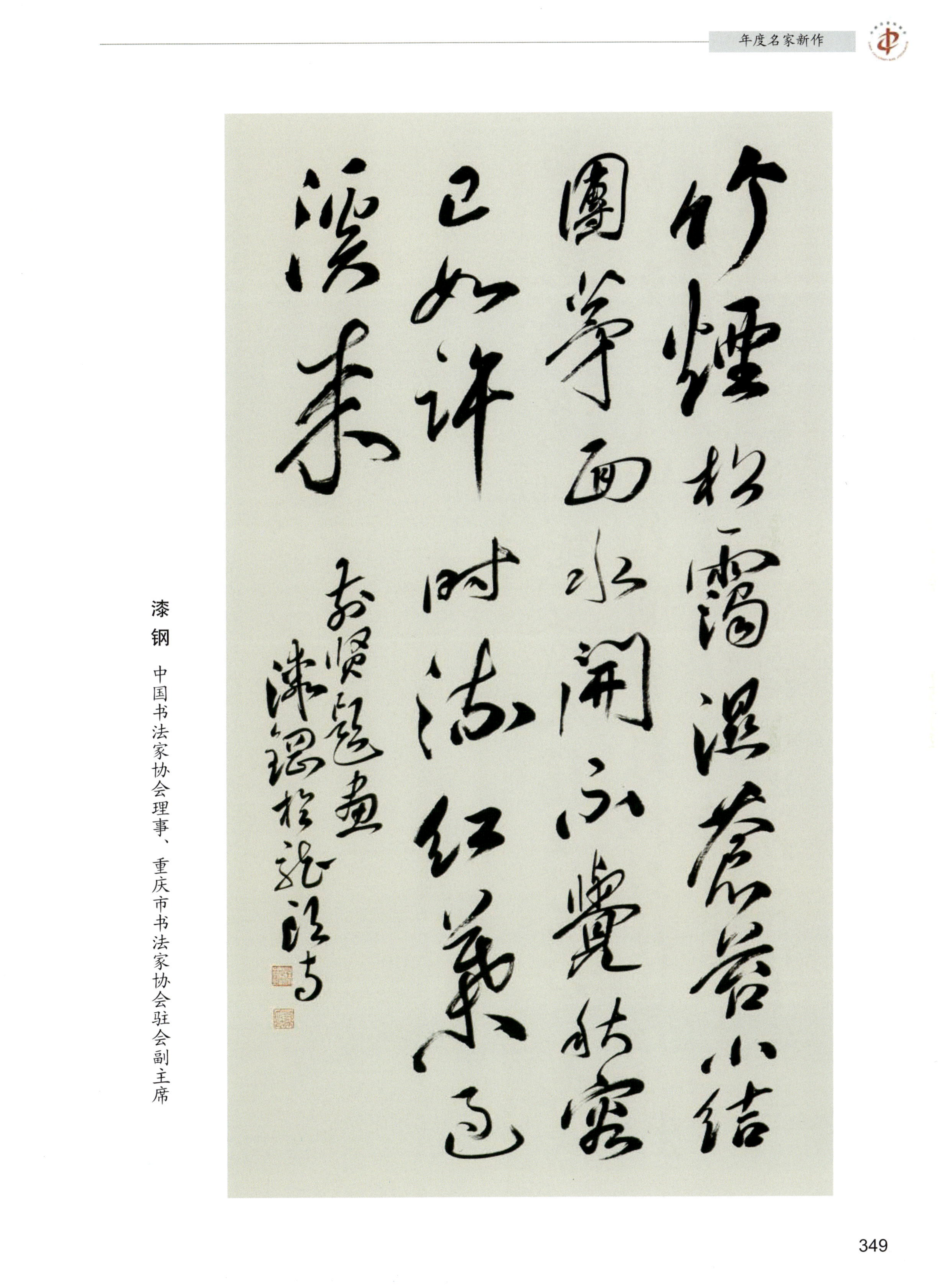

漆钢

中国书法家协会理事、重庆市书法家协会驻会副主席

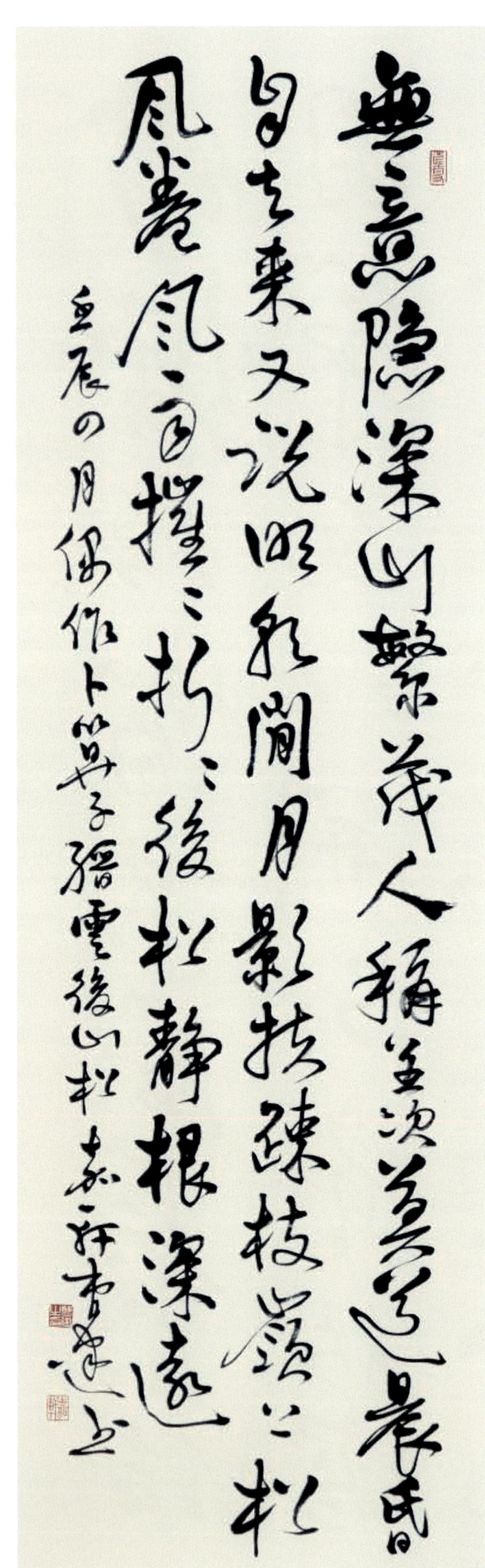

曹建

中国书法家协会理事、重庆市书法家协会副主席

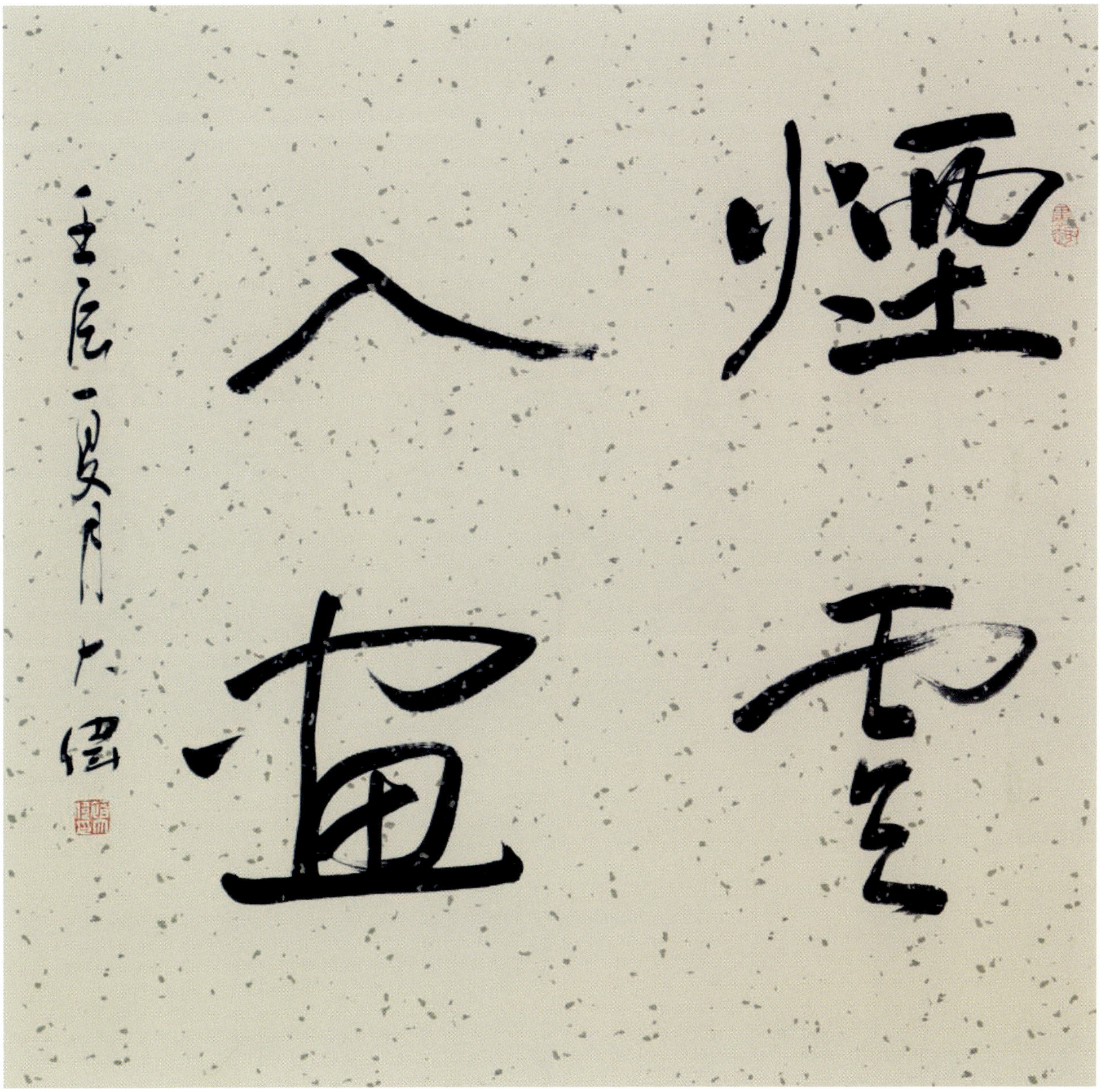

褚大伟　中国书法家协会理事、河北省书法家协会秘书长

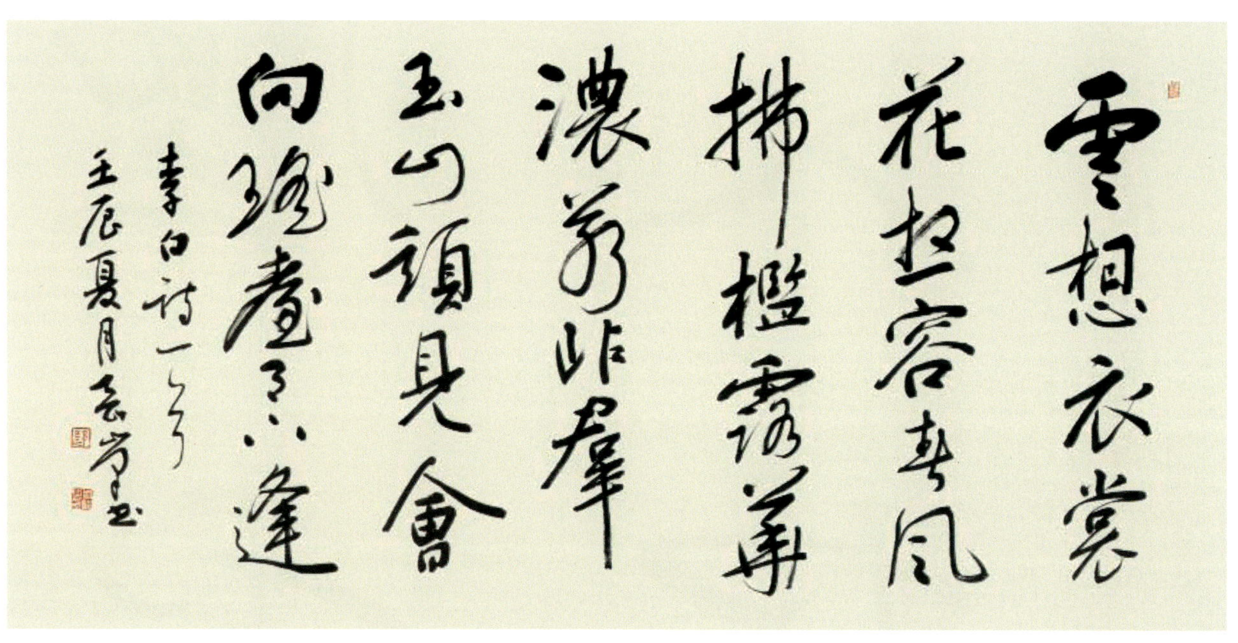

郎岗峰　中国书法家协会理事、河北省书法家协会副主席

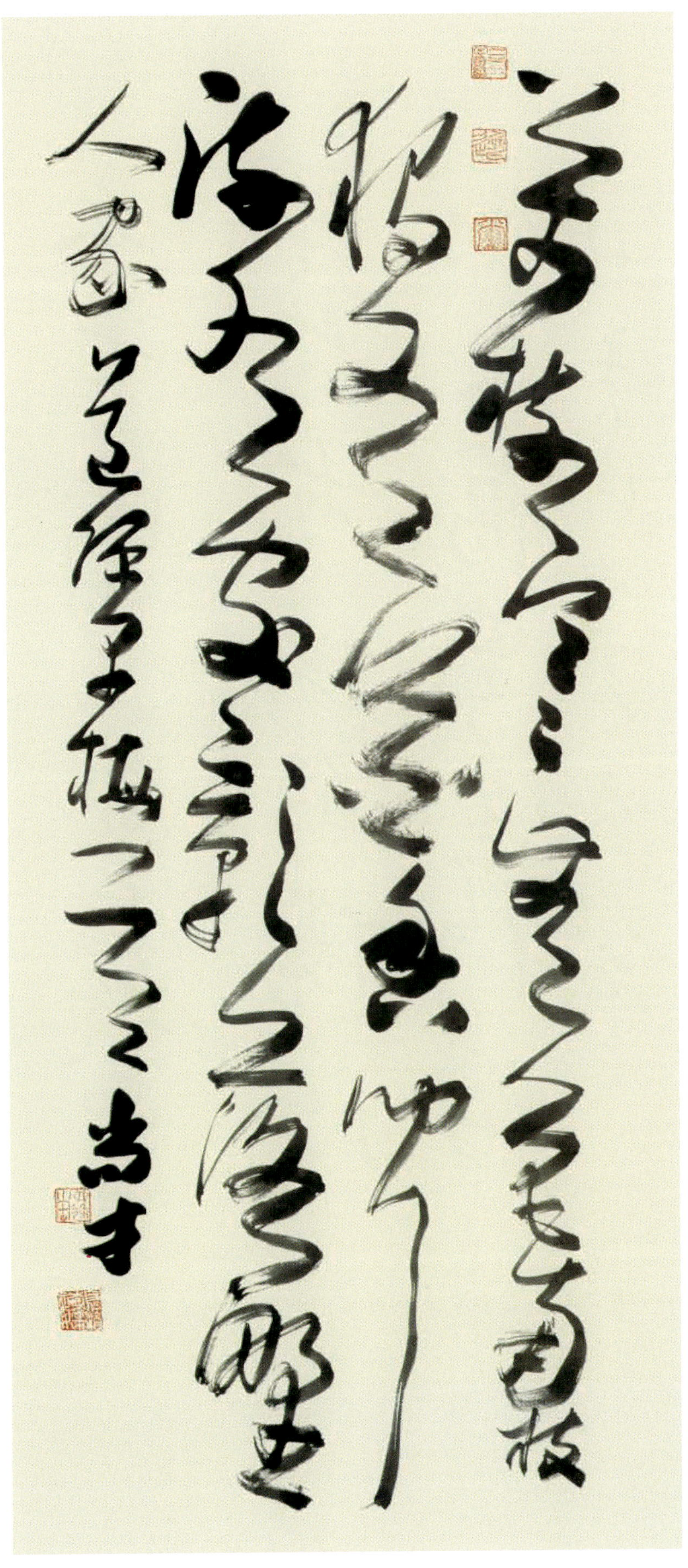

李尚才

中国书法家协会理事、河北省书法家协会副主席

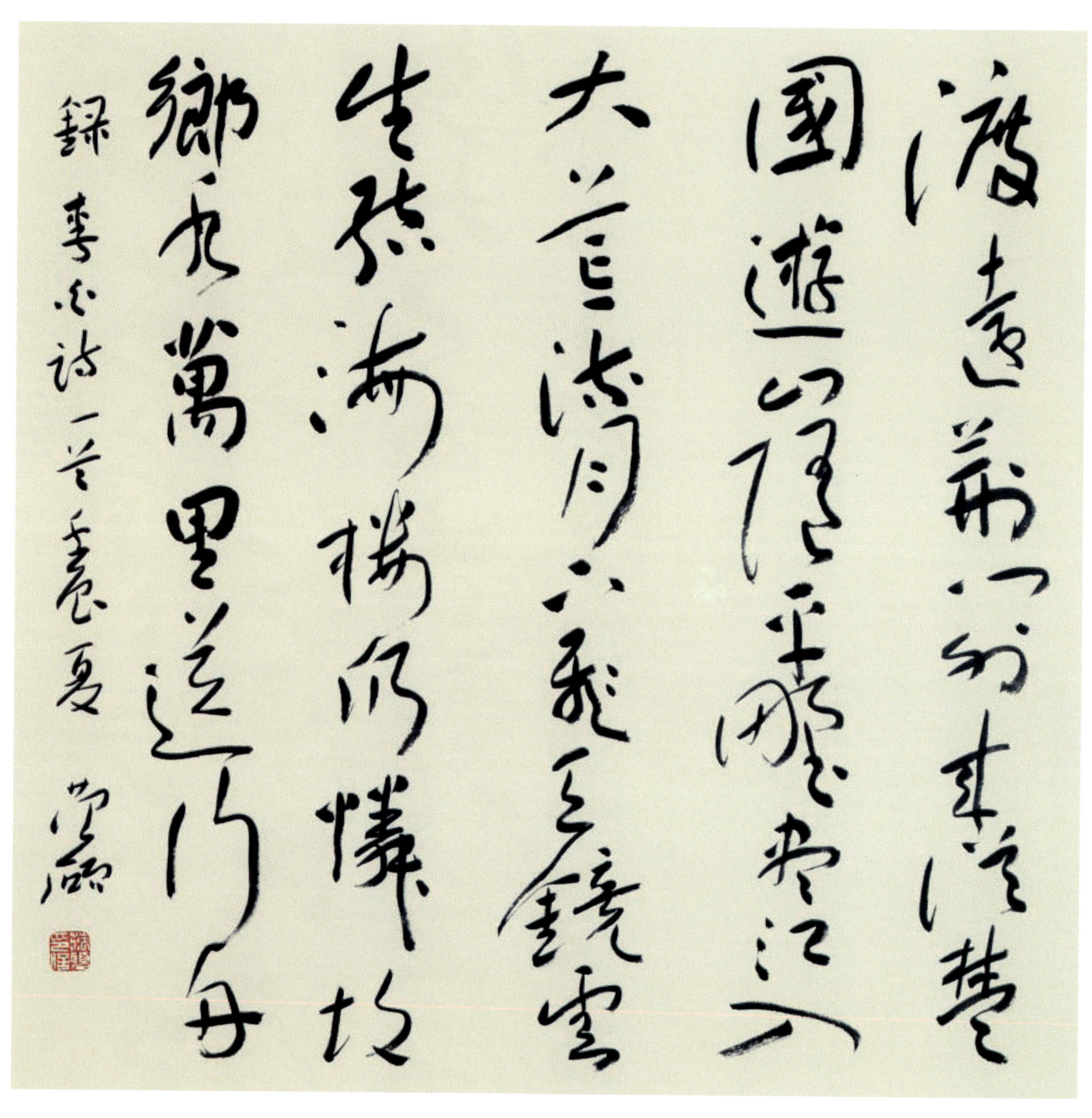

范 硕　中国书法家协会理事、河北省书法家协会副主席

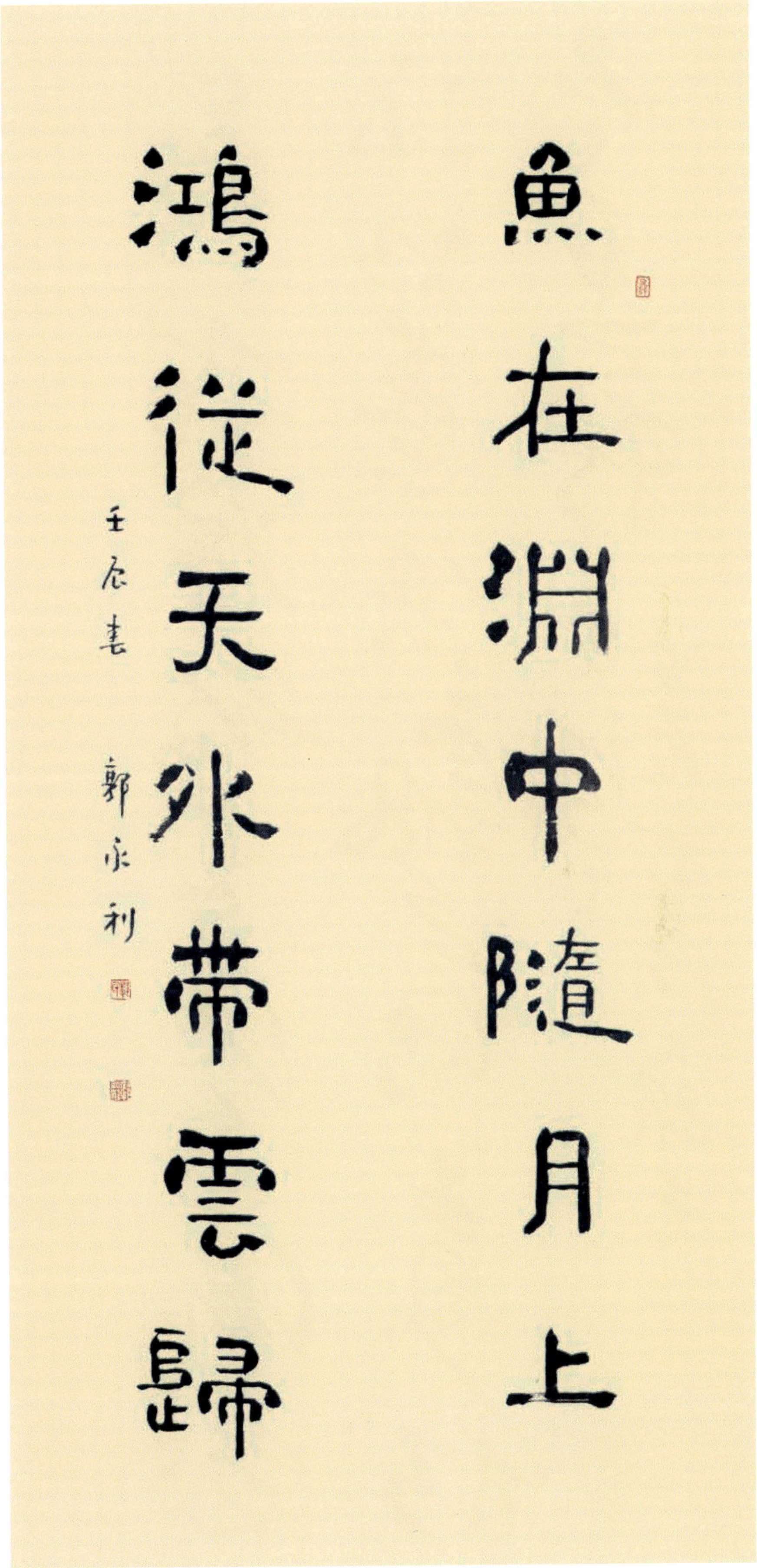

魚在淵中隨月上

鴻從天外帶雲歸

壬辰春 郭永利

郭永利

中国书法家协会理事、河北省书法家协会副主席

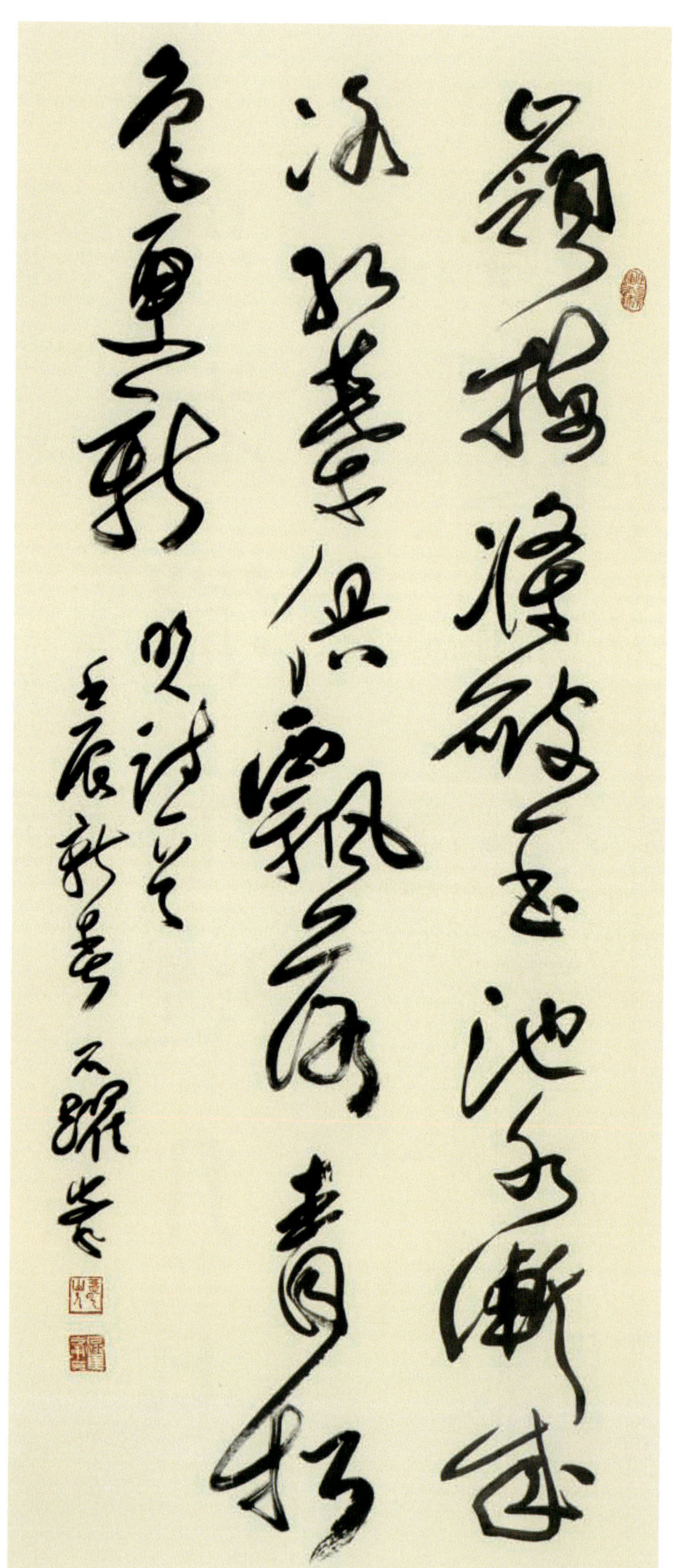

石跃峰

中国书法家协会理事、山西省书法家协会主席

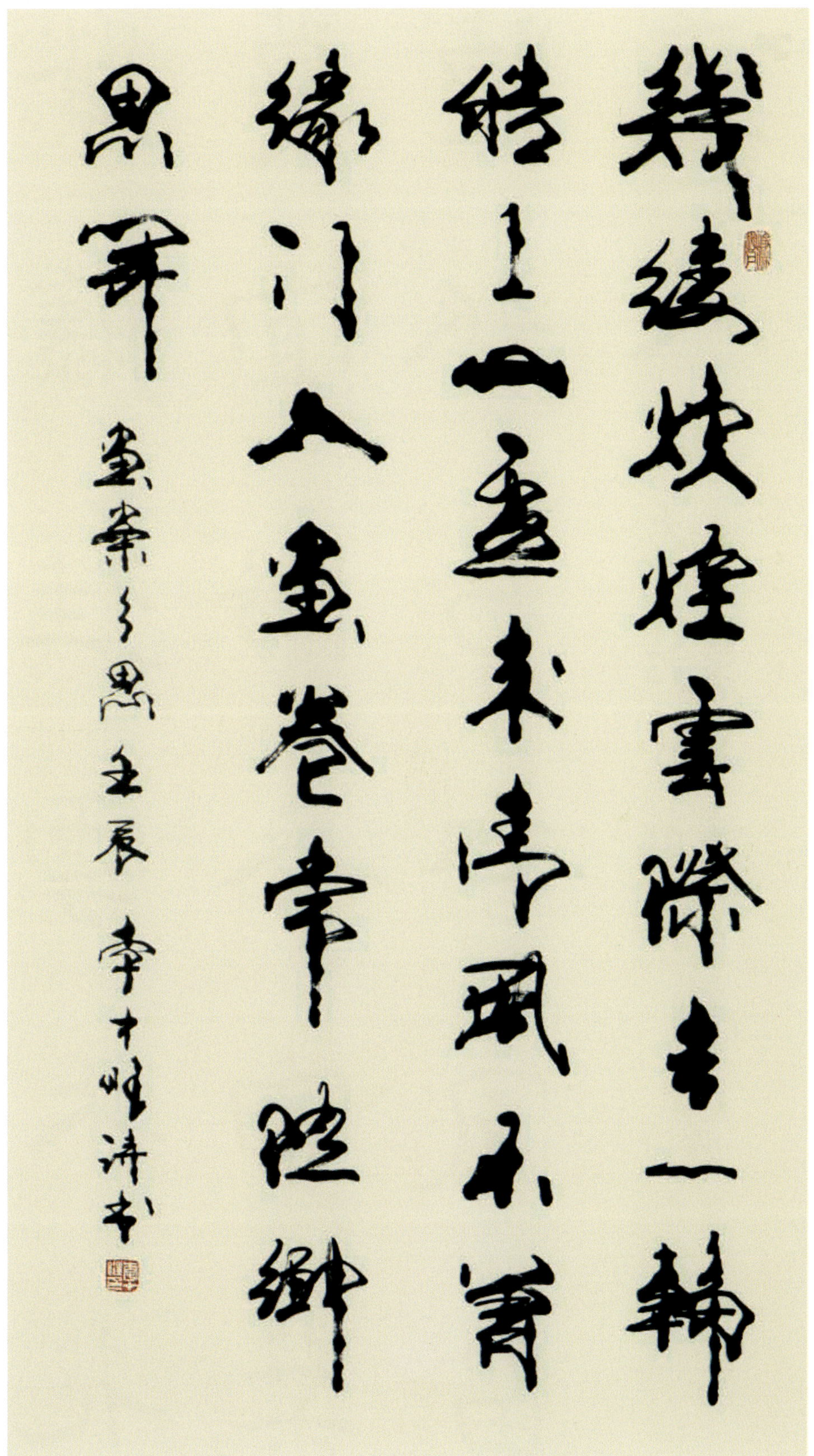

李才旺

中国书法家协会理事

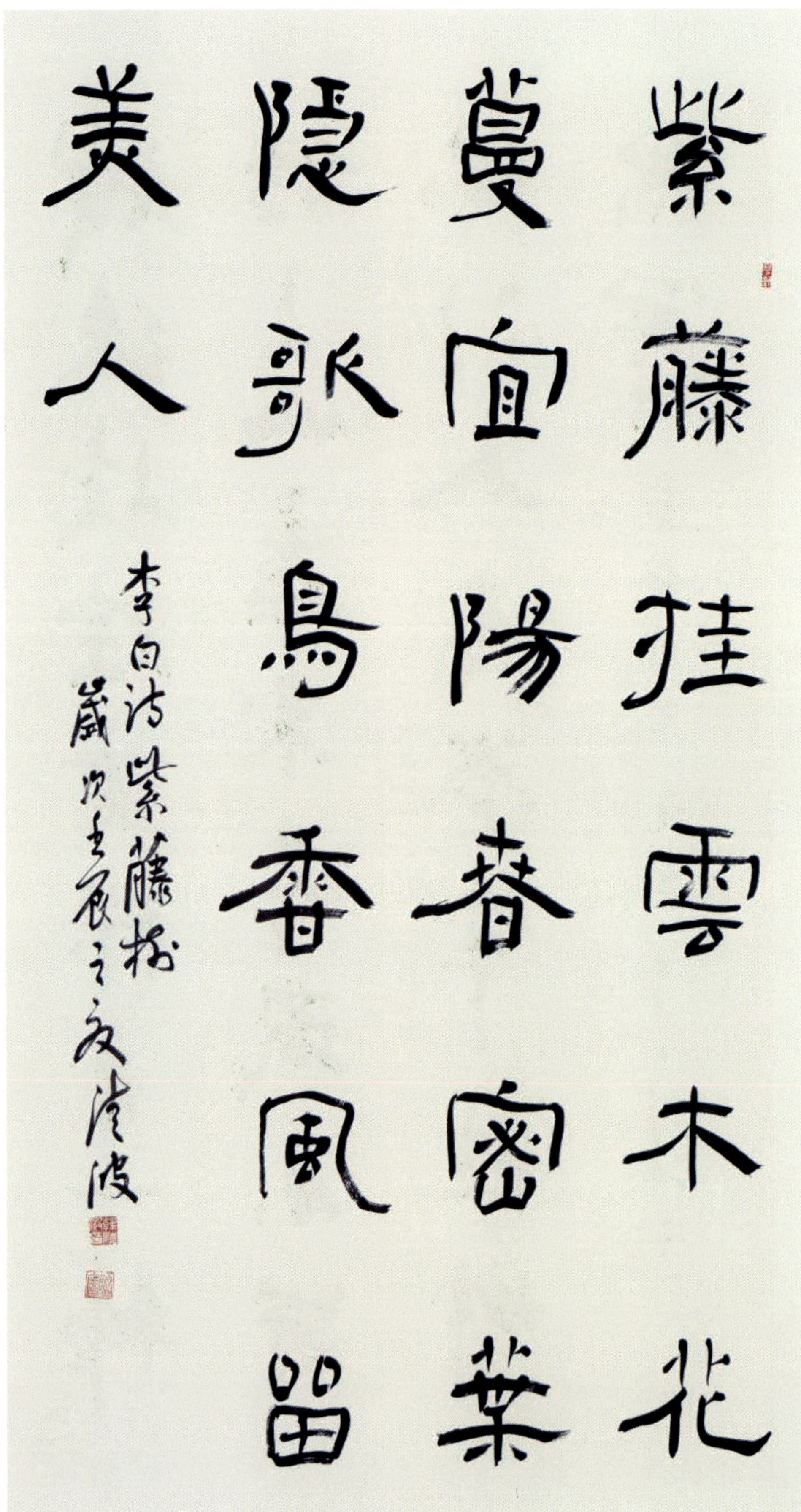

韩清波

中国书法家协会理事、山西省书法家协会驻会副主席

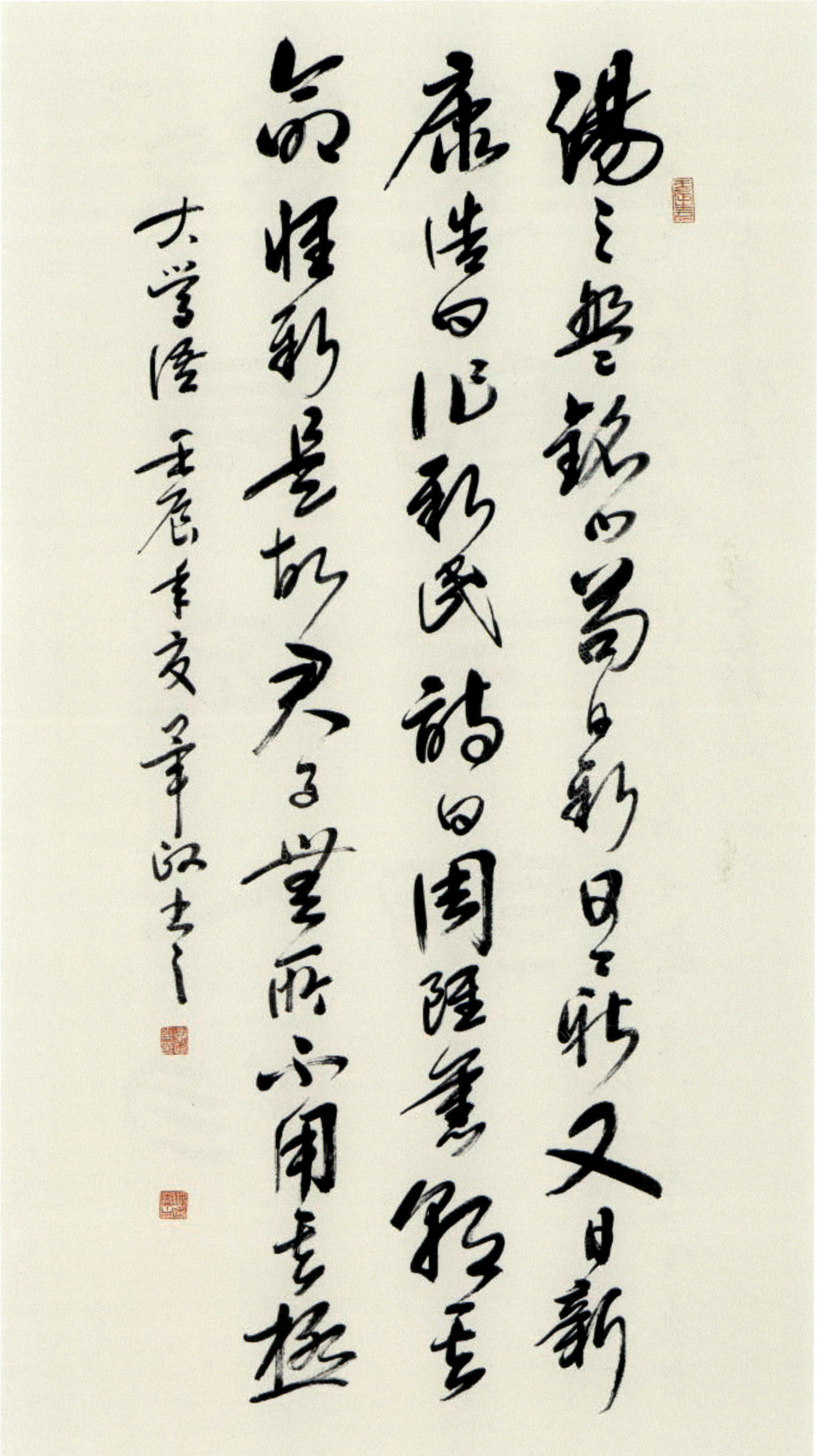

湯之盤銘曰苟日新日日新又日新
康誥曰作新民詩曰周雖舊邦其
命惟新是故君子無所不用其極

大學語 壬辰年夏日畢政書

毕政

中国书法家协会理事、吉林省书法家协会主席

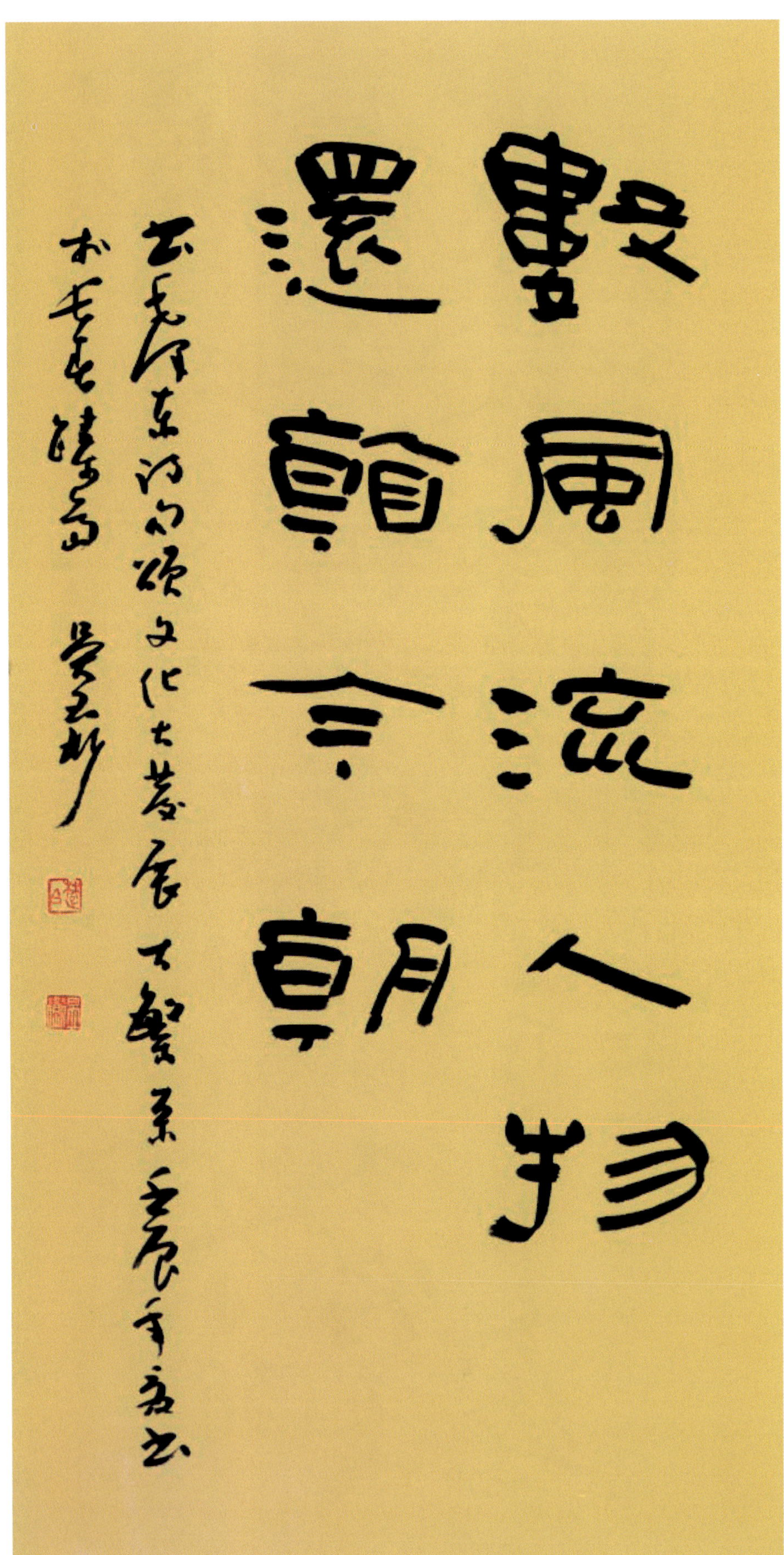

吴玉珩

中国书法家协会理事、吉林省书法家协会常务副主席

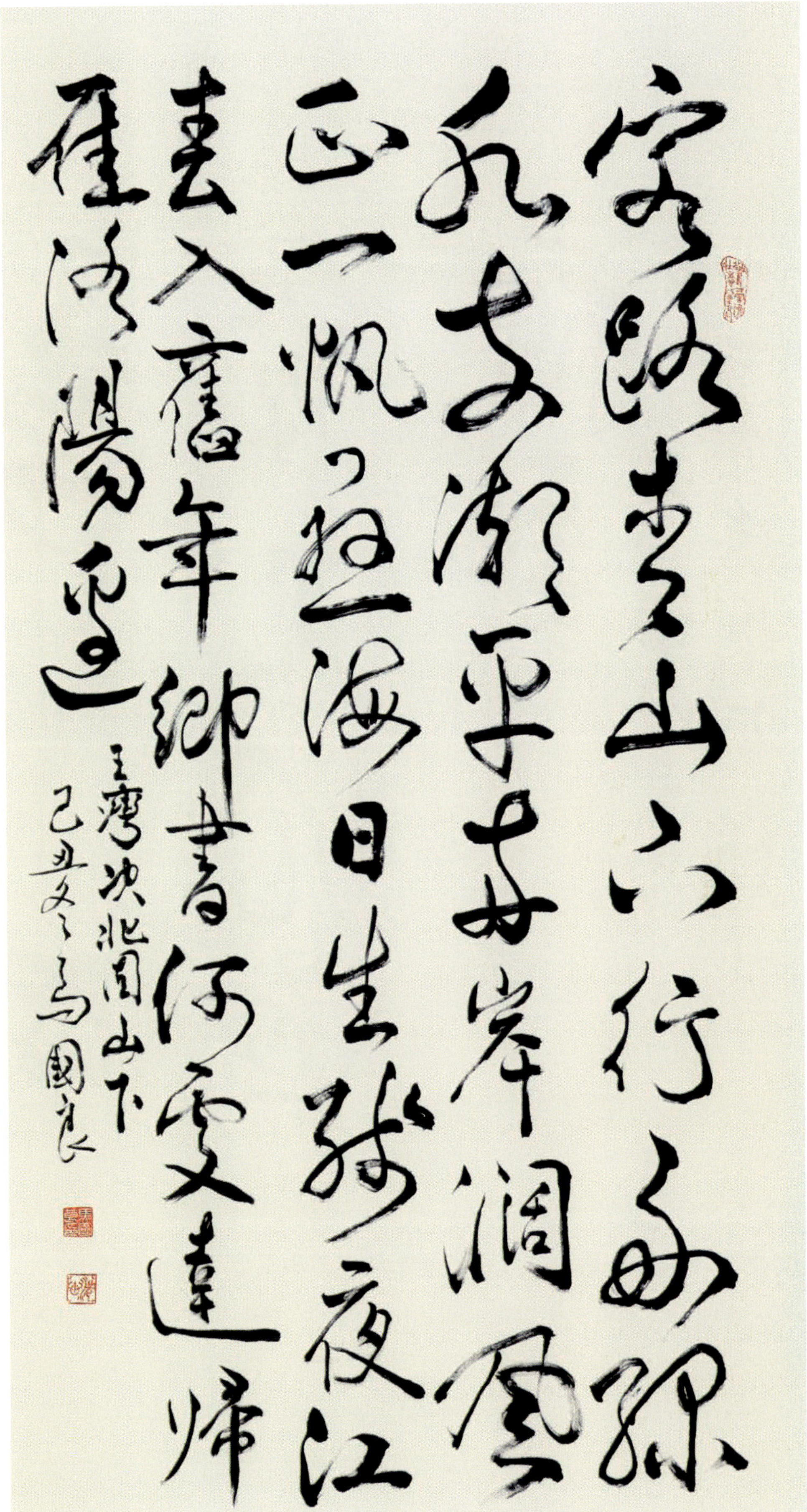

客路青山外，行舟绿水前。潮平两岸阔，风正一帆悬。海日生残夜，江春入旧年。乡书何处达，归雁洛阳边。

王湾次北固山下
己丑夏 马国良

马国良

中国书法家协会理事、黑龙江省书法家协会主席

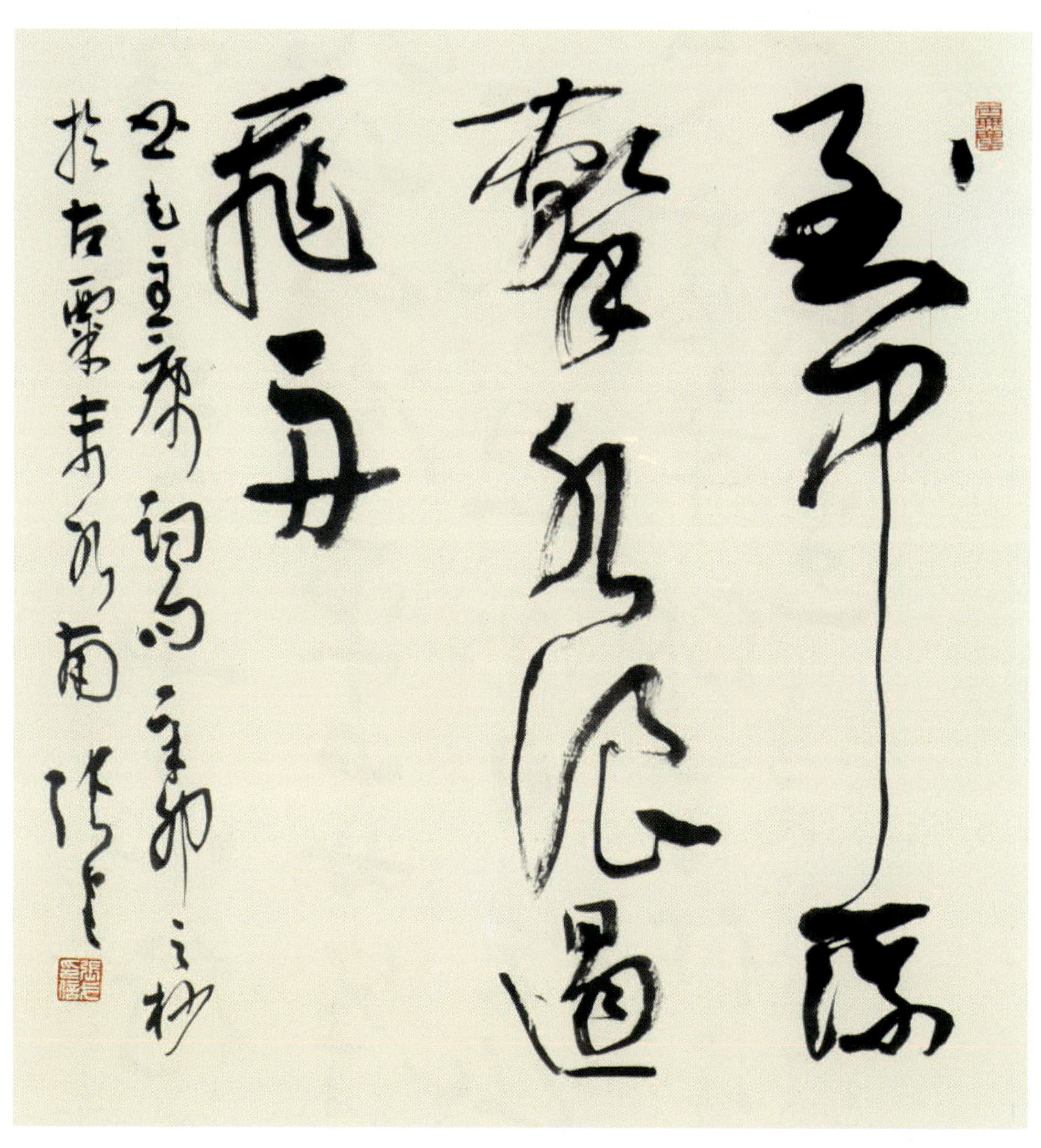

张 戈 中国书法家协会理事、黑龙江省书法家协会驻会副主席

極目江天客思長，城頭風景最堪望。
一江白浪鳴櫓雨，兩岸青山話夕陽。
出網鮮鰣饞美味，銜蘆過雁落聲長。
天涯估客誰云樂，日坐樓船數去檣。

清李調元蜀中理論家詩人字羹堂號雨村齋署蠢翁四川綿州人乾隆二十八年進士著有童山詩集 此詩出蕪湖城載於童山詩集卷五 壬寅春於江城何昌貴

何昌贵

中国书法家协会理事、黑龙江省书法家协会副主席

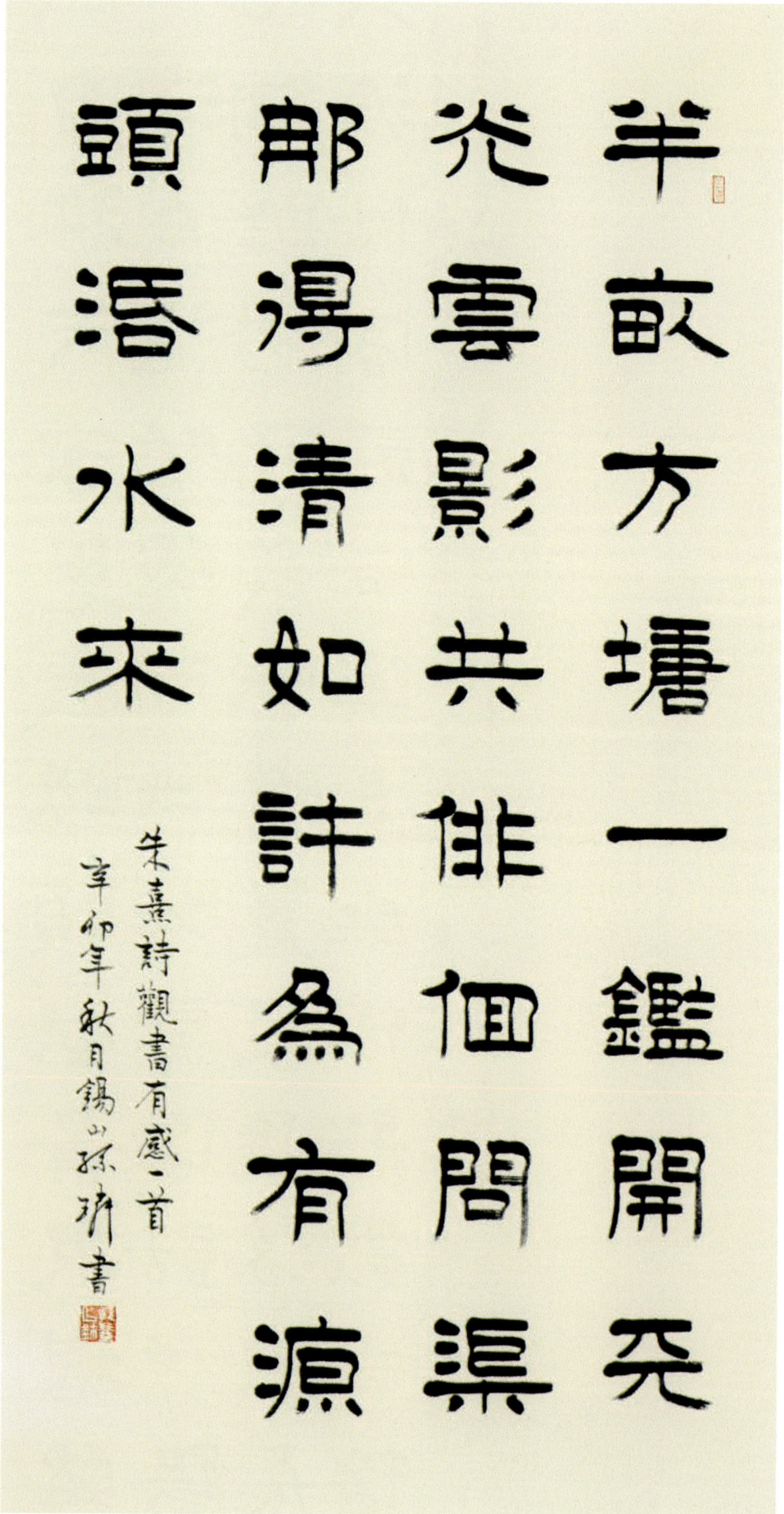

半畝方塘一鑑開
天光雲影共徘徊
問渠那得清如許
為有源頭活水來

朱熹詩觀書有感一首
辛卯年秋月錫山孫璘書

孙璘

中国书法家协会理事

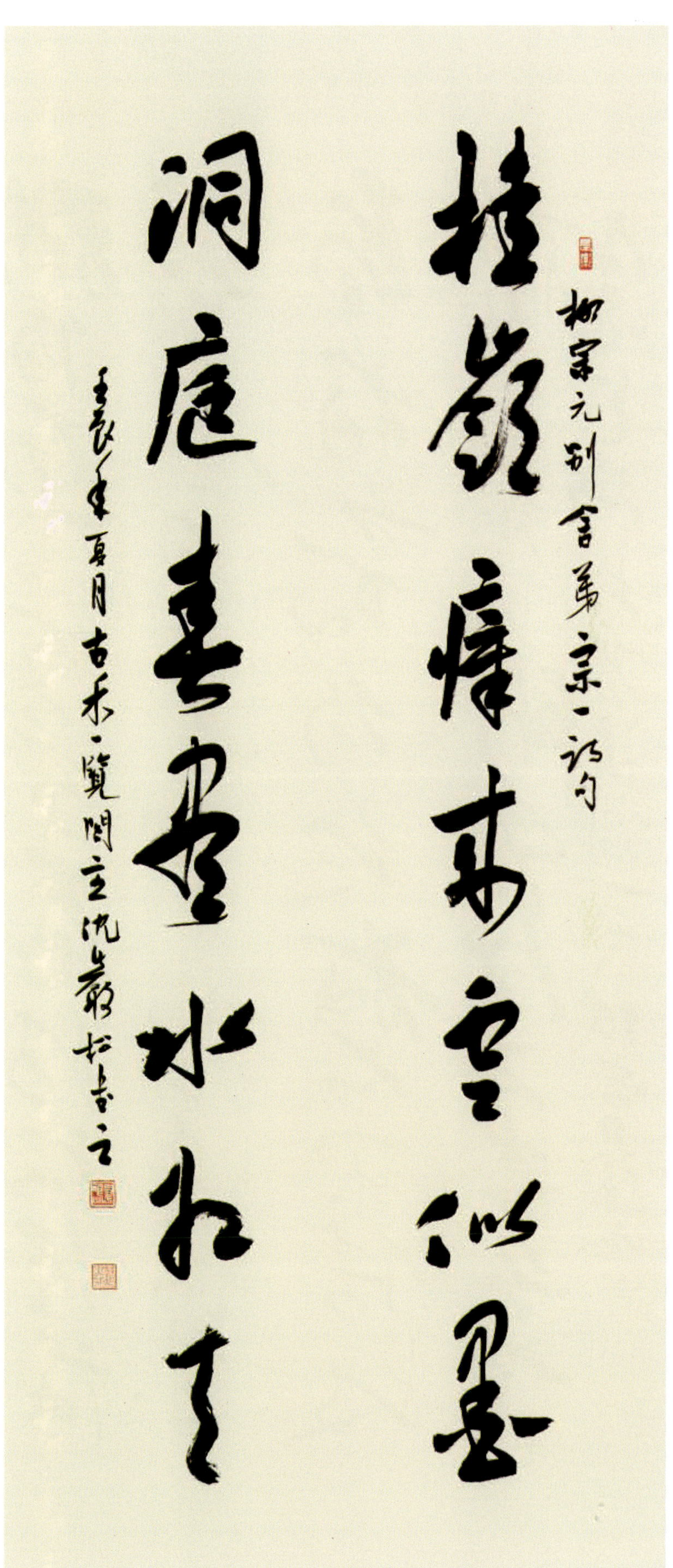

沈岩松

中国书法家协会理事

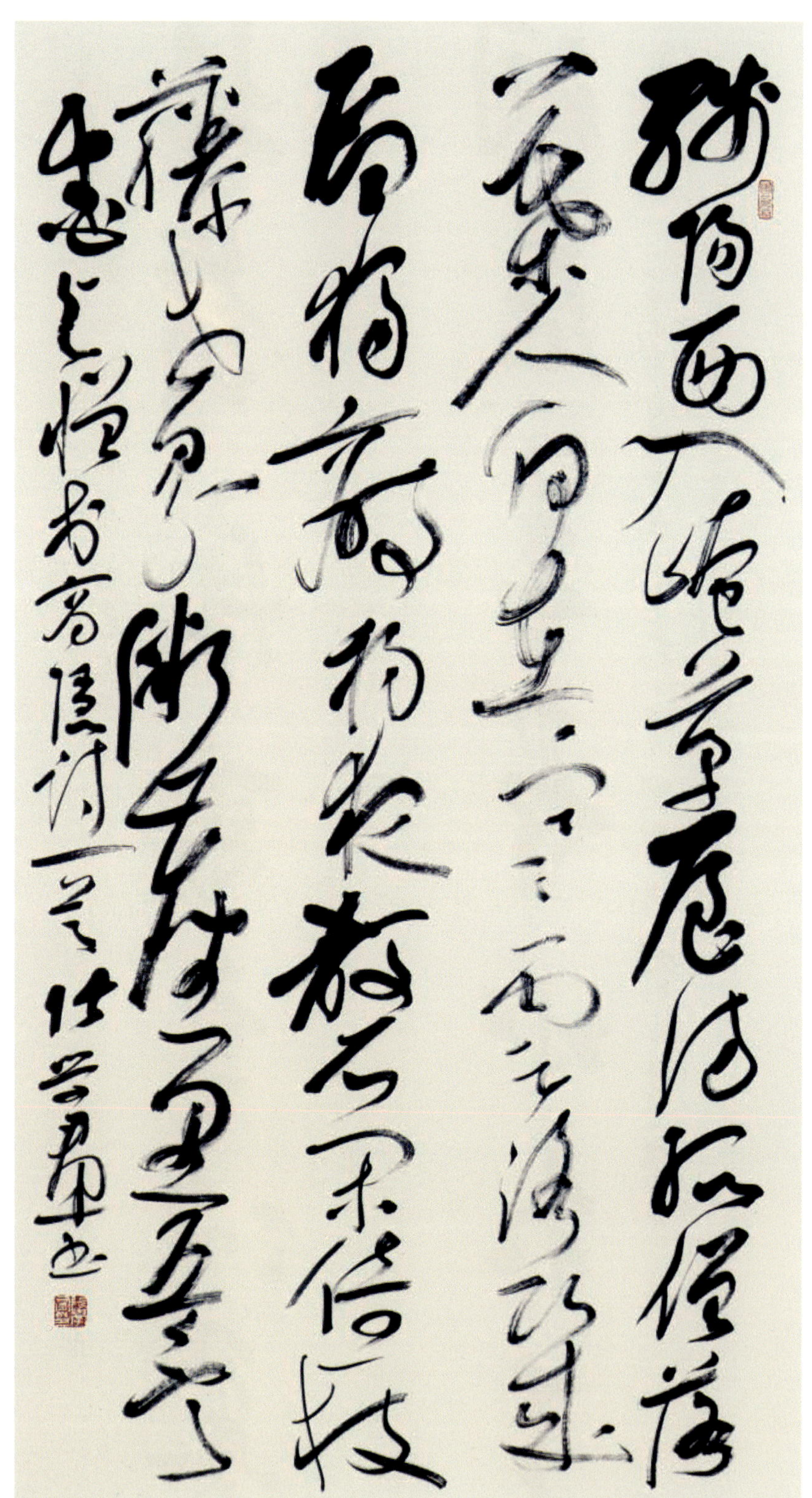

张学群

中国书法家协会理事、安徽省书法家协会主席

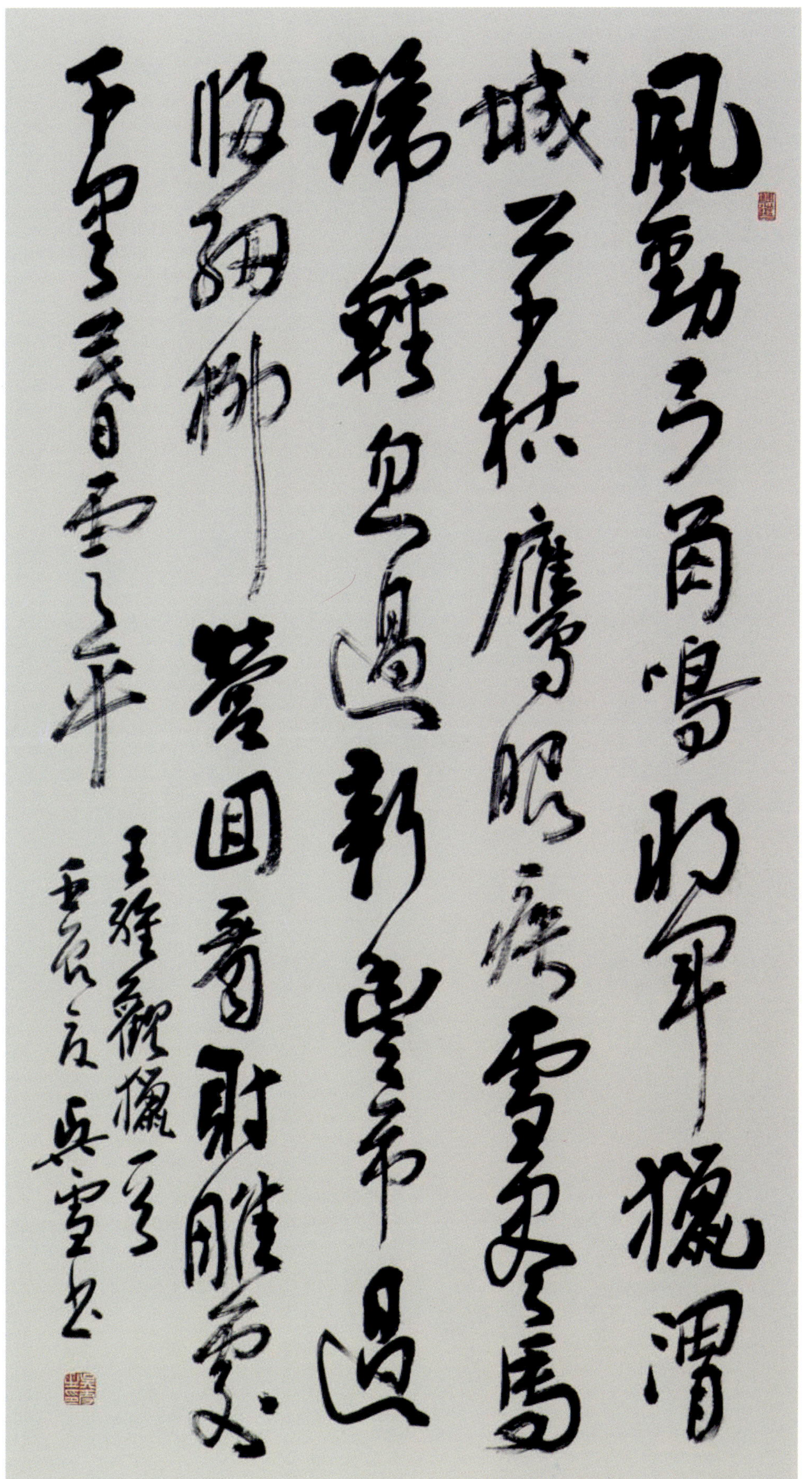

吴雪

中国书法家协会理事、安徽省书法家协会副主席

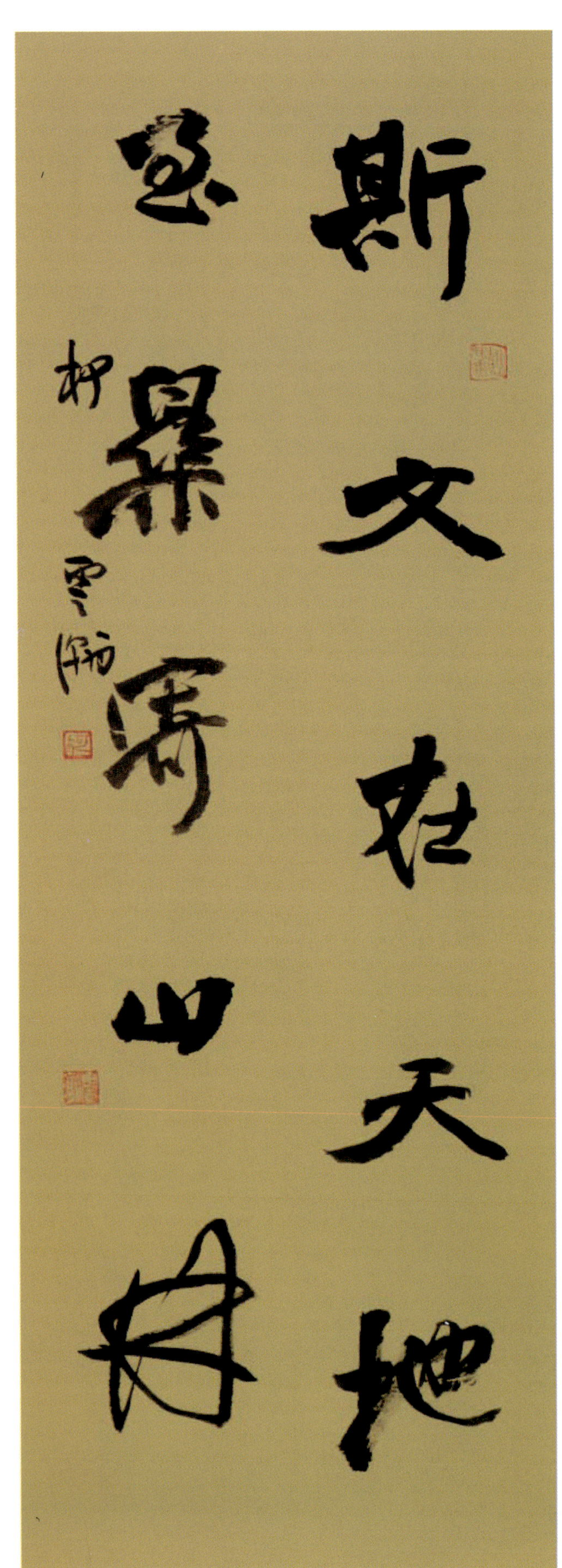

柯云瀚

中国书法家协会理事、福建省书法家协会副主席

陈秀卿　中国书法家协会理事、福建省书法家协会副主席

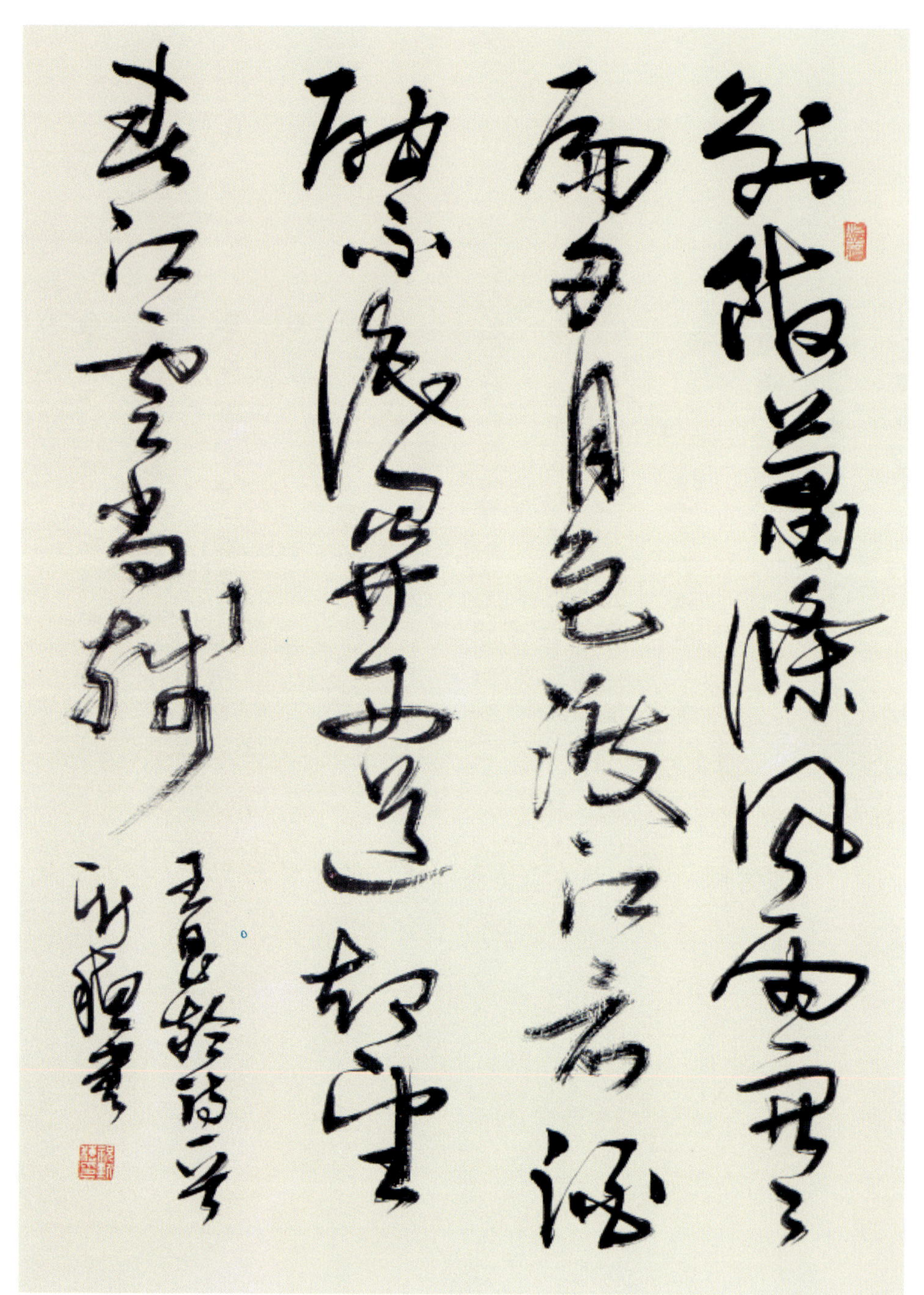

祝新穗　中国书法家协会理事、江西省书法家协会主席

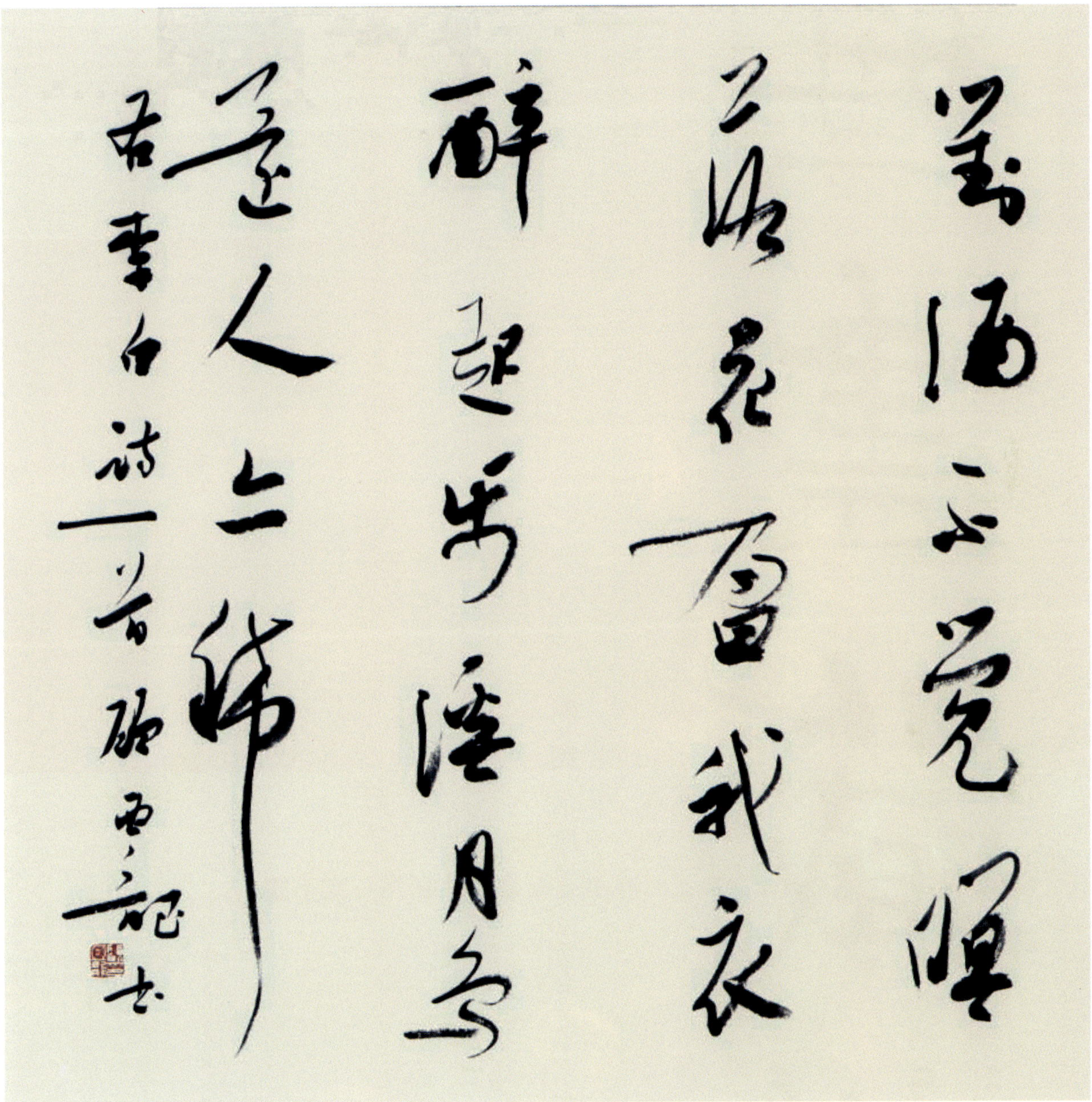

顾亚龙　中国书法家协会理事、山东省书法家协会主席

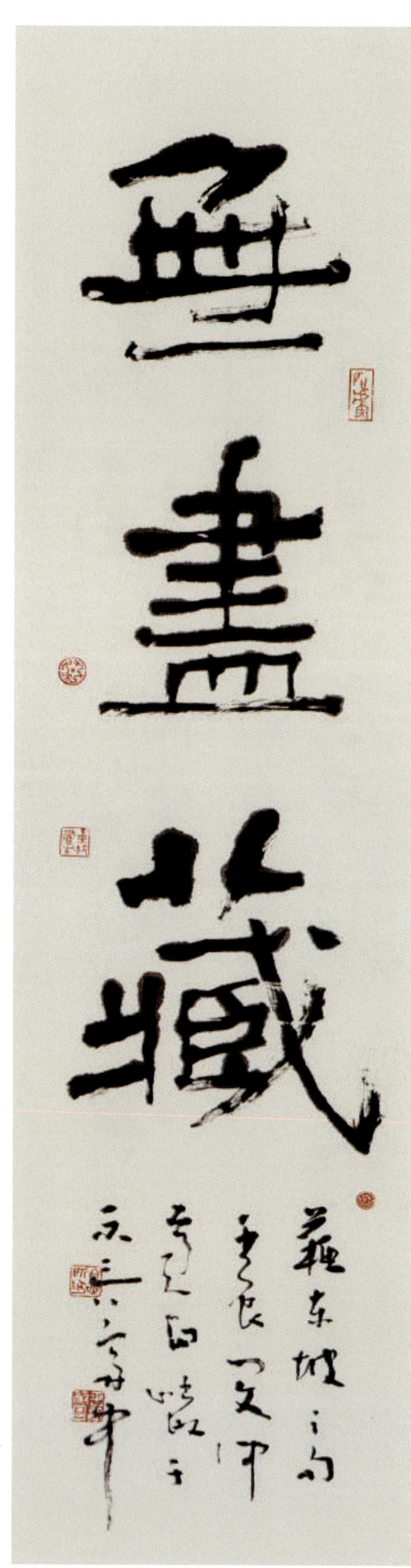

蒯宪

中国书法家协会理事、山东省书法家协会副主席

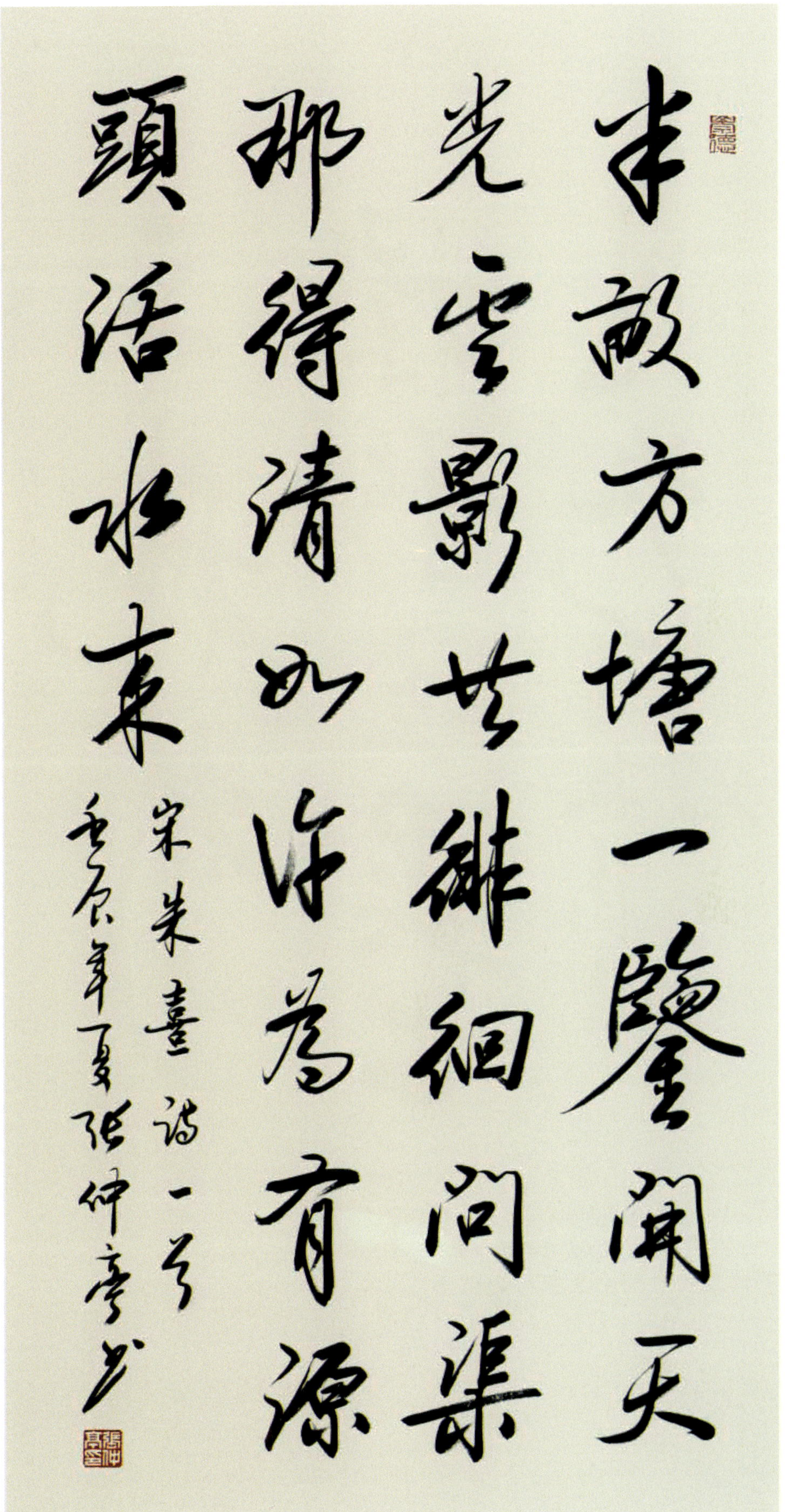

张仲亭

中国书法家协会理事

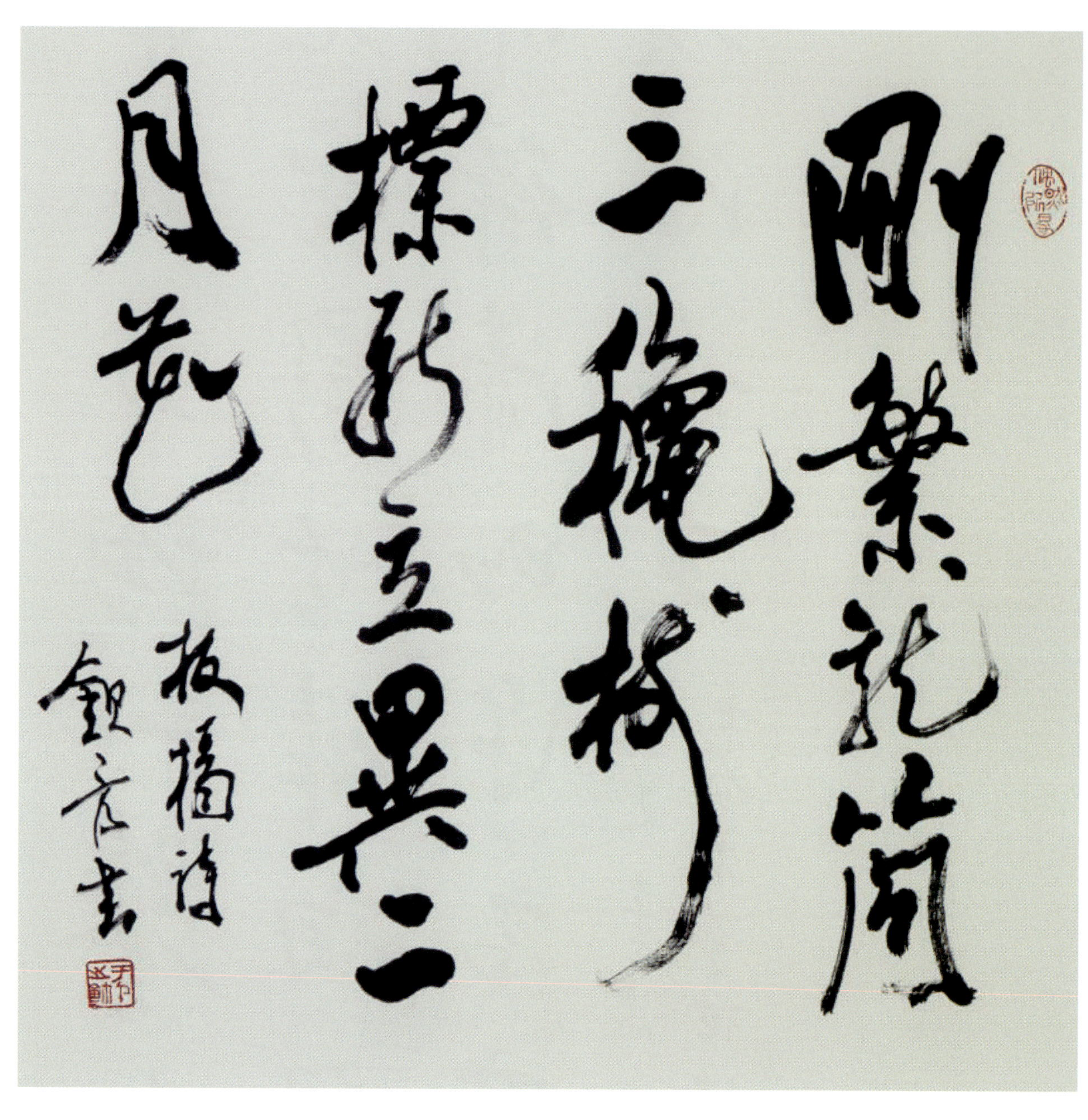

于钦彦　中国书法家协会理事

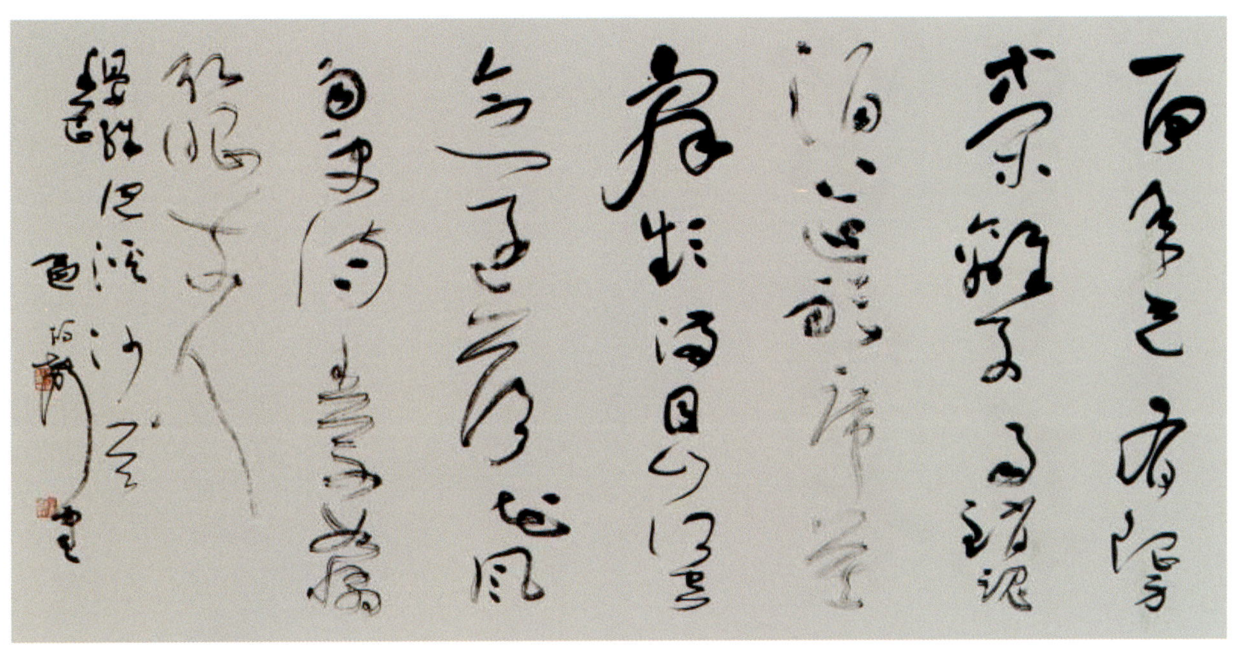

孟鸿声　山东省书法家协会副主席

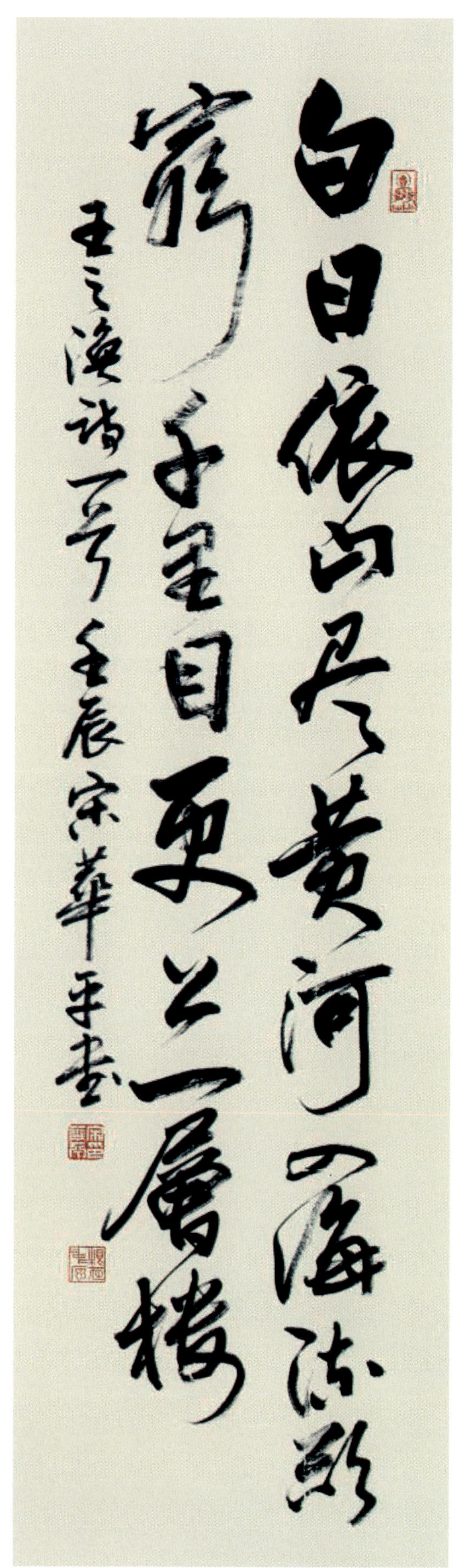

宋华平　中国书法家协会理事、河南省书法家协会主席

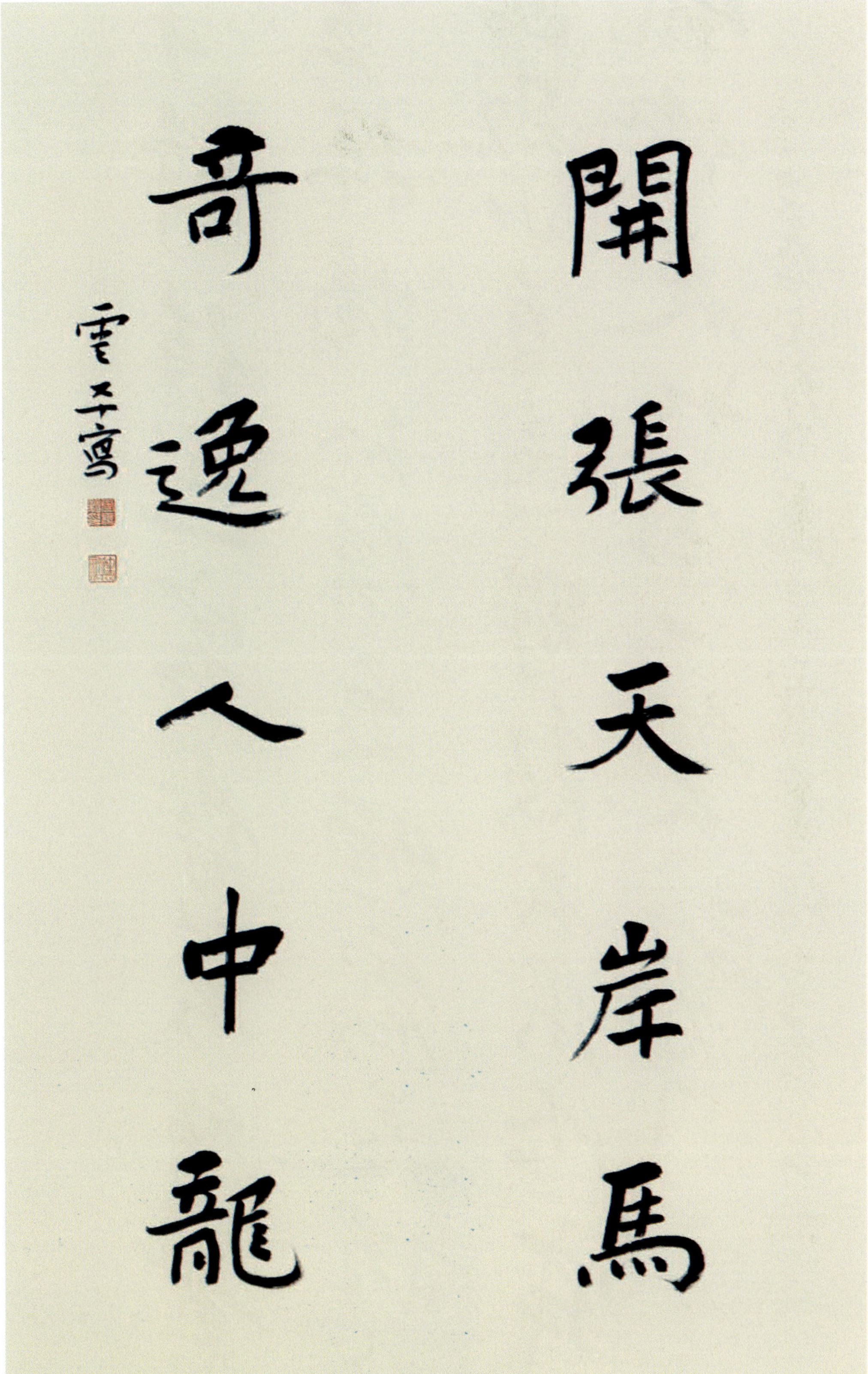

開張天岸馬
奇逸人中龍

雲平寫

云平 中国书法家协会理事、河南省书法家协会副主席

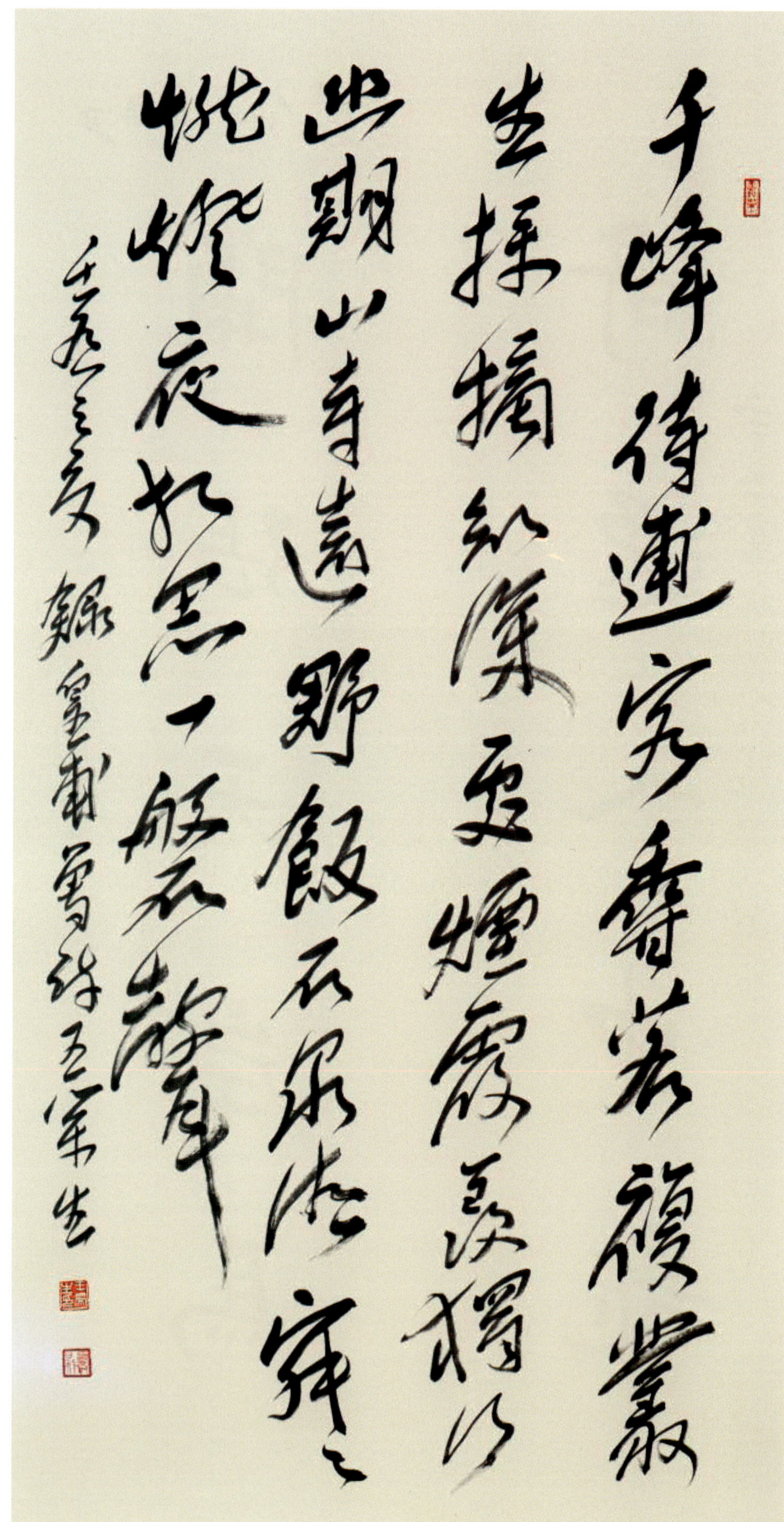

王荣生

中国书法家协会理事、河南省书法家协会副主席

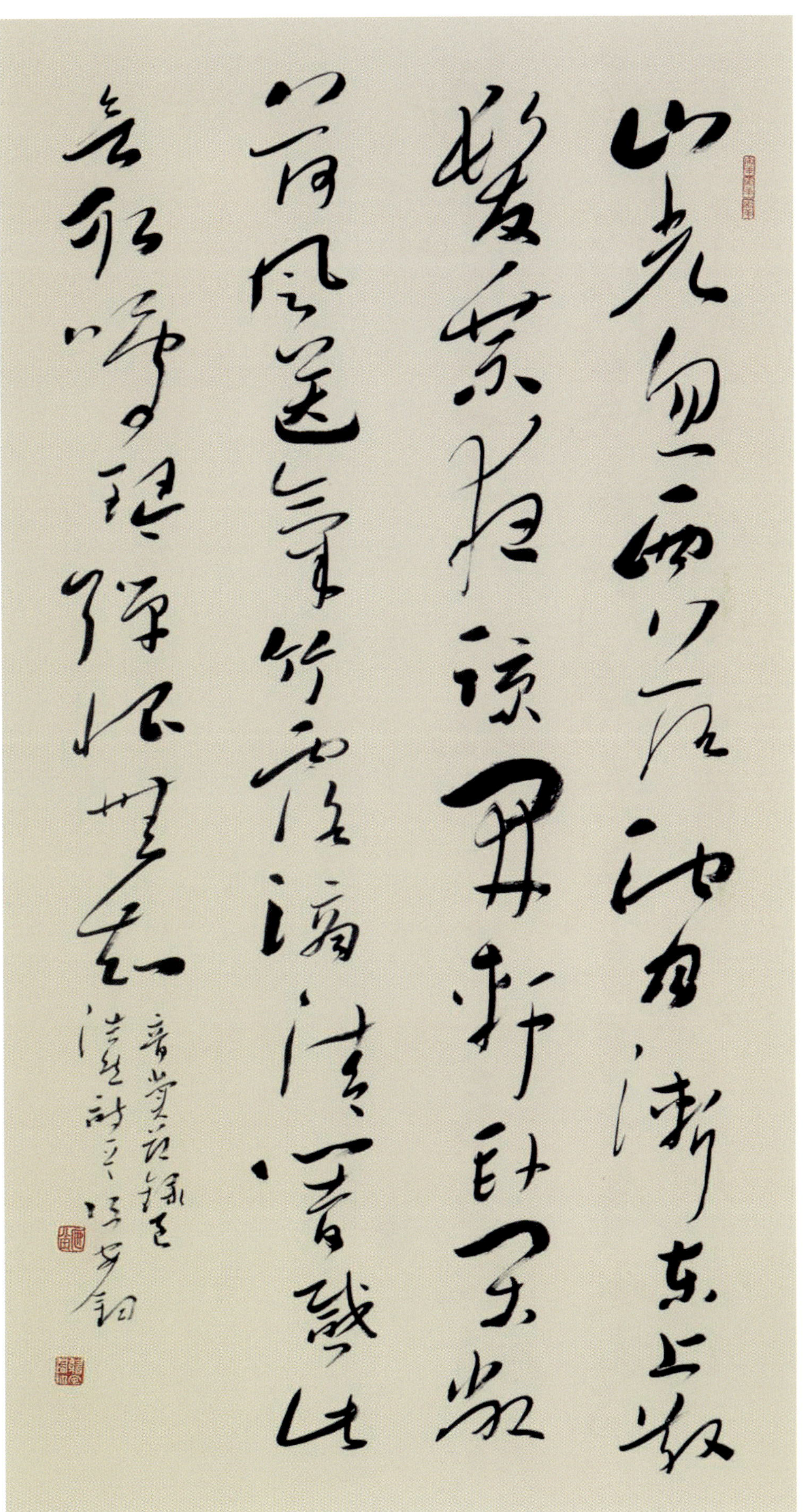

谢安钧　河南省书法家协会副主席兼秘书长

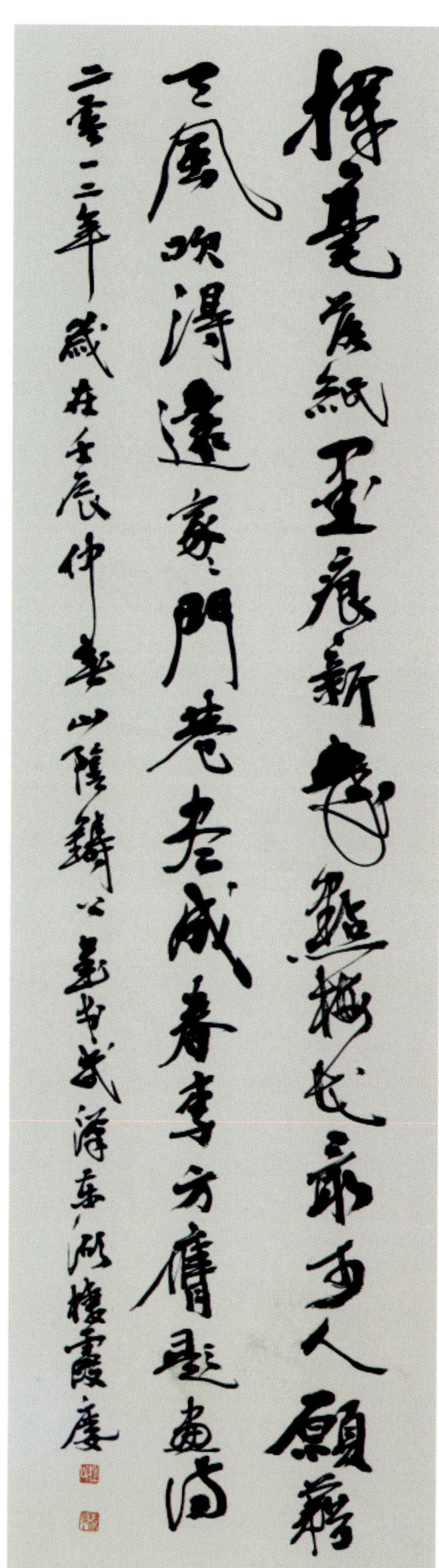

铸公

中国书法家协会理事、湖北省书法家协会驻会副主席

张桂光

中国书法家协会理事、广东省书法家协会主席

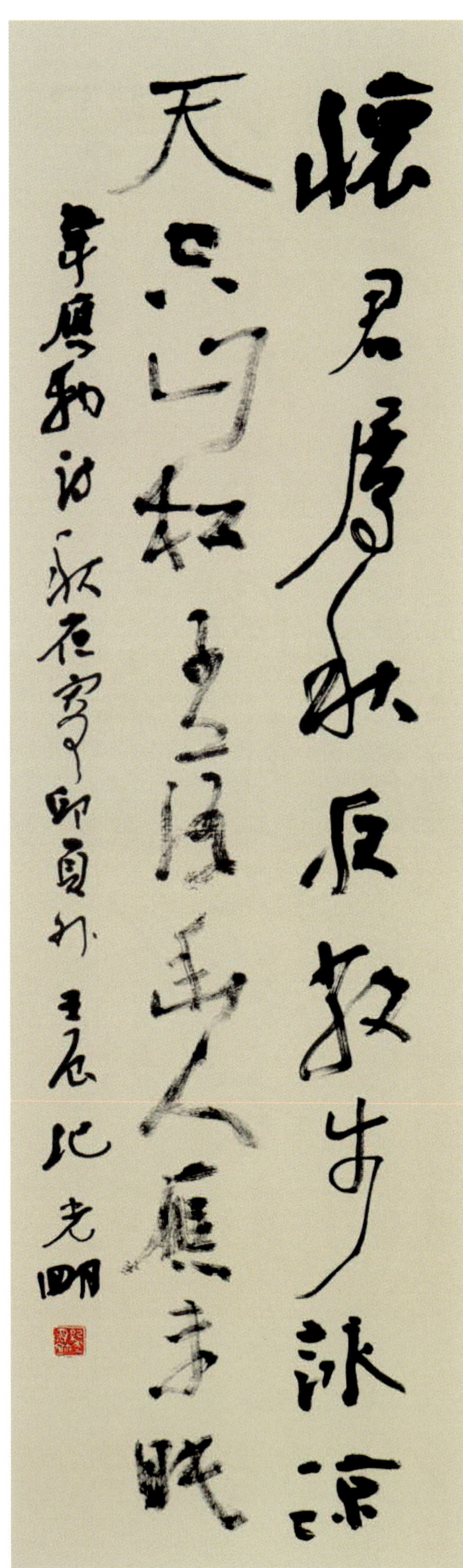

纪光明

中国书法家协会理事、广东省书法家协会驻会副主席

空山新雨後天氣晚來秋明月松間照
清泉石上流竹喧歸浣女蓮動下漁舟
隨意春芳歇王孫自可留

王維詩 壬辰 許鴻基

许鸿基 中国书法家协会理事、广东省书法家协会副主席

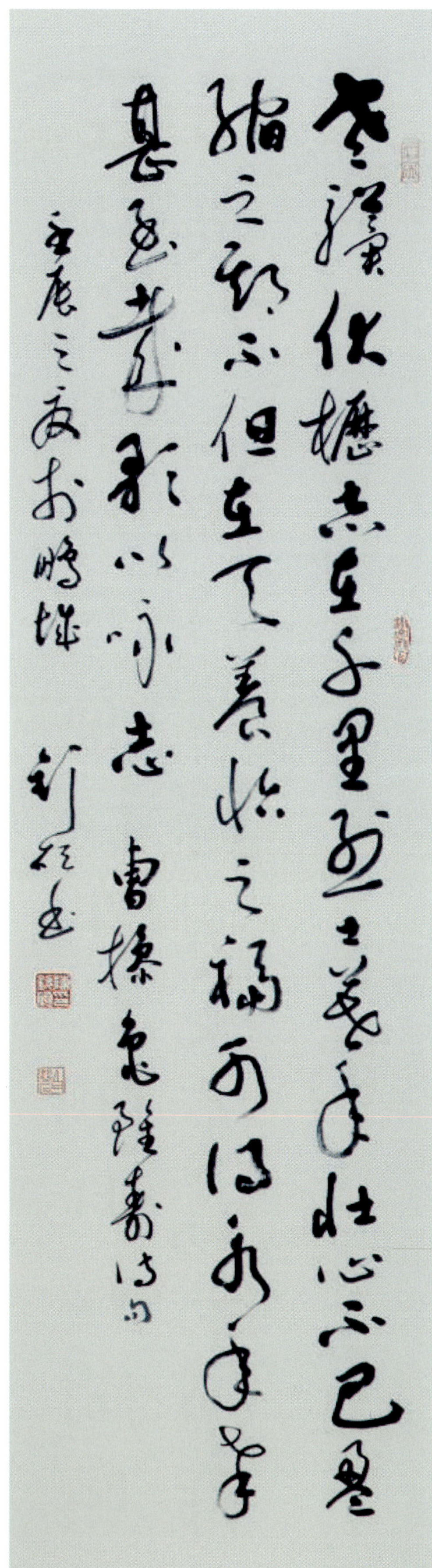

陈钦硕

中国书法家协会理事、广东省书法家协会副主席

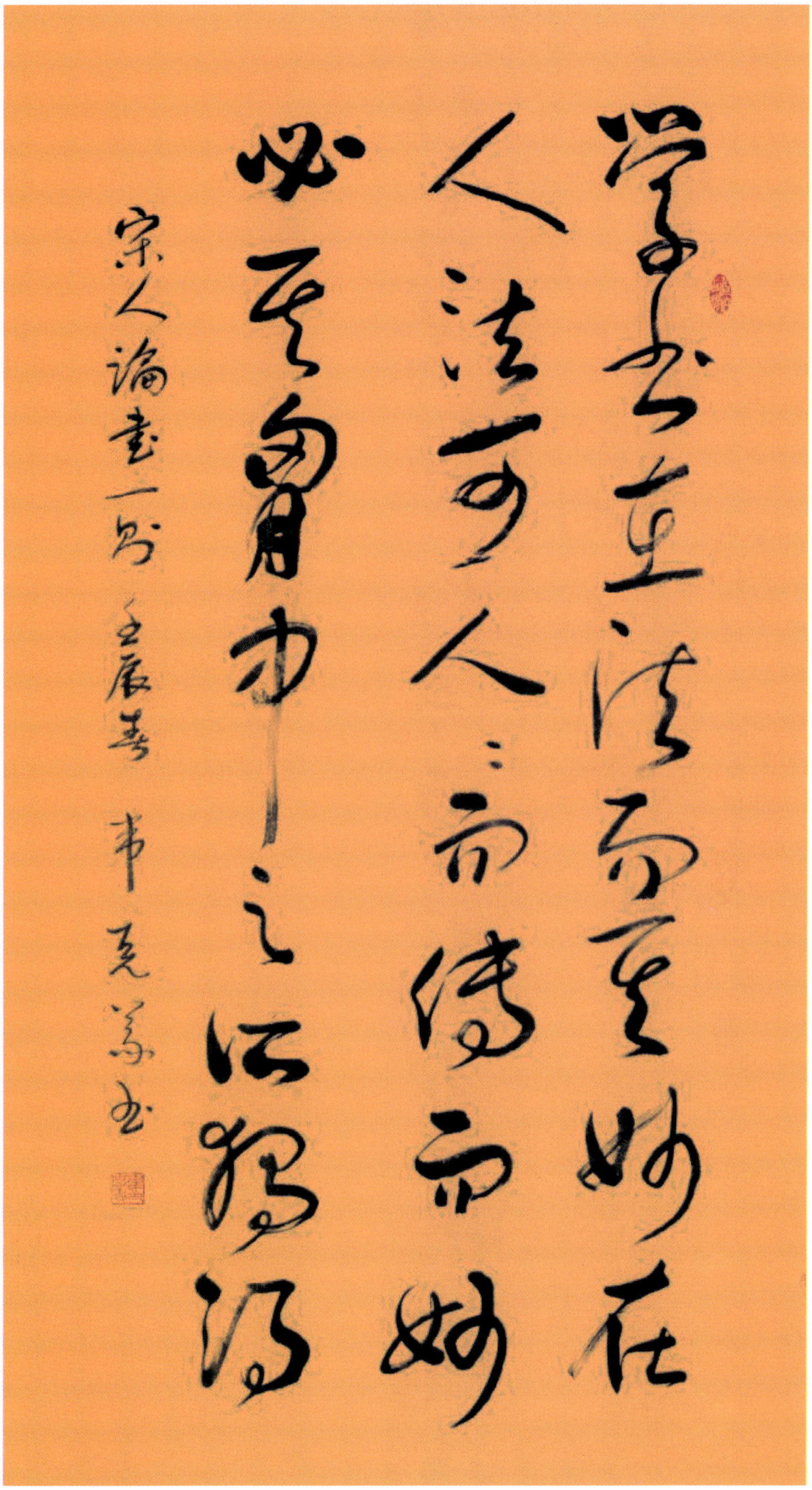

韦克义

中国书法家协会理事、广西壮族自治区书法家协会主席

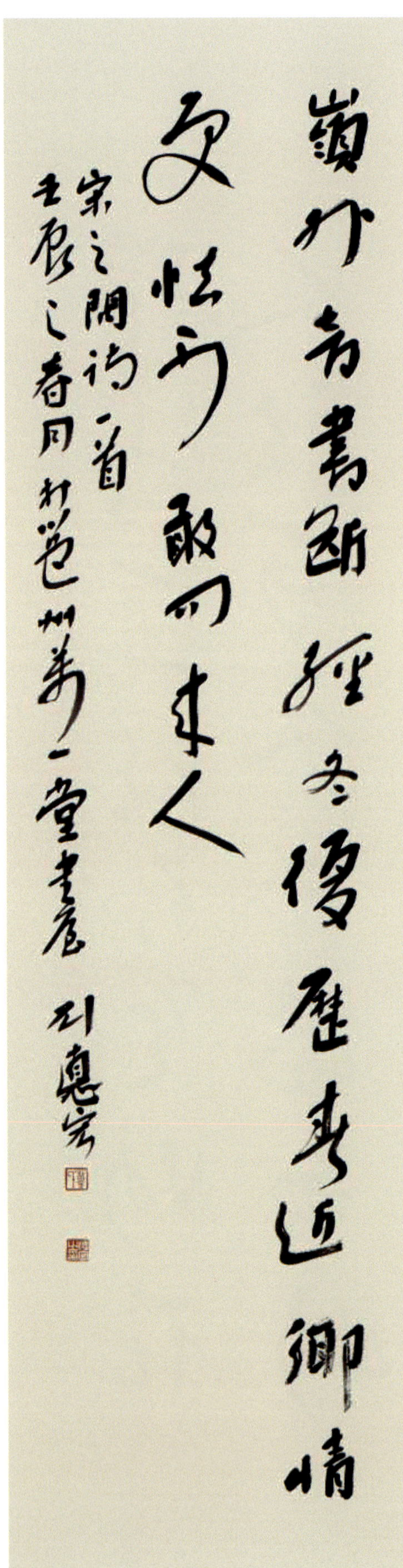

刘德宏

中国书法家协会理事、广西壮族自治区书法家协会秘书长

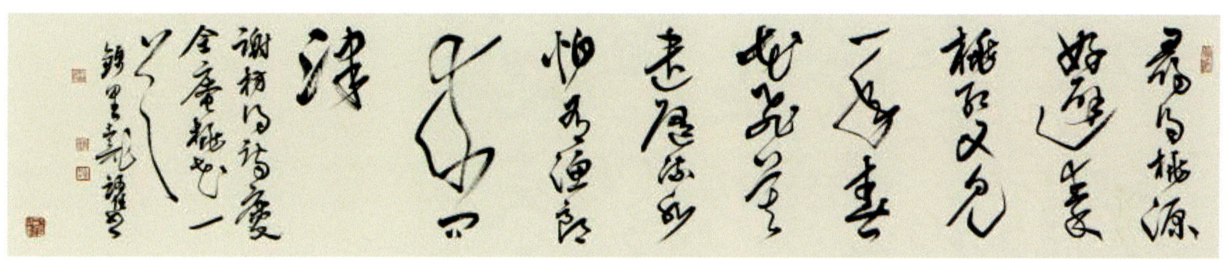

戴 跃 中国书法家协会理事、四川省书法家协会秘书长

吾嘗終日而思矣不如須臾之所學也吾嘗跂
而望矣不如登高之博見也登高而招臂非加
長也而見者遠順風而呼聲非加疾也而聞
者彰假輿馬者非利足也而致千里假舟楫者
非能水也而絕江河君子生非異也善假於物也

荀子勸學篇語

刘新德

中国书法家协会理事、四川省书法家协会副主席

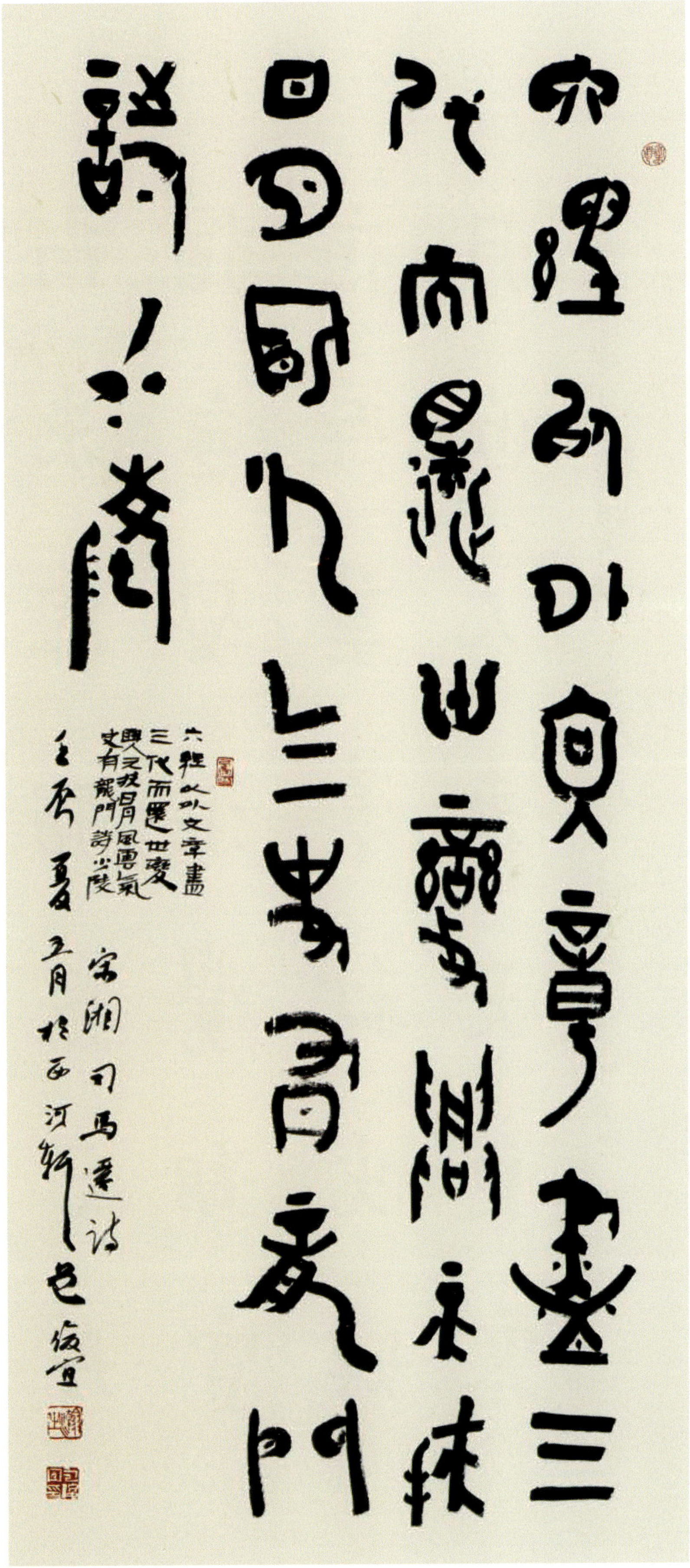

包俊宜

中国书法家协会理事、贵州省书法家协会主席

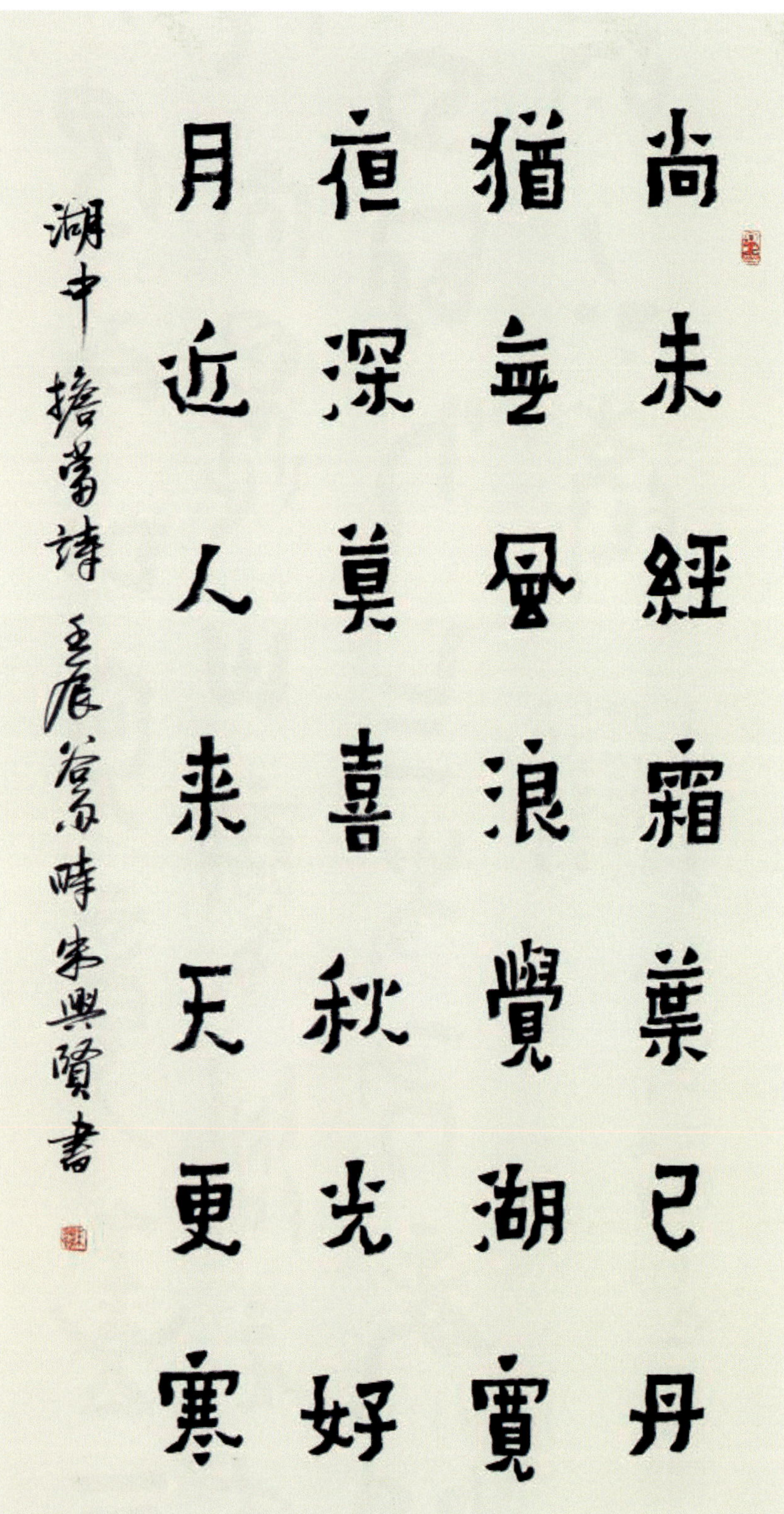

朱兴贤

中国书法家协会理事、云南省书法家协会秘书长

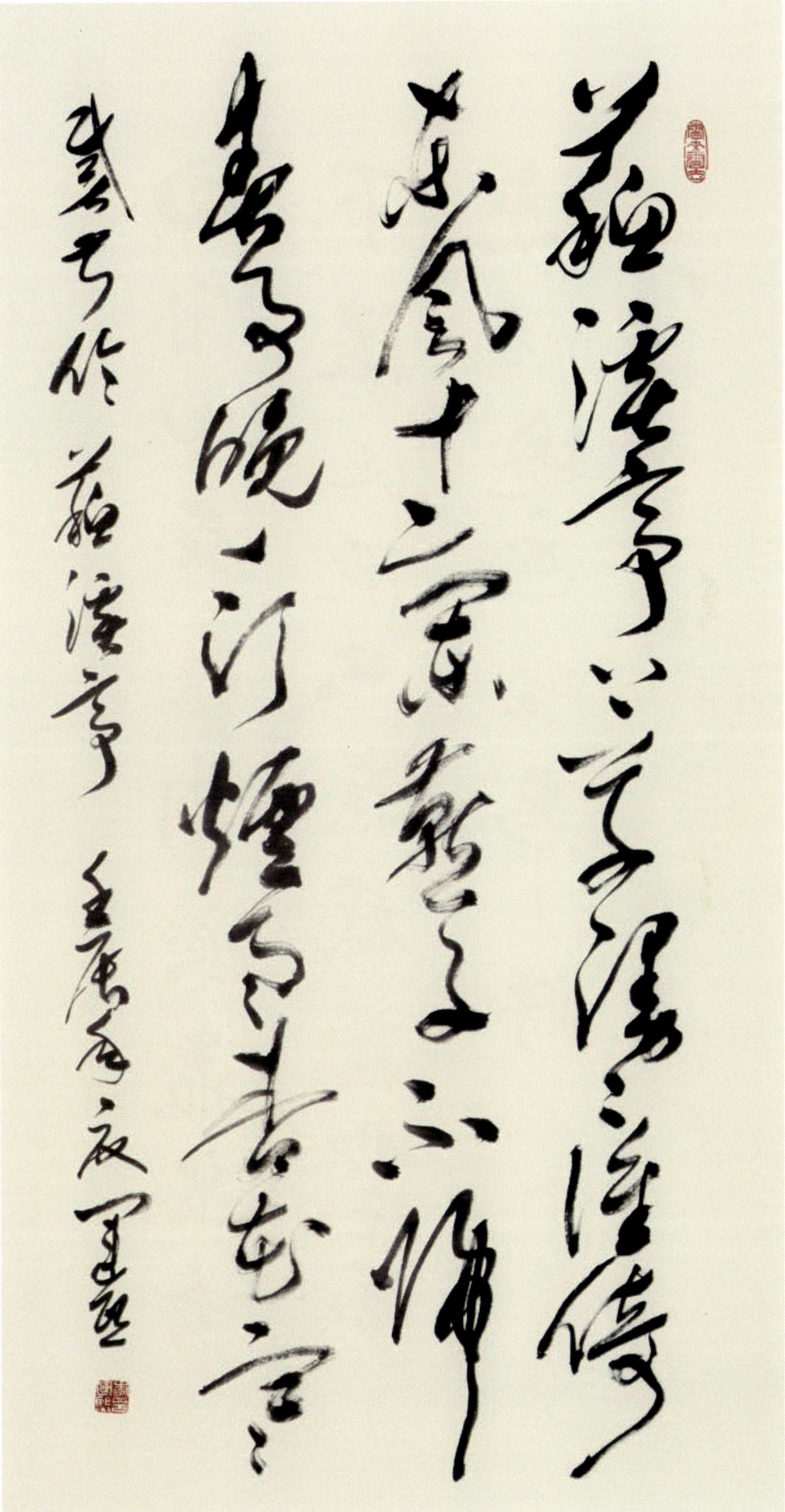

李运熙

中国书法家协会理事、西藏自治区书法家协会秘书长

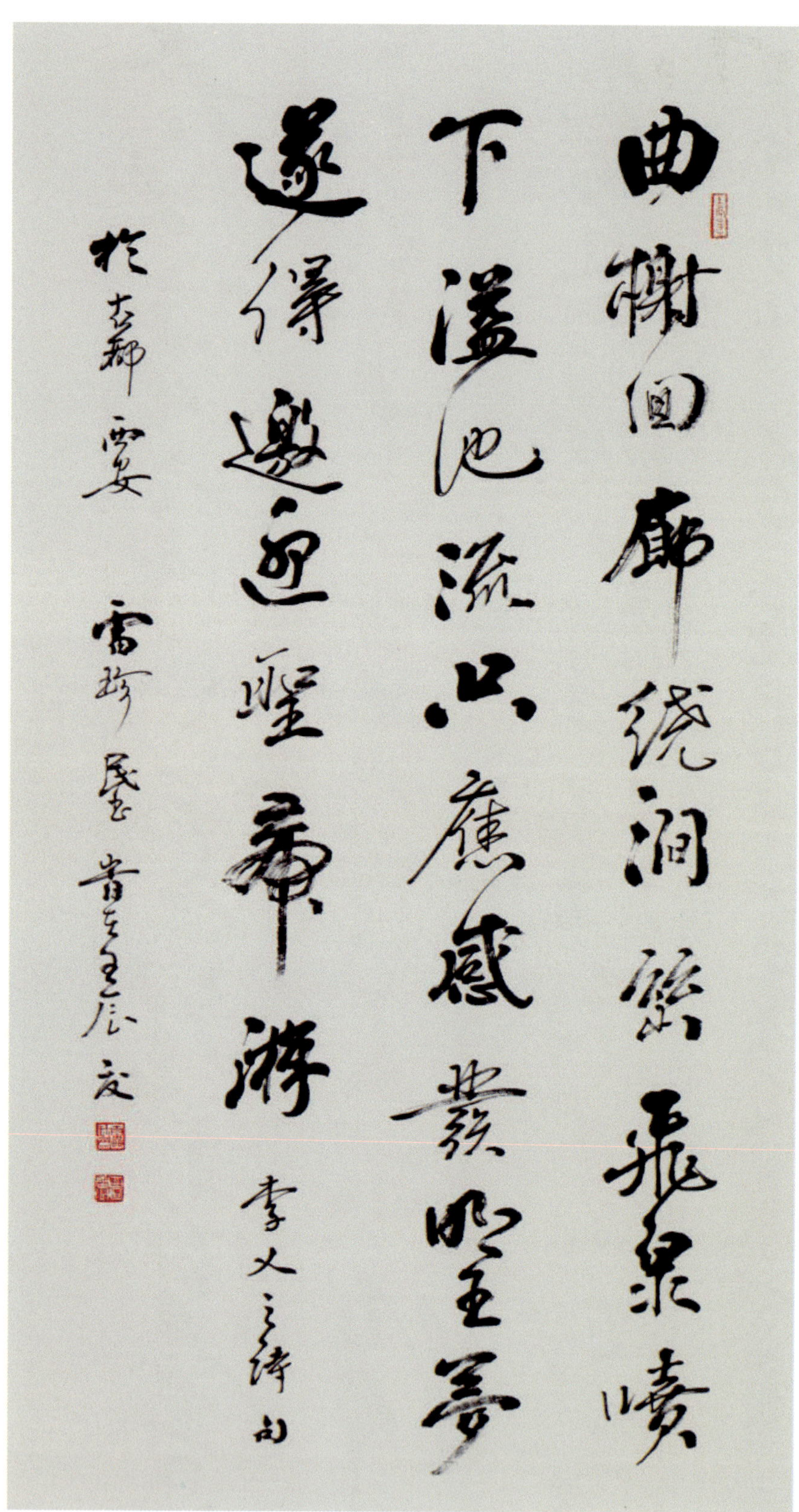

雷珍民

中国书法家协会理事、陕西省书法家协会主席

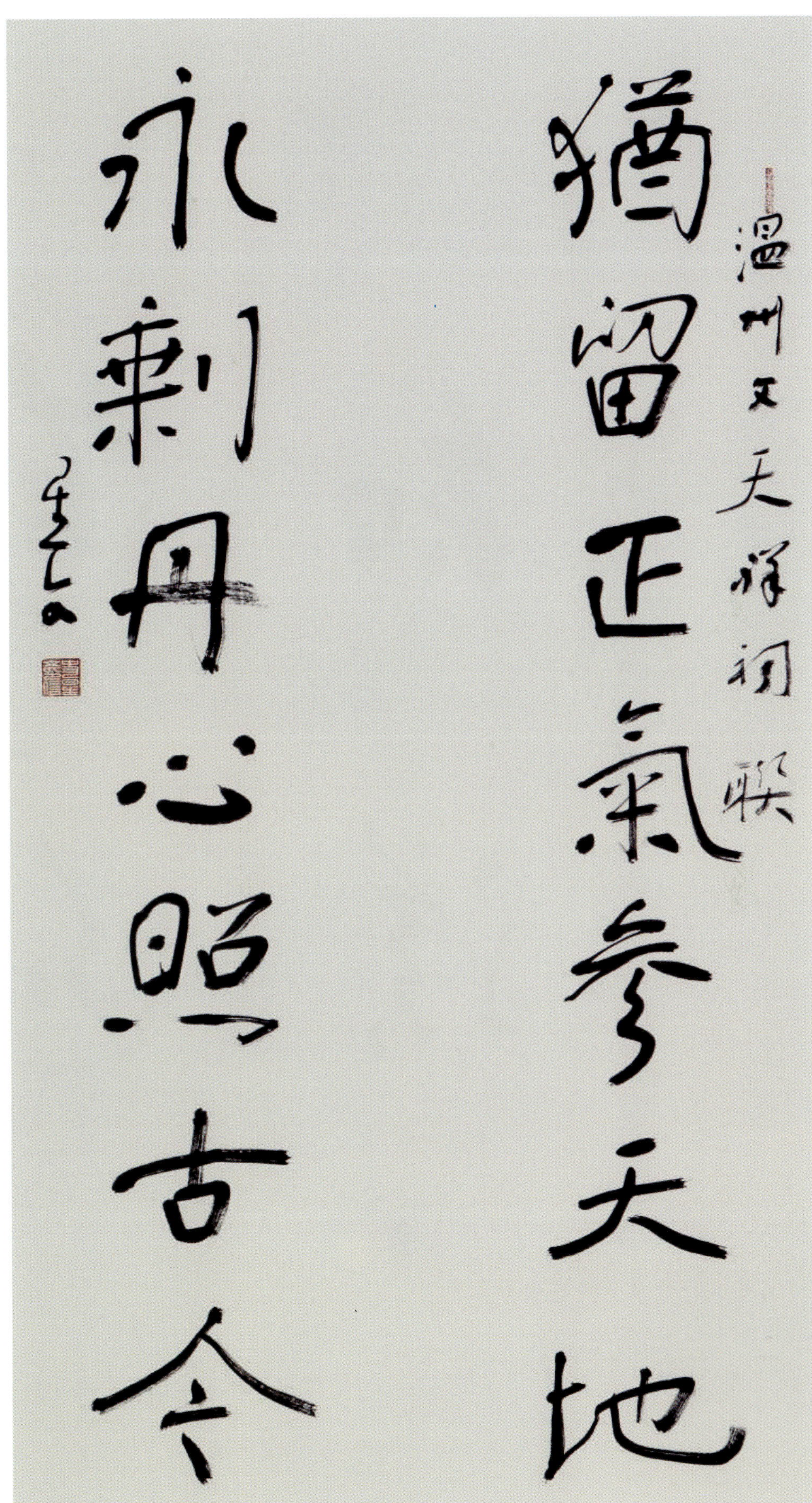

史星文

陕西省书法家协会驻会秘书长

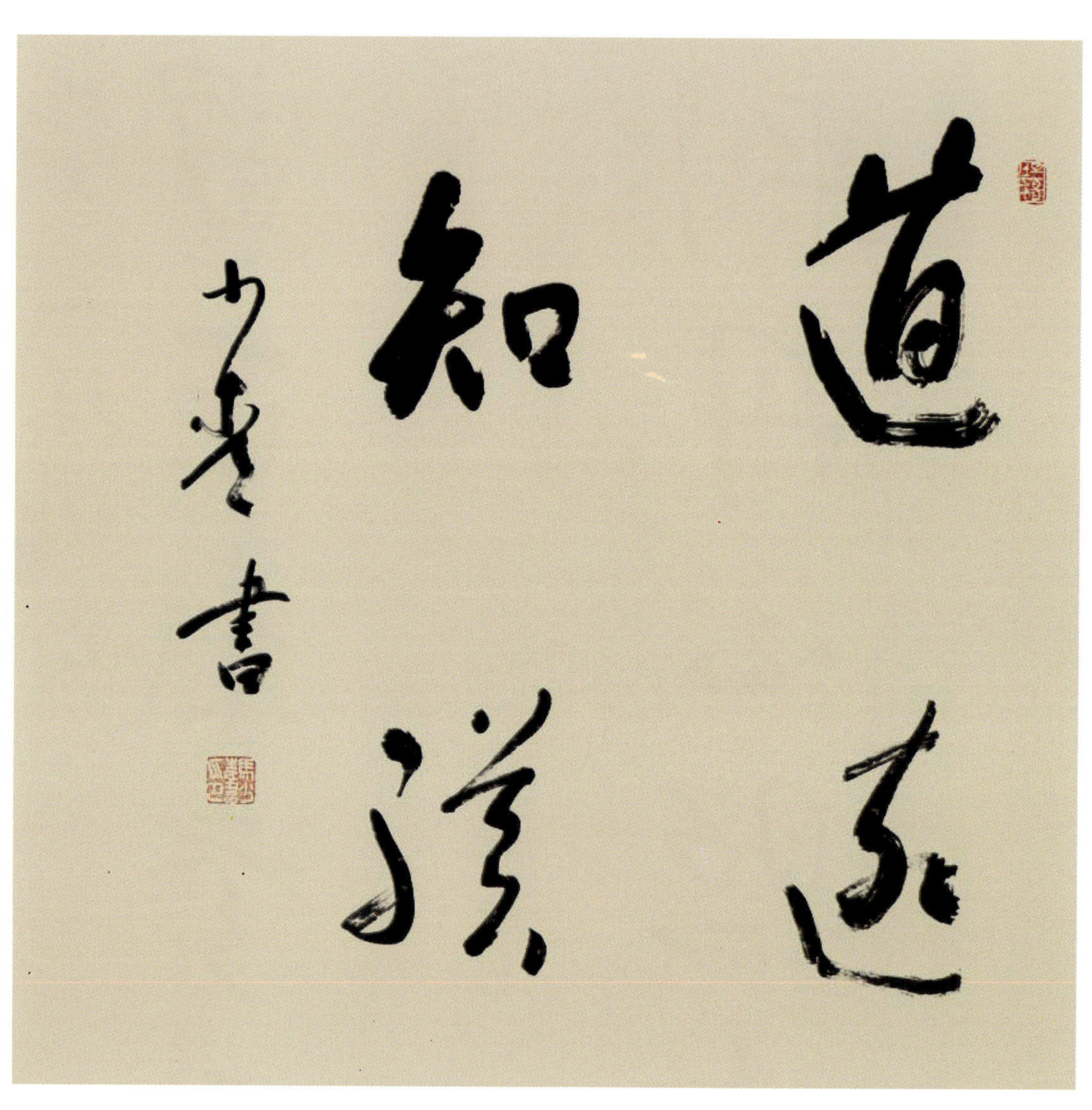

马少青　甘肃省书法家协会主席

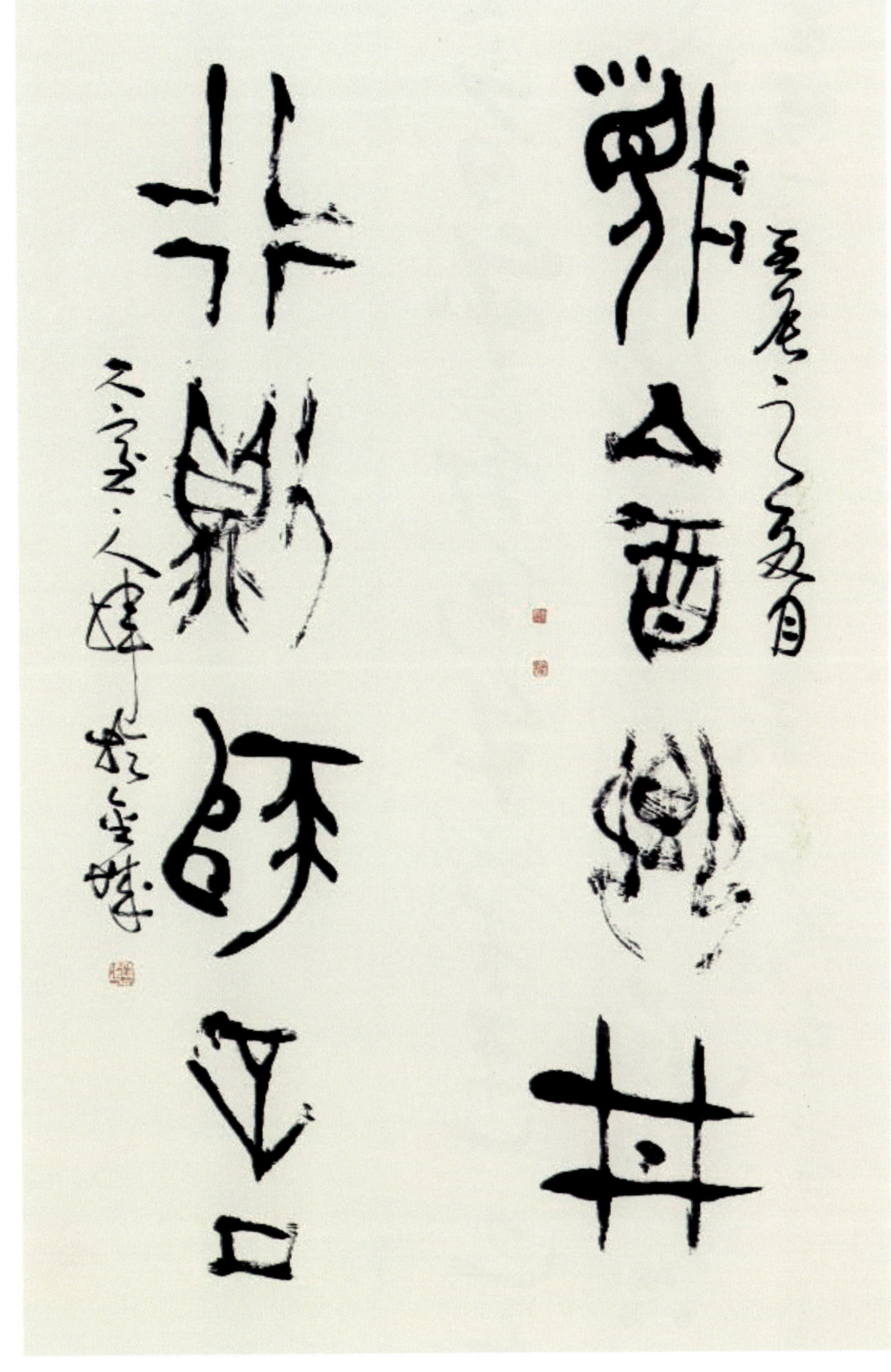

翟万益

中国书法家协会理事、甘肃省书法家协会副主席

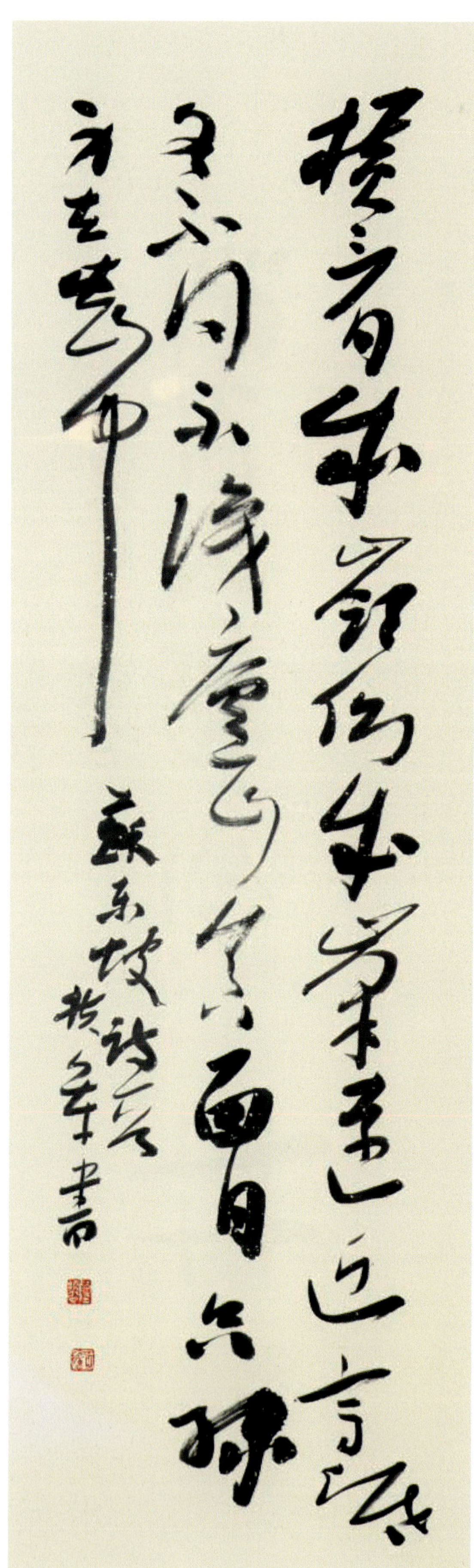

陈扶军

中国书法家协会理事、甘肃省书法家协会副主席

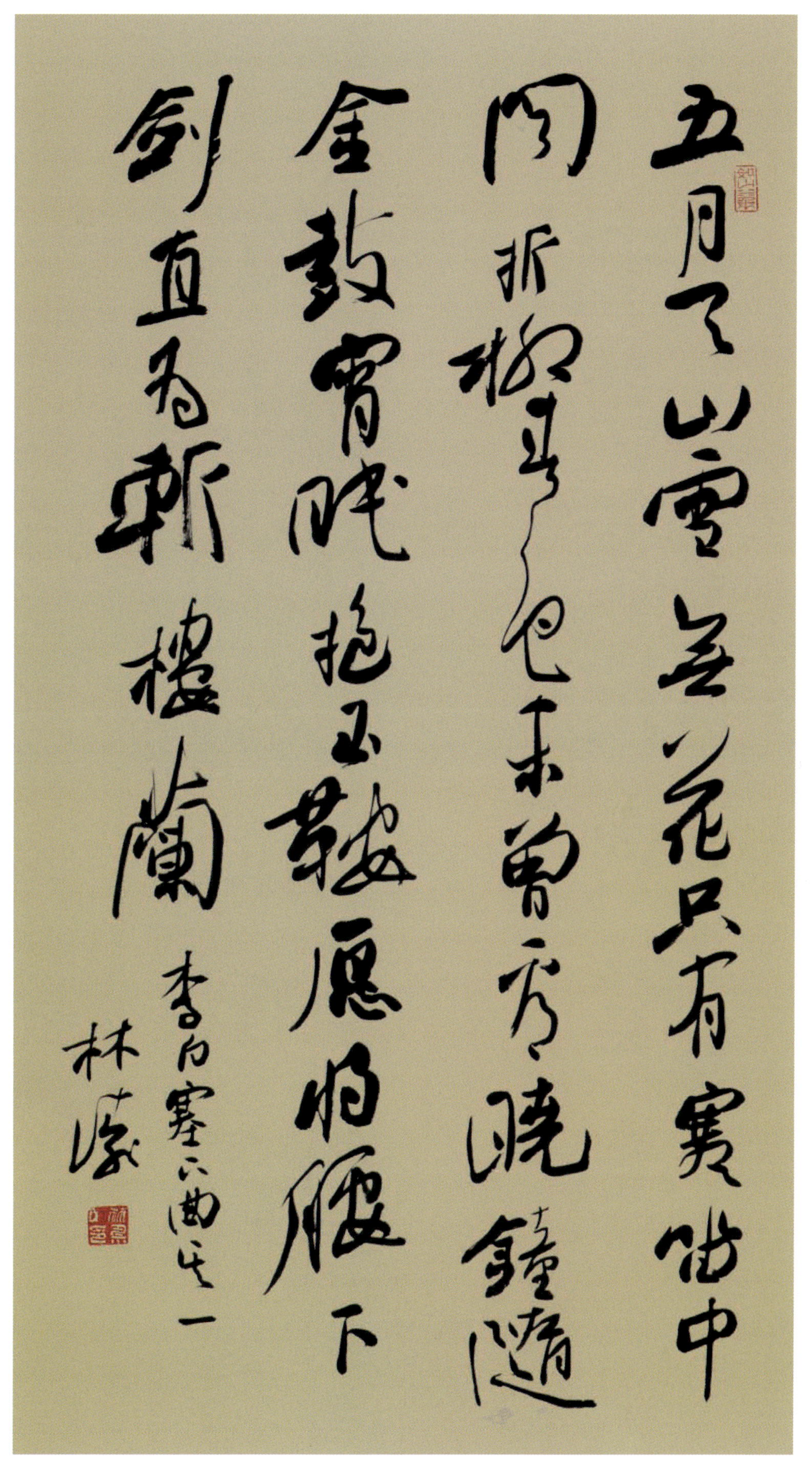

林涛

甘肃省书法家协会副主席兼秘书长

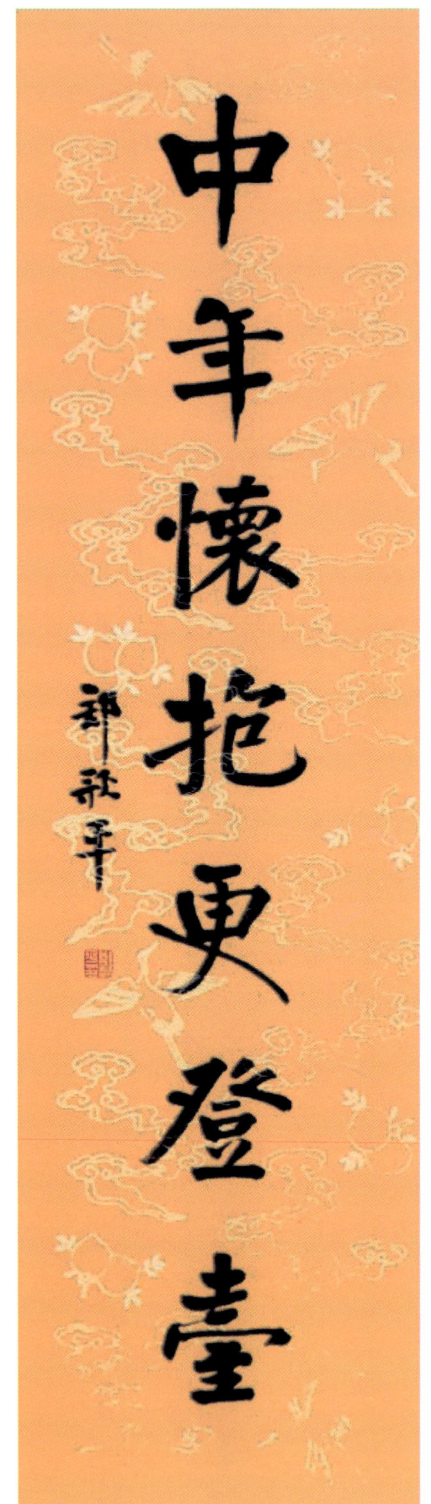

郑歌平

中国书法家协会理事、宁夏回族自治区书法家协会主席

李洪义

中国书法家协会理事、宁夏回族自治区书法家协会驻会副主席

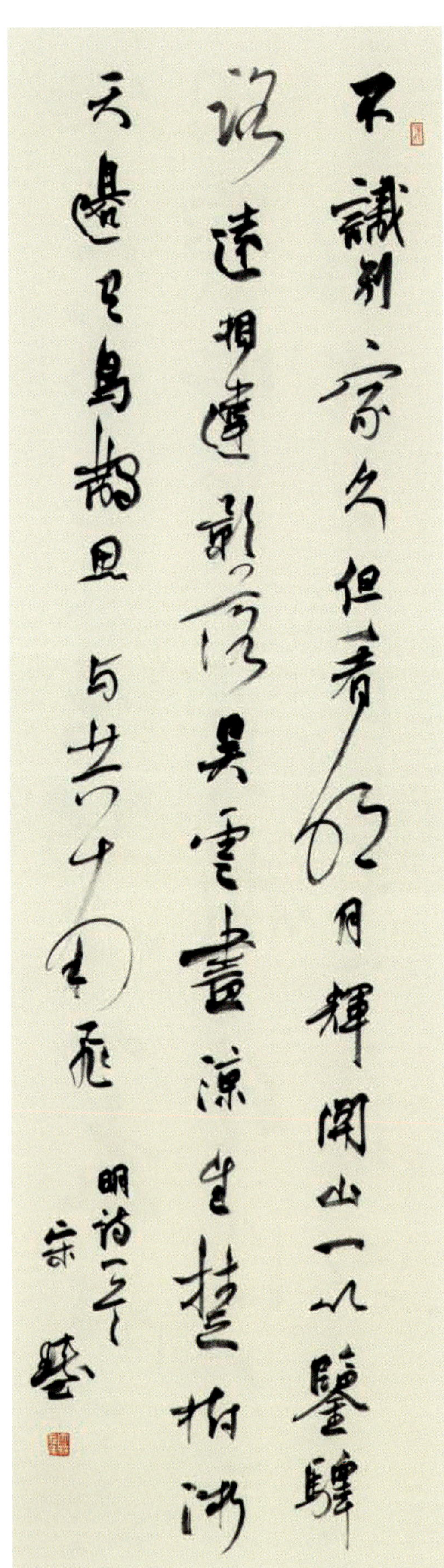

宋琰

宁夏回族自治区书法家协会副主席兼秘书长

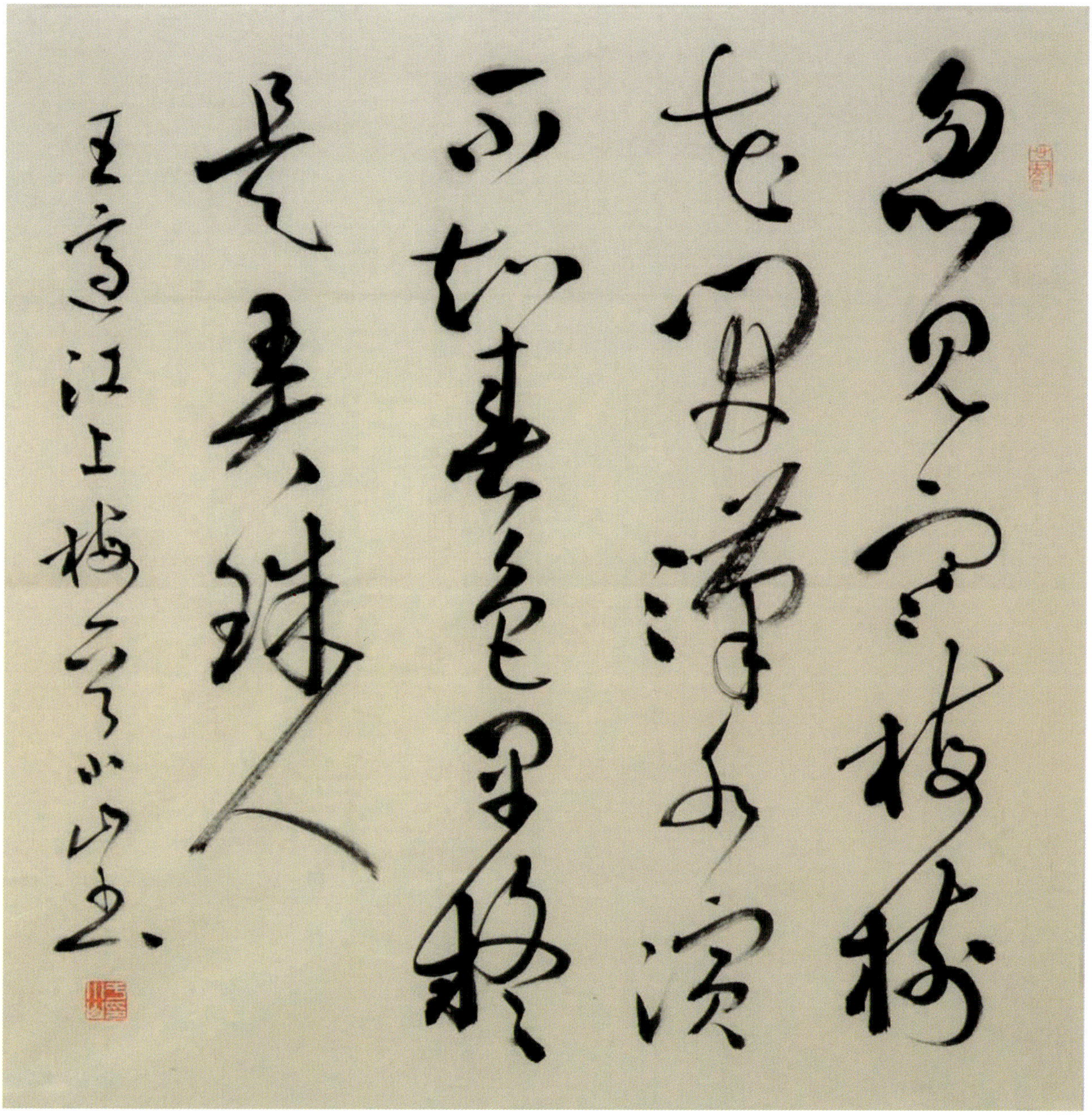

于小山　中国书法家协会理事、新疆维吾尔自治区书法家协会主席

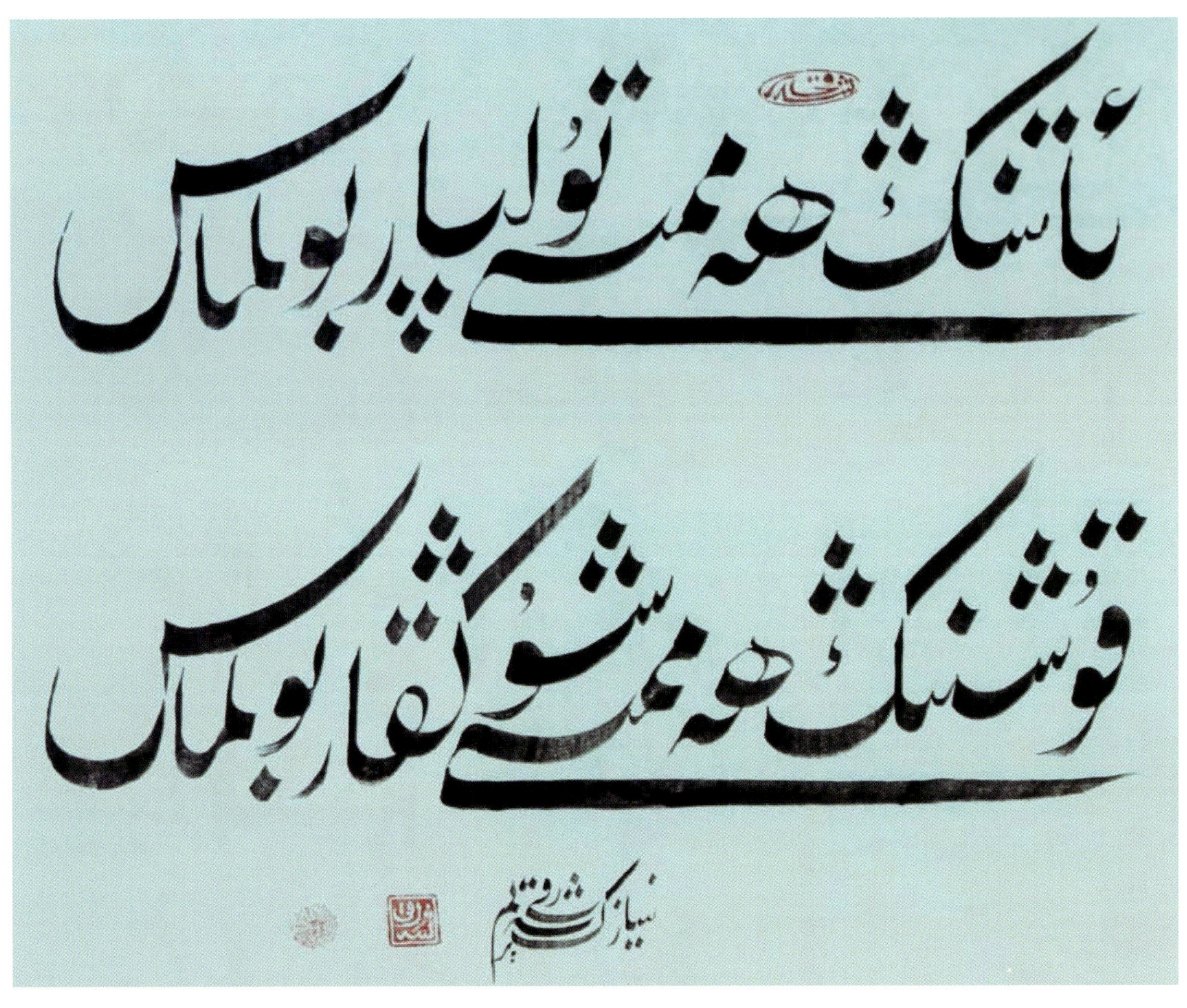

尼亚孜·克里木　中国书法家协会理事、新疆维吾尔自治区书法家协会副主席

清晨入古寺初日高林竹径通幽处禅房花木深山光悦鸟性潭影空人心万籁此俱寂但余钟磬音

常建诗一首

时壬辰之春 志顺

李志顺

新疆维吾尔自治区书法家协会秘书长

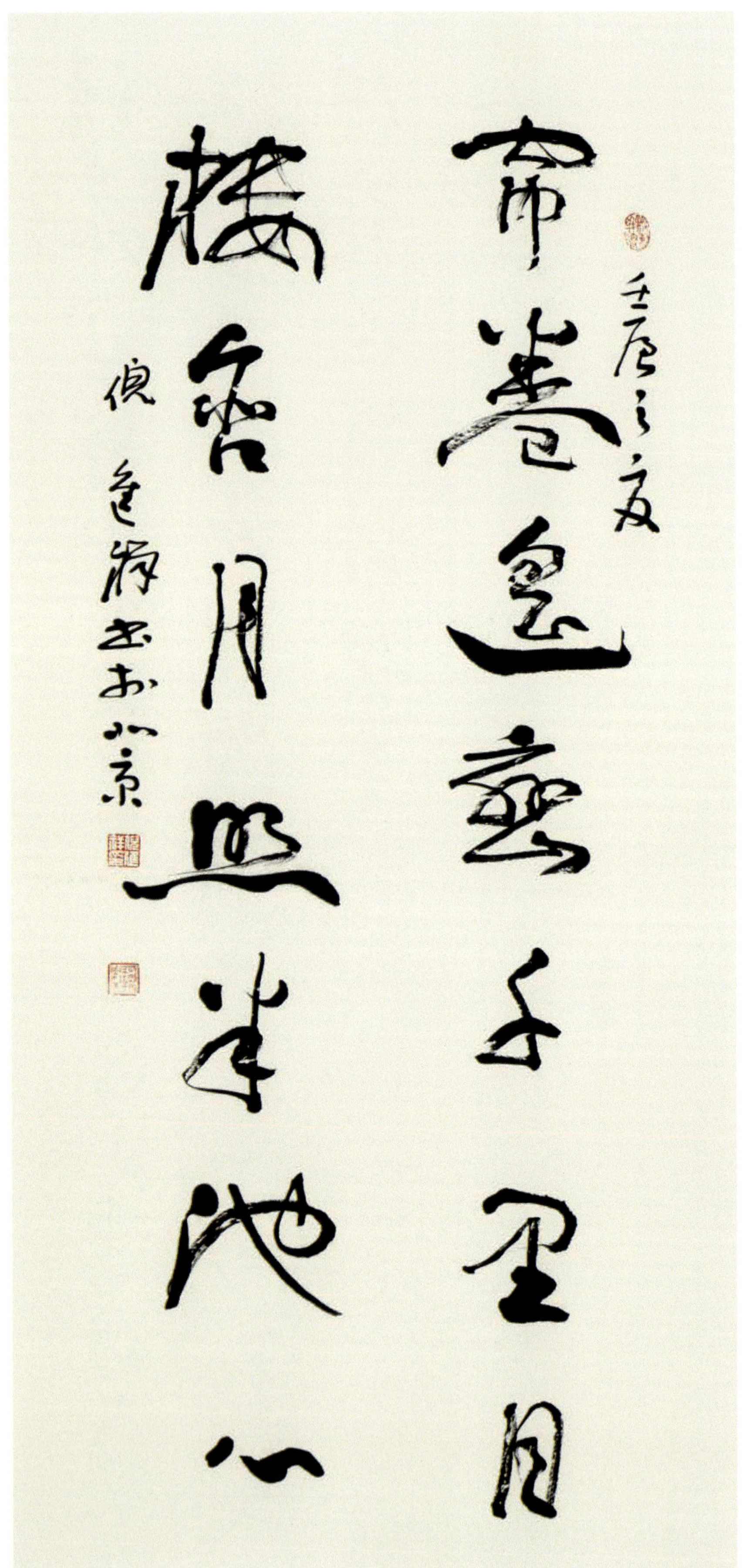

倪进祥
中国书法家协会理事

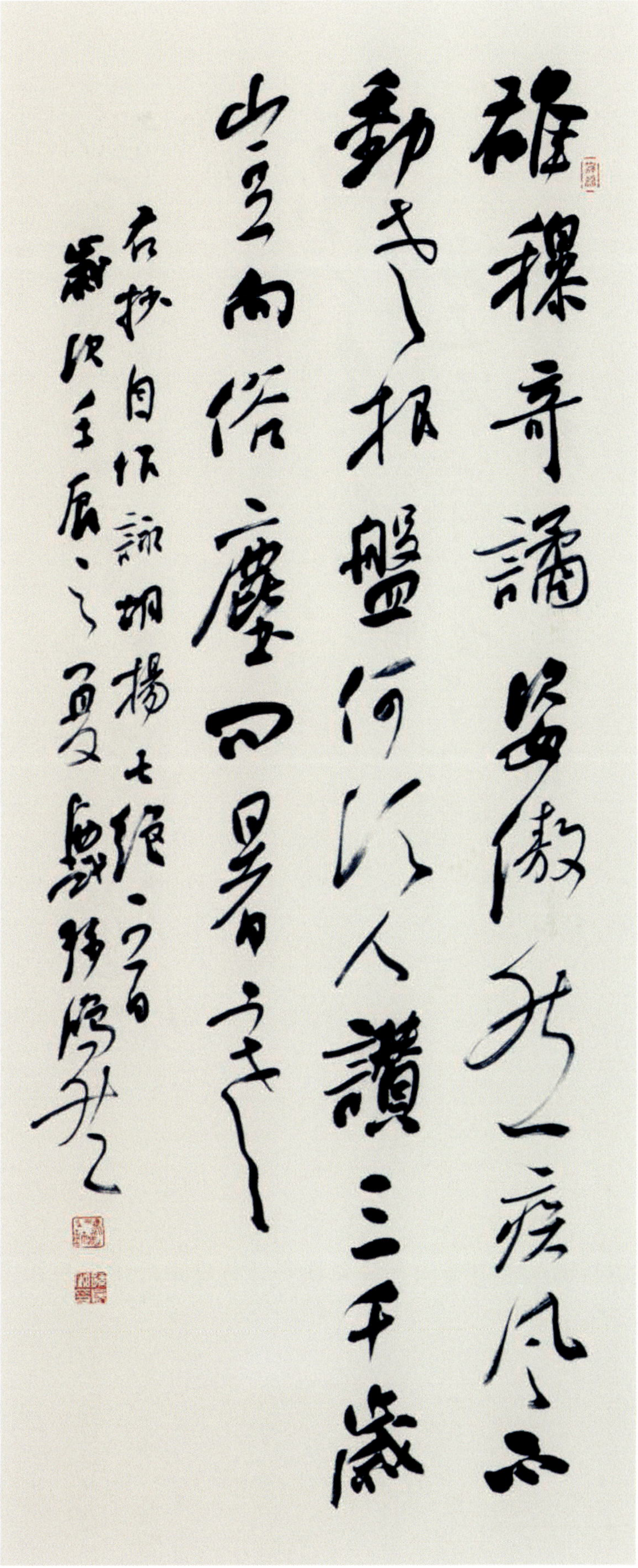

孙 峰

中国书法家协会理事、新疆生产建设兵团书法家协会主席

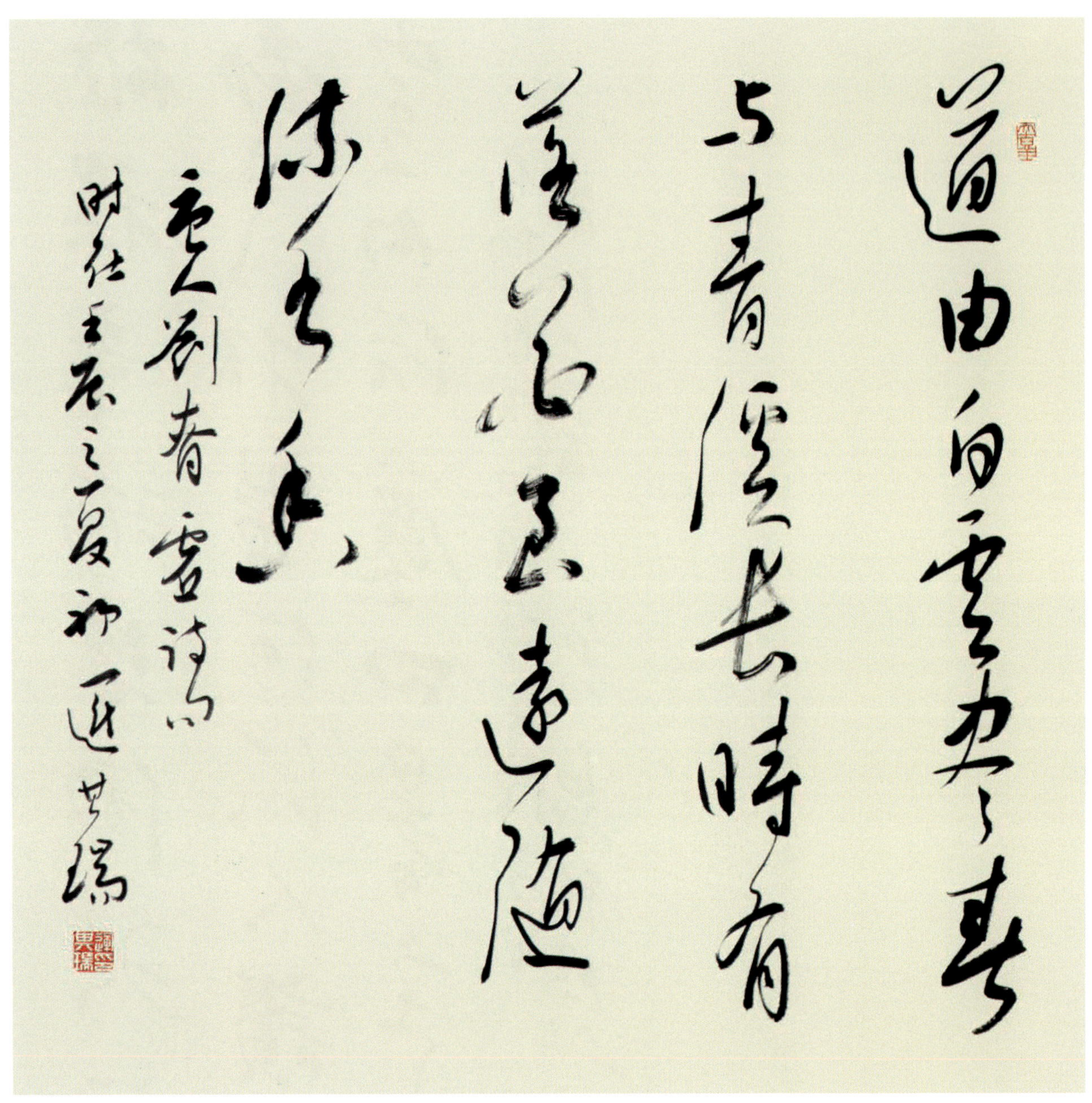

运其瑞 中国书法家协会理事、新疆生产建设兵团书法家协会秘书长

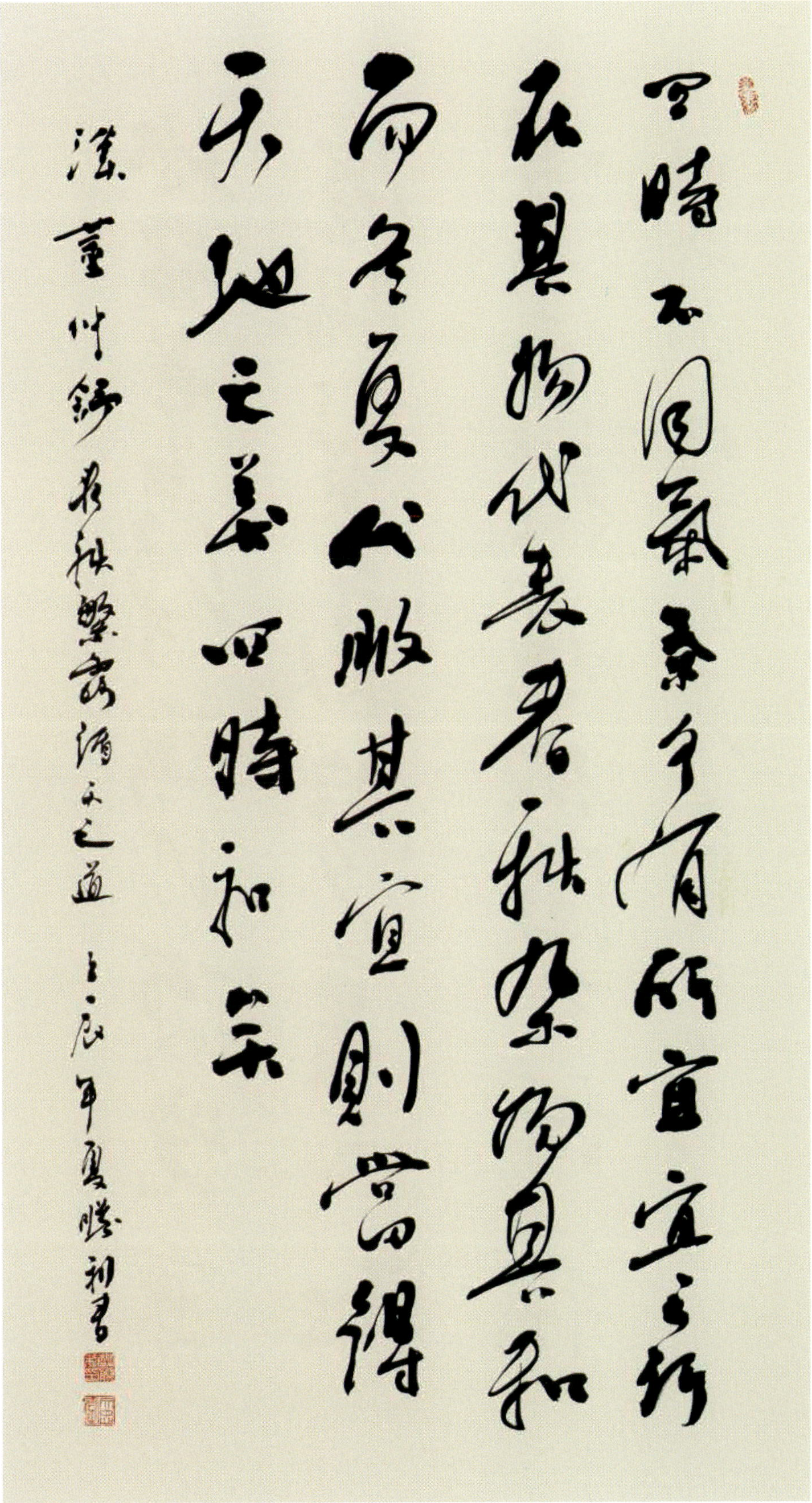

樊胜利

中国书法家协会理事、中国石油书法家协会主席

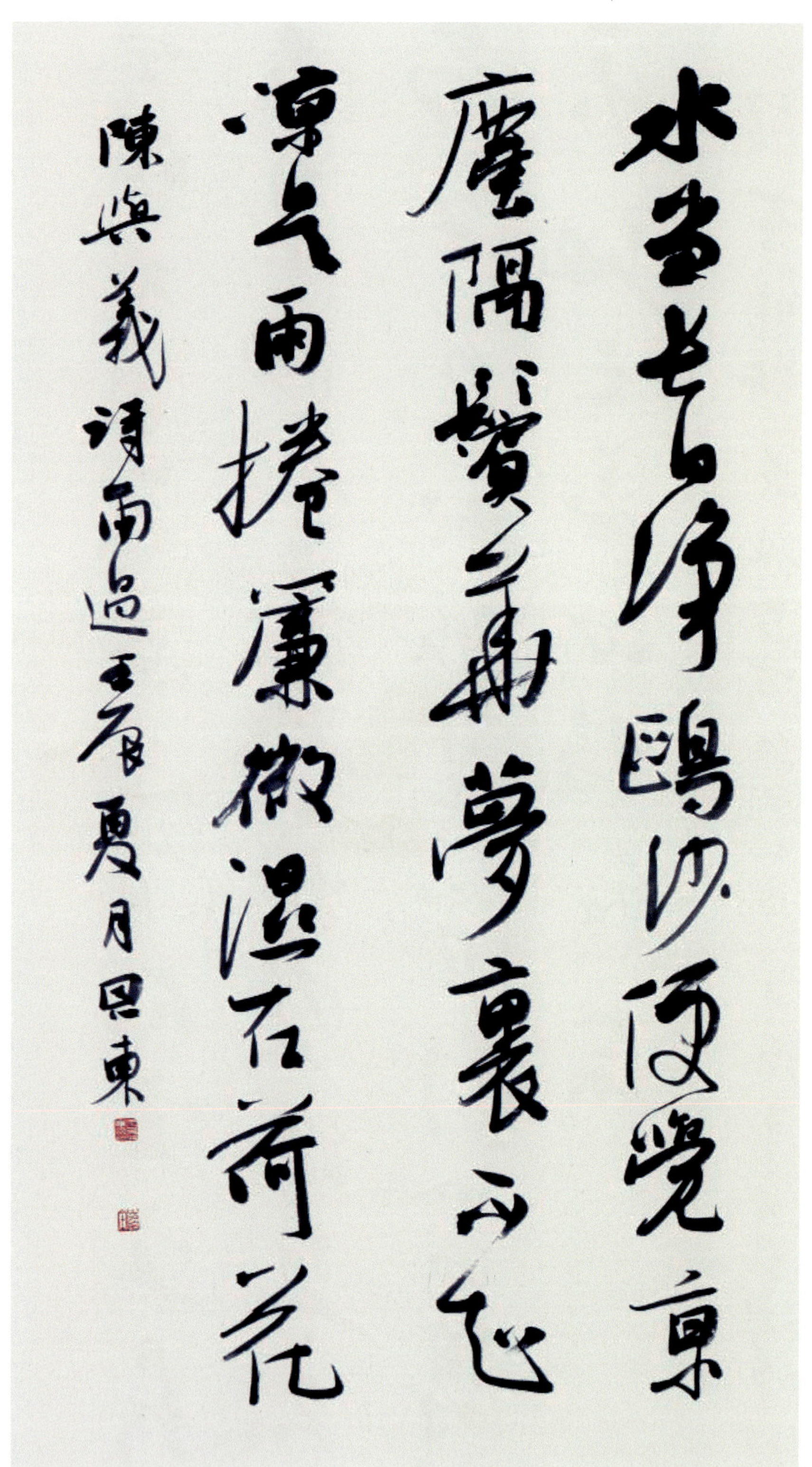

于恩东

中国书法家协会理事、中国石油书法家协会执行副主席

觀史知今當思進退
讀書養志可識春秋
壬辰夏月
銅彥書

张铜彦

中国书法家协会理事、中国金融书法家协会主席

泰小往大來吉亨

泰小往大來吉亨彖曰泰小往大來吉亨則是天地交而萬物通也上下交而其志同也內陽而外陰內健而外順內君子而外小人君子道長小人道消也象曰天地交泰后以財成天地之道輔相天地之宜以左右民

孔雀羽書周易泰 壬辰

肖丽

中国书法家协会理事、中国金融书法家协会副主席

雨暗蒼江晚未晴
井梧翻葉動秋聲
樓頭夜半風吹斷
月在浮雲淺處明

道潛江上秋夜 郭永琰

郭永琰 中国金融书法家协会常务副主席

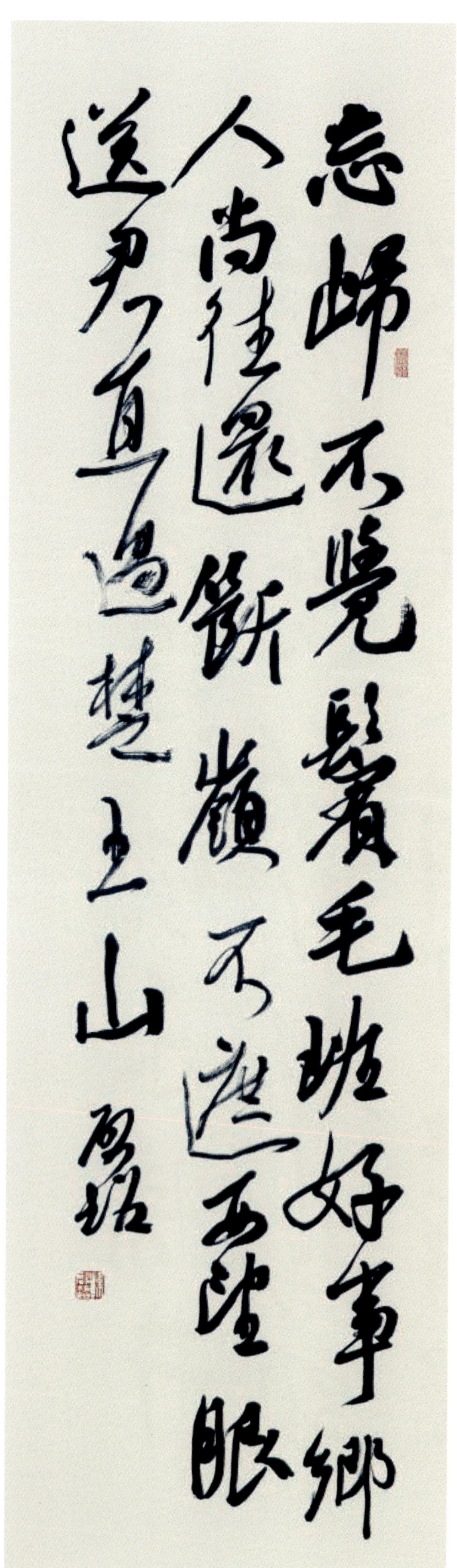

韩启超

中国金融书法家协会副主席兼秘书长

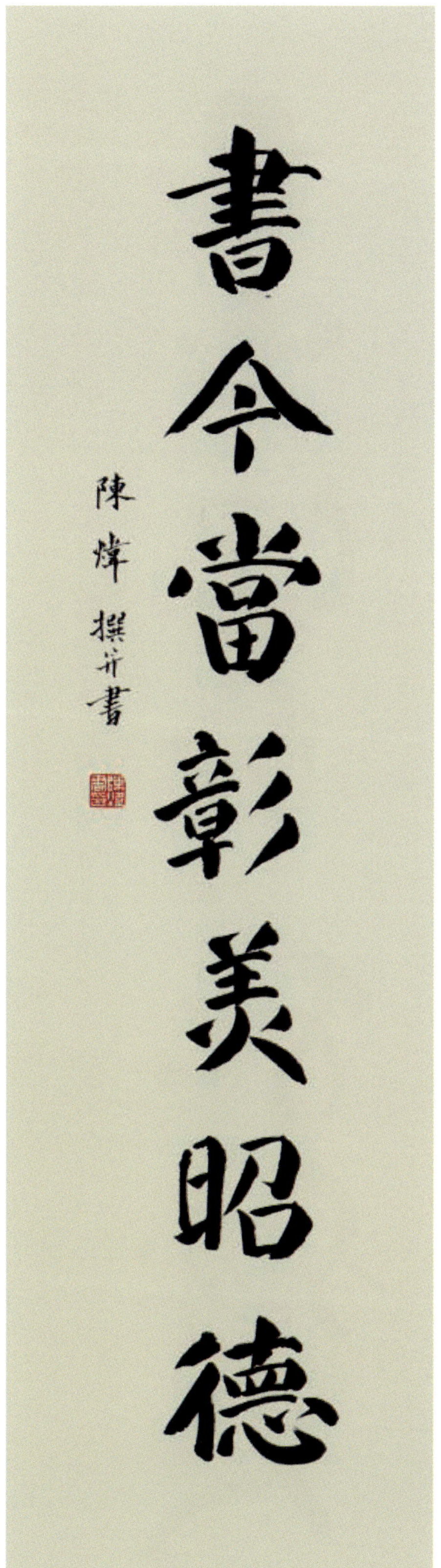

陈炜 中国金融书法家协会副主席

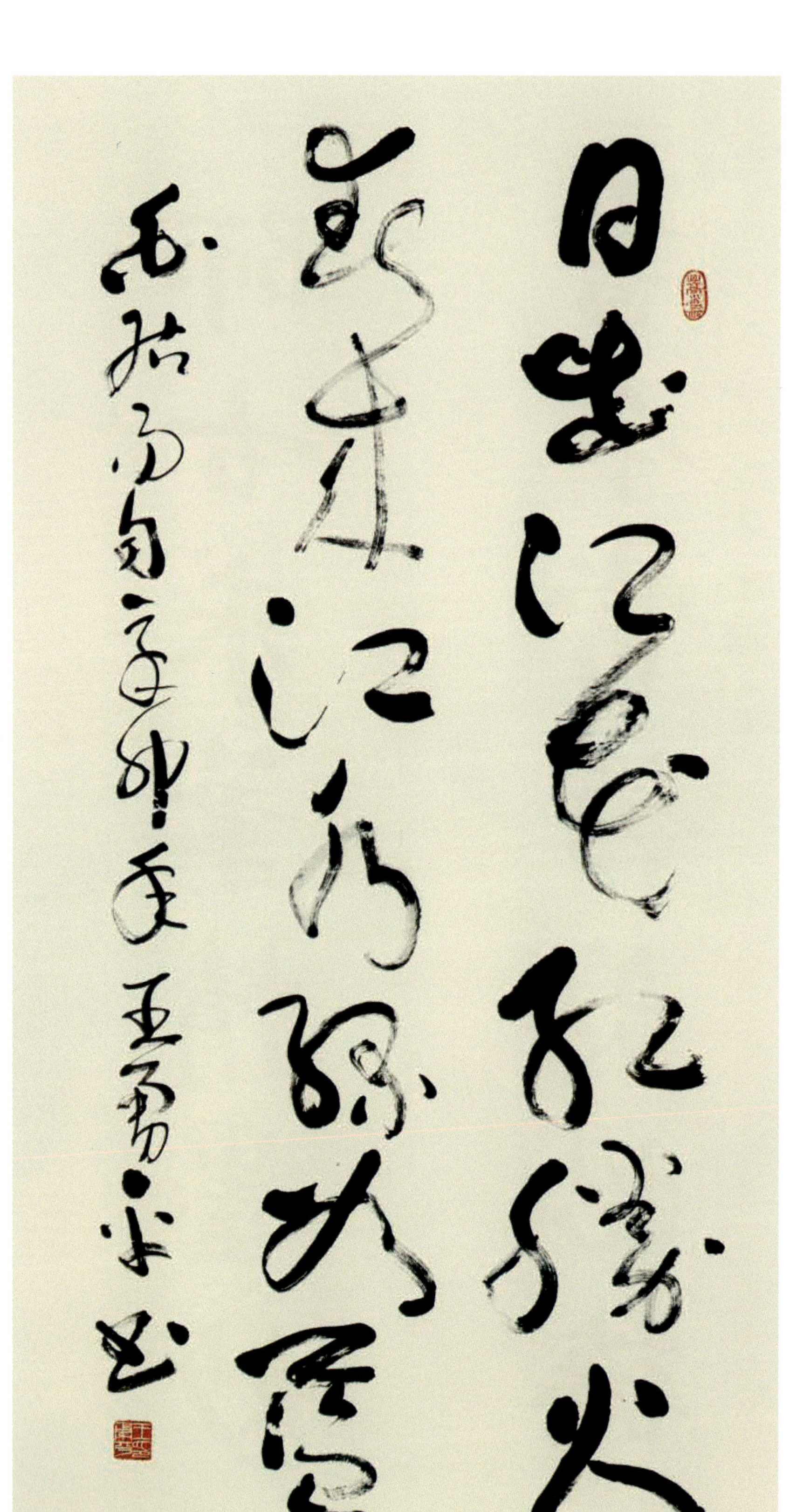

王勇平

中国书法家协会理事、中国铁路书法家协会主席

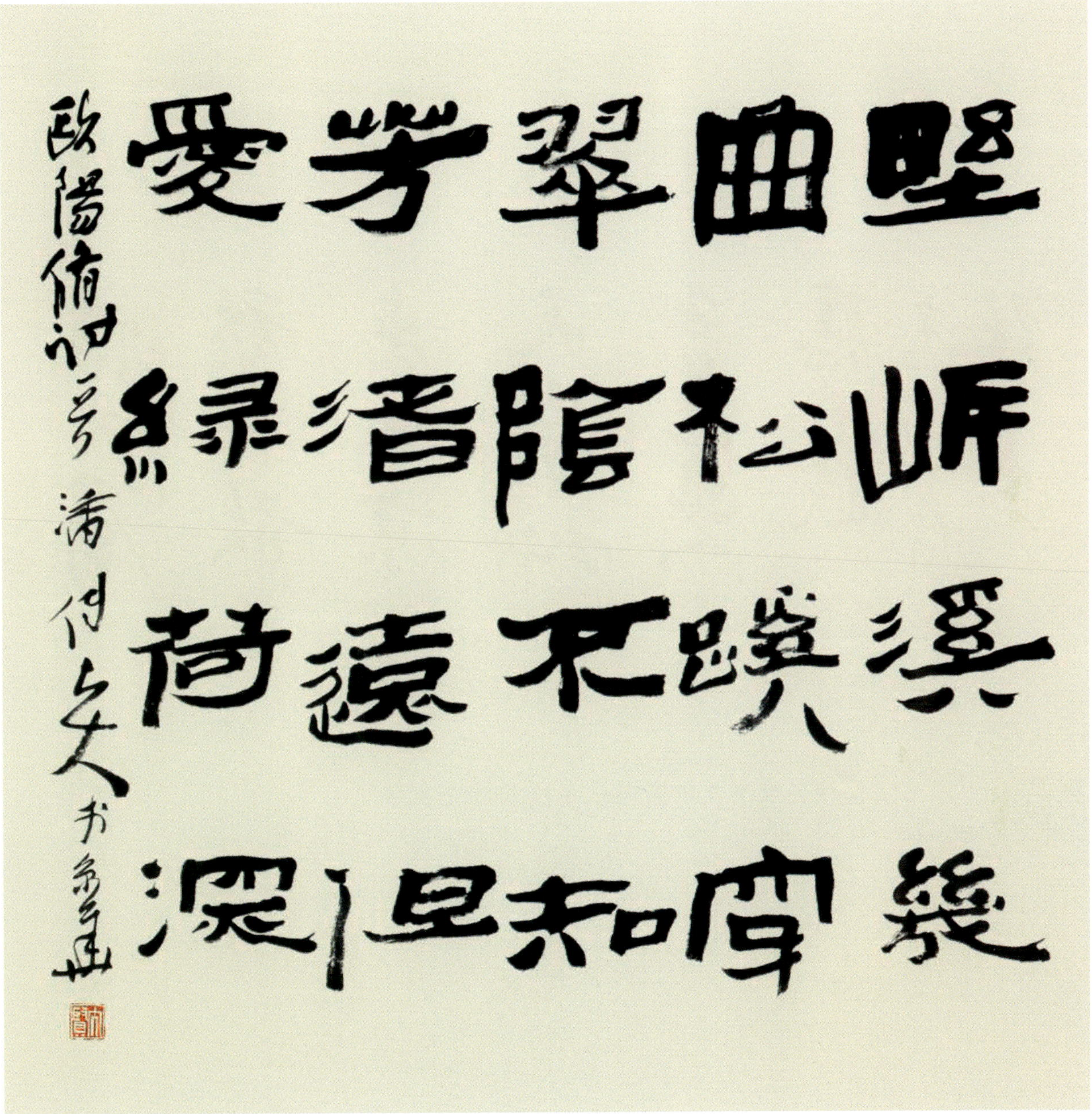

野岸溪幾曲松蹊穿翠陰不知芳渚遠但愛綠荷深

潘传贤　中国书法家协会理事、中国铁路书法家协会常务副主席

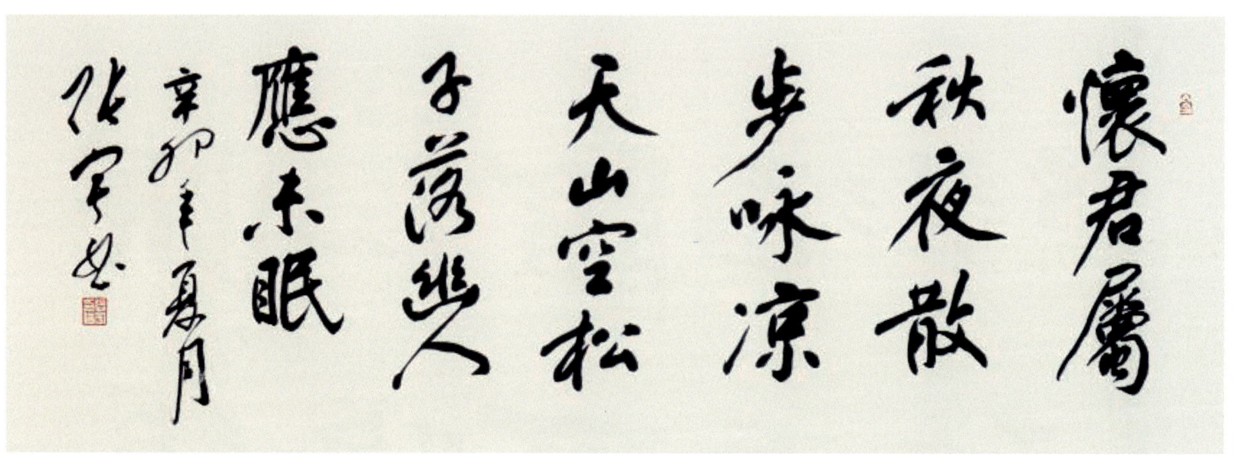

张 宇 中国书法家协会理事、中国煤矿书法家协会主席

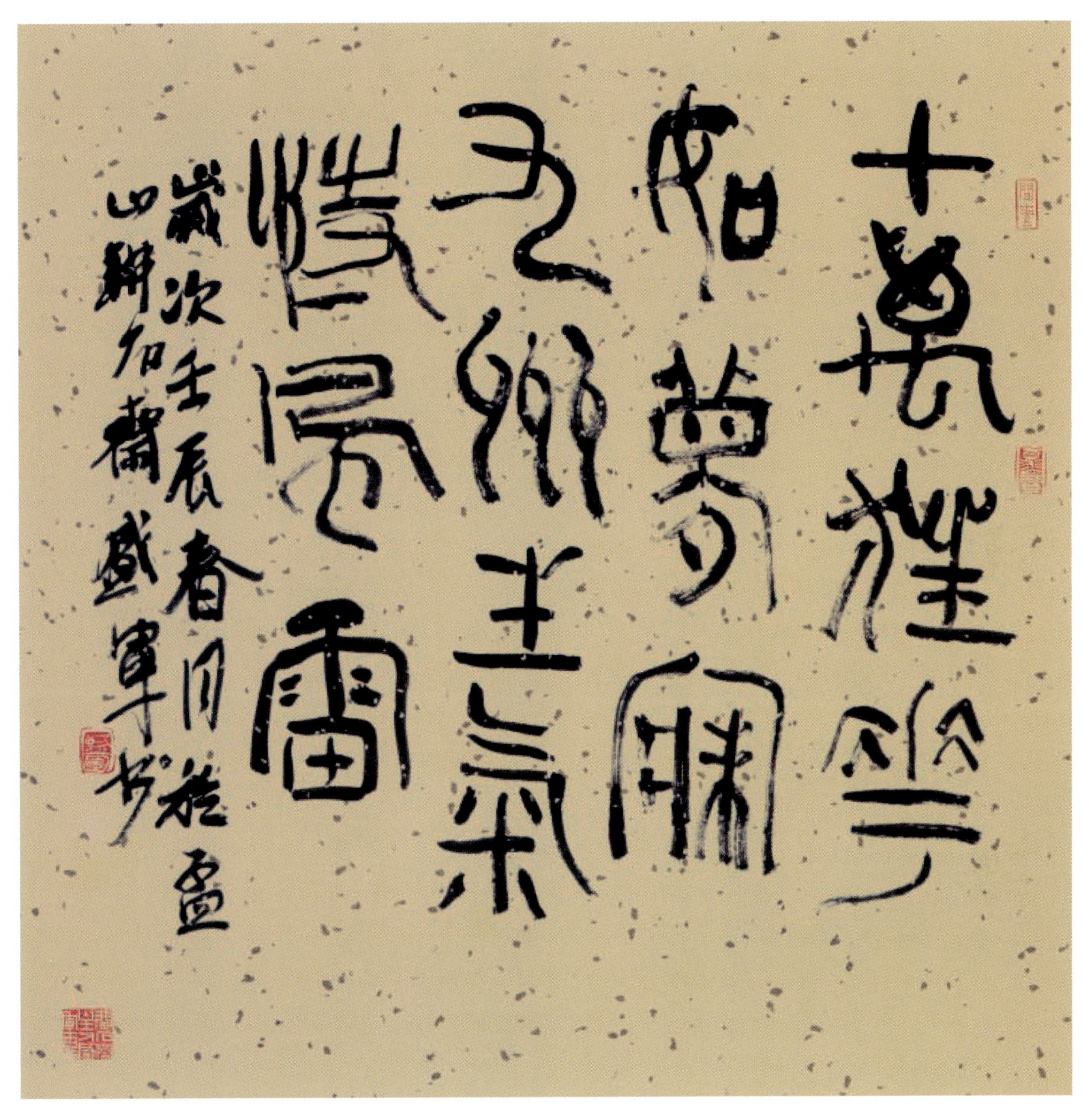

盛 军 中国书法家协会理事、中国电力书法家协会常务副主席

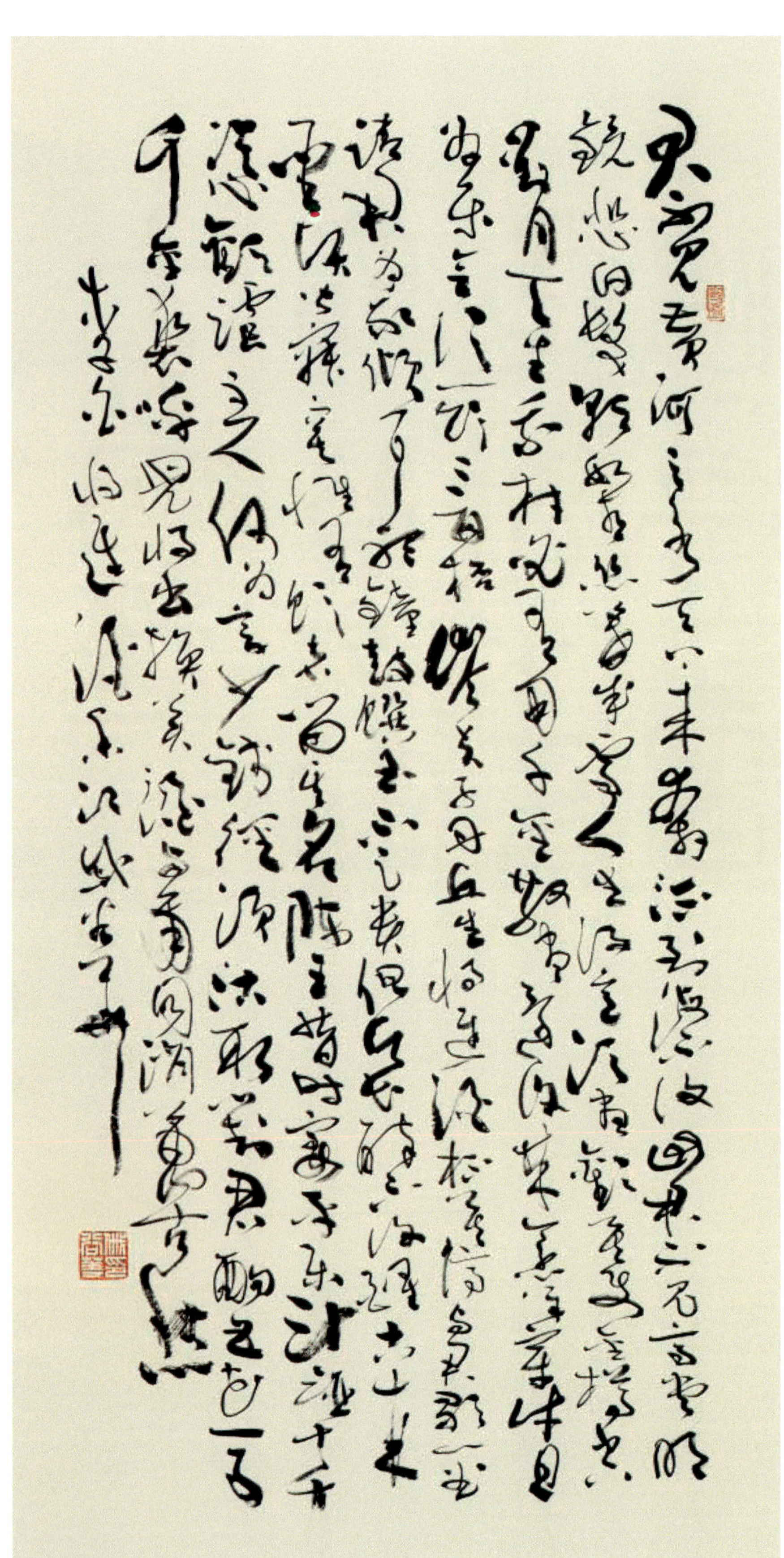

戚谷华

中国书法家协会理事、香港书法家协会主席

后　记

《中国书法年鉴（2011）》经过多方努力，终于付梓出版，现在算算，这是我们从开始编辑《中国书法年鉴》的第六卷。在此，我们要感谢社会各方面的支持，感谢沈鹏等先生及各地书协、各中国书协团体会员领导对我们的扶持，使我们的工作能够顺利开展。

《中国书法年鉴（2011）》记录了中国书协及相关的各地书协、各中国书协团体会员的大事，是对全年工作的梳理与总结。在编辑过程中，我们注重图文并茂，注重其指导性、资料性、学术性、可读性的编辑理念。全面收录了2011年度具有指导意义的文件、领导讲话、学术研讨、理论文章等资料，对全年之内由中国书协举办的重要的展览，获奖作品都予以了关注。各地书协、各中国书协团体会员的重点工作也收集其中，使年鉴更具备了可资查阅的参考价值。一年一度的名家作品选刊，也是对当代书法创作的一次检阅。

中国书法事业的发展是要靠一批书法家和书法爱好者共同推动、实践，我们记录着书法发展的每一个活动，以资在若干年后，《中国书法年鉴》成为书法事业繁荣发展的史料依据和细节。

我们工作也有一些欠缺，希望大家给我们指点，以便在今后的工作中更加提高质量。

在此，感谢湖南湘通物业发展有限公司为本年鉴出版提供的赞助，感谢为此书出版付出心血的同志们。

《中国书法年鉴》编辑部

2013年3月